ワン先生奮闘記

多忙化解決に立ち向かう!

小西孝敏
KONISHI Takatoshi

文芸社

まえがき

二十数年前から、全国の多くの学校が、大なり小なり、いじめ、不登校、暴力、学習不振、学級崩壊、体罰、先生の不祥事、長時間労働など多くの問題を抱えている。

文科省をはじめ教育委員会、校長は、対策を講じているが、一向に減少・改善・解消が見られない。むしろ悪化さえ見られる。いじめ、不登校の増加は看過できない状況である。

二〇二三年（令和五年）十月、いじめ・不登校が過去最多になったのを受け、文科省は、緊急対策として空き教室を活用して児童生徒をサポートする「校内支援センター」や、学びの多様化学校（旧「不登校特例校」）を増設。そして、件数の多い学校にはスクールカウンセラーやスクールソーシャルワーカーの配置の充実などを行うことにした。

だが、これは対処療法であり、解決には程遠いと思われる。なぜ学校教育の在り方にメスを入れようと考えないのか。果たして今の学校は児童や生徒にとって魅力があるのか。『わくわくドキドキ』『ときめくような』教育活動が行われているのか。

授業時間を増やし、その授業時間の確保のため、児童生徒が楽しみにしている行事や教育活動が削減されていることに要因はないのか。そして、児童生徒の教育を担う教師の意欲に大きく関わる過労死ラインを超える勤務状況に要因はないのか。

今の学校は、ブラック勤務と揶揄《やゆ》され、教員の希望者が激減している。政府や文科省は、本当の学校の実態を把握し、本気で解消させたいと考えているのか。

もし、そうなら減少・改善・解消に向かっていなければおかしい。多くの子どもたち、そして教師が喘《あえ》いでいる現状を、なぜ対処療法の対策で済ませようとしているのか。

中教審は、二〇二四年（令和六年）四月、教員の処遇改善の中で、長時間勤務解消の提言を提示した。長時間勤務の要因として、不登校・いじめ・保護者の対応・授業の準備などを挙げているが、これは物事を一面でしか捉えていない。教師の勤務内容、働き方の実態を本当には理解していないのだ。

今の学校の在り方を見直し改革を行わなければ、日本の教育は停滞、崩壊を招きかねない。このような大きな問題は、政府と文科省しか解決できない。

だが、学校現場で勤務している教師だけでも、教育活動や勤務状況をわずかだが変えることは可能なはず。しかし、そのためには、大きな障害に立ち向かわなければならない。

どこの学校も同じ教育活動を行っているように思うだろうが、実際はみな異なっている。文科省の実態調査は形式的で、教師の声が軽んじられ、本当の勤務状況の実態は把握できていない。

学校の実態を把握するには、どんなベテランの教師でも、その学校に一年間は勤めていなければ分からない。だが、この実態こそを知らなければ、本当の解決方法は分からないと思う。

そこで、今から、黒森山小学校の一年間の教育活動と教師の勤務状況・言動を、この学校の主であるフクロウ（フク）と物知りのカラス（カラ）、好奇心いっぱいのスズメ（スズ）、そして問題教師のワン先生と一緒に見ていくことにする。きっと、学校改善と超過勤務改善の糸口が見えてくるはずである。

そして、この『ワン先生奮闘記』を読めば、たった一匹の先生でも、ある程度の勤務状況の改善ができることが分かり、勇気づけられると思う。

あとは、フクロウさんよろしく。

もくじ

本文イラスト　小西孝敏

黒森山小学校の一年間のスタート（赴任）

◆赴任…異動してきた教職員

四月一日、赴任してきた教職員は、学校に着くとすぐに校長室に入り校長に復命書を渡した。

みんな揃《そろ》うと、教頭と校長は、黒森山小の特色や現状などを説明した。その後、校長から赴任した一人一人に、担当するクラスや主な仕事名を告げた。

それを聞いていたヤギ先生は、驚きの声を上げ、「六年の担任は無理です。今まで主に低学年と中学年で六年担任の経験がありません。それに、安全主任は責任が重すぎます」と変更をお願いした。

ウサ先生は、何か言いたそうな顔を見せていたが黙って聞いていた。

全員に告げ終わると、ヤギ先生は、別室で話をすることになった。ヤギ先生が戻ってくると、全員で職員室に行き、みんなの前で自己紹介をした。

スズ「いきなり、六年生担任と言われれば、ヤギ先生が変更を求めるのは仕方ないよね。でも、校長先生と教頭先生に説得されて、結局六年生を受け持つことになったんだね」

カラ「ヤギ先生は、前もって知らされていなかったようだね。一年の担当になったウサ先生は、異動前の校長から話を聞いて、変更をお願いしていたんだ。でも、ここでヤギ先生のように変更を言えば、みんなを困らせることになるからね。だから、言えなかったんだ」

フク「そうだね、簡単に変えることはできないよ。他の先生と交渉しなくてはならないからね。ましてや、一年と六年の担任を決められなかったから、異動してくる先生にしたんだからね」

スズ「一年と六年の担任を赴任して来た先生に決めたけれど、けっこう乱暴なやり方だよね。どうしてみんな拒否するのかな。何か問題でもあるの?」

フク「どこの学校もそうだけれど、一年と六年を希望する先生はとても少ないんだ。一年生は、とても手がかかる学年だからね。子ども一人一人に、目を配り、困らないように面倒をみなくてはいけないんだよ。

近年は、ADHD(注意欠陥・多動性障害)や自閉症などの児童が増えているからね。授業中に立ち歩いたりじっと待つことができなかったりするので、指導技術と忍耐力、そして子どもへの愛情が要求されるんだ。

今は人数が多い低学年は、補助の先生がつくことが多いのでとても助かっているんだよ。六年生の場合は、学校の行事や活動の手伝いや在校生、特に一年生の面倒をみることが要求されているんだ。

しかも、休み時間も指導に当たることが出てくる。それに、授業時間数が多く、授業が難しくなるんだ。もちろん生活指導もね。だから、うまくいかないと子どもから不満が出て、言うことをきいてくれなくなるんだ。

とにかく六年生は、学年の中で一番忙しく、いつも帰りが遅くなるので敬遠したくなるんだよ」

スズ「ワン先生は、一年と六年の担任をしたことがあるよね。やはり、大変きつい学年だったの?」

ワン「六年担任は五回(単独三回)受け持ったが、きつかったな。現在ではあり得ないけれど、新規採用でいきなり六年生だよ。この時は本当にきつかったよ。

一年生は四回やったけれど、持ち上がったのは一回だけだったんだ。確かに一年生は、学校生活に順応させ規範意識を育てなければならないので、これもきつかったよ。身の回りの整理整頓、掃除の仕方・係の仕事・給食の配膳の仕方・トイレの使い方など、学校生活で必要なことを懇切丁寧に指導しなくてはならないからね。もちろん、授業の準備の仕方や授業の約束事などもね。

でも、子どもたちは、必要性を理解してくれるとよくきいてくれるものなんだ。子どもが意欲的に取り組めるように努めるとその成果が顕著に表れるので、やりがいのある学年と言えるんじゃないかな。

だけど、以前と比べると授業時間が増えたので、子どもが喜んでもらえる教材や授業の準備時間が作れなくなっているんだ。少なくとも、一学期間はトイレに行く時間もないほど忙しいよ。一年生は、学校で必要な書類（公簿）作成や保護者への手紙や連絡を密に行うことが要求されるからね。確実にこなさないといけないんだ。それに、校務の仕事もたくさんあるので、希望者が少ないのは当然かもしれないな。

でも、二年生に持ち上がったら、子どもたちは学校生活に慣れ、教師とのコミュニケーションができるようになっているからね。二年生は、とてもやりやすい学年だと思うよ。だから、学校生活に慣れている二年生に、新規採用者や幼い子どもを育てている教師を充てることが多いんだ」

フク「でも今は、どの学年も問題が起き、指導が難しくはなっているんだ。だから、持ち上がらない先生も多いんだよ。以前は、一年生は二年生に（低学年）、三年生は四年生に（中学年）、五年生は六年生に（高学年）に持ち上がるのが当然と、先生も保護者も受け止めていたんだけれどね」

スズ「先生方にとって、どの学年を受け持つかは重大なことだったんだね。特に一年生と六年生はね。でも、赴任したウサ先生とヤギ先生は、にこやかな顔で挨拶されていてよかったね」

フク「今は、一人で赴任し挨拶も自分でやっているが、昔は、前任校の校長または年配の先生、そしてＰＴＡの役員が送ってきて紹介してくれたんだ。

校長の赴任の場合は特別だから、ＰＴＡ会長・副会長そして上席の先生方が揃って送ってきたんだ。迎える学校の教頭は、職員に指示を出し、校長が目に入るところはすべてきれいにさせていたんだよ。そして、全職員で花道を作って迎えさせたんだ。

でもこの時期は、まだ寒いからね。長い時間待たされるとつらいんだ。だから、不満な声が聞かれたものさ」

ワン「この地区に赴任してきたら、どこの学校も同じと聞いて驚いたよ。でも、一九九四年（平成六年）からは、すべての教職員が一人で赴任することになったんだ。だから、異動する先生方は、送ってくれた人のためのお礼の会を開かなくて済むようになったんだ。

でも、こんな慣習も、教育委員会が廃止の指示を出したらなくなったんだよ。本来は先生方で解決すべきなんだろうけどね」

カラ「他の地区では、昭和の終わりにはなくなっていたんだよ。校長以外は歓迎するのは当然だよね」

自己紹介と担任発表の後、各学年は新年度の準備を始めた。

ウサ先生の一年生は、入学する児童の学級編成、保護者や来賓に向けての入学のしおり作り、名簿や時間割表など、入学に向けての作業であった。

ヤギ先生の六年生は、家庭環境調査表や欠席届用紙の印刷、入学式準備などの作業である。

他の学年や事務員や養護の先生も、同様に分担された作業があった。午後からは、職員会議が控えていた。

スズ「新年度の準備の作業は、いろいろあるんだね。黒森山小は、職員が多いので昼食前には終わらせることができてよかったよ。でも、昼食は職員室でみんなで食べるんだね。以前は、外食で交流を図りながら食事していたのにね」

フク「今は、これが普通になっているんだ。以前は、各学年および近隣学年で、交流を兼ねた昼食会をしていたんだよ。だけど、外食だと、保護者に学級や児童の話などを聞かれる恐れがあるからね。校長の多くが控えさせているんだ。それと、仕事が多くなったので、外食する時間が取れなくなったっていう事情もあるんだ」

ワン「昼食の取り方は、それぞれの地区や学校で違っているんだよ。学校が忙しくなかった頃は、どこの学校も休憩時間を多く設けてくれたんだ。だから、遠方のレストランで昼食ができたんだ。日台小に赴任した時は、学校のことや職員のことを詳しく聞けたので、不安が解消されて有意義な時を過ごすことができたんだよ」

カラ「今の学校は忙しいので、自分のことで精いっぱいで、困ったり悩んでいたりする職員に目が行き届かない職場環境になっているからな。新年度の人間関係の構築はとても大事なので、昼食に多くの時間を設けてほしいよね」

フク「この後、職員会議が行われるので、どのような話し合いになるか見ていこうね」

第一回職員会議

赴任後の午後から、今年度最初の職員会議が行われた。本来なら教頭が司会を務めるべきだが、多くの学校は、管理職以外の先生方が輪番制で行っている。今日は、二年生が担当で司会と記録を受け持った。

初めに校長から挨拶があり、その後、今年度の教育方針や主な教育活動の説明があった。ほぼ昨年度と同様の内容であったが、昨年度の検討課題になっていた交通指導の在り方や学級懇談会の回数など、全く変更がなかった。職員の勤務条件に関する服務規程と休憩時間の説明もあったが、不満な顔をする先生が数名見られただけだった。

だが、黒森山小の職場では超過勤務が常態化し、休憩時間も業務が行われている。しかしながら、職員の関心事は、校務分掌と週の授業の時間割決めであった。

校務分掌とは、学校運営で必要なさまざまな仕事のことで、校務には責任が重かったり仕事量が多いものがある。したがって、私生活にも影響が出るので関心が高いのだ。

メイ先生は、「安全主任は務まらない。責任が重い」と、前年度に担当したシカ先生が適任と変更を要求した。そこで、副主任だったサル先生が、引き受けることになった。

またポンタ先生は、新採の時から低学年しか担任の経験がなかったので、理科主任の仕事は務まるはずがないと考えて変更を求めた。だが、校長の「よろしくお願いします」の一言で片づけられた。

次に、関心の高い授業時間割の説明が教務からあった。授業時間は文科省の定めた学習指導要領に各教科・領域の基準の時間数が書かれている。

そこで、教務は週の授業時間数を表にして提案した。黒森山小も近隣の学校と同じように、授業時間数が確実に確保できるように基準時間数より多く取っていた。

先生方は、どの週の何時間目にどの専科の授業が入り、特別教室はどの時間か、それが分かる割り当て表を見て学年で検討した。

すると、いくつかの学年から専科や特別教室の割り振り変更の申し出があった。学年間で変更した後、各学年で調整作業を行った。この作業でかなりの時間を使った。

次の提案の掃除分担は、校務分掌の仕事の関係で一部変更があったが、もめることなくスムーズに決めることができた。

だが、退勤時刻になったが、まだ議題が残っていた。そこで教頭は、「入学式の準備は早急に取りかかる必要があるので、入学式の議題だけは今日やらせてほしい。残りは次の職員会議で行いたい」と言って会議を続けた。退勤時刻を二十分オーバーして職員会議は終了した。

退勤時刻を過ぎたが、自分が受け持つ教室に荷物を運ぶ先生や、時間割表（日課表）の作成、今日決まった校務分掌の仕事を行う先生が見られた。

時間割表の作成は、とても頭を使う作業である。時間割表は児童が意欲的に授業に臨めるように、また、授業の準備や片づけに支障がないように考えなければいけない。

しかし、体育館、パソコン教室、図工室、図書室の使用が指定され、しかも、英語、算数のティーム・ティーチングの時間も指定されているので思うようには作れない。

したがって、集中力のある午前中に主要教科の国語や算数の授業が行えないことが当然出てくる。特に低学年の国語の授業は、集中力の欠く午後は避けたい。給食直前の体育の授業も同様である。担任は、このような条件に合うよう苦慮して時間割表を作成するのである。

スズ「職員会議にはたくさんの議題があるんだね。校務分掌と授業の時間割のところでは、多くの先生方が質問や要求をしていたけれど、他はほとんど質問や意見がなかったね。それにしても、一人の先生が多くの仕事を受け持つんだね」

カラ「確かに議題は多いよね。でも、一回目の職員会議は、一年間の学校運営で最も大事な議題ばかりなんだ。議題内容を見ると、

①学校教育目標・学校経営の方針
②職員の服務：勤務における規則や義務
③日直当番の仕事や勤務時間・休憩時間
④校務分掌：各職員に分担された仕事及び内容
⑤一年間の行事予定　⑥四月の行事
⑦教育課程：学校の教育活動の計画・教科領域の授業時間の配当
⑧日課表　⑨掃除分担　⑩入学式　⑪身体測定
⑫交通指導の内容と場所と時間

と、全部で十二個もあったんだよ。だから、勤務時間内で全部、終わらせるのは無理があるよね」

スズ「司会が上手なら、退勤時刻前には終わらせることができたんじゃないかな。もっと上手にできる先生はいないの」

カラ「司会は、先生方がやる決まりはないんだよ。教頭がやっている学校もあるんだ。本来は教頭の仕事なんだよ。その理由は、職員会議は、校長が学校運営上、必要があるので開くのであって、先生方に必要があるからではないからね。

職員会議の内容は教頭が計画して要項にしているんだ。だから、何が重要で何を討議したらよいかよく分かっているんだ。当然、時間配分も考えられるので時間内で終わらせることが可能なんだ。

だけど、『一方的に進められる。民主的でない』という従来からの考えと、先生方に司会をさせた方が不満が出にくいという校長の考えで、先生方にやらせているんだ。教頭が一方的に進めることは普通ないと思うので、司会は教頭が適任だと思うけどな」

フク「職員会議は、校長が学校経営を円滑に行うために、職員の意見を聞く場として設けているのであって、職員が議題について話し合って決定する場ではないんだよ。

これは、管理規則に載っているんだ。かつては、職員会議は、教職員が話し合って議決する議決機関、または、教職員の意見を参考に校長が決定する諮問機関という考え方があったんだ。だけど、法的根拠がなく

裁判で否定されたんだ。

※千葉県○○市管理規則九条
1　学校に校長の職務の円滑な執行に資するため職員会議を置く
2　職員会議は校長が主宰する
3　職員会議は公開しない
4　前項に規定するもののほか、職員会議の組織及び運営に関し必要な事項は校長が定める

このように、法規では職員会議を主宰するのは校長なんだ。だから、教頭は職員会議の企画を立てうまく進行させる責任があるんだ。教頭の務めは校長を助けることなので、教頭が司会をするのが適任なんだ」

スズ「でも、先生の方がみんな発言しやすいと思うな。ところで、服務規程と休憩時間において、不満な様子が見られたけど、誰も何も言わないんだね。不満だったら質問や意見を言えばいいのにね」

カラ「不満を見せたのは、服務規程が校長に都合がいいようになっていたからなんだ。出張報告は口頭ではなく文書にすることや、年休を取るときは必ず校長に直接言うこと、それに、休憩時間がきちんと取れないような勤務時間の割り振りになっていたからなんだ。でも、言ったところで変更されないと思っているから言わなかったんだよ」

フク「校長の権限は絶大だからね。実行不可能以外は職務命令が出せることになっているんだ。もちろん法規違反は許されないけれどね。休憩時間の割り振りでは確実に取れてないので違法なんだ。

でも、多くの職員は、義務については詳細に説明を受けるが、権利については皆無だからね。だから、多くの先生方は適正な勤務時間の割り振りが分かってないんだよ」

カラ「それにしても、校務分掌では、多くの変更要求があり、多くの時間を使ったよね。年々仕事内容が増え、しかも、質が求められるので、先生にとって切実な問題だよね」

スズ「これらの仕事は、大規模校も小規模校も基本的には同じなんでしょう？　大変だね。ワン先生が、先生になった頃と今とでは、仕事の量はどのくらい違っていたの？」

ワン「小規模校に勤務したことがあるけれど、名前だけのものが多いんだ。結局、一人で多くの仕事はできないからね。教師になった頃は、職員が多かったこと

もあるが仕事は少なかったよ。新採三年目までは、図工の副主任と図工クラブを受け持つだけなんだよ。当時はクラブか委員会、どちらかを受け持つだけでよかったからね。今は小規模校も両方担当しなくてはならなくなったんだ。

だけど、今はクラブは裁量になったので、やらなくても済むが、子どもたちが楽しみにしているので、どの学校もやっているんだ。ただし、クラブの時間数は学校によって違っているんだ。

校務分掌の仕事が大変だなと思うようになったのは、二〇〇〇年に入った頃かな。ちょうど『第三の教育改革』と言われ、総合的な学習が始まる頃さ。日台小で三年生を受け持った時、安全主任と図工主任を受け持ったんだ。

当時の安全主任の仕事は、学校の安全計画の作成、学期初めの交通指導の計画（職員の指導日を決める）、交通安全計画と準備（警察の交通課と打ち合わせを行い、模擬道路を作って信号機を設置・自転車搬入と点検）、火災・地震の避難訓練計画と準備、安全点検表作成と点検報告（月一回全教職員は担当場所を点検）、危険用具などの修理なんだ。

だけど、教員になった頃の安全主任（この時は『交通安全』の名称）は、交通安全の仕事だけだったんだ。安全点検は別の教師が担当し、点検は学期に一回だったんだ。それと、修理は用務員がやっていたんだ（今は、用務員のほとんどが女性で、仕事内容が変わってきた）。火災・地震の計画は教頭の仕事だったんだ。だけど、今は安全主任の仕事になったんだ。

それなのに、今度は新たな仕事が追加されたんだ。それは、不審者対応策と避難訓練の計画なんだ。その理由は、池田小学校に不審者が侵入して児童と教師を殺傷する事件が起きたからなんだ。これ以降は毎年その仕事をやらなくてはいけなくなったんだ。

それでは、図工主任の仕事は何か。それは、図工の年間計画作成、企業や公共団体からの作品募集の広報と作品とりまとめ（名簿を作成して作品を送る。後日、参加賞や賞状を配布。よい賞を取れば全校朝会で名前を呼び上げ表彰を行う）、県の絵画展に向けて写生大会の計画と作品搬送、講師の制作指導内容をまとめ職員に配布（今は、全校での写生会は行わない学校が多い）、そして、部会の造形展への出品作品の搬入と審査手伝いなんだ。作品のとりまとめや搬送は手間がかかり面倒なんだよ。

この二つの仕事のほかに、委員会とクラブ活動を担当したんだ。あとは、名前だけで仕事はしなくて良かったんだ」

フク「このことからも、いかに教師の仕事が忙しくなっていったか分かるよね。このように、問題が起きると、その対応のための仕事が、次々と要求されるんだ」

スズ「なるほど、仕事が増えて忙しくなった原因がここにもあったんだね。ところでワン先生は、職員会議で発言するのでいつも会議を長引かせたって本当なの。さぞ、先生方から煙たがられたんじゃないの？」

ワン「職員会議の時間を長引かせているのは確かだよ。だけど、質問や意見が多いのは問題があるからなんだ。納得がいけば発言しないよ」

フク「ワンさんは、納得するまで管理職に質問や意見、要求をするからね。確かに、職員にとって時間内で終わらないのは不満だったと思うが、職員や子どもたちのことを考えての発言なので、表立って批判する職員はいなかったと思うな。

　だけど、親しい先生はよくワンさんに皮肉を言っていたよね」

スズ「一回目の職員会議は、提案内容が多かったからなのかな。発言する先生方が少なかったね。次の職員会議では、多くの先生方の質問や意見を聞きたいね」

フク「そうだね。何かおかしいと思ったら、上手《うま》く言えなくても発言しなくちゃあ。不思議と発言することによって、本当に何が問題だったか明らかになっていくんだからね。いずれにしろ、職員会議を有効に使ってほしいよね」

校務分掌の増加（昭和五十年から増えた校務内容）
※平成二十二年と比較
・就学指導委員会（昭和五十五年から）・人権教育（昭和五十五年から→平成十八年同和教育へ）・体力向上推進委員会（昭和五十九年から）・モラルアップ委員会（平成二十二年から）・セクハラ相談窓口（平成二十二年から）・生徒指導交換会議・学校評価・キャリア教育（平成二十一年から）・ピアサポート（平成十九年から）・英語、総合的な学習、道徳・国際理解教育・外国人子教育・環境教育・情報、視聴覚教育・ホームページ・学校情報廃止メール・課外活動（平成二十年から）・学校サポート、外国人英語教師

始業式までの作業

◆教材選び・掲示物作成・私物運び

職員会議の翌日、朝の打ち合わせで残りの議題を話し合った。その後、全職員で新年度の準備に取りかかった。

二年生は、学籍・学年学級経営案の綴《つづ》りなど帳簿の作成を行った。三、五年生は、分担された仕事と学級編成があったので、前担任からの引き継ぎと児童玄関に掲示する学級名簿の作成を行った。

昼食後は、学年ごとで新学期に向けて学年目標や仕事の分担を決めた。その後、教材選びをやり、退勤時刻前まで教室環境の掲示物作りを行った。

学年の仕事を終えるとリス先生は、給食台を使って私物の事務用品や自作の教材などを、自分が受け持つ教室に運搬した。

スズ「子どもたちが使うドリルやテスト、教材セットなどが、教材販売店からたくさん持ち込まれるんだね。国語のワークテストだけでも、五つの会社のものがあるよ。それが、各教科分あるんだから選ぶのが大変だね。だけど、次々選んでいたけれど、そんなに早く選んでいいのかな」

カラ「一つ一つ丁寧に選んでいたら、次の仕事に影響するからね。だから、ワークテストを選ぶときは同じ単元のところを見比べて、良さそうな物を選ぶんだ。面倒なのは、学校に出入りする教材販売店への注文を同じ数になるようにすることなんだ。そのために、納得できなくても採用しなければならない教材もあるんだよ」

フク「でも、そうなると不便を感じることがよくあるんだ。同じ単元の授業であっても、会社によってテストの出題の仕方、採点の観点など違いがあるからね」

スズ「それなら、同じ学年を受け持った先生方に手伝ってもらえばいいんじゃない？　だってテスト選びは大事なんでしょう？　テスト内容に合わせた授業をやる先生がいるのは、そうしないと悪い点数を取ることになるからじゃないの？　もし、テストに問題があるなら、先生方自身で作ることも考えていいと思うな」

カラ「一緒に選ぶことができたらいいよね。でも、忙しいから無理なんだ。自作テストだけれど、本当は、授業者が作るのが望ましいんだ。昭和の時代は、積極的に作成することを奨励していたんだからね。

でも、テストの作成は面倒なんだ。通知票の成績に関するので、点数の配分も考えて問題内容を考えないといけないからね。それと、テストを作るのに時間を要するからね。だから、実際は業者のテストと自分たちで作ったテストを併用して使っていたんだ。だけど、先生方が忙しくなったので、今は業者のテストのみになっているんだ。そうだよね」

フク「望ましくはないが、教材会社の作成したテストのみの学校がほとんどになったよね。だけど、研究校では、独自の授業をやるので、評価するためにテストをよく作成するんだ。どの学校も研究授業をやっているので、取り組んだ授業については的確な評価が必要なはずなんだ。だから、テストの作成ぐらいはできないといけないと思うな」

スズ「作成に時間がかかるなら、市販のテストを使うのは仕方ないのか。だけど、自分たちで作成することも大事だよね。そうでないとテストのための授業になるものね。少なくとも最良のテストを選ぶにはもっと時間をかけなければいけないよ。それから、教材屋さんのためによい物が選べないのはよくないので、偏ってもいいと思うけどな」

カラ「そう簡単ではないんだ。多くの学校は二、三の教材店が出入りしているんだ。それぞれのテストやドリル、その他の教材も販売会社と専売契約しているんだ。だから、採用したいテストがあれば扱っている教材店に注文しなくてはいけないんだ。
　だけど、教材店は授業や学校生活で使う物品も扱っていて持ってきてくれるんだ。だから、少量であったり急いだりしたとき、親しくしてないといけない事情もあるんだ。だから、できるだけ公平に取引していた方が重宝なんだ」

フク「これは、先生方では解決できないよ。管理職がそれぞれの教材店と公平な取引になるようなやり方を決める必要があるんだ。でも、そうなると教務は対応で面倒にはなるけれどね」

スズ「先生方には、より良い物を選択できるように十分時間を確保してあげなくてはいけないよね。だけど、新年度が始まると、あまりにもやることが多すぎるよ。リス先生は、学年の仕事を終えると急いで私物の運搬をしていたよね。それでも、退勤時刻を大幅に過ぎていたんだからね。学校は、運搬の時間を確保してくれないのかな」

カラ「以前は、運搬の時間を設けていたし、空き時間があったので、仕事の合間でやれたんだ。だけど、今はそれぞれの仕事を終えてからやることが多いんだ。それにしても運ぶものが多いよね」

フク「そうだね、荷物が多いと何回も運ぶことになるからね。特に移動する教室が遠いと時間がかかるんだよ。荷物の移動は必要な業務なので、時間は確保してあげたいね」

◆教室環境作り

スズ「掲示物作りに多くの時間をかけているけれど、以前は、簡単に済ますことができたんでしょう」

カラ「以前は、教室環境は今ほど重視されなかったんだ。子どもたちが学級生活をスムーズに活動できるように、また、生活で困ることがないようにしてあげればよかったんだからね。
　でも、教育委員会や管理職の要求から次第に掲示するものが増え、それに学年で統一した教室環境が求められるようになったからなんだ。ワン先生も、教室環境作りで大変だったのでは？」

ワン「地区や学校によって違うよ。確かに近年は教室環境に力を入れることが求められているよね。初任の学校では、研究校ということもあったけれど、掲示物は最低限度で良かったんだ。今みたいに常時児童の作品を掲示したり、学習の記録をこまめに貼ることはしなかったよ。児童は貼った時は見るけれど、あとは関心ないからね。いかに授業を充実させるか、そこに時間をかけることが優先されていたんだ。
次に異動した学校も自由だったな。掲示も創意工夫して作ることができたので、学級経営に生かせてとても楽しくできたんだ。
でも、この地区に来たら、学年で統一して揃えて掲示することが決められていたので、息苦しさを感じたよ。何しろ、どの校長も教室環境についてうるさく要求するからね。
これは、教育委員会の学校訪問で指導や指摘をされたくない気持ちが働くからなんだ。現に我々教職員の前で委員会が、これがあると良いとかこれは必要だと言うんだからね。必要ないと思っても拒否することはできないんだ」
スズ「どの教室も同じ造りになっているけれど、子どもたちが私用で使う棚の使い方は先生方によって違うんだね。学年で統一しなくていいの」
フク「黒森山小の場合は、教室の後方のロッカーはランドセルと学年で私用するもの、窓際の棚は絵の具入れセット、などと学年で決めているんだ。あとは先生方によって違うんだ。子どもたちはたくさんの用具を使うので、教師が管理しやすいように配置を決めることが求められるからね。もちろん、子どもが使いやすいように考えるよ」
カラ「子どもたちの道具の置く場所を十分考えて教室は作られていないから、よけいな苦労をかけることになるんだね。
それにしても、掃除用のぞうきんかけは使いにくいよね。クラス全員がからぶき、ぬれぶきを一つのぞうきんかけスタンドにかけるから、取り出しが面倒だよね。それに、整頓に気を遣わないとだらしない状態になるからね。その点、昔のイスは四つ足だったから、各自ぞうきんを、前後にひもでくくりつければかけられたんだ」
スズ「子どもたちの使う物が増えたのに、道具を置くところがなくて、持ち帰りさせるのはよくないと思うけどな。置くところを増やすことはできないのかな」
カラ「どこの学校も教室を作るとき、先生方の意見を聞いているようには思えないよね。使いやすく、そして、多くの用具を格納できるようになってないからね」
フク「昔に造られた学校の中には、廊下にランドセルをかけさせ、多くの道具を棚に置かせているところもあるんだよ。今は、子どもたちの使う物が増えたから困っているんだ。
でも、新しく造られた学校は、廊下を広く造り、個別のロッカーを設置しているんだ。それでも、教室の格納設備は十分とは言えないけどね。学校を造るときには、先生方の意見を十分聞いて造ってほしいよね」

スズ「そうだね。でも、今困っていたなら、すぐに工事をしてほしいよね。それから、子どもたちには、本当に必要なものだけを持ち帰りさせてほしいよね。今はタブレットの持ち帰りも要求されているけれど、格納場所は前もって用意すべきだよね」

フク「子どもたちに、できるだけ持ち帰りはさせないように、校長は市役所に要求してロッカーや格納棚などの設置を行う必要があるよね。持ち帰りの物が多ければ、その分重くなるんだから、登下校に苦痛を感じる子どもがいるはずなんだ。それに、持ち帰るものが多ければ、忘れ物をすることにもつながるからね」

スズ「子どもたちの物品の管理整頓に頭を悩ませ、時間を取られる先生の負担を解消させるためにも必要だよね。ところで、始業日まで、多くの掲示物の作成が求められているけれど、絶対作らなくてはいけないものなの？」

カラ「絶対作らなければいけないものはないよ。でも黒森山小では、どのクラスも学校・学年・学級の目標が書かれたもの、時間割表、掃除や給食の当番の表、今月の歌、学校から配布される給食献立、今月の行事表、学年便りなどを貼る台紙、あとは担任が独自に必要として作成したものかな。例えば、誕生日が分かるものや『○○がんばり表』などね。

　それと、掲示とは別だけれど、子どもたちが使うロッカーや棚、靴入れなどに貼る名前シールの作成があるんだ。これらを作るだけでなく、貼る作業もあるんだよ」

教室の清掃の役割分担と作業内容

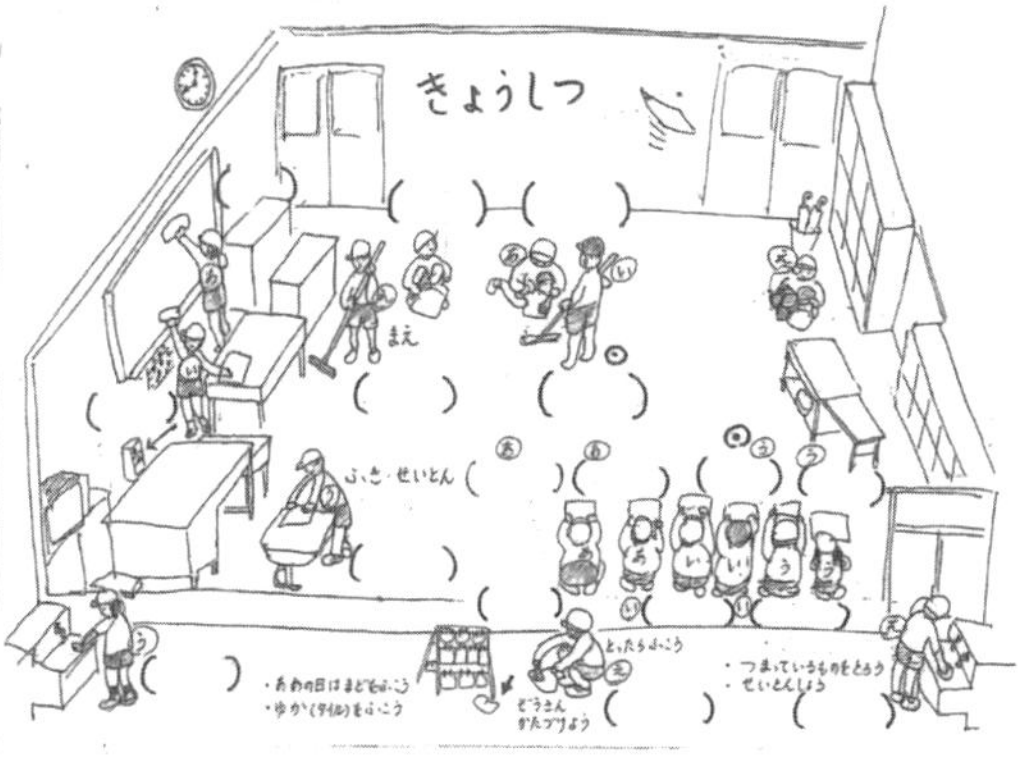

第二回職員会議

一回目の職員会議の翌日、残りの議題について話し合った。そして、今日は二回目の職員会議が開かれた。
今日の議題は、
①今年度の研修・研究計画　②生徒指導
③学校保健指導　④安全指導
⑤家庭訪問　⑥クラブ・委員会活動
⑦授業参観・懇談会　⑧全校朝会　⑨校外学習
の九つである。

初めに今年度の研修と研究について説明があった。次に生徒指導について提案があり、例年どおり、月一回生徒指導情報交換会議を行うことになった。

トラ先生は、「他校のように職員会議の中では大事な情報交換のみすれば済むと思う」と発言した。だが、時間を要してもみんなで共有することが大事と却下された。たかが月一回とはいえ、この時間を教材準備や学級事務などに当てることができるのだが。

次に安全主任から、安全指導計画の説明があった。この時、いきなり不審者対応のために、名札と笛を首から下げるように要求があった。

そこでトラ先生は、納得がいかないと反対意見を述べた。

スズ「今年度の研究教科は国語なんだね。でもここでは、研究教科と研修内容、それに研修日程を説明するだけなんだね」

カラ「研究・研修については、しっかり話し合う必要があるんだ。だから、特別に日を設けて話し合うことになっているんだよ」

スズ「生徒指導情報会議は、クラスの中で問題になっている子どもをみんなで知ることなんでしょう？　でも、いちいち説明しなくてもプリントされているんだから、目を通すだけで済むんじゃないの？　時間の無駄だよ。学校で目立つ子や同学年の子ならその子の顔が目に浮かぶけれど、他の学年の子では名前を聞いても分からないんだからね。

それに、その子らにどのように関わり指導するかまでは求めてないんだよ。だから、みんなが共通理解しておかなければならない特別な子どものみ取り上げればいいと思うけどな。それでトラ先生は、職員会議の中で十分できると言ったんでしょう」

カラ「だけど、このプリントは会議の後、回収されるんだよ。個人情報保護のためにね。だから、確実に知ってもらうには説明は必要じゃないのかな。それに、会議では、担任以外に長欠担当（毎月、教育委員会に欠席の多い子どもを報告）・特別支援担当の先生からの現状報告もあるんだよ。だから、全職員が知っておいてもらった方がいいんじゃないかな。特に校長や教頭は、何かあったときすぐ対応できるからね。だけど、毎回、同じような報告になっているので検討する必要はあるとは思うよ」

フク「実際の運営を見ていると、毎回、同じ名前が挙がり対策も同じだよね。この子らの顔も分からず説明を受けるだけでは意味がないと思うよ。だからトラ先生は、このような内容の会議なら他校でやっているように職員会議で済むと考えたんだ。みんなで指導に当たる必要がある子はほんの数名なんだよ。それと、報告書のために、時間を要するからね」

スズ「以前は、毎月生徒指導会が開かれていたよね。そこで、話し合ったことを学年会で報告したり話し合いをしていたんだよね。それがなくなり情報交換になったけれど、以前の方が充実していたような気がするな」

フク「会議自体が変わったんだ。以前は、各学年の代表が、毎月の生徒指導の目標への取り組みや、学年で抱えている問題などを話し合っていたんだ。そして、大事なことを学年会で報告し、話し合いをしていたんだ。でも、今は学校全体で問題のある子どもたちを知り、みんなで協力し取り組むことが重要と考えているんだ。

だけど、このやり方で続けて良いか検討することは必要だと思うな。異動してきた先生方の中に不満を持った先生がいたじゃないか」

スズ「先生方の異動は、これまでの経験を勤務校に生かすためでもあるんでしょう？　なのに、生徒指導情報交換会議だけでなく、他のことでも批判していたのに、翌年には見直しを口にしなくなるのは不思議だよね」

フク「異動してきた先生方は、学校のやり方を理解し同じようにやることに精いっぱいなんだよ。問題だと思っても、衝突を避けるためには従うしかないんだ。もし、改善や変更が必要なら次年度、要望すればよいと考えるんだ。

でも、一年経つと勤務校のやり方に慣れて我慢してやれるようになるんだ。だから、進んでみんなの前で問題を指摘する先生はほぼいないんだ。トラ先生のような先生は本当に少なくなったよ」

スズ「そうだよね。安全指導の中で安全主任が提案した不審者対応策の名札と笛の着用について、トラ先生が反対意見を言ったけれど、その後、誰も言わないって不思議だね」

フク「今は、納得できないことでも無理があっても、やれるなら指示に従った方が良いという考え方をする先生が多くなったからね。

これは、何度も話しているが、職員会議の在り方が変わったからなんだ。校長が議決権を持っているからね。だけど、以前は問題があれば活発に意見が交わされていたんだよ。これでは、学校はますます多忙になり、魅力がなくなっていくような気がするな。

職員会議は、自分たちの考え方を伝える貴重な場なんだけれどね。先生方には、思ったことや言いたいことがあったら、勇気を出して職員や子どもたちのために発言してほしいな」

始業式と担任発表

黒森山小学校の新学期は、四月五日（休日なら翌日）から始まる。子どもたちは、新学期を迎え期待と不安を持って登校してきた。新三年生と新五年生は玄関に貼られている新学級の学級編成名簿を見て教室に入った。それぞれのクラスから、誰が担任になるか話している声が聞こえた。職員室では、朝の打ち合わせがあり、今日の予定と誰が始業式の会場に引率するか確認し合った。

スズ「いよいよ、子どもたちと担任の先生の学校生活の一年間が始まるんだね。三年生と五年生は学級編成があったけれど、どのようにして決まったの？」

カラ「前年度の学年の先生方が、学年の終わりに話し合って決めたんだよ。まず、子どもたちの成績、運動、生活行動や保護者等の記録をもとに、偏りのないよう各クラスを均等になるように編成するんだ。それを、校長が新担任発表後に編成名簿として渡すんだ」

スズ「学級編成したAの封筒には学年主任と指定されていたよ。みんな均等になるように作られていたんじゃないの？」

カラ「完全に均等に編成することは無理さ。特に乱暴な子、学習の遅れた子、障害を持った子どもたちがいると、子どもの指導に長《た》けたベテランの先生の方が安心だろう。だから、ベテランの学年主任にお願いするんだ」

スズ「それなら、一年生のクラスはどうやって決めたの？　誰も、教えた先生はいないよ」

フク「クラス編成は、旧一年生の先生方で決めることになっているんだ。だから編成のために、新年度多く入学してくる幼稚園や保育園の先生方と引き継ぎをしているんだ。そして、入学前の就学時健康診断を参考に学級編成をするんだ。健康診断には学習能力検査（知能テスト）があるので学級編成の判断材料になっているんだよ。それと、健康診断や学習能力検査での態度や行動もね」

スズ「学校には、入学する保育園や幼稚園から要録が送られてくるんでしょう？　（幼稚園には、旧来から『学習指導要録』があったが、保育園は二〇〇九年（平成二十一年）から『保育所児童保育要録』の作成が行われることになった）わざわざ、引き継ぎしなくてはいけないの？　引き継ぎは、近くの幼稚園と保育園だけじゃない。入学する子は遠いところにもたくさん行っているんだよ。ワン先生は一年生を何度も受け持ったことがあるんでしょう？　要録だけではだめなの？」

ワン「送られてきた要録は、その子の良さは分かるが、学習や生活行動などの問題については記載されてないんだ。だから、ほとんど参考にはならないよ。これは、中学校へ送る要録の写しも同じさ、誰も見やしないよ。だから、多く入学してくる幼稚園や保育園だけ引き継ぎを行うことになるんだ。それと、就学時健診の時の学習能力検査（知能検査）や健康診断さ。

だけど、実際学校生活が始まると学級差が出て、指導を要する児童に偏りが出てくるんだ。今は、特別支援学級での教育の充実が図られているので、無理に普通学級を望む保護者は少ないんだ。だけど、以前は普通学級を望み、就学時健診を受けさせない保護者がかなりいたんだよ」

フク「近年は、小一プロブレム（小学校での生活や雰囲気になじめず落ち着かない状態が続く）が問題になっているが、どこの学校にも集団行動を嫌い、勝手に席を立ったり教室から飛び出したりする子どもがいるからね。このような子どもが数人いたら学級がうまくいかなくなるんだよ。だから、子どもたちのことがよく分かってから、入学後、様子を見て学級編成をしている学校もあるんだよ」

カラ「集団行動がとれない子どもの中には、発達障害

（注意欠如、多動症、学習障害、自閉スペクトラム症）の子もいるよね。以前は、厳しい指導をとっていたが、今では子どもの理解に努めた指導がとられるようになっているんだ。だけど、受け持った担任の苦労は計り知れないよね」
スズ「学級編成って大変なんだね。三・五年生の子どもたちは、玄関に貼られている学級の名簿を見て、にこやかな顔をしていたよね。でも、子どもたちが担任との出会いを楽しみに入室したのに、教室には、担任になる先生がいないのはどうしてなのかな」
カラ「始業式の後に全校児童の前で校長が担任発表をすることになっているからさ。全校児童が集まっている体育館に行けば分かるよ」

◆着任式・始業式・担任発表…体育館

スズ「初めに着任式があったけれど、始業式の中でやった方が無駄がないと思うけどな。何度も号令で立ったり座ったりしなくて済むし、初めの言葉や終わりの言葉も一回で済むじゃない。ついでに、担任発表を入れてもいいんじゃないのかな」
カラ「始業式は、全児童と全先生方で、この年の学年および学期の始まりを宣言する式なんだよ。新しく迎える先生方の紹介をしてから始業式に臨むのが自然じゃないのかな」
フク「始業式は、新学期を迎え新たな決意と希望を持たせること。そして、規律と礼儀を理解させる目的を持っているんだ。だけど、始業式の中でやってはいけない決まりはないよ。でも、担任発表は別ものさ。担任発表の時、歓声があがって騒がしくなるからね。日本では、どこも黒森山小のような担任発表のやり方をしているんだ。だけど、海外では異なるようだよ。担任発表がないんだ。イギリスやアメリカでは、子どもが担任のいる教室に行くやり方をとっているからね」
スズ「担任発表は、先生の人気ランキングショーみたいになっているよね。だから、始業式には相応しくないんだね。校長先生は、楽しそうに担任の発表をしていたけれど、先生方にとってはきついんじゃないの。歓迎されてクラスの子どもたちの前に行ければ良いが、がっかりした顔をした子どものところに行くのはおもしろくないものね」
カラ「担任発表が、人気のバロメーターになるのは好ましくはないよ。人気のある先生が素晴らしい先生で、人気のない先生は魅力がないように感じちゃうからね。だけど、人気がある先生が指導力のある優れた先生とは限らないけれどね。厳しい先生だけど子どもに寄り添い、良い教育をやっている先生はいるんだからね。でも、嫌な顔をしている子どもたちのところに行くのは苦痛だと思うよ」

スズ「子どもたちとの出会いはお互いにとって良いものにしてほしいよね。歓迎されない先生は、やる気をなくさないのかな。子どもに喜んでもらえる先生になるように努めることが求められているのかな」

フク「それは違うよ。確かに嫌な顔をされたら良い気分はしないと思うよ。だからといって子どもたちに迎合する教育を行うことは問題だと思うよ。厳しい指導でも子どもが納得する教育をすれば慕われるからね。

子どもたちは、新鮮さを求めるので、特に、若い先生、活動的な先生には魅力を感じるんだ。嫌な顔をされたことのあるワンさん、どう思う?」

ワン「新採で六年生を受け持った時は、不満な顔をされて気分が悪かったよ。でも、発憤材料にはなったよ。確かに嫌な顔をされれば誰だっておもしろくはないよ。教師なら誰もが児童に好かれたいと思っているからね。だからと言って、児童に迎合するような教育はできないよ。だけど、児童に嫌われたくなくて、迎合してしまう教師は少なからずいるんだ」

スズ「校長先生が、担任の名前を呼び上げたら、担任は、そのクラスの子どもたちのところへ行くようになっているよね。だけど、このやり方は決して良いとは思えないよ。子どもと先生が気持ちよく出会えるようにはなってないもの。先生の中には不満を持っている人もいるんでしょう? それなら、見直すべきだよ」

カラ「確かに、先生の中には、快く思っていない人もいると思うよ。だけど、このやり方をやめてほしいと声を上げるほどではないんじゃないかな」

スズ「そうかな。このやり方は、校長先生のワンマンショーの感がしてならないよ。子どもたちの反応を楽しみながら担任発表をしているんだからね。全員の担任を発表してから一斉に子どもたちのところに行くようにしてもいいと思うけどな。そうすれば、時間短縮にもなるよ」

カラ「全員発表してから一斉にクラスのところに行くやり方は悪くはないね。でも、ほとんどの校長は認めないだろうな。校長の発表を児童は真剣に聞き、すぐに反応してくれるんだよ。こんなに嬉《うれ》しいことはないよ。担任発表は校長の華やかな授業のようなものだからね」

スズ「それは、おかしいよ。校長先生のための担任発表じゃないでしょう。だけど、歓迎されていなかった先生のクラスの子どもたちが気になって様子を見ていたら、みんな楽しそうな顔をして教室に行ったのでホッとしたよ」

フク「多くの子どもは、受け持ちの先生が判明したらうまくやっていきたいと思うものなんだ。だから、嫌な顔を見せた子どもたちも、帰る時は和やかな顔をしていただろう？　担任発表のやり方に問題がないとは言えないが、そんなに重く考えなくてもいいんじゃないのかな。その場だけの子どもの評価として、寛容に見られる先生であってほしいな。授業も生活指導も優れ、多くの同僚に尊敬されている先生への子どもの反応はよくなくても、一年を終えると、多くの子に慕われるものなんだ。教えることに自信があれば気にしないで済ますことができると思うよ。大事なことは、教育技術を高め、子どもに慕われるように努めることじゃないのかな」

◆下校

リス先生の教室では、先生の自己紹介の後、新しい教科書が配られた。子どもたちは教科書の不備がないか確認し、学校からの配布物と一緒にカバンに入れた。

この時、今年度の時間割表を見て、授業時間数が増えたことにため息をつく子が見られた。

連絡が済むと、高学年の児童以外はすぐに下校になった。高学年は、この後、明日の入学式の準備を行うことになっていた。

入学式当日の動き

- 職員打ち合わせ
- 朝の会
- 清掃（諸準備及び点検）
- 金管入場、在校生入場（歓迎の言葉、歌の練習）
- 新入生、保護者受付
- 保護者入場、来賓入場、新入生入場
- 入学式
- 来賓退場、在校生退場
- 写真撮影準備、新入生写真撮影
- 在校生学級活動　※六年生後片付け
- 一年生学級ＰＴＡ
- 児童下校

授業時間数が増える

始業式を終え、家に帰ると二年生になった次郎くんは、お姉ちゃんに時間割表を突き出し、

「お姉ちゃんずるいよ。ぼく六時間目があるんだよ」と口を尖《とが》らせて言った。お姉ちゃんは一年上で、昨年の二年生は六時間目の授業はなかったからである。

六年生になったお兄ちゃんが、

「ぼくなんて毎日六時間授業なんだよ。学年が上がれば増えるのは仕方ないよ」と慰めた。

その話を聞いていたお母さんが、

「私が二年生の時は、五時間授業が二日で、あとの四日は四時間授業だったのよ。一年の時は、五時間は一日だったんだから」と当時、土曜日授業があったが、平日早く帰れて嬉しかったことを話した。それから、みんなで授業が増えることについて不満を言い合った。

お父さんが帰宅すると、早速次郎くんは時間割表を見せ、授業が増えることについて聞いてみた。

次郎くんのお父さんは、隣の市の小学校の教員をしている。お父さんもお母さんの意見に賛成で、一、二年生は、早く学校から帰って自分のやりたいことを思い切り楽しむのが大事であることを話した。そして、子どもの時どのように過ごしたか、おもしろおかしく話をして聞かせた。それから神妙な顔をして、授業時間が増えれば、その分お父さんの帰りが遅くなることを話した。

次郎くんは、お父さんが忙しくなれば一緒に遊んでもらえる時間が少なくなることを知り不満な顔を見せた。お兄ちゃんは、

「授業を増やすのは誰のためなんだろう」と首をかしげてつぶやいた。

スズ「低学年の先生方が、時間割表作りの時、午後の授業に国語を入れたくないと言っていたよね。それは、一、二年生は午後は集中力を欠くからなんでしょう？　それなのに、どうして文科省は、授業時間を増やすんだろう。土曜日の授業があったときの授業時間数にしたいと考えたのかな」

カラ「土曜日のときと同じ授業時間数にするために増やしたわけではないと思うよ。土曜授業を廃止した時は、授業時間は減っていたんだよ。当時は、ゆとりのある学校教育を目指していたんだからね。だけど、ＯＥＣＤの学習到達度調査（ＰＩＳＡ）で

次郎君の時間割表

2010年　1の2 → 2011　2の2

	月	火	水	木	金
1	○	○	○	○	○
2	○	○	○	○	○
3	○	○	○	○	○
4	○	○	○	○	○
5	○	○	○	○	

	月	火	水	木	金
1	○	○	○	○	○
2	○	○	○	○	○
3	○	○	○	○	○
4	○	○	○	○	○
5	○	○	○	○	○
6		●			

お姉ちゃん

2010年　2の1

	月	火	水	木	金
1	○	○	○	○	○
2	○	○	○	○	○
3	○	○	○	○	○
4	○	○	○	○	○
5	○	○	○	○	○

おにいちゃん

2011年　6の3

	月	火	水	木	金
1	○	○	○	○	○
2	○	○	○	○	○
3	○	○	○	○	○
4	○	○	○	○	○
5	○	○	○	○	○
6	○	○	○	○	○

お父さんとお母さんが
１年生のときの時間割表

※年間授業時数１年生８１６時間

1970年　1の1

	月	火	水	木	金	土
1	○	○	○	○	○	●
2	○	○	○	○	○	●
3	○	○	○	○	○	●
4	○	○	○	○	○	
5	○					

1974年　1の4

	月	火	水	木	金	土
1	○	○	○	○	○	●
2	○	○	○	○	○	●
3	○	○	○	○	○	●
4	○	○	○	○	○	
5	○					

お父さんの勤務校　→
６の３の時間割表

平成１５年度　日　課　表　６の３

	月	火	水	木	金
	登校				
	打合わせ 朝の読書	いきいきタイム（算数）	打合わせ いきいきタイム	いきいきタイム（国語）	打合わせ いきいきタイム
	おはようタイム				
1	体育（外）	国語	音楽	国語（書写）	体育（小体）
2	家庭	理科	算数（T．T）	社会	家庭
	なかよしタイム				
3	国語	社会	社会	算数（T・T）	算数（T・T）
4	総合（パソコン）	算数	理科	学活	道徳
	給食				
	昼休み	のびのびタイム	昼休み	のびのびタイム	昼休み
5	図工	総合	体育 国語		国語
6		委員会（1，3週） クラブ（2，4週）			

学習指導要領改訂と年間授業時間数
１９８０年(昭和55年)　～　２０１８年

年	1年生	2年生	5・6年生
１９８０年(昭和55年)	８５０	９１０	１０１５
１９９２年(平成 4年)	８５０	９１０	１０１５
２００２年(平成14年)	７８２	８４０	９４５
２０１１年(平成23年)	８５０	９１０	１０１５
２０１８年(平成30年)	８５０	９１０	１０１５

※８５０時間は週２５コマ

担任の空き時間

２年生　週１時間(書写)
６年生　週３～４時間
(音楽２・その他
※書写・家庭科
理科・図工
体育など)

児童が下校するまでの時間				児童下校～教師の退勤時刻まで		
授業	終了時刻	帰りの会終了	児童下校	休憩時間	学級事務教材準備等	退勤時刻
4時間授業	給食昼休み掃除	１：５５	２：００	２５分	２時間　５分	４：３０
5時間授業	２：４０	２：５５	３：００	２５分	１時間　５分	４：３０
6時間授業	３：３０	３：４０	３：５０	２５分	２５分	４：３０

帰りの会１５分　※児童全員5分で退室。可能？

日本の学力低下が報道され、その原因が授業内容の削減と授業時間が少なくなったことだと言われたんだ。それから、質の高い授業内容の要求とともに、授業時間数を増やす方向に進んでいったんだ」

フク「授業時間数と授業内容などは、約十年ごとに行われる学習指導要領の改訂で示されるんだ。先ほどのゆとり教育の時は授業数が減っていたことを話していたけれど、本当なんだよ。次郎くんのお父さんが二〇〇三年（平成十五年）、酒小で六年生の担任をしていたときの時間割表を見てごらんよ。四時間が一日で、六時間が一日で、あとの四日は五時間授業だったんだよ。これは、朝の学習時間を授業時間に入れたからなんだ。授業時間のカウントの仕方の工夫なんだけれどね」

カラ「次郎くんは、二年生の時のお姉ちゃんと比べて授業が増えたことに不満だったよね。でも、今度入学する一年生は、次郎くんより授業が一時間多いんだよ。

これは、新しい学習指導要領が四月から施行されたからなんだ。学習指導要領は、施行される前々年度から移行期間を設け授業時間数を変えているんだ。二〇〇八年までは、一年生の授業時間は年間七八二時間（週二十三時間）だよね。それが、移行期間の二〇〇九年、二〇一〇年は年間八一六時間（週二十四時間）と増え、そして、次郎くんが二年生になる二〇一一年は年間八五〇時間（週二十五時間）というように変わってきているんだよ」

スズ「子どもたちの学力向上のためなら授業時間を増やすのは仕方ないのか。だけど、授業が増えることで先生方の学級事務や授業の準備などの時間が少なくなるのはよくないよね。一時間授業が増えると、どのくらい仕事に影響があるのかな」

フク「それでは、四時間授業が行われた場合と五時間授業の場合では、授業以外の勤務の時間にどう影響するか、表にしたのでそれで説明するよ。

四時間授業だと、児童が完全に下校するのが午後二時なんだ。四時間授業でも給食、昼休み、清掃があるからね。なお、帰りの会は十五分で考えているが、実際はもっとかかるんだけれどね。そして、一年生の場合は安全に帰宅させるため、校門もしくは大通りまで見送るんだ。このような学校は多いんだよ。

ここでは、児童を教室から完全に出した時刻を二時にするよ。すると、二時から退勤時刻四時三十分までの二時間三十分が、先生方が学級事務や授業の準備などの仕事ができる時間となるよね。だけど、休憩時間があるから仕事の時間は減るんだ。黒森山小は休憩時間の取り方を、昼休み二十分、児童下校後二十五分取るようにしているんだ。だから二十五分を引くと、実際仕事ができる時間は二時間五分となるんだ（教職員は勤務の特殊性から休憩時間四十五分をまとめて取ることができないので分割して取っている）。

それでは、五時間授業だとどうなるか。授業が終了し下校完了を三時とすると、一時間五分。休憩時間を取ると実際仕事に使える時間は、一時間五分になるんだ。

では、六時間だとどうなるか。なんとわずか二十五分しかないんだよ。これは、あくまでも行事や用がないときなんだ。でも、学校では週の行事として、研修会と学年会が毎週一日設定されているんだ。月の行事として、毎月一回、職員会議（学年主任や生徒指導主任などは職員会議のための企画会議がある）と、生徒指導や保健安全などの部会もあるんだ。そして、専科との打ち合わせもね。

これ以外にもさまざまな仕事が要求されているんだ。例えば日直の仕事では、輪番で校舎の見回り・施錠・学校日誌の記載。それから、保護者との連絡・相談・苦情対応など挙げればきりがないんだ。

このことから、授業時間が増えると先生方の超過勤務、つまり、時間外勤務が増えることがよく分かるだろう。

そこで、トラ先生は、超過勤務につながる授業時間数を問題にして職員会議で意見を述べたんだ」

スズ「トラ先生が、他校のやり方を取り入れ授業時間を減らす提案をするのは、当然だと思うな。でも、賛成意見が全くなかったよね。帰りが遅くなってもいいと思っているのかな。どの仕事にどのくらい時間がかかるか分析すれば、どのくらい時間が足りないか容易に分かるはずなのにね。超過勤務解消には必要だと思うな。

ところで、勤務を命じる校長先生や教育委員会、そして、肝心な文科省は、先生方の勤務状態を正確に把握しているのかな」

カラ「形式的には勤務状況の調査はやっているよ。だけど、アンケートは期間を設けてやっているんだ。本来は年間を通したものでないと実態が分からないんだけれどね。

仕事の処理時間のことだけど、どの仕事にどのくらい時間を要するかなんだが、詳細に明らかにするのは難しいんだ。仕事に対しての取り組みに個人差があるからね。だけど実態調査をして、おおよそでもいいので明らかにしてほしいよね」

スズ「授業時間数が増えることについて、教育専門家・先生・保護者はどうして反対しないんだろう。本当に学力向上を願うなら、土曜日に授業をやればいいんだよ。私立学校では、土曜日授業をやっているんだからね。公立の学校は、以前土曜日授業をやっていたんだから復活させればいいと思うな。そうすれば、先生方の超過勤務が減るはずだよ」

カラ「先生の勤務時間は、決められているからな。土曜日に授業をやるのは無理だよ。

本当に土曜日授業を実現させるには、特別に先生を増やさなければできないよ。土曜日にやるとしたら英語、プログラミング、パソコン技能など特別授業や補充授業などを、民間やボランティアに委託するんだ。その方が、子どもにとっても有意義だと思うな」

フク「今、学校に求められている高い技能を要する授業は、今の勤務状況ではこなせないよ。だから、専門知識と技能を要する内容を委託するのは良いかもしれないね」

スズ「授業の時間割表から、子どものたちの生活や教育の充実、そして、先生方の勤務の改善などいろいろ考えることができるんだね。子どもたちには、意欲的に取り組める時間割表にしてほしいな」

入学式　式次第

・一年生入場
・市民憲章の唱和
・一同礼

1　開式の言葉
2　国歌斉唱
3　校歌斉唱
4　一年生担任発表
5　入学児童呼名
6　校長祝辞
7　教科書給与
8　来賓紹介
9　来賓お祝いの言葉・市議会委員・ＰＴＡ会長
10　教育委員会お祝いの言葉
11　祝電披露
12　児童代表歓迎の言葉
13　学校紹介二年生
14　閉会の言葉

入学式

新入生を受け持つことになったウサ先生は、早く出勤し教室内の点検と保護者に渡す文書の確認をした。その後、児童の呼名と保護者に話す練習をした。

他の先生も早く出勤していて、分担されていた仕事に取りかかった。トラ先生は、『入学式』の看板を門扉にくくりつけ、サル先生は国旗・校旗・市旗を掲揚した。朝の打ち合わせの時には、ほぼどの仕事も終えていた。

その後、全校児童で清掃を行い、式の始まる三十分前には、全員体育館に入場することができた。入場後、式の始まる前まで歓迎の言葉や歌の練習をした。だが、声が揃わず何度も練習を行うことになった。

一年生の各教室では、付き添いの先生が新入生に式での作法・返事の仕方などを教えていた。

会場に保護者、来賓が席に着くと、司会の合図で、新入生は六年生と手をつないで入場した。大きな拍手に迎えられ入学式が始まった。

スズ「入学式のためには、前もっていろいろな準備をしないといけないんだね。看板の設置や旗の掲揚などは、当日でないとできないんだね。

新入生と保護者は、看板前に立って記念撮影をしていたけれど、看板に汚れが見られていて残念だったね」
カラ「看板を含め廊下の掲示など多くのものは、以前作られたものを補修して使っているんだよ。だから、よく見ると傷や色あせがあるのがよく分かるんだ。今の看板はペンキで書かれているが、昔は毎回、筆で文字を書いていたんだよ。掲示や装飾が簡素になっているのは寂しいよね」
フク「そうだね。新入生や保護者、それに在校生に喜んでもらうものを作ろうという気持ちが薄れているのは残念だね。仕方ないとは思うが、喜んでもらう意識と意欲は大事にしてほしいよね。子どもに美意識を育成する場にもなるんだからね」
スズ「でも、学校は余裕がなくなっているんでしょう？　できる範囲でやるしかないよね。子どもも保護者も大して気にしてないんだから。
だけど、玄関のドアに貼ってあった大きな文字で印刷された名簿や案内図などは見やすくてよかったね。本当に必要なことができていれば、それでいいと思うけどな」
カラ「そうだね。つい一昔までは、それぞれの係がいいものを作ろうと頑張っていたよね。今はやることが多いので、現状に即して準備をするしかないよね。
名簿のことを褒めていたけれど、作るのは大変だったんだよ。今の子どもの名前には、漢字に変換しにくいものがあって時間がかかるんだ。これは、入学式だけでなく公簿やクラスの名簿なども同じなんだ。それから、他のクラスの先生が名簿を見ても読み方が分かるようにする必要があるんだ。正しく言えないと嫌な顔をされるからね」
スズ「だからなのか、ウサ先生が名前を言う練習をしていたよね。入学式のためにどの先生もしっかりやっていたけれど、これは、役割分担がきちんと決まっていたからなんでしょう。受付担当しているブル先生が、時間になっても来ない保護者に電話をして、間に合わせたのは良かったよね」
カラ「どこの学校も入学式のやり方はだいたい同じだからね。毎年やっていれば誰でもうまくできるものさ。事なく進めるには、やはり計画をしっかり立てておくことが大事なんだ」
スズ「保護者の席は遠いところに設けられているんだね。写真を撮ろうとして立ち上がったり、席を離れたりする保護者がいたよ。もっと子どもがよく見える席は作れないのかな」
カラ「一昔前は、演台もピアノもステージに置かれ、来賓も壇上だったんだよ。今は演台やピアノを下ろし、子どもの目の前で話せるようにしたんだ。そこで、来賓は新入生の隣に席が設けられることになったんだ。それと、多くの児童を参加させるようにしているので、保護者の席はおのずと遠くになったんだ」

フク「子どもたちの目の前に演台が置かれたのはとても良いことだと思うよ。でも、誰のための入学式なのか考える必要がある気がするな。自分のお子さんがよく見えるような席を設けることを考えてほしいな。そんなに難しいことではないと思うけどな。ワンさん、どう思う？」

ワン「一年生の児童は、どんなやり方でも受け入れてくれるよ。最初に一年生を受け持ったときは、来賓以外、全員立ってやったんだ。新入生が疲れないように呼名（名前を呼んで返事をさせる）はなく、挨拶も手短にサッと済ませたので、あっという間に終えたんだ。

ただ、新入生と担任との出会いは大事だという考えで、新入生に喜んでもらえることが求められたんだ。そこで、担任発表と挨拶では、指人形を登場させ抱負などを話したんだ。ダンスで自己紹介をした担任もいたんだよ。新入生は大喜びさ。でも、校長が替わったら、どこでも見られる全員が椅子に座ってやる式になったけどね」

カラ「それはやむを得ないよ。入学式は儀式行事という位置づけでやるんだからね。長い話を我慢して聞くことで忍耐力がつくし、式の作法を学ぶことができるからね。ワン先生がいくら呼名は必要ないと言っても、校長をはじめみんなが理解してくれなかったじゃない。入学式は最も大事な儀式なんだからね」

ワン「この地区に来る前の教育事務所の学校では呼名がなかったんだよ。クラス数が多く人数が多くいたこともあったが、一人一人名前を呼んで返事をさせる意味はないと考えていたからね。在校生も保護者も、新入生の後ろ姿を声だけ聞くんだよ。それに、名前を呼ばれても聞こえないような返事もあるんだ。その子の保護者は良い気持ちはしないと思うんだ。

でも、この地区の多くの教職員は、学校に入学し仲間入りした意思表示のためにも呼名は絶対に必要だと思っているんだ。呼名がなければ時間の短縮になり、新入生にとって良いと思うけどな」

スズ「呼名するのが当たり前だと思っていれば簡単には変わらないよね。でも、一人一人担任が名前を呼んで、呼ばれた子が返事をすることには、どんな意味があるんだろうな。黒森山小に入学しました、という宣誓とでも思っているのかな。それなら必要ないよね。教室でも担任が一人一人名前を呼んで、返事をさせていたけれど、みんな、その子の方を向いていたよ。この方が自然だよ」

フク「時代とともに式の在り方は変わっていくが、見直すときは〝誰のために、何のために〟このことを肝に銘じて取り組まないと中身のないものになるからね。以前は、入学式に参加しない学年は帰宅させたが、今は授業時数の確保のため授業をやるようになったんだ。

一昔前は、出席するのは六年生もしくは五、六年の児童と新入生、それと二年生の代表（一年の時に育てたあさがおの種を贈呈し帰宅）だけだったんだ。だけど、児童数が減ると出席させる学年を増やしているんだよ」

スズ「黒森山小は全校児童が体育館に入れるので全員参加しているよね。でも、そのために歓迎の言葉の練習をしなければいけないんでしょう？　呼びかけ形式（お祝いの言葉を上手く言える子が順番に言い、言葉の合間に全員が声を合わせて大きな声で言ったり歌を歌ったりする）なので、全員で声を合わせるには練習が多く必要だよね。特に二年生はね。一年間の楽しかった行事の絵を投影し、それに合わせて言わなければいけなから練習が必要だよね」

カラ「呼びかけには、保護者や来賓も感銘を受けたようだよ。校長も満足そうな顔をしていたもの。ただし、在校生は、何度も練習しているので感銘はしないよ。だからと言って、つまらない、面倒、やりたくないなんて言えないよ。練習では、注意を受けながら言わされるので、楽しいなんて思うわけないよ。ただし、代表に選ばれてうまくお祝いの言葉を言えた子は嬉しく思うよ」

フク「昔は、お祝いの言葉を児童代表が言っていたんだよ。それが、全員の子どもたちが参加することで、今の呼びかけのやり方になったんだ。でも、問題が多く見られるようになったんだよ。だからと言って児童代表とはならないんだ。学校は公平・平等・全員参加を重視しているからね。

でも、学校教育ではお手本になる筑波大付属小では、今でも児童代表が祝辞を言っているんだよ。呼びかけ方式は見栄えは良いが形式的で多くの時間を要するので、見直す時期だと思うけどな」

カラ「児童会の在り方も大きく変わったよね。今の児童会は、学級の中から選ばれた子が役員になるんだからね。選挙で選ばれたなら気持ちを込めた祝辞が言えると思うんだ」

スズ「児童代表も悪くないね。そうすれば時間短縮になるね。それから、ＰＴＡの役員決めも別の日にするんだ。そうすれば、昼過ぎまで学校にいなくて済むからね。役員決めは当日じゃなくてはいけないの？　新入生は、役員決めの間、教室で絵本の読み聞かせやお絵描きをしながら待ってなければいけないんだよ？」

カラ「以前は役員決めはなかったんだ。ＰＴＡの役員を決める日は、ＰＴＡ総会の前に設定されているからね。だけど、役員のなり手がとても少なくて出席しないんだ。その点、入学式はほぼ全員参加するからね。だけど、ウサ先生の学級は全部決まらなかったけどね」

フク「役員決めのため、帰宅するのが遅くなるのは良くないよね。まだまだ、入学式の在り方や当日の進行を見直す必要があるね」

校内研究と研修

全国どこの学校でも、校内研究と校内研修が行われている。黒森山小学校では、四月中旬、図書室で研究と研修について話し合った。

昨年度までは、算数科を研究し、近隣の学校の先生に観てもらう公開授業をするなど力を入れてきた。だが、今年度からは国語科で研究することになった。

初めに教頭から国語で研究することになった理由が述べられた。次に研究主任から、今年度の研修内容と国語の研究テーマ、そして、仮説について説明があった。

説明後、低・中・高学年に分かれて、誰がいつ授業を行うか話し合った。国語が苦手なウサ先生は遅い日を、リス先生は最初の日を選んだ。指導案の形式と記載内容については、研究主任を中心に研究部会で検討することになった。

トラ先生と数人の先生は、校内研究が国語になったこと、そして研究仮説に納得がいかず、不満を口にして退室した。

スズ「年度末、教育課程の反省と校務分掌の希望のほか、研究・研修の希望調査をやったよね。その時、多くの先生方は、算数を引き続きやることを希望していたじゃない。どうして、国語になったの？　それじゃあ希望を採った意味がないじゃない。教頭先生は、国語の必要性を述べたけど、トラ先生らは納得してなかったよ」

カラ「理由は簡単さ。赴任した校長が国語が得意で、国語を研究したいからさ。他校に講師として指導をしているんだよ。それで、教頭が校長と話し合って校内研究を国語に決めたというわけさ」

フク「それだけじゃないよ。校長が、理科の授業を充実させたいと考えたんだ。理科の実験には準備が必要だろう？　忙しいと解説だけで済ませることになるからね。そこで、理科の専科を設けることにしたんだ。

でも、そのためには、算数で採用している講師を減らさなければならないんだ。そうなると、今のままの算数を研究にすると支障が出てくるだろう？　今まで一クラス三人でやっている少人数の授業ができなくなるからね。もちろん二人でも研究を続けることはできるが、研究内容が大きく変わることになるからね」

スズ「そうだね。理科に力を入れると、算数は難しくなるよね。どこの学校も校内研究をやっているけれど、先生方の希望どおりにはならないものなの？」

フク「決定権は校長にあるからね。そもそも校内研究は、先生方の希望をとってやるものではないんだよ。学校の教育活動の中で明らかになった課題を、実践を通して解決するためにやるものなんだ。でも、近年は学習指導要領を基軸に課題を設定し、子どもの基礎学力や活用力の向上に向けて取り組んでいるんだよ。

黒森山小は後者の方だけれど、国語の読み取りに課題があって決めたわけではないんだ。だから、トラ先生はじめかなりの先生は、納得できなかったんだ。それと、子どものことを考えれば、算数の授業を一クラスを三人の先生でやった方が良いと考えるのは当然のことじゃないのかな」

カラ「近年は仮説を設けて研究する学校が多いよね。でも、仮説を取り入れることで、研究が形式的になり、個々の教師の能力を高めにくくなったと言われているんだよ。

黒森山小の研究を見ていくと、研究主題は『国語科における確かな読解力の育成』で、仮説が『読解力の指導において、文章に即して読んだりイメージをふくらませて読んだりできるように工夫すれば、読み取る力を育てることができる』としているんだ。この仮説を見て、みんなが納得できないと研究はうまくいかないんだ」

フク「そうだね。多くの仮説は、授業をやっていると問題が出てくるからね。黒森山小の仮説がなぜ納得できないと思ったか分かるかい？　仮説の最初に書かれている『文章に即して読んだり』これ自体が明確になってないからなんだ。つまり、文章に即して読ませるにはどうすれば良いかが明らかになってないんだ。

例えば、音読を多く用いる、文章ごとにどんな意味か話し合わせるなど、どんな方法が良いか分かってないんだ。ワンさんは、読解力がない子に文章の区切りごとに線を引かせ、その言葉に自分が思ったことや考えたことを書き込ませて文章の読み取りをさせたんだよ。とても手間がかかるので、特別授業を設けてやったそうなんだ。

この『文章に即して読ませる』これ自体が研究対象になるくらい難しいんだ。それを、黒森山小は明らかになったと考え、どんな工夫が必要かを求めているんだからね。読解力の育成方法は、それぞれの先生によって異なっているので、うまくはいかないと思うな。

山手小では『読み取りの基礎・基本を身につけさせ、文章のあらましを捉え課題を持たせ、読み取ったことを表現していく場を工夫すれば、読み取る力が育成される』と考えているんだ。同じ読解力育成でも考え方が異なっているだろう？　『読み取りの基礎・基本を身につけさせる』これ自体が難しく、これが身につけば読解力があることになるんだから、これを身につけさせる仮説がまた必要になるよね。このように仮説を設けて研究するとなると、無理があることが分かるだろう」

スズ「同じテーマでも、多くの仮説が作られるということは、考える先生によって違うからなんだね。学校には、国語に詳しい先生もいれば苦手な先生もいるんだから、みんなが納得できるものにしないといけないよね。トラ先生はきっと国語が苦手なんだね」

カラ「そんなことはないよ。他の学校で国語主任をやっていたんだよ。だから、黒森山小の仮説に納得がいかなかったんだと思うな。このやり方をすれば、確かな読解力が身につくというやり方は確立されてないからね。いろいろな考えが出てくるのは当然さ」

スズ「仮説を見て、どの先生も、どのような授業を行うのか具体的に分からなければ、研究授業はうまくいかないよね。仮説を理解するのに頭を抱えることがあってはだめだよ。国語の読み取りで大事なことは、書いている文章を正確に読んだり、書いた人の思いを理解し感じ取ったりできることなんでしょう？　子どもの読み取り方を調べ、どのような方法で読み取り方の指導をすればよいか、それを明らかにする研究をやっている学校はないのかな。それが分かれば、国語の授業はきっと楽しくなると思うな。それに、他の授業でも、読み取る力があれば授業がよく分かるようになるのにね」

カラ「そうだね、しっかり読み取る力をつける授業ができれば、読解能力は高まるだろうね。でも、意欲的に読んだりするには、そのための手だてが必要なんだ。だから、そのための研究も盛んに行われているんだよ。それと、国語科では、話したり書いたりする能力の育成も重要なんだ」

フク「国語を取り上げて話してきたが、どの教科や領域においても、研究のテーマや仮説を考えるのは難しいものなんだ。特に仮説はね。だから、多くの研究主任は、同じような研究をやっている学校の仮説を参考に作るんだ。でも、まねることはしないんだ。見栄と自尊心があるからね。だからよけい難しいものになっているんだ。

黒森山小は、研究主任が教務と教頭と相談してテーマ、仮説を考えたけれど、最終的には校長と話し合って決めたんだよ。どんな研究をするかの決定権は校長だからね」

スズ「他校のまねは避けたい気持ちは分かるが、良いと思った研究はまねて、より良いものにすることの方が、誰もが納得でき、成果をあげられると思うけどな」

カラ「仮説って本当に厄介だよね。仮説を設けることは、それが確かなのか検証が十分できないと意味がないんだからね。科学的な研究には、仮説が必要なんだ。実験などで検証ができ、失敗か成功か明らかにすることができるからね。でも、学校の研究に持ち込むには問題があると思うな。無理して作っているんだから」

フク「そもそも、校内研究とは、教育活動を行っているとさまざまな課題が出てくるだろう？　そこで、重要と考える課題について計画・実践・評価を行い、解決を図る研究活動なんだ。

　だけど現実は、課題を明らかにして研究テーマを設けることは容易ではないんだ。専門的な知識と膨大な時間を要するからね。うまく行っていると思われる学校は、教育系の大学の付属小。そして、文科省の担当者が指導をしているところや研究に専念できる学校だけじゃないのかな」

スズ「この地域の多くの学校は、近隣の校長や教育委員会の指導主事を講師に招いて指導を受けているよね。講師は、研究授業を観て仮説についても指導をするのかな」

カラ「もちろん、仮説に照らして授業が行われているか指導をするよ。でも、仮説に問題があっても見直すようなことは言わないよ。ましてや、必要ないなんて言わないよ。研究には仮説が必要と信じ切っているからね」

フク「そうだね。講師は、テーマと仮説は研究にとって欠かせないと考えているからね。それと、校内研究は教師の教育技術を高めるのに有効だと考え、どこの学校も力を入れてやっているんだ。そして、研修にも力を入れているよね。

　それでは、研修とはなんだと思う？

　研修の『研』は『研究』で、『修』は『修養』を表しているんだよ。『修養』は対象が教師自身で、いかに自分の教育技術を上げていくかというものなんだ。『研究』とは児童が対象で、いかに児童の基礎・基本や活用力を上げていくか、そのためによい方策はないか探るものなんだ。

　この地区の校内の研修内容を見ると、展覧会に向けた絵の指導法の講習、書き初めの実技、いじめ防止対策や不祥事根絶の講習、心肺蘇生法講習、人権（同和教育）に対する講習等々があるんだ。

なお、学習指導要領の改訂があれば、それについて講習を実地するんだ。近年では、ＩＣＴ（情報通信技術）の活用が求められ、電子黒板、タブレットを使った授業ができるように、操作方法および指導法の講習が行われているんだ。

でも、これらをやれば先生の教育技術の向上が図れるわけではないんだ。当然、先生自身の教育技術を高めるには自主研修が必要なんだ。

そこで、この地区では研究部会を設け、各学校の先生方が希望する部会に入り研修するようになっているんだ。だけど、実際やっているのは、幾人かの先生の研究の発表を聞くだけなんだ。これでは、大して勉強にはならないよね。各学校が近くにあるなら、集まって勉強会をやることは可能だけど、学校は広範囲にわたっているからね。どうしても、形式的な研修になってしまうんだ。やはり、学校の中で、先生の教育技術を高める研修の場を作る必要があるんじゃないかな」

カラ「そうだね。先生自身のための研修は必要だよ。ワン先生が初任の時の学校の研修はとても参考になるんじゃないかな。校内研究に力を入れていたけれど、三学期の研修は個々の教師の技能を高めることに当てたそうなんだ。そうだよね」

ワン「学校の研究は理科で、全国的に有名で毎年公開研究授業をやっていたんだ。だけど、当時は研究仮説は設けず、研究の主題『児童の実態に応じた学習指導法』を明らかにするための授業に取り組んでいたんだ。

研究では、個々の教師の考え方が尊重されていたんだ。全国に名前の知られている名人教師がいて、みんなの手本になっていたんだ。そして、指導してくれる主な講師は、学習指導要領の作成に携わっている筑波大付属小の先生だったんだ。

他の講師も理科で活躍している教師で、各部会（低・中・高学年）の指導に当たっていたんだ。指導案検討の時は一回は来てもらえたのはとても良かったよ。授業の計画や指導案の作成、発問、板書構成等々、実践的なやり方を学ぶことができたからね。

でも、理科だけでは、自分が学びたい教科の指導方法は身につかないよね。そこで学校では、三学期の研修は、主要教科の中から選択した教科の仲間で研究できるようにしたんだ。お互いに授業を見せ合い討議するので、指導技術を高めるのに有意義な機会だったんだ。特に、その分野で活躍している先生を招いて指導を受けることができたのは良かったよ。

この時、国語を選んだが、それは理科の授業には国語力が欠かせないからさ。理科の授業に優れた教師は、みんな国語の授業が上手だったんだ。

これ以外の研修もあって、実際、授業に役立つものばかりさ。鉄棒やボール運動の指導技術とか、オルガンの簡易伴奏のつけ方などいろいろやったんだ。それから、この地区では、各学校が隣接しているので、各部会ごとの研修を多く設けることができたんだ。みんなで指導案検討をして授業後、協議を行うので、勉強になったよ」

スズ「研修の在り方は考えて行く必要があるよね。ところで、ワン先生は、トラ先生たちと同じように仮説がない方がいいと考えているんでしょう? 学校の中で反対することはしなかったの?」

ワン「学校でやる研究の仮説は、検証が十分できないと考え、仮説の問題点を指摘したり、仮説の変更を要求したりしたんだ。実際、変更させたことはあったけれど、なくすことまではできなかったよ。研究主任であっても、校長や講師、指導主事が受け入れるわけがないからね。主題と仮説はセットと考えているんだからら。

ところで、研究で仮説を取り入れるようになったのはいつ頃だと思う? 一九七六年(昭和五十一年)頃からなんだよ。糀小はすぐに取り入れたんだ。その後、どこの学校も仮説を設定するようになったんだ。だけど現在は、仮説を設定しないやり方で研究をやっている学校が、わずかずつながら増えているんだよ」

スズ「先生の教育技術の育成は、校内研究だけでは難しいことがよく分かったよ。先生が主体的に学ぶ研修を取り入れることが求められるということだね。ところで、ワン先生は、研究紀要についてどう考えているの」

ワン「仮説も問題だけれど、研究のまとめの研究紀要も問題があると思うな。成果と課題を明らかにすることは大事なことだと思うよ。でも、そのために多くの時間と労力をかけ、誰も読まないような紀要を作成するんだからね。

昔は手書きなので、研究のまとめは簡潔で済んだんだ。内容は、研究主題の理由と計画、そして研究の成果と課題、それに選ばれた授業者の実践記録と考察と反省さ。それが、パソコンの登場でいくらでも載せられることから、どんどん見栄えのある紀要が作成されるようになったんだ。

そのために、全教師が研究主任から要求されたものを時間をかけて作成するようになるんだ。だから、三学期の研究は紀要の作成で終始するんだ。特に、公開授業をする学校の紀要は分厚いよね。

だけど、詳しく見るのは同じような研究をやっている研究主任と指導主事ぐらいなんだ。ほとんどの教師は、指導案だけしか見ないからね。教師が知りたいのは、実際の授業で生かされるかどうかなんだ。自校の研究の素晴らしさを知ってもらいたい気持ちは分かるが、参観者は何を知りたいのか、何を欲しているのか、考える必要があるんじゃないのかな」

フク「ワンさんは、校内研究会の反省会で、『紀要は、役立つものでないと意味がない。我々が必要とするものに絞れば簡潔で済むはずだ。紀要に多くの時間をかけるのは無駄である』と言っていたよね？」

ワン「そうなんだ。だけど教頭が、『指導してくれた講師へのお礼も兼ねていて、よりよい内容にするためには詳細に編集することは大事なことです』と答弁したんだ。多くの教師は、毎年やっているので、年一回研究授業をやって、成果と反省を書けば済むものと考えていたんだ。だから、授業の反省だって形式的で、授業改善には役に立ってないんだ。

不思議なのは、誰も授業の録画や録音をして授業の分析をしないことなんだ。自分の授業の改善のためには必要不可欠だと思うんだけど。自分の発言、資料の提示の仕方が適切であったのか、無駄な発問はなかったのか、発問によって児童はどんな反応、発表をしたのか、どのような発言、補助発問をすれば良かったのか、など、すべての言った言葉を書き出すことでより鮮明になるんだ。面倒な作業だけれど、これからの授業に生かされるんだからね」

フク「学校の研究のまとめのやり方は検討すべきだね。実際に役に立つものにしないとね。

近年、指導力不足の先生が増えてきた問題で、文科省や教育委員会は、不適格教師の指導改善研修を課しているが、これは、学校現場の校長、教育委員会の責任が大きいと思うんだ。

それと、先生に責任転嫁している、教員免許更新制の実施（平成十九年六月、改正教職員免許法が成立。二年間で三十時間の講習。だが、指導力向上に生かせない、負担が大きすぎる、効果がない〔教員54％〕などの理由で、令和四年五月に「教育公務員特例法及び教育職員免許法一部を改正する法律」が成立し、七月一日より更新制が廃止になる）。このような施策は、学校および教職員の実態の把握を疎《おろそ》かにし、適切な研修の提案を怠ってきたからなんだ。

学習指導要領の改訂もそうさ。改訂のたびに、新しい学習内容や方法を押しつけてくるが、確実に教師が対応し行えるか考えてないんだからね。指定した学校でうまくいくのは、そのためのカリキュラムを作れるからさ。それに、指導してくれる講師がいて、予算も十分確保してくれるからね。公立の普通の学校でも確実にできるようなものにしてから要求しなければ、うまくいかないよ」

遠足と学校行事

校庭の木々が緑に覆われ、爽やかな風が吹き始めた五月、異動してきたメイ先生は、黒森山小には遠足がないことに何か物足りなさを感じていた。遠足は、子どもたちにとって楽しい学校行事である。

この他、子どもたちの好きなボール大会や学芸会などの学校行事が次々廃止になっている。児童にとって学校行事は学校に行く大きな原動力になっている。果たして学校は、児童の心身の発達と充実した学校生活に欠かせない教育活動と考えているのであろうか。

スズ「どうして、子どもたちが楽しみにしていた遠足を廃止にしたの？　事故でもあったのかな」

カラ「事故じゃないよ。授業時間数の確保のために廃止にしたんだよ。時間割表で説明したが、授業時間が増えたんだ。何しろ一年生の授業が、毎日五時間授業なんだからね。当然、授業時間の確保が要求されるんだ。

メイ先生が寂しく思ったのは、春の遠足は、春の豊かな自然と触れ合うことができ、遠足を通して先生と子どもたちとの交流を図れるよい機会になっていたからなんだ。それに、集団行動や交通ルールなど、公衆道徳も学ぶことができるからね」

フク「だけど文科省は、授業時間の確保だけでなく、先生の多忙化の解消に向け、校務の見直しや学校行事などの精選を要求しているんだ。黒森山小は、これまで学校行事の精選をしてきたけれどね。とうとう遠足まで手をつけることになったんだ」

スズ「納得できないな。遠足は学習指導要領には載っていないけれど、多くのことを学べるんでしょう？遠足は生きた道徳だと思うけどな。お店で決まった金額でお菓子を買うのも勉強だよ。当日の朝のうきうきする高揚感をもっと大事にするべきだと思うな。先生方が忙しいのは分かるけれど、廃止は避けてほしかったな」

カラ「黒森山小の遠足は、文科省の奨励する異学年との交流を図っていたんだ。だけど、異学年での遠足を懐疑的に思っている先生もいるんだよ。

特に、持ち上がりでない先生にとって学年の初めの遠足は、学級集団づくりに生かされるからね。学級でどのような遠足にするか話し合い、グループを作ったり遊びを考えたりして実施するので、子ども同士の親睦を図ることができるんだ。そして、先生との関係を深めてくれるからね。

でも、異学年では、どうしても下の学年に合わせた遠足になり、しかも、面倒を見ることばかり注視することになるので、十分楽しめないんだ。だから、物足りなさを感じてしまうんだろうな』

フク「今は、学校外でも同じ年代の子と過ごすようになってきているよね。そこで、異学年の子と触れ合うことで、接し方や気持ち・考え方などを理解し、親しい関係を育むことは大事だと考えているんだ。遠足だけでなく、掃除や児童会活動などでも交流を図るようにしているんだよ。活動面に依存や自立での問題はあるが、異学年の交流は必要だと思うな」

スズ「遠足には、授業時間数の確保以外にも、下学年に合わせた遠足への不満もあったのか。だからかな、遠足廃止に反対する先生方がいなかったのは。

だからと言って廃止は良くないよね。いくら遠足は学習指導要領に記載されてないからって、廃止も構わないという考え方もね。学校行事ならいくらでも減らしていいものなの？」

カラ「学校行事には遠足や学芸会などいろいろあるが、学校行事は学習指導要領の特別活動の中に含まれているんだ。特別活動の中には、学級活動、児童会活動、クラブ活動も含まれているんだよ。

ただ、学級活動だけが、年間三十五時間実施することが決められているんだ。その他は自由に時間を設けて行うようになっているんだ。これを、学校では『裁量の時間』と言うんだ。

でも、いくら裁量と言っても、児童活動やクラブ活動、学校行事の活動内容をいくらでも減らしてもいいものではないんだけれどね」

フク「学校行事には、遠足や修学旅行などが該当する旅行・宿泊的な行事、入学式や卒業式などが該当する儀式的な行事、音楽会や学芸会などが該当する文化的な行事、健康診断や運動会などが該当する健康安全・体育的な行事、大掃除やボランティアなどが該当する勤労生産・奉仕的な行事などがあるんだ。

その中で、入学式、卒業式、健康診断、避難訓練などはなくしたら支障が出るので、必ずやらなければならないんだ。だから、支障がない中で廃止可能なものが対象になるんだ。だけど、それらの多くは子どもたちが楽しめる行事が多いんだ。先生にとってはどれも負担が大きいものばかりなんだけれどね」

※学校行事の実施時間数…例：昭和の籾小は七十六時間、今の黒森山小は四十五時間。

スズ「ワン先生は、学校行事が次々廃止されるのを見てきたんでしょう？　子どもたちが楽しめる行事ってどんなものだったの？」

ワン「個々の児童や学年によっても違うんだ。だから、全員が好きというのは難しいな。だからこそ、いろいろな行事が作られてきたんだからね。

多くの子が好きな学校行事は、遠足（学校によっては春と秋）、校内陸上大会（春の小運動会）、プール開き、運動会、学芸会（音楽会）、お祭り、写生大会、ボール大会、鑑賞会（音楽・劇など）、修学旅行、マラソン大会（持久走）、なわとび大会、たこあげ大会などがあったんだ。

それから、学校行事ではないが、児童が楽しめる児童会主催の集会活動があったんだ。一年生を迎える会、毎月の学級発表会（劇や合唱・合奏など）、七夕集会、クリスマス集会、コマ回し大会、のどじまん大会、六年生を送る会などいろいろあったんだ」

スズ「子どもたちが喜びそうな行事がたくさんあったんだね。今の黒森山小で子どもたちが喜びそうな行事は、一年生を迎える会、運動会、修学旅行、持久走、六年生を送る会、プロによる劇または音楽の鑑賞会、あと、集会委員会が中心にやるゲーム集会、なわとび集会かな。これらの多くは、特別に先生方に負担がかからないものが多いんだね」

スズ「子どもはボール運動が好きなのに、どうしてボール大会がなくなったのかな。特に先生方が負担になるとは思えないけどな」

フク「ミニバスケットの登場からさ。学習指導要領の改訂で、高学年のポートボールがミニバスケットに変わったんだ。そうなると、今まで高学年もグラウンドでできていたのが、ミニバスケットになったことで、全学年一斉にできなくなったんだ。ミニバスケットは体育館でないとできないだろう？　それに、五年と六年が体育館でやるとなると、時間がかかり過ぎるからね。

それでもしばらくは、各学年でボール大会を実施していたんだよ。でも、盛り上がりがないこともあって、今では全くなくなってしまったんだ。

ボール大会は、多くの児童が楽しめ、級友同士の団結をより強固にする働きがあったんだ。休み時間はどのクラスもグラウンドに出て練習に夢中になって取り組んでいたんだよ。特に中・高学年のポートボールは、チームワークとボールの扱い技術が必要なので、先生も熱心に指導に当たっていたんだ。

勝負を競う大会は盛り上がるので、どのクラスも夢中になって応援するんだ。優勝したときの喜び、負けたくときのくやしさを体験させることは、とても大事で意義のあることだと思うんだけれどね」

カラ「ワン先生は、ボール大会だけでなく、合奏・合唱や劇活動に意欲的に取り組んできたんでしょう？子どもたちは意欲的だったの？」

ワン「子どもたちの多くは表現活動が大好きなんだ。その中で劇は一番かな。劇は、国語、図工、音楽の総合的な表現活動と言われ、教育的価値が高いからね。劇は演じるのが苦手でも、道具作りや舞台作りなどで活躍できるんだ。劇の台本の用意や道具作り、演技指導などやることは多いが、児童が意欲的に取り組み、喜ぶ姿を見ることが教師の喜びでもあるんだからね」

カラ「ワン先生は、音楽会や劇の発表会だけでなく、学級でやるお楽しみ会も意欲的に取り組んでいたんでしょう？　そのことは、お楽しみ会のところで話してもらおうよ。そして、劇については、六年生を送る会でね」

フク「そうだね、遠足の行事など、子どもたちの大好きな学校行事は、子どもたちに学校に行く楽しさ、その行事で得られる教育的価値を考えて創られてきたんだからね。

それを、授業時間の確保のためという理由で廃止しては、教師がやる気を問われても仕方がないんじゃないかな。それらの行事は、時間を要する、準備が面倒、指導力が問われることなどから、これらのことを嫌っているように思えてならないんだ。児童は学校行事で育つということを忘れてはいけないと思うな」

ＰＴＡ総会と保護者会

四月の中旬の金曜日、黒森山小の体育館でＰＴＡ総会が開催された。
総会前には授業参観と保護者会があり、多くの保護者が出席していた。しかし、総会に出席したのは、全教職員と新ＰＴＡ役員で、一般の保護者は数名で空席が目立った。どこの学校も出席は少なく、平日、多目的ホールや図書室等でＰＴＡの役員と管理職で行う学校も珍しくない。
ＰＴＡ総会は質問も意見もほとんどなく進行し、了承の拍手で閉じた。その後、全職員の紹介があった。職員はこのために出席を余儀なくされたわけである。総会が終わるとＰＴＡの役員は、今年転出入した教職員のための歓送迎会の準備に取りかかった。
夕方、ホテルで開催されたが、出席したのは教職員と、一部のＰＴＡ役員だけであった。教職員で欠席したのは、同日、異動前の学校の歓送迎会に出席する教職員と、トラ先生だけだった。

スズ「授業参観には、多くの保護者が観に来ていたよね。でも、授業参観のあとの保護者会になると出席が少ないんだね。先生から、どんな学級づくりをするのか、学習面や生活面での問題点など大切な話があるんでしょう？　先生に聞きたいことはないのかな」

カラ「多くの保護者が授業を参観したのは、新学期になって初めての授業参観だったからさ。特に、担任が替わった場合は、自分の子どもの学習態度やクラスの雰囲気、そして、先生の教え方がうまいのかなどに関心があるからね。保護者会への出席が少なかったのは、ＰＴＡの役員になりたくなかったからなんだろうね」

フク「そうだね。保護者会でＰＴＡの役員決めがあるからね。そもそも、授業参観を行うのは保護者会に多く出席してもらい、ＰＴＡの役員を円滑に決めるためなんだ。出席が少なければ役員決めが難しくなるからね。昭和の時代は、授業参観がない学校が多かったんだけどな」

カラ「この時期は、授業を開始して間もないので、発表の仕方やノートの取り方などを教えながら授業を進めているんだよ。

　教科書の内容自体も見栄えのある場面が少ないんだ。だから、活発に話し合って問題を解決したり、楽しんで取り組んだりする場面がつくりにくいんだ。だから、担任にとって新学期早々の授業参観は苦痛なんだよ。特に質の高い授業を見せたいと思う教師にはね。

　それと、学習に関する掲示物や児童の作品など教室環境づくりを要求されているので、そのための作業に遅くまで取り組まなければいけないからね」

スズ「役員決めのために授業参観をやるのは良くないよ。先生方を忙しくさせるだけだからね。授業が円滑に進められるようになってからやればいいんだよ。先生方に無理をさせても、保護者会に参加する保護者は少ないんだから見直しは必要だよ。

　ところで、役員が決まらないと、欠席裁判で決めるとよく聞くけれど本当かな。そんなに役員になるのが嫌ならなくせばいいのにね。ワン先生は、役員が決まらないときはどうしたの？」

ワン「役員決めは、保護者に任せていたので何も発言しないよ。ただし、欠席した保護者に決まらない役を押しつけようとしたときは、反発を買わないようにアドバイスはしたけどね。いずれにしろ、役員が決まらないときの懇談会の雰囲気は最悪だよ。

　その点、持ち上がりのある学年は、前年度の学年末の保護者会でほぼ役員を決めているので、もめることは少ないんだ。だから、三年、五年の役員決めは難航することが多いんだ。軽易な役はすぐ決まるが、負担の多い役はみんな拒否するからね。そこで、学級編成をするとき、ＰＴＡの協力の有無も考慮して編成しているんだけどね。

でも、役員がすぐ決まるクラスと決まらないクラスが出てくるんだから困ったものさ。今は、共働きの家庭が多いだろう？　どの保護者も役員の仕事を負担と考えているんだ。だから、負担の多い役を要求されると、断りたくて、『休みが取りにくい』『下の子の世話が大変』など家庭の事情をお互い言い合うんだ。それでも以前と比べると、役員の数を減らしたり仕事の内容を変えたりはしているんだよ」

スズ「役員決めって大変なんだね。だから一年生は、入学式のあとに役員決めをしたんだね。それにしても保護者は、ＰＴＡの総会には関心がないんだね」

カラ「確かに、ＰＴＡに関心がない保護者は多いよね。本来なら総会でＰＴＡの活動や行事などに問題があれば、話し合って改善・改革はできる場なんだよ。ただ、総会の資料の要項に沿って進行するのを黙って聞き了承するだけだったら、出席する意味を感じないだろうな」

スズ「保護者の中には、学校やＰＴＡの活動に不満を感じている人もいるんでしょうね。だから、親しい保護者が集まると批判するじゃない。それに、教頭先生や校長先生、そして担任に苦情を言ってくるじゃない。先生だって不満を口にしているけれど、どうして総会で言わないんだろうね」

カラ「質問や意見を言っても、苦しい言い訳や『検討します』で済まされることを知っているからじゃないかな。先生方は、校長や教頭がＰＴＡの主要な役を担って事を進めているので、不利なことは言えないよ。

昔の総会は、活発に意見が交わされＰＴＡの活動も盛んに行われていたんだよ。だけど、最近はＰＴＡに関心が薄くなっているよね。だから学校に不満があっても、表立って発言することを嫌うんだ。ただし、自分の子のことになると違ってくるけどね」

ワン「そうだね。でも、時代の変化に伴ってＰＴＡの考え方や運営が変わってきているんだ。勤務していた袖小や日台小では、保護者が前面に出て活動していたんだよ。

多くの学校は、バザーやベルマーク、廃品回収などで得たお金を学校に提供することに力を入れているが、日台小は違っていたんだ。保護者中心でお祭りをやったり、校門周辺の壁に児童と壁画を制作したりしていたんだよ。

袖小の隣の秋小学校は、『おやじの会』を作って井戸を掘り、ピアーポート（人工池）を作ったり、さまざまな部会を作ったりして活動しているんだ。だから、多くの新聞やテレビで取り上げられたんだ。その後、『おやじの会』が多くの学校で発足するんだ」

スズ「でも、ＰＴＡの役員になると熱心に活動しているんだから不思議だよね。ところで、ＰＴＡは学校に欠かせないものなの？　ＰＴＡをなくした学校もあると聞いたけれど困らないのかな」

フク「少ないけれど、ＰＴＡがない学校はあるよ。でも、必要な活動は保護者が主体的にやっているんだ。例えば、防犯や交通安全のため街頭で子どもを見守るとかね。

　しかし多くの保護者が、ＰＴＡの活動内容に必要性がないと思ったり、運営に納得がいかなかったりすれば、いったん廃止することも悪くはないと思うな。もちろん、ＰＴＡの役割を考えた新たな取り組みは絶対必要だけれどね」

スズ「ＰＴＡという組織がなくても、学校や保護者が困らないなら、なくてもいいのか。でもＰＴＡは、保護者と先生が一緒になって学校を良くするためにあるんでしょう？」

フク「そうだね、ＰＴＡは、学校にとって有効に働いているからね。ＰＴＡとは、児童生徒の健全な成長を願い、親と先生が協力して学校および家庭における教育をよくしようとするために作られた会なんだよ。

　ＰＴＡは校外における生活の指導や、地域の教育環境の改善や充実を図るための活動もするんだよ。それから、家庭教育学級のような会員相互の学習会や、バレーボールなどの運動チームを作り、他校と交流を図る活動も行っているんだ。

　ＰＴＡのＰとは『Parent』つまり『親』で、Ｔは『Teacher』で『先生』、Ａは『Association』で『会』ということなんだ。大事なことは、親と教師が会員として同等の立場で意見を交わし、運営することなんだ」

カラ「でも、実際は黒森山小のように、一部の役員や学校の管理職に委ねられてしまっているところが多いよね。逆に、保護者が主体的に運営し教職員が振り回される学校もあるんだよ。『これが正しいＰＴＡの運営』というのはないと思うな」

フク「そうだね、地域や学校、保護者の実態に応じてＰＴＡが運営されればいいのかもしれないね。保護者にそれぞれの役や仕事の必要性を説いても、拒否されるなら検討する必要があるよね。廃止となると新たな取り組みが必要になるけれどね」

スズ「役員のなり手がない学校の中には、六年間に一回は必ず引き受けるという約束を設けているところもあるよね。そんなやり方でいいのかな。先生方と保護者が協力し合うPTAになってないのが寂しいね。

黒森山小では、夕方からPTA主催の転出入の教職員の歓送迎会があったけれど、保護者の参加があまりにも少ないのは寂しいよね。もっと多くの保護者が参加すればいいのにね」

カラ「仕方ないよ。歓送迎会がホテルとなると、多額の参加費が必要となるからね。それに、子どもを置いて夕方出かけるには、抵抗があると思うな」

フク「どうしてトラ先生が欠席したか分かるかい？それは、歓送迎会が教職員のためだけに行われているからなんだ。PTA主催の歓送迎会だけど、出席しているのはほとんど主要な役員だけで、その役員の中には仕方なく出席している人もいるんじゃないかな。開始が夜で会費が高いからね。ワンさんも出なかったことがあるよね」

ワン「歓送迎会に多くの保護者が出席すれば、当然出席するよ。異動した教職員と教えた学級の保護者と話をすることは楽しいからね。だけど、黒森山小のようだったら出席しないよ。多くの保護者が出席しないのならやる必要はないじゃない。

昭和の終わりまでは、どこの学校もPTA総会が終わったあと、多くの保護者が出席して歓送迎会が行われていたんだよ。会場である体育館周辺では、異動した先生を囲み楽しそうに話している児童の様子が見られたんだ。だけど、飲食の準備と片づけが面倒だ。そしてお酒が出るのは不適切だという不満から会場を外に移したんだ」

スズ「それなら、お酒はやめてお菓子とお茶でやればいいんじゃないの？」

ワン「日台小は、お菓子とお茶でやっていたことがあるんだよ。でも、話が弾まない。それと、準備と片づけが面倒だということで会場をホテルに移したんだ。そのとたん、参加数は劇的に減ったけれどね」

フク「今はどこもホテルでやっているが、日台小の場合は保護者の参加数が多く、共に楽しむ会になっているんだよ。出し物やゲームで交流を図ることは決して悪くはないが、子どもの教育について話し合うことが少ないのはもったいないな」

ワン「教師になった当時、保護者の多くは教師に敬意を払う気持ちがあって、多くの出席があったんだ。お酒が出たが、外から見えないように幕をしてね。でも、時代が変わると保護者の考え方も変わり、今のような形の歓送迎会になったというわけさ」
スズ「昔は盛大に行われていたんだね。今の黒森山小は総会も歓送迎会も参加が少ないんだから、見直しは必要だよね」
フク「そうだね、先生のための歓送迎会は見直すべきだよね。それと、ＰＴＡの活動と運営の在り方について、役員は恐れないで、見直しをしてほしいよね」

ＰＴＡの目的と活動内容
［目的］　児童生徒の健全な成長を図ることを目的とし、親と教師が協力して、学校及び家庭における教育に関し、理解を深め、その教育の振興に努め、さらに児童生徒の校外における生活の指導、地域における教育環境の改善・充実を図るため、会員相互の学習その他必要な活動を行う。
［活動とねらい］　子どもたちの幸せを願って、よい親、よい先生となるために、お互いに力を合わせ、学び実践する。また、子どもたちの教育や福祉のために働く他の団体や機関と連絡をとり協力する。（千葉県ＰＴＡ連絡協議会パンフレット）

家庭訪問

四月末、赴任してきたウサ先生は、子どもたちの住居が分かる地図と家庭調査票に記している案内の地図を見ながら家を探した。だが、思うように見つからず、予定した時間どおりに訪問ができなかった。玄関先で面談するはずが、断りきれず部屋に入って話すことになったので、よけい遅れが生じてしまった。

学校に戻ると、早速、保護者からの要望や気をつけることなどを記録簿に記載した。その後、学級事務の処理に取りかかった。家庭訪問のない持ち上がりの先生方は早々に退勤していたので、このときばかりは、持ち上がりの先生方を羨ましく思った。

二日目以降は、反省を生かし大幅に遅れることはなかった。

スズ「前もって訪問する家の場所を調べていたのに、容易には見つからないものなんだね。しかも、目の前に訪問する家があっても、あとで行くことになっていれば、どうしても時間がかかるよね。効率を考えて訪問することができないのかな」

カラ「学校は、訪問しやすいように校区を三つに分けて訪問日を決めてはいるんだよ。だけど、保護者の都合で訪問日や時刻の変更を要望されると断りきれないものなんだ。

ウサ先生が、大きく遅れてしまったのは、謝罪の気持ちが働いたからじゃないかな」

フク「ウサ先生のように赴任したばかりでは、地図を見ても、校区の様子は分からないよ。どんな建物や店があるかなどは、足を運ばないと分からないからね。それに、保護者の記載した地図には分かりにくいのがあるからね。だけど、保護者からの信頼を得るには時間を守ることが大切なことなんだよ」

スズ「そもそも、訪問時間が短すぎるよ。訪問計画を見ると、一人十分以内だよ。実際は家を探すのに時間がかかるんだから。これでは、学校での学習や生活の様子で伝えたいこと、家庭での子どもの生活や学習の様子などは十分聞けないと思うな」

カラ「家庭訪問は、どの子がどこに住んでいてどのように生活を送っているかを知ることが大切なんだ。保護者面談とは違うんだから、長々と話をする必要はないんだよ」

フク「そうだね、子どもの家庭環境、そして、通学路での危険を知ることが大きな目的だからね。もちろん、学校や家庭で気になることや保護者の要望を聞くこともね。

保護者の中には、時間を気にせず話し続ける保護者がいたり、問題を抱えている子どもの保護者もいたりするが、時間厳守に努めないといけないんだよ。本当に必要があれば、学校に来てもらって話し合うことはできるんだからね。でも、そうは言っても、途中で話を切り上げることは難しいけれどね」

スズ「もう少し時間に余裕をもてるようにしないといけないと思うな。家庭訪問の日数が今より多かった頃は、部屋の中に入って話をしていたんだよね」

カラ「学校によって違うが、基本的には玄関で対応するようになっているよ。だけど、多くの家庭では、部屋に入るように勧めるものなんだ。だから、部屋に入ってもらってもいいように掃除をして待っているんだ。そして、飲み物や茶菓子も用意してね。

部屋に入ると時間が取られるが、子どもの学習環境が分かるので有益なんだ。例えば、どこで勉強するのか知ることができるからね」

フク「当時は、訪問日数が多かったので、余裕をもって家庭訪問ができたんだよ。だから、部屋に入ることに躊躇《ちゅうちょ》しなくて良かったんだ。今では、強く勧められても断らないと時間どおり訪問できないからね。

部屋に入るとどうしても時間を要するんだ。訪問は家に行くまでの時間と話す時間を十分考えないと、予定した時間内に行けないんだ。だから、話をする時間を短縮しても調整することが必要となるんだ。そうでないと、家が思うように見つけられなくても、同じように話をしていれば訪問が大幅に遅れることになるからね。

ましてや、ウサ先生のように話す時間を多く取れば、大幅に遅れるのは当然だからね。そうなると、誠意をもって話し合いをもっても、多くの保護者は快く思わないものなんだ」

スズ「家庭訪問って、早く家を見つけないと時間を気にして話をしなければいけなくなるんだね。だから、三年生のサル先生は自転車で回っていたのか。

だけど、イノ先生は車で回っていたよね。確かに早く回れるけれど、家の前に車を止められるのかな。止めるところが見つからなければかえって遅くなると思うけどな」

カラ「イノ先生は、黒森山小に五年もいるんだよ。校区のことはよく知っているんだよ。だから、早く行けるので車を使っているんだよ。

校区の様子がよく分かってない先生は、歩いて行くのが一番だと思うな。そうすれば、子どもがどのように通っているか、どこを遊び場にしているかなども分かるからね」
フク「昭和の終わり頃までは、徒歩や自転車が主流だったんだよ。歩きでは、子どもたちに道案内させる先生も少なくなかったんだよ。そうだよね、ワンさん」
ワン「そうだね。籾小では昭和五十年代頃までは、多くの担任は児童を引き連れて家庭訪問をしたものさ。だから、迷うことなく最短の回り方ができたんだ。児童は近道、そして危険なところや遊び場などを教えてくれるんだ。
　児童と話しながらの訪問は、いろいろな情報を得られるし会話も楽しめるので楽しかったよ。それから、児童と一緒に行くと訪問の時間が過ぎると教えてくれるので、遅れることがなく回れたんだ。ただ、ついて行く児童がどんどん少なくなっていくのは寂しかったけれどね。
　保護者の中には一番最後にしてほしいという要望もあるんだ。行くと歓迎され長々と話をすることになるけれどね。今は家庭訪問が苦痛と感じている教師もいるが、家庭訪問は、親の期待に応えねばという気持ちにさせられるので、良い刺激になると思うんだ」
スズ「今は家庭訪問のない学校もあるんでしょう？週五日制になってから、どんどんやらない学校が出てきたというじゃない。やらなくてもいいものなの？」
カラ「必ずやらなければならない決まりはないよ。やるかやらないかは、校長の考えで決めることができるんだ。だけど、多くは慣例でやっているけれどね。でも、週五日制になってからは、かなりの学校が授業時間数の確保のため家庭訪問を廃止にしているんだ。
　黒森山小でも、授業時間数の確保のため行事の精選を行ったんだよ。でも、家庭訪問は廃止にはしなかったんだ。黒森山小は、家庭訪問は家庭での子どもの生活や学習環境、そして保護者の要望を知ることで、生活・学習指導に生かせると考えていたんだ」
スズ「だけど、先生方は忙しいんだよ。あえて家庭訪問をしなくても、保護者に学校に来てもらえれば、家庭での子どもの生活・学習の様子や要望を聞くことができるんでしょう？　子どもの家の場所や通学路や危険なところは、夏休みを使って確認できるじゃない。保護者だって廃止になれば、訪問のために掃除をしたり勤めを休んだりしなくて済むんだよ。廃止にしても不満を言う保護者がいないんだから」
カラ「かなりの学校は、家庭訪問をなくしているが、先生方や保護者から大きな不満は出てこないよね。むしろ歓迎している声を多く聞くんだ。

　通学路や危険な道路などの確認も、訪問しなくてもどこの学校も、登下校に保護者や地域のボランティアの人が見守っているからね。だから、なくしても特に困らないと考えるんだろうな」

フク「家庭訪問は、先ほど話したようにとても意味があるんだよ。子どもの理解を深めるのに役に立つからね。保護者と話すことで家庭での教育方針、子育ての悩み、何を担任に望んでいるかなどを知ることができるんだよ。それと、子どもの成育の様子や塾・習い事などもね。

　このようなことは、実際に家に行かないとうまく聞き出せないものなんだ。例えば玄関に子どもの絵が飾ってあれば、それを糸口にいろいろな話を聞くことができるだろう。学校では、他の保護者がいるし、緊張するので、思うように話ができない保護者もいるからね」

スズ「多くの学校は、授業時間の確保を理由に家庭訪問を廃止にしているけれど、それは望ましくはないよね。子どもを多面的に知ることは、子どもの指導に生かされるんだからね。

　多くの保護者は、家庭訪問はなくてもいいと思っているようだけれど、学校、先生方としては必要だと思うな。もし、家庭で問題が起きたらすぐに対応できるじゃない。

　だけど、家庭訪問のために忙しさが増すなら、ぜひやるべきとは言えないけれどね。家庭訪問をやるには、多くの手間と時間がかかるんだからね」

フク「そうだね。計画的に訪問するには事前の準備が大事だものね。家庭訪問が必要と考え、実施するなら、勤務時間内で行えるように、適正な日数と時間を確保しないといけないね」

家庭訪問の目的　※黒森山小
・教師が担任児童の家庭を訪問することによって、担任自身が直接家庭の様子や通学経路及びその地域の環境等を具体的に把握し、保護者との信頼関係を深める中で、今後の家庭と学校の連絡と協力を一層密にするとともに、児童への理解を図る。
・事前の準備
①環境調査、住居までの道順（家庭調査表、地図から）②担任になった後の児童の現状とその他の資料によって家庭の状況や児童の特性を前もって念頭に入れておくこと。

交通安全教室と交通安全指導

放課後、安全主任のサル先生は、安全担当の先生方と一緒に、交通安全教室の模擬道路を作っていた。どこの学校も、児童が交通事故に遭わないように毎年春に行われる恒例の校内行事である。

四月の中頃には、一年生の児童は、信号機のある横断歩道で交通課の警察官から正しい渡り方を教わっていた。

サル先生は、模擬道路を描き終わると、明日使用する自転車の点検をした。教室に戻ると、今度は全教職員から提出された校内の施設・設備・遊具などの安全点検カードで異常の有無を調べた。

一覧表にまとめ、教頭に提出できるように頑張ったが、みんな帰って自分だけになったので、自宅に持ち帰ってやることにした。翌日、早く出勤し教務の先生と信号機を設置した。

スズ「本物のように作動する信号機を使って交通安全の学習をするんだね。初めに交通課の警察官から正しい自転車の乗り方と自転車の点検の仕方を教わったけれど、もし、ブレーキが効かなかったら大事故になるから大切なことだよね。それから、運転するときは後方をしっかり見て発進し、左右を十分見て右折するなど実際に乗って学ぶことは大事だよね。だけど、これを毎年やる必要があるのかな」

カラ「学校によって異なるよ。自転車事故の危険がある学校では、全学年やっているよ。自転車の運転免許証を取らせてね。黒森山小では、中学年・高学年は毎年やっているが、隣の学校では、中学年だけしかやっていないんだ。

それから、所轄の警察によって指導内容が違っているんだよ。警察官がスタントマンをやり危険な場面を見せたり、人形や段ボールを使って自動車はすぐに止まらないことを分からせたりしてね。黒森山小もやってほしいよね。だけど、黒森山小は、低学年の交通安全に力を入れ、交通安全の映画を視聴させているんだよ」

スズ「一年生の歩行中の交通事故は、六年生の約四倍もあると言われているんでしょう？　事故に遭わないためには、映画の視聴は必要だよね」

フク「そうだね。黒森山小は、安全教室だけでなく、日々、交通安全の指導は行っているんだよ。各学期の初めの交通安全指導、そして学期末には、児童を引率して自宅近くまで集団下校をね」

スズ「学期初めは、車への注意喚起は必要だよね。だけど、指導場所には、保護者が面倒を見ているよね。職員全員が、指導をしなくてはいけないことなのかな。先生方は、学期の初めは登校してきた子の面倒をみることが大事だと思うけどな。特に低学年はね。

それと、集団下校の引率も必要あるのかな。普段、集団下校なんてしないじゃない。先生方はやることがいっぱいあるんでしょう？　保護者や地域の方にお願いすればいいと思うけどな」

カラ「先生がいなくても困ることはないよね。車が多く通る交差点では、警察官も面倒を見ているからね。でも、登校の様子は知っておくべきだと思うな。もちろん、全員がその様子を見る必要はないけれどね」

スズ「学校は、もし事故に遭ったら大変だ、という考えでやっているんでしょう？　だから、やめられないんだよ。黒森山小の子どもたちは、手をしっかり挙げ左右を確認して渡っているじゃない。だから、先生方が無理して指導に当たらなくてもいいと思うな」

フク「保護者としては、先生方が出てもらうと嬉しいんだ。ところで、手をしっかり挙げて渡っていて良かったと言っていたけれど、本当は必要ないんだよ。それと、左右の確認の仕方も正しく理解してない子もいるんだよ。

それでは、渡り方だよ。どちらが正しいと思う？
A『左を見て、右を見て渡りましょう』と、
B『右を見て左を見て右を見て渡りましょう』
正しいのは、Bなんだ。それは、車は左側を走ってくるよね。車が遠くでないと渡り切れないいんだ。でも右は車がそれほど遠くでなくても、渡れるか判断が容易だろう。そこで、右を見て左を見る。そして、再度右を確認すれば安全に渡れるということさ。

それから、みんな手を挙げて渡っているので指導をする必要がない、と言っていたが、一九七〇年（昭和四十五年）、国家公安委員会は『交通に関する教則』の『手をあげて』と書いてあるのを削除したんだよ。手を挙げれば運転手が車を止めてくれると子どもが思い込むと、事故に遭うことになるからね。だけど、運転手は小さい子どもでも手を挙げれば目立つだろう？だから、この点に気をつけて指導する必要はあるんだよ。

近年は、保護者だけでなく地域の方がボランティアで交差点や危険な場所で子どもたちが安全に歩行できるように努めてくれているよね。中には不審者から守ることを兼ねて校門まで引率してくれる人もいるんだ。だから、あえて先生方が早く出勤してやる必要はないんじゃないかな。先生方に余裕があれば昔のようにやってもいいとは思うけど、時代が大きく変わっているんだよ。先生方に求めるものが質も量も変わってきているんだからね。

学校というところは、常にもし何かあったらという発想で動いているが、見直すべきだと思うな」

スズ「だけど、事故があったら必ず全教職員で登下校の指導に力を入れ、家の近くまで引率するじゃない。同じ事故は起こらないことが分かっていてもね。必要だと思ったら、保護者や地域の方に依頼すればいいのにね。この指導の時間は先生方にとって貴重な時間だと思うな」

フク「そうだね。だけど、どんなに忙しくても指導にあたれば、学校や先生方が批判されることはないからね。難しいが、校長が保護者や地域の方に先生方の勤務状況を話し、協力を願えばいいことだと思うな」

陸上大会に向けて

入学式が終わると、どこの学校も陸上大会に向けて、高学年の児童は陸上練習を開始する。体育主任はすぐに始められるように、各先生のところに出向き、担当種目を決める。昔は、若い先生だけで練習に取り組んでいたが、今は、一年生の担任と特別な事情がある先生を除き、全先生で指導することになっている。

陸上練習は朝と放課後行うが、早朝の練習は、幼い子どもを持っている母親先生にとってはつらい。それに、放課後の練習は退勤時刻の二十分前まで行うので、当然、帰りは遅くなり、家庭に仕事を持ち帰ることになってしまう。

だが校長は、慰労の言葉を口にするだけで、陸上練習の改善に向けて検討することは行わない。校長は、陸上練習の指導をボランティアと考えているようだ。

スズ「指導は朝と放課後なんでしょう？　陸上大会はいつなの？　練習期間が長いとつらいよね」

カラ「市の陸上大会は五月の終わりで、郡の大会は六月初めさ。郡は成績のよかった選手が出るんだ。確かに、朝と放課後の指導はつらいが、毎日欠かさずやるわけではないんだ。学校は何かと行事があるからね。できない日も結構あるんだ。だけど、それは主に放課後なんだけどね。

黒森山小の朝の練習は、七時二十分から始めている んだ。だけど、隣の市の日台小は七時三十分。八峰小は七時十五分。学校によって違うんだ」

スズ「だけど、出勤時刻は八時だよね。遠方から通っている先生や、幼い子の面倒を見なければならない先生には、七時二十分は早いよ。朝は家事もあるので、早いとつらいと思うけどな」

カラ「だからといって、つらいので指導できませんとは言えないよ。放課後の練習もそうなんだ」

フク「学校は常に共通理解、協力、協調を重視するので、よほどの理由がない限り辞退することは難しいんだ。先生方は、一緒に行動をとらないと居心地が悪くなるからね。ワンさんは、陸上の指導を辞退したことがあるんだよね。その時は陰口で閉口したんだったね」

ワン「うん、あの時はそうだったな。多くの教師は、やむを得ない仕事だと思っているんだよ。だけど、大会で児童が活躍する姿が見たくて意欲的に取り組んでいる教師もいるんだよ。特に、直接子どもと関わっている教師や体育主任はね」

スズ「陸上練習は、選手になれる子だけが参加するんじゃないんだね」

カラ「高学年の子どもは、誰でも希望すれば参加できるよ。陸上大会に向けた練習ではあるが、体力づくりを兼ねているからね」

フク「多くの子どもたちは、体を動かすことが好きなんだ。それに、友達がやれば一緒にやりたくなるからね。でも、練習が始まると、遊び半分でやる子が出てくるんだ。運動の苦手な子や記録が悪い子に多いけれどね。人数が多いとその子らの指導が必要になるんだ」

カラ「大会だけに目を向ければ、記録のよい子だけ指導すれば、指導者は少なくてもいいし、効果的な指導ができるんだ。でも、子どもや保護者から不公平と批判されるのは、避けなければいけないからね。だから、体力づくりも兼ねるということで希望をとってやっているんだよ」

スズ「多くの子どもたちが参加するから、全員の先生が指導に当たらなければいけないのか。でも、陸上の苦手な先生もいるんでしょう？　陸上大会では、どのような競技種目があるの」

カラ「小学校の陸上大会の種目は、一〇〇メートル走、二〇〇メートル走、高跳び、幅跳び、ハードル、ソフトボール投げ、それに四〇〇メートルリレーなんだ。

高跳び、ハードル以外は、陸上練習をしても記録は大して伸びないんだ。陸上は、その子の持っている身体能力および体力が大きく影響するからね。でも、高跳びやハードルは、特別な跳び方や走り方の技術を必要とするから、多くの練習をしないと記録は良くはならないんだ」

フク「そうだね、高跳びはベリーロールという跳び方をしなくてはいけないし、ハードルはスピードを落とさないで跳び越えて走らなければならないからね。

だけど、練習のし過ぎには気をつけないといけないんだよ。筋肉の疲労が蓄積して回復が十分にできなかったり、筋肉を痛めたりするからね。だから、練習で記録が低下し、本番で自分の力を十分発揮できないこともよくあるんだ。中には、けがで競技に出られない子も出てくるんだよ」

カラ「子どもたちは、少しでも記録を上げようと頑張るからね。陸上の指導に長けていれば、個々の児童の肉体の疲労状況に応じた練習方法がとれるんだ。でも、多くの先生は、陸上の経験はないし指導技術も持っていないから、要求するのは難しいよ」

スズ「練習を見ていると、多くの先生は、指導の手引きを見て、いつも決まった練習をさせ、記録を取るだけなんだよね。このような練習に全員の先生が指導に出る必要があるのかな。選手になれそうな子だけなら、少ない指導者で済むのにね」

カラ「それは、無理さ。目的は陸上大会で良い成績をあげることだけど、子どもたちに体力をつけさせる良い機会なんだ。体育主任は、体力づくりを率先して行う役割を担っているからね。だから各学校には、体力向上推進委員会が設けられているんだよ」

スズ「体力づくりも兼ねていると言っているけど、実際は陸上大会で良い成績をあげるために行っているんでしょう？　でも、不思議なのは、大会を終わってても陸上の練習をやっていることなんだ」

フク「昭和までは、今ほど練習に熱心に取り組んではいなかったんだけどな。陸上練習は、大会までだったんだよ。でも、良い成績をあげるため、練習の期間を長く持つ学校が出始めたんだ。

すると、次から次と練習を行う学校が出てきたんだ。黒森山小も、二学期末から、四、五年生対象に陸上の練習を始めているだろう？　この場合の指導は、体育委員と該当学年が当たるようになっているけれどね。

どうして、そこまで力を入れるかというと、大会で良い成績をあげれば、選手も保護者も喜んでくれるからね。そして、積極的に指導に当たった先生や校長もね。
　特に体育主任は、自分の力量を問われる思いで取り組んでいたんだよ。子どもたちが活躍してくれると、胸を張って会場での仕事ができるんだ。校長は、校長席で気持ちよく応援できるからね。反対に成績が芳しくないと居心地が悪いんだ。だから校長の中には、練習することを積極的に働きかける人もいるんだよ」
スズ「でも、一年通して取り組むのは果たして良いことなのかな。二学期の終わりは、学習のまとめの時期じゃない。それなのに、成績をつける前まで練習するんだからね。
　ワン先生は、このようなやり方が不満で、四年生以上の学年を希望しなくなったんでしょう？」
ワン「そうなんだ、三年生を受け持っても、四年への持ち上がりを希望しなかったんだ。勤務の在り方と陸上練習の在り方に不満を持っていたからね。教師本来の授業の準備時間が取れず、児童に余裕をもって接する時間も取れない状態なんだよ。いくら児童のためという理由であっても、朝の練習は時間外勤務になるので違法なんだよ。放課後の練習も休憩時間と重なれば、これも違法なんだ」
カラ「ワン先生は、このことで、県や市の教育委員会、それに人事委員会に行って訴えてきたんだよね。でも、職務命令で行わせていないので違法ではないと言われたんでしょう？」
ワン「そうだよ。でも、実際、自主的に行われているわけではないんだよ。それに、職員会議や打ち合わせで、練習計画や指導者名などが記載された文書が出ているんだ。そうなると、奉仕活動とは言えないだろう？どう考えても、公務だよ。
　だけど、教育委員会や校長は、やりたくなかったらやらなければいいと断ずるんだ。納得できるわけがないよ。でも、職員のことを考え、打ち合わせで、少しでも負担をなくそうといろいろ提案をしたんだよ。だけど、どれも却下されたんだ。かつて、一つの競技種目を三人ぐらいで担当していたので、全員が一緒に出るのではなく、指導日と時間を振り分けて指導に当たるようにとかね。そうすれば負担が軽減するだろう？だけど、『安全に欠ける』と認められなかったんだ」
フク「陸上練習が、かつて二週間だったことを考えると、適切な練習時間と指導方法を考える必要があると思うな。練習に多くの時間を要する種目は廃止するとかね。かなり前になるが、陸上大会の内容を変える動きがあったんだよ。でも、一部の校長の圧力でつぶされたんだ。

　ワンさんは、違法な勤務と訴えているが、みんなが納得のいく適正な勤務条件のもとで行うことは大事だよね。だけど、二週間程度なら、快く協力できる先生もいるので、短期間なら朝練習は認めてもいいとは思うけれどね。ただし、強制はだめだよ。ワンさんは不満だと思うだろうけどね」

スズ「本当に快く協力する先生がいれば、ボランティアということになるよね。でも、大勢が協力するかな。子どもたちを教えるんだから、やはりワン先生の言うように勤務として考えないといけないよ」

カラ「でも、勤務にすると、勤務の割り振りをしなくてはいけないよね。そうなると、今の忙しい勤務状況では難しいと思うな。学期初めの交通指導でも早く帰れなかったじゃない」

スズ「だったら、朝練習をやめるか、外部の人に依頼すればいいじゃない」

カラ「依頼はだめだよ。部活じゃないんだからね」

スズ「だったら、勤務時間でやるのが一番だと思うな。でも、放課後はいろいろな行事があるし、先生方の仕事もあるよね。そして、休憩時間を確保するとなると、ほとんど練習できなくなるね。やっぱり、ボランティアになるのか」

フク「そうだね。ボランティアになるね。でも、本当のボランティアだよ。そのためには、選手候補の子どもに限定しないと難しいよね。子どもが少なければ、指導者が少なくて済むからね。

　そうなれば、他の先生方の協力も得られるよ。忙しいときや用があったときに、代わって指導に当たってくれると思うんだ。大事なことは、全職員が納得できるようなやり方で指導に当たれるようにすることじゃないのかな」

スズ「そうだね。我慢してやることじゃないよね。面倒でも話し合うことが必要だよね。でも、体力づくりはどう考えればいいんだろう。選手だけとなると不公平だよね。体力づくりは、陸上練習でないといけないわけではないんでしょう？　体育の時間だけではだめなのかな」

◆体力づくり

カラ「体育の授業の主な目的は、子どもたちの健康促進や運動能力の向上なんだ。それと、友だちとの協力やリーダーシップなどの社会的なスキルを養うことなんだよ。だから、体育の時間では不十分なんだ。それで、以前（昭和の時代）はどこの学校も、二時間目の終わりと三時間目の始まりの間に業間体育をやっていたんだよ。

全校の子どもたちが校庭に集まって、一緒に運動をするんだ。初めに体操をして、それから校庭を何周も走ったり、長縄跳びをしたり、いろいろな運動や遊びをしたりしていたんだ。終わると、昇降口（児童用玄関）に向かって行進して帰るんだよ。行進は、昇降口での混雑によるけが防止と、運動会での行進の予習をねらっていたんだ。それから、校庭を何周走るとどこまで行ったか分かる掲示板やアスレチックを設置して、運動能力や体力づくりをやっていたんだよ」

フク「だけど、業間体育は、今はどこもやっていないんだ。先生の仕事が増え、業間時間もやることがあるからね。

アスレチックは、子どもだけでやるのは危険なので、自由に使用できなくなったんだ。そして、いつの間にかなくなっていった。これは、遊具にも言えるんだ。危険が伴うものは、次々撤去されていくんだよ」

ワン「日台小では、いつの間にか、ジャンボ滑り台や回旋塔・シーソーなどが撤去されていたんだ。これは、児童の危険に対する回避能力が低下したことと、そばで見守る教師がいないからなんだ」

スズ「今は、学校でけがをさせれば、保護者に訴えられるよね。でも、遊具もアスレチックも撤去されては、外に出て遊んだり運動したりする気持ちが起こりにくいよ。だから、高学年だけでも運動する機会をつくろうと陸上練習を考えたんでしょう。

でも、それでは不公平だよ。先生が、外や体育館で思いっきり体を使った遊びを一緒にやれるようにする必要があると思うんだ」

カラ「だけど、先生方は、打ち合わせがあったりするんだよ。だから、本当に体力向上をやるんだったら、みんなで話し合うしかないよね」

フク「子どものけがを考えると、やれることが限られるよ。だけど、今の学校の遊具は少なすぎるよね。子どもたちが外に出て体を動かすには遊具は必要だからね。

それと、みんなで思いっきり遊べるように、遊びを教えることも大切だよね。子どもたちが、十分運動できるように考えることは必要なので、十分話し合って良いやり方を見つけてほしいな」

課外活動

黒森山小学校では、陸上練習以外にもさまざまな課外活動を児童は行っている。ミニバスケットボール、つなひき、合唱と金管。

常時行っているのが、金管と合唱である。金管の活動は、主に入学式、運動会、卒業式、そして、市内の音楽発表会での演奏である。それ以外に、依頼されて地域の行事で演奏している。特に、楽器の演奏は技術が要求されるので、日々の練習が欠かせない。そこで、朝と放課後の練習が毎日組まれている。

合唱も、金管に劣らず熱心に取り組み、ＮＨＫや民放の音楽コンクールと市内の音楽発表会に向けて練習に励んでいる。

金管の担当者は、主に音楽専科で、補助として学級担任が指導に当たっている。しかし担任は、専科と違って授業以外に学級指導や学級事務、それに校務分掌などの仕事がある。

そこで、担当者を決めるとき、よくもめる。それは負担が大きいからである。

スズ「陸上練習では、全先生方で指導に当たっていたけれど、他の課外活動は違うんだね。でも、高学年の担任になったら担当になるのはおかしいよね。みんなで話し合って決めるべきだよ」
カラ「話し合っても無駄だよ。希望者がいれば簡単に決められるが、希望を拒否する中で決めるのは至難の業だよ。昔は先生に余裕があったから、希望する先生はいたんだ。特に若い先生は、夢中になって取り組んだものさ」
ワン「そうなんだ。教師になった頃は、若い教師が多く採用されていたからね。だから担当させてもらえなかったんだ。
当時の課外活動は、大会が近づくと始めたんだよ。でも、熱心な教師が長期の練習を始めると、他の学校も始めるようになるんだ」
スズ「勝手に練習期間を延ばすことはできないんでしょう？　校長先生は、何も言わなかったの？」
ワン「言わないよ。長期になれば担当の教師の負担は大きくなるが、本人が要求していたら、多くの校長は許可するんだ。自校の活躍は校長にとって嬉しいからね。
当時は陸上練習が二週間、合唱は秋の市内音楽会が終わるまでだけさ。だけど特別に夏休み一週間くらいやっていたよ。テレビ局主催の合唱コンクールがあったからね。
他の課外活動では、ポートボールが、大会前の二週間ぐらいかな。サッカーは一ヶ月ぐらいだったと思うよ。でも、それが、どんどん練習の期間が長くなっていくんだ。特に顕著だったのが、ミニバスケットかな。さっきも言ったように学習指導要領の改訂で、体育の授業の中のポートボールが、ミニバスケットに変更になったからなんだ」
スズ「ミニバスはポートボールと違って高度な技術を要するよね。でも、今は先生方の勤務が忙しくなってきたよね。だったら練習期間を短くしないといけないよ」
カラ「ミニバスケットは、たくさん練習をしないとうまくならないんだ。それと、体育主任になると、忙しくなっても練習期間を長くしたがるんだ。
陸上大会で詳しく説明したが、自校が活躍できれば、発言力も名声も得られるからね。それと、多くの校長先生は、自校の活躍は嬉しいからね。だから、校長から短くするような働きかけはしないよ」
スズ「だけど練習は、登校前の時間と放課後に行うんだよ？　登校前は時間外勤務になるし、放課後の練習は教職員の休憩時間と重なるよね。だから、校長先生から言わないと」

フク「そうだね。いくら自主的に行っていても、勤務に支障はあるはずなんだ。だから校長は、教師本来の仕事に専念できるように、長期の練習は控えさせなければいけないよね」

スズ「ところで、勤務時間内で課外活動をやるのは勤務なの？　勤務なら朝の練習は勤務になるよね」

フク「課外活動は、学校の教育課程で行うことは求められていないが、子どもたちの健全な教育活動に意味があるんだ。それに、対外的な行事への参加は奨励されているんだよ。だから、正規の勤務内容ではないが、特別に容認されているんだ。つまり、ボランティアになるんだ。ということで、朝の練習はボランティアさ。

この問題は陸上の練習で説明したじゃない。だけど、職員会議や打ち合わせを通して実施するならボランティアにはならないよ」

カラ「先生方は、何が仕事で、何が奉仕活動か区別がなくやっているからな。課外活動によって遅くまで仕事をすることになっても、全く気にしない先生方が多いんだ」

スズ「でも、課外活動によって、学校の勤務や私生活に支障があるから、担当者を決める時よくもめるじゃない。先生の中には課外活動を負担に感じて、高学年の担任を希望しない人もいるよね。だから、学校によっては苦肉の策として、担任希望を第六希望まで書かせるじゃない」

カラ「年々、学校が忙しくなり、指導者のなり手がいないからな。課外活動を減らしたり活動時間を制限したりする必要があるよね。今は、地域やいろいろな団体で、さまざまな活動ができるようになっているじゃない。ミニバスケットクラブだってあるよね」

スズ「でも、子どもの中には、課外活動ができることを楽しみに学校へ行っている子もいるんだよ。中学校のように、活動の面倒を見てくれる指導員を導入することはできないのかな」

フク「それは難しいよ。本当にそこまでする必要があるのか考えなければいけないよ。だけど、安易に先生方が忙しいからやめるという発想はいただけないけれどね」

スズ「ワン先生は、初任の頃、陸上練習以外の課外活動はやったの？」

ワン「進んでやったよ。新採の年は、六年生を受け持ったので、ポートボールの女子の指導に当たったんだよ。でも、そのときは練習期間は二週間程度で、しかも先輩が補助してくれたんだ。そのおかげで市内大会では三位の成績を収めることができたんだ。その後は、他校に異動するまで、やらせてもらえなかったよ。
　でも、次に行った袖小学校では、希望しなかったが、受け持っていた教師が学校の忙しさ、勤務時間外の活動に不満をもって学校を辞めたんだ。そこで、高学年担任という理由で女子のミニバスケットを受け持つことになったんだ」
スズ「凸凹小でも、ミニバスケットを担当したんでしょう？　希望したの？」
ワン「教師の数が少なく、引き受け手がいなかったんだ。教務で忙しかったが、校長に言われれば断ることができないからね。でも、バスケットの指導者に来てもらって練習ができたので、成績は悪くはなかったんだ。児童にとっては指導の上手な人に教わった方がいいものね。
　この頃になると、地域にミニバスのチームができはじめるんだ。だから、ミニバスに所属する学校が良い成績を収めるようになるんだ」
スズ「ミニバスケットや陸上のことはよく分かったけれど、他の課外活動はどうだったの？」
ワン「合唱や金管は、音楽専科が中心になって指導に当たっていたんだ。
　合唱と金管の両方をやっている学校は、音楽専科だけではできないので、指導できそうな教師に任せることになるんだ。指導をしたい教師がいれば問題ないが、いないともめるんだ。そこで最後は、校務分掌で音楽担当になっている教師に依頼することになるんだ。
　特別活動なので職務命令でやらせることはできないが、そのことを知らない若い教師は渋々引き受けていたよ。自分勝手と思われるのを嫌うからね。どの課外活動も余裕のない中でやるのは、健全な活動とは言えないよ」
スズ「本来は、子どものための課外活動じゃなかったの？　それを、勤務が忙しい、面倒だという先生方の理由で仕方なくやっているなんておかしいよ。だったら、無理してやらなくてもいいんじゃないの？　ないと困るの？」
カラ「なくなったって困ることはないよ。でも、すべての活動がなくなると、自校の教育活動だけになるんだよ。そうなると、活力ある学校が作れなくなるんじゃないかな。他校の子どもたちと交流を持つことは、いい刺激になるからね」
フク「他校の児童と交流を持ち、自分たちの力を発揮することは、同じ学年の多くの児童に活気を与えることができるんだ。でも、全児童が活躍できる場を提供することの方が、もっと大事だと思うけれどね」

ワン「そうだね、児童のためにどんな活動を設けたらよいか考えてやらないといけないよね。

　初任の頃、多くの教師が反対していたのに、金管クラブを校長が設けたことがあったんだ。その時は、児童にとっても学校にとってもいいと思い賛同したんだ。

　でも、設立すると、朝と放課後の練習で、学級の友達と放課後、遊ぶことができなくなったんだ。学級の活動や校内の行事への取り組みも活気がなくなったので寂しさを感じたよ。

　それでも、金管に入った子は、入学式や卒業式、運動会など数多くの場で演奏できたので、充実した学校生活を送ることができたんだ。多くの児童にとっても、演奏が聴けたことはとてもいいことだと思うんだ。

　でも今は、不審者の出現や塾などで、放課後自由に残って遊ぶことはできなくなったので、現実に即して考えなければいけないよね。それと、教師にとっても意義あるものにしなくてはいけないと思うな」

スズ「課外活動にはいろいろな問題があるんだね。でも課外活動は、うまくやれば子どもが学校生活を充実させ、学校に活力を生む働きをするんだね。

ただ、これは先生方だけでは解決できない問題なので、管理職や教育委員会と一緒に考えてほしいよね」

衰退した生活科

一九九〇年（平成二年）の学習指導要領の改訂で、一年生と二年生の社会科と理科が廃止され、生活科が創設された。反対異見もあったが、文部省（当時）は、『教科書を教えるだけの授業から脱却し、教師自ら授業を創造することが、子どもたちを生き生きと活動させることになる。生活科は、具体的な活動や体験を通して、チャレンジ精神を育て、どの子にもやる気と自信を育み、自立への基礎を培うことを目指す授業なので、今の子どもには絶対に必要である』とはねのけた。

そして、長年の念願であった低学年の合科、いわゆる「生活科」を誕生させた。

今日は、黒森山小一、二年生合同の「学校探検」である。子どもたちは、各グループのバッジを胸につけて校内の探検に出かけた。特別教室の物品や高学年の授業の様子を見たり、校長室で校長と話したり、楽しく見て回ることができた。

探検終了後、ウサ先生とリス先生は、前日各教室に取り付けていた、名札やシールを回収した。一年生は、二年生の案内で探検をしたが、発見の喜びやドキドキ感を十分味わうことができたのだろうか。

スズ「どうして一、二年生合同で授業をやるの？　二年間、同じ学習するのは意味がないと思うな。それと、一年生は、二年生から教えてもらうより、自分たちで探検する方が楽しいと思うけどな」

カラ「生活科の学習内容は、一、二年生まとめて提示しているんだ。だから、各学校の実態で、合同で行うものが出てくるんだ。

二年生は一年生に、どのように校内を探検するか教え、決まりを守って仲良く探検することを目当てに探検したんだ。一年生は、入学して間もないので、二年生から、いろいろな教室について教えてもらうことを目標にしていたんだよ」

スズ「五月には、イモの苗を合同で植えるんでしょう？　やはり、二年生が一年生に植え方を教えるの？」

カラ「イモの苗を植えるのは、別々に行うんだ。大勢だと身動きが取れないからね。それに、苗植えは難しくないからね。

ただし、二年生は、収穫後、畑を貸してくれた農家の人にお礼を兼ねてイモのおかしを作るんだ。おかしといっても、ふかしたイモに牛乳と砂糖を入れてつぶして焼くだけのものなんだけどね。子どもたちはおかし作りが体験でき、しかも、おいしく食べることができて大満足さ」

フク「学校探検にしろ、イモの学習にしろ、子どもたちは体験学習が大好きなんだ。児童にとっては、テストがないので学習ではなく遊びなんだろうね。

学校探検では、一学年一緒にやっていたが、それは、多くの先生がいた方が、要所、要所で見守ることができ、他の学年の授業に迷惑をかけないで、安全に学習させることができるからなんだ。

イモの苗植えも同じなんだ。畑の土を耕したり、マルチシートを敷いたりするには、先生の人数が多い方が負担が少なくて済むからね」

スズ「あれ、子どもたちはやらないの？　準備から収穫までやることに意味があると思うけどな。イモの苗を植えて、掘るだけなら、幼稚園でやっているよ。成長の様子の観察や草取りなどをやらなくては、学習したことにならないと思うけどな」

フク「そうだね、本来は校内で畑を耕し、観察や世話を通して学ばせなければいけないよね。でも、学校の近くに畑があり世話をしてくれるなら、その方が確実に育てられ収穫できるので、忙しい先生方にとっては助かるんだ」

スズ「忙しいからやらないというのはおかしいよ。子どもたちは、ものを作ったり探検したり、いろいろ活動ができるので生活科が大好きじゃないの。でも、多くの先生は熱心じゃないよね。どうしてなんだろう」

カラ「多くの先生は、国語や算数のように、目標達成が強く求められることもないし、教科書をまねてやる授業であっても、不満も言わず喜んでやってくれるので、特別頑張らなくて済む教科という見方をしているんだよ」

スズ「生活科は子どもが意欲的に取り組めるものなんだから、教材研究に力を入れ、もっと楽しい授業にしなければいけないと思うけどな。生活科の目的は、活動や体験だけさせればいいものではないんでしょう?」

フク「生活科の目標は、『児童に具体的な活動や体験を通して自分と身近な社会や自然とのかかわりに関心をもち、自分の生活について考えさせるとともに、その過程において生活上必要な習慣や技能を身につけさせ自立への基礎を養う』となっていて、活動や体験をさせればいいというもんではないんだよ。

ただ、生活科は他の教科とは違って、各学習の目標は細かくなく、一人一人にこの知識、技能、考え方などを確実に身につけさせなければならないという縛りがないんだ」

スズ「授業なんだから、一人一人に確実に身につけさせなければいけないと思うけれどな。国語や算数では、確実にできるようにしてあげないと、次の学習で困るじゃない。生活科だって、植物の観察をさせるなら、観察の観点を教え、できるだけ詳しく観察させるようにしないといけないんじゃないの?」

フク「そこが、理科と生活科との違いなんだ。植物の観察(一年…あさがお、二年…ミニトマト)で言えば、五感(目、口、鼻、手、耳など体で感じ取る)で観察すれば、詳しく観察できるが、そうなると先生の方で見方を教え、その観点で観察させなければならないだろう? 理科ではそれを当然やらなくてはならないが、生活科は自ら意欲をもって観察できることがねらいなんだ。花の形や花の匂いだけにしか目が行かなくても、観察を通して自ら発見することに意味があるんだ。だから、物足りなさを感じる先生もかなりいるんだよ。特に理科や社会科を研究してきた先生にはね」

スズ「先生は、いかに子どもに興味・関心を持たせ、質の高い授業(深い理解と考え方や質の高い発言)にしていくかに喜びを感じるものね。だから、意欲的に研究する気持ちにならないのか」

カラ「生活科が出来た頃は、どんな授業をやったらよいか分からなかったので、どこの学校も否応なしに研究や研修に力を入れたんだよ。だから、無理な授業もあったが、意欲的な授業が多く見られたものさ。
しかし、今のように、各学校の授業計画が出来上がり、教科書どおりにやるようになったのでは、教材研究に力が入らないのはやむを得ないんじゃないかな。今でも生活科を研究している学校はあるが、他の学校に影響する力は見られないのは惜しいよね」
スズ「ワン先生が、理科の研究校にいた時、生活科の授業の研究を始めたんでしょう？　生活科の授業の内容は理解できたの？」
ワン「東小学校にいた時、生活科の目標と授業の内容を校長から教えてもらったけれど、この時（一九八七年）はまだ、どのように授業を行うか決まってはいなかったんだ。でも、低学年の先生方は、校長が取得した文部省の作成した年間授業計画案を参考に研究を進めていたんだ。だが、今までの理科や社会科の授業とは異なる理科的・社会科的な授業に戸惑いを感じていたんだ」
※生活科年間計画案
【一年生…①わたしの学校、②春の公園、③生き物を育てよう、④秋の公園、⑤わたしの家、⑥遊ぶ物を作ろう、⑦わたしの一年】

【二年生…①わたしの町、②生き物を育てよう、③雨の日の生活、④植物を育てよう、⑤お祭り、⑥おもちゃ大会をしよう、⑦子ども郵便局、⑧冬の生活、⑨わたしの成長】

カラ「でも、不思議だよね、生活科が決まる前は、校長が先頭に立って生活科創設に反対していたんだよね。校東小の校長は、理科の学習指導要領の解説書の作成メンバーで、初等理科教育の会長をしていたんだからね。

そこで、低学年の理科の重要性を、生活科を推進している文部省の方に授業や研究発表を通して訴えていたんだよね。

それが、生活科を行うことが決まったら、今度は生活科の授業の内容の検討を、大学の先生や全国の有力メンバーと一緒に進めたのだからね」

ワン「いつもどんな話し合いをしたのかプリントにして紹介してくれたんだ。だけど、内容に不満だったんだ。教師になった時から理科の研究校にいて、理科の授業の重要性とおもしろさを体得していたからね。

低学年の理科の神様といわれていたアイバ教諭の『ありの授業』とその発表で、理科の存続を訴えた場面にも遭遇したが、理科の廃止が決まったときはショックだったな。

そうだろう？　教師になった時からアイバ教諭をは

じめ、全国的に有名な教諭の理科の授業を見たり、指導を受けたりしてたんだよ。低学年の授業こそ大事にすべきだと思っていたからよけいさ」
フク「当時は、幼稚園と保育園と交流をもち、低学年の理科の授業の在り方を研究していて多くの実践発表が行われていたからね。だから、理科を研究していた教師の不満は大きかったんだよね。
　でも、多くの学校の理科の授業は、教材や道具の準備も行わず、市販の教材を使い、教科書を教える授業だったので、理科がなくなることに対しては、抵抗はなかったようなんだ」
スズ「生活科になって理科だけじゃなく、社会科も廃止になったんでしょう？　社会科を研究している人たちは、どう思っていたのかな」
カラ「社会科を研究している人も反対したが、理科ほど強く働きかけることはしなかったようだよ」
スズ「ワン先生は、生活科の授業をやったんでしょう？　やってみてどうだったの。楽しくできなかったの？」
ワン「まち探検やお祭りなど、学年で一斉に活動するときは、みんなで事前に話し合って準備をするが、それ以外は大して準備をしなくても授業ができるので、楽な教科だなあと思ったんだ。今までの先生方が、授業で使う教材を用意していたので、よけいそう思ったんだろうな。授業をやって強く思ったことは、理科や社会科のときのような充実感が得られなかったことなんだ」
スズ「生活科のどんな授業のとき、そう思ったの？」
ワン「多くの学習で感じるんだ。一年で子どもたちが、遊具を使って、決まりを守って楽しく遊べることをねらってやる『こうえん』の学習があるけれど、教師は遊具のところで見守るだけなんだ。体育で校庭の遊具の使い方と、生活科の教科書で学習してきているからね。
　公園に連れて行ってまでやる学習なのか疑問に思ったが、児童は楽しく遊べるし、教師も息抜きできるので、不満を言う教師はいなかったと思うよ」
カラ「あさがおの栽培と観察も、理科と生活科では大きく違い、歯がゆかったんじゃないの？」
ワン「一年生は四回やったけれど、理科では詳しく観察させ、気がついたことや疑問に思ったことを話し合わせ、問題解決に向けて調べさせたんだ。観察も観点（五感）をもって調べさせるので、細かいところまで見つけることができるんだ。

だけど、生活科は気がついたことを言わせたり記録したりすることが中心で、詳しく観察する力を身につけさせたり、問題解決能力を育成したりすることまで求めないからね。物足りないよ。

理科の学習は、実験や観察から問題が生まれ、それを解決する問題解決学習なんだ。そこで得られた知識や能力が、次の学年の学習に生かされ、より深く考える能力が身につくんだよ。だから、日本の科学技術に貢献するので大事な教科のはずだったのに、その能力を放棄したんだからね。

文部省は、生きる力、ゆとりのある授業をと聞こえの良い教育（生活科、総合的な授業等）を推進したが、今は授業時間を増やして学力向上と逆行する施策をとっているんだからね。未《いま》だにゆとり教育の総括をしてないいんだから無責任だよ」

スズ「でも、理科だと詳しい観察を要求するので、強要すると嫌いになる子どもたちが出てこないのかな。それと、理科の授業は、先生の指導力が問われるんでしょう？　だったら生活科の方がやりやすいよね」

ワン「でも、質の高い生活科の授業を行うには、指導力が必要だよ。ただ、生活科は、軽く扱って済ませることができ、場合によってはやらなくても済ませることができるんだ。

始まった当時は、どこの学校も動物を飼ったが、長期の飼育（休みの世話ができないなど）や繁殖、鳥ウイルスなどで飼育をやめる学校が多く出てきたんだ。動物がいなくても、済ませることができるなんておかしくないかい。動物の飼育は情操教育として大事な学習だったんだからね」

スズ「飼うのをやめたら、生き物に直接触れて愛情をもって育てることができなくなるじゃない。もったいないよ。他の教科は簡単に学習内容を削ることはできないのに、生活科は容易にできるのもおかしいよ」

フク「そうだね。でも、容易にできるから黒森山小は、生活科の時間の一時間を使って英語の学習をやることができるんだよ。教育委員会も先生も、学習内容の一部を削減しても、算数のようにやらないと困るという実感がないんだろうね」

スズ「できた頃の生活科と大きく変わってきたんだね。でも、生活科はみんなで協力していろいろな活動ができるので大事にすべきだと思うな。調べたことや体験したことなどを授業参観でよく発表会を行うけど、とても素晴らしいよね。保護者も感心しているじゃない。発表力やコミュニケーション能力がつくので、しっかり取り組ませることが大事だよね」
カラ「授業参観の多くは、発表の場面を展開するが、そこで生活科を評価するのは問題なんだ。発表までの過程が重要なんだよ。みんなが感心する発表にしたかったら、多くの時間と練習をさせればできるからね」
フク「発表の見栄えを良くするために多くの時間をかけたり、簡単に授業を省いたりすることができるところにも、生活科が振るわない要因があるんだよ」
ワン「そうだね。授業を見せるときは、一番華々しいところをやるからね。発表の場面だけ見れば、みんなで協力し一人一人がしっかり発表するが、そのために時間と指導をかけていることは、参観している人には分からないからね。
　子どもは図書館の本やインターネットで調べるが、意味もよく分からずに発表原稿や掲示物を作成するので指導が必要なんだ」
スズ「ワン先生は、生活科の授業をどう考えていたの？」
ワン「生活科の授業は、力を入れることができれば楽しい教科だと思うよ。出来た当初はいろんな授業があり、ぜひやってみたいと思ったが、十年後一年生を受け持った時には、教科書が出来ていたので、教科書を使って指導計画どおりの授業をやったよ。教材会社の生活科ノートを使ってね。だから、画期的な授業はできないようになっていたんだ。
　それと、活動の多くは、学年で歩調をとってやらなければならないんだよ。そうなると、どうしても手がかからないやり方になるんだ。だから、理科や社会科をやっていたときの方が、学級で自由に発展的な学習ができたので楽しくできたよ」
スズ「理科や社会科の発展的な学習って、どんな学習なの？」
ワン「二年生の時は、社会科『田畑ではたらくひと』と、理科『植物を育てる』の学習を合わせた授業をやったんだ。大きなビニールシートで田んぼをつくり、苗を植えお米を作ってごはんを炊いて食べたんだ。それと、刈り取ったわらを使って納豆作りもやったんだ。準備は大変だったけれど、子どもたちは、とても喜んで取り組んでくれたんだ。楽しかったな」
スズ「いくら学年で取り組まなくてはいけないといっても、子どもが意欲的に取り組めるものがあれば提案すべきじゃないの？」
ワン「そう簡単じゃないよ。ただし、学年主任であれば、みんなが納得してもらえるようにしてやることができたと思うよ。でも、今は学校は忙しく話し合う時間も取れないので、研究授業じゃない限り負担のかかる授業はやらないよ」
スズ「確かに、学校はなんでも学年で統一してやらなければならないところはあるけれど、負担がかかるのでやめていたんじゃあ、先生自身がだめになるんじゃないかな」
カラ「そうだね、子どもが興味・関心をもって意欲的に授業に取り組む授業は先生の課題であって、挑戦し続けなければいけないものだからね。生活科は、この点、意欲的に授業に取り組めるものだから、大切にしないといけないよね」
フク「生活科は、子どもが興味・関心をもって意欲的に取り組めるので、文科省には、創設したときの熱意をもって見直して、先生方が意欲的に取り組めるような生活科にしてほしいよね」
スズ「それなら、学習指導要録に記載する評価の所見も見直してほしいよね。今の評価の仕方は時間の無駄だよ。先生方を忙しくしているだけだよ」
フク「そうだね、生活科だけではないが、所見で評価を表すことは問題だと思うな。生活科では、①知識・技能、②思考・判断・表現、③主体的に学習に取り組む態度、の観点で、個々の児童を評価して、通知表や学習指導要録に記載することになっているんだ。生活科では多くの活動や体験学習をやっているが、その中で特に良かった学習だけを取り上げ、所見で評価するようになっているんだ。

教育技術の本で二年生の『町たんけん』の所見例があるので見てみるよ。①の知識・理解を取り上げた所見では、『地域を探検する活動を通して、自分の身近な地域にさまざまな場所があり、多くの人たちが働いていることに気付いた』。

これを読んでどう思う？　無理して書いてると思わないかい？　次に受け持つ担任の先生がこれを読んで、その子のことを知り、生かせると思うかい？　このような所見を書くのに多くの時間を要しているんだよ。勤務時間内で指導要録が作成できる観点で見直してほしいよね。

学習指導要録については、あとで詳しく見ていこうか」

「総合的な学習の時間」の崩壊

「総合的な学習の時間」は、「生きる力」そして「自ら課題を見つけ主体的に考え解決する力」など、これからの児童生徒の望まれる能力を身につけることをねらいに設立された（二〇〇〇年から段階的に開始）。

文科省は、教師が子どもたちの興味・関心のあるもの、子どもたちに必要な課題など、学年で学習内容を決めて取り組むことを求めた。文科省は、容易に取り組めるように、研究校の実践をもとに数多くのテーマを提示した。

だが、「総合的な学習の時間」の生みの親であり、骨格を固めた文科省の審議会の中心メンバーでもあった山極教授は、

「まず、活動ありきではなく総合学習の土台である教科を忘れてはいけない。算数の学力が不十分なら総合学習の時間を使ってもいい」と言い切っていたのである。

こんな曖昧な考えもある中で、「総合的な学習の時間」が始まった。

スズ「総合的な学習の時間では、先生方が授業を考えてやらなければいけないの？」

フク「そうだよ。知識を一方的に教えがちの教育から、

『自ら学び自ら考える教育（生きる力）への転換を図る』として、『総合的な学習の時間』が創設されたんだからね」
スズ「『総合的な学習の時間』、とても長い言い表し方をするんだね。なぜ、『的』とか『時間』が入るのかな。『総合学習』じゃだめなの？」
フク「『総合的な学習の時間』、確かに長いよね。『総合学習』は、大学の付属の小学校では昔から行われているんだよ。『総合学習』を簡単に言うと、子どもたちの生活にある素材を単元とし、教科を超え横断的、総合的に学ぶ学習なんだ。
　だけど、『総合的な学習の時間』は、子どもたちの興味関心に基づくとか、地域や学校の特色に応じたなど、今までとは考えが違うんだ。子どもが自ら考え、主体的に学習に取り組むことをねらっているので、長いけれど『的』を入れ、今までの『総合学習』とは違うことを明確にするためにこのような名前にしたんだよ」
スズ「二〇一一年四月から授業時間が一時間削減され、高学年は週二時間になったよね。これで子どもたちに生きる力を身につけさせる学習が十分にできると考えたのかな。
『総合的な学習の時間』、略して『総合』は、学校教育を変革させるために生まれたものなんでしょ？　目標も内容も学校で決めることができ、各学校で特色ある教育活動ができるのに、時間が削減されても不満の声が上がらないのは本当に不思議だな」
カラ「学校現場では、『総合』が創設された意味が忘れ去られてしまったんだろうね。『総合』のねらいを達成させるには、週三時間（高学年は週二時間になる。三、四年生は変更なく週二時間で年間七十時間）でも足りないよ。特に上の学年に行けば行くほどね。
　でも、どこの学校も、『総合』を面倒に思うようになり、始まった頃と比べると熱意と活気がなくなったんだ」
スズ「どうして、先生方の熱意がなくなったの？　『総合』が始まる前（移行期間）から、どこの学校も熱心に取り組んでいたじゃないの」
フク「そうだね、多くの学校が盛んに研究授業を行い、公開研究授業には、どこの教室も人であふれていたものね。それが今では、ほとんど行われなくなっているんだ。ワンさんは『総合』にすごく期待していたんだよね」
ワン「教務をやっていた一九九六年（平成八年）、『生きる力』の育成がこれからの教育で重要であると中央教育審議会で答申があったんだ。それから、教育課程審議会で『総合的な学習の時間』が提唱されたんだ。

これは、今までの教育とは大きく変わり、教師自身の発想で創造的な授業ができるということを言われて、胸が高鳴ったことを覚えているよ。この頃、多くの学校は不登校やいじめ、学級崩壊などの問題を抱え、授業が成立しない学級もあったからね。子どもたちが目を輝かせる授業ができると思うと嬉しくなったよ」

スズ「『総合』は閉塞している学校の再生と、これからの子どもたちに必要な資質と能力を身につけさせるために設けられたんだものね。期待して当然だよね。

でも、熱心に取り組んだのは、五、六年ぐらいだったんでしょう？　うまくいかなかった原因はなんだったの？　ワン先生がいつも言っている先生の多忙のせいなの？」

ワン「そうだね。忙しい学校現場では、授業内容を考えたり話し合ったり、また、実施するための準備の時間が確保できないからね。でも、それだけじゃないよ。大きな要因は、あまりにも目標が高度すぎたことさ。多くの労力と時間をかけた割には、成果が感じ取れないんだから、教師の意欲も喪失するさ」

スズ「目標が高度だからというのはおかしいよ。年月とともに実践例が増えるんだから、理解は深まるはずじゃないの？」

フク「実践に無理があるから多くの先生は理解に苦しみ、できるだけ容易なテーマに取り組むことになって行ったんじゃないかな。それと、目標自体にも矛盾することがあったからね」

スズ「目標に矛盾があるってどういうこと？　確かに目指す目標は難しいかもしれないけれど、これからの子どもたちに必要な能力なんでしょう？　取り組みやすいものばかりやっていたんでは、能力はつかないんじゃないの？」

フク「目標をよく見てごらんよ。大きな目標が二つあるだろう？

①『自ら課題を見つけ、自ら学び考え、主体的に判断し、よりよく問題を解決する資質や能力を育てる』

②『学び方やものの考え方を身につけ、問題の解決や探求活動に主体的、創造的に取り組む態度を育て、自己の生き方を考えることができるようにすること』

素晴らしい内容だけど、小学生の子どもに実現可能な目標だと思うかい？」

スズ「一人一人の子どもが、できるようにさせるんでしょう？　自分から課題を見つけて、自分から進んで問題を解決するなんて素晴らしいじゃない。でも、自ら課題を見つけるって難しそうだね。これは、賢い子どもしかできそうもないね」

フク「『自ら課題を見つける』、よく考えるとすごく難しいことを求めているんだ。ここでの課題という意味は、自分から知りたい、調べたい、やってみたいということから課題が生まれるんだ。

辞書で調べると、課題とは『与えられた問題、解決すべき問題』となっているが、ここでの課題とは、子どもたちが、やり遂げたいと思っていることを実際に行うための具体的な課題のことを言うそうだよ。

例えば、近くの川を調査させると、『どんな生き物がいるのかな』『川が汚れているね。きれいにしたいね』などと、さまざまな思いや願いを子どもは持つよね。これが課題なわけだ。

しかし、たくさん出てきた課題を、実際に調べたりやったりできると思うかい？　子どもでは、できないものの方が多いんだ。

そこで、実現できるものを課題にするんだ。しかも、指導しやすい課題に絞るんだ。ということは、かなりの子が自分の思いとは異なる課題に取り組むことになるんだ。しかも、一人ではなく、グループでやることになるからね。

ここで、自ら課題を持つというねらいが曖昧になるわけなんだ」

スズ「でも、自分で思った課題が実現できないことが分かれば仕方ないよ。友達の課題でも自分が取り組みたいものが見つかれば、課題を持ったことになるんじゃないの？」

ワン「そうだね、自分が取り組んでみたいと思えばそう言えるね。でも、『自ら学び考える』とか『主体的に判断して問題解決』となると、個人で取り組むことが要求されていると思うな」

フク「本来は個人の能力を高めることをねらっているので、個人で課題として取り組まなくてはいけないよね。でも、そうなると、多くの指導者が必要となるんだ。

個人の力でやるには、かなりの能力と経験がないと難しいよね。でも、グループでやっても、個々の子が意欲をもって取り組めれば、『自ら学び考える』ことはできるんじゃないかな」

スズ「ワン先生は、どんな授業をやってきたの？　個人で取り組ませたの？」

ワン「移行期間のときは、文科省から提示されたうちの一つの『福祉』を取り上げたんだ。近くの老人ホームに出かけ、交流を通してお年寄りのための施設・設備の工夫や充実した生活の工夫について学ばせることを考えたんだ。このときは、個人が課題を持つとか、自ら学ばせるとかの考えより、『総合』という授業として成立させることが重要だったんだ。

初めに施設を見学させ、その後、調べたいことや、やってみたいことをクラスで話し合わせ、できそうなものを教師が決めたんだ。お年寄りと楽しく触れ合おうというテーマでゲームをやったが、指導要領の目標からは程遠いものだったんだ。

それに施設の方との交渉は、何度も足を運び、時間と労力を要したんだ。電話一本とはいかないだろう？　子どもたちだけで行って、事故でもあれば責任が問われるからね。

この『総合』では、時間をかけてやったけれど、教師にも児童にも達成感はなかったな。でも、パソコンを使い、インターネットで調べることができたので、この時は、子どもたちは喜んでいたよ」

スズ「学年で数回しか行けなかったのか。その程度しかできないいんだね。何を取り組ませるかって大事になるね。その後はどんなものをやったの？」

ワン「二〇〇二年（平成十四年）には三年で『町の名人をさがそう』というテーマで、いろいろな店に行き、自分が知りたい店を決め、その人の技能を調べて発表させる授業をやったんだ。

ここでも、店の人との交渉は教師がやったが、断わる店もあって探すのが大変だったんだ。本当は自分たちで電話や出かけたりして交渉させないと、自ら学び考える力はつかないとは思うが、店は容易には受け入れてくれないからね。それから遠方だと行き帰りの心配があるからね。そこで行くときは、各グループで一人、保護者についていってもらったんだ。『おかしのひみつ』（三年）もやったが、どれも、ただ『総合』の授業を消化したという気持ちしかないね」

スズ「優れた実践をしていた学校も多くあったんでしょ？　参考にはしなかったの？」

ワン「どれも、取り入れるには障害が多すぎたんだ。公開研究校の授業（例：三年…大豆を育て、大豆を調べて発表したり豆腐などを作ったりした授業を公開）は、多くの労力と時間とお金をかけていたので、見応えはあったんだ。けれど、子どもの姿をみると無理が見られ、ぜひ同じような授業をやりたいとは思わなかったな。

東京の大学付属の小学校の授業は、個人で問題解決を図っていたが、手のかかる子はいなくて、みんなが能力が高いので、参考にはならなかったよ」

スズ「でも、参考にしてやらなければ授業の向上はなく、『総合』の意味がないんじゃないの？」

ワン「個人で授業をやることができれば、頑張ってやるよ。だけど、学年でやることが前提になっているからね。でも、学年で話し合って決めるのは、一見よいものが生まれそうだけど、個人の意見を反映させることが難しいんだ。教師のやりたいものに違いがあるからね。それに意欲の差もあるからね。それと、学年主任が納得しないとできないからね。だから、多くは無難なものを選んでやることになってしまうんだ」

カラ「それだけじゃないよ。授業の準備の時間がないところに、時間を要する『総合』なんだからね。どうしてもお互い無理なことは避けるようになってしまうよね」

フク「多くの先生は『総合』が始まる前から、消極的な考え方をしていたからな。基礎学力の低下が見られるのに授業時間の削減だよ？　理想は素晴らしいけれど、現場ではゆとりがないんだ。時間と労力を要する『総合』は無理だという意見が多かったんだ」

ワン「『総合』が始まった頃は、どこの学校も研究は『総合』で、前任校も『総合』だったんだ。でも、三年間やったが、その後は、基礎学力をつけることが重要だと考え、国語の研究に代わったんだ。『総合』は、負担がかかりすぎるので、みんなやりたくないと思ったんだよ」

スズ「でも、授業参観で『総合』をよくやっていたじゃない」

ワン「『総合』は、グループみんなで協力し、一人一人が発表することができるからね。そして、発表の時は、特に指導をしなくて済むからね。

でも、『総合』は、調べたりまとめたりする活動が多いよね。すると、やらない子や一方的にリードする子が出てきて、もめることが起きるんだ。だから、各グループの学習の状況をしっかり見て、適切な指導が必要なんだ。『総合』で学級崩壊が起きると言われているので、気をつけて授業には取り組んでいたよ」

カラ「発表は、子どもたちが前面に出て見栄えがいいので、研究授業や授業参観でやることが多いよね。だけど、そのためには、多くの時間が必要だよね。

それに、どうしても個人の能力や意欲の差が出るので、協力し意欲的に取り組ませるために、先生の適切な指導力が必要となるよね」
ワン「そうは言っても、一人一人が意欲をもって発表の準備をさせることは難しいよ。図書室の本やパソコンを使って調べさせるが、意味も分からずただ写していたり、指示されて調べたりしている子もいるからね。それ一度に同じ活動をしているので指導が大変だよ。それに参観者がいるとなると、どうしても見栄えが気になるので、発表のための時間を多くかけることになるんだ」
スズ「だけど、グループごとに発表の練習となると、その間、待っている子どもが飽きてふざけたりするよね」
ワン「だから、できるだけ発表練習のための時間を取らないようにはしていたんだ。だけど、他のクラスとの差が出て、保護者から不満の声が聞かれたよ。『総合』に対しては、正直、意欲的に取り組むことはできなかったな」
カラ「『総合』が始まる前から、反対意見が多くあり、『総合は、十年たたないうちになくなるよ』と批判的な考え方をする専門家も多くいたものね」
ワン「『総合』を衰退させた要因は、今まで説明してきたが、英語の導入もあると思うんだ。それは、文科省が『総合』の授業の展開の在り方の中で、『国際理解を提案し国際理解のためには、英語の会話の体験は必要』と述べていたからなんだ。だけど、英語の体験が、自ら課題を見つけ、自ら学び考える学習になると思うかい？」
フク「そうだね。英語が『総合』で認められたら、多くの学校が『総合』で英語を扱うようになったよね。そして、学習指導要領の改訂で、英語の導入が決まると、どこの学校も『総合』だけでなく、学級活動などの時間を使って英語をやるようになったんだ（九割近くの学校が英語の授業を行うようになった）。まだ、正式に授業が開始になっていないのにね」
ワン「『総合』が衰退してしまったのは、それだけじゃないんだ。キャリア教育や食育、情報などいろいろなものが学校に要求されてきたんだ。だから、『総合』の時間で消化することになったんだ」
カラ「いろいろな活動で使われれば、『総合』の本来の目標は達成できるわけないよね。今は、校外学習や運動会などの準備などの指導にも使われているんだよ。
　先生方にとっては、『総合』への時間が使えるので助かっているが、文科省は、このような使われ方を知っているのかな。実態調査もせず、『総合』の目標や内容はそのままで、授業時間を一時間削減したんだよ。『総合』の目的はどうなったんだろうね」

フク「これでは、高い目標を掲げて衰退した生活科と同じになるよね。文科省は、新しいものを導入するときは、現場の実態を十分理解して確実にできる確信がなければやってはいけないはずなんだ。文科省には、先生方が意欲的に取り組めるような総合学習の見直しと、教材研究の時間を確保できるようにする義務があるはずなんだ。それができなければ、本当に『総合』は崩壊だね」

各学校で実践されていた単元例

【環境では】・ケナフの手すきカード作り（ケナフの育成や紙作りを通して地球環境を考える）

・リサイクルを考えよう（缶やペットボトルなどのリサイクルを通して、環境と暮らしを考える）

【国際理解】・食べ物たんけん（外国の食品を通して様々な地域の文化や環境について考える）

・なるほど方言（方言を通して自分たちの文化と異文化の共通点や相違を探る）

英語の授業が始まる

二〇一一年（平成二十三年）四月から、全国の小学生五、六年生を対象に、英語の授業が始まった。基本は学級担任の指導で、週一回の四十五分授業を行うようになっている。

だが、黒森山小は、十数年前から全学年の児童に英語の授業を行い、主に外国人英語助手（ＡＬＴ）が中心になって授業を進めている。英語の苦手なウサ先生は、いつもうまく話せずＡＬＴに迷惑をかけている。

今日は、好きな色を言う学習である。初めにメリー先生が、英語でいろいろな色の言い方をカードを使って教えた。次に、メリー先生とウサ先生で好きな色を聞いたり答えたりした。

子どもたちは、二人をまねて隣の子と練習をした。それから、歌やカード取りゲームをやった。どの子も発音が上手で、楽しそうにやっていた。

だが、今日も数人、ふざけたり隣の子にちょっかいをかけたりしていた。

文科省は、二〇二〇年（令和二年）から三、四年生は週一回、外国語活動（英語）を、五、六年生は英語を教科にして、数値で評価することを決めた。

スズ「英語の授業は、担任が主で教えなくてはいけないんじゃなかったの？　ウサ先生は、英語が苦手だからＡＬＴに任せているのかな」

カラ「英語の得手不得手は関係ないよ。どのクラスもＡＬＴが中心になって授業を進めているんだ。市内の学校はどこも同じさ」

フク「英語の授業は、学級担任、または外国語活動を担当する教師が行うこと、となっているんだよ。ＡＬＴ（外国語指導助手）は、ネイティブ・スピーカーとして重要な役割を担っているが、授業を中心になって行うことまでは求めてないんだ。

だけど、成留市では、綿密な指導計画と指導案が作られているので、ＡＬＴに要求できるんだ。何しろ、成留市のＡＬＴは、研修を十分積み研究授業もやっているから、指導力に優れているんだ。ＡＬＴは教材も作成してくれるので、担任は事前に打ち合わせを行うだけでいいんだ」

スズ「成留市は、どこの学校も全学年英語の授業をやっているけれど、どうしてそんなことができるの？」

フク「成留市は、二〇〇三年、内閣府から『国際教育推進特区』の認定を受け、全学年に英語を実施することになったんだ。二〇〇八年には、文科省から『教育課程特例校』に認定されたんだ。『特例校になると、教育課程の編成も独自に行うことができるんだよ」
スズ「だから、低学年は生活科や国語の授業を使って英語をやることができるんだね。中・高学年は、『総合的な学習の時間』を使っているんでしょう?」
カラ「そうだね。『総合』で国際理解教育をやれば、英語の学習をやることができるからね」
スズ「英語だけをやっても、『総合』をやっていることになるのか」
カラ「国際理解教育の一環だから問題ないよ。だから、ＡＬＴの確保ができる学校は、英語をやることになるんだ」
フク「保護者は英語の授業に肯定的で、早い時期にやることを望んでいるからね。今では、幼稚園で英語をやっているのが珍しくないだろう? 英語は世界の共通語と言われ、すでにタイや台湾、韓国などアジアの国々は、学校で英語の授業を本格的に行っているんだよ」
スズ「日本は、どうして英語教育に力を入れることになったのかな。企業が海外進出することと関係あるのかな。それにしても、早急に英語の授業を始めたよね」
カラ「今は、グローバル社会になり、海外で仕事をすることが自然になったからね。英語が話せないと円滑に仕事ができないんだ。国内の会社でも、英語で会議や打ち合わせを行っているところもあるんだよ。つまり、日本の企業が、英語が話せる人材を必要とする時代になったということなんだ。
　そこで、国として英語教育に力を入れることにしたんだ。外国の人がどの街でも見かけるほど多く訪れていることでも、英語の必要性が出てきたことが分かるだろう?」
フク「英語教育は、戦後から力を入れてやってきたんだ。だけど、中学校、高校でやってきてもほとんどの生徒が話すことができないんだ。
　そこで、会話を重視することを要求してきたが、入試で、読み書き、文法が要求されるだろう? だから、会話力は身につかなかったんだ。それと、ネイティブな英語で話せる先生が少ないことも大きな原因だったんだ」
スズ「そこで、ＡＬＴや外国人の英語講師が多くの学校に採用されることになったんだね。小学校から英語を始めるまでは、十分準備に時間を要したんでしょう?」
成留市では、英語の授業の開始が早かったものね」
カラ「成留市は、早くから英語を開始したが、多くの学校は、英語の授業が開始される直前の移行期間になってからなんだ。テレビでは、『指導計画の作成や指導案、教材の準備が思うようにいかない』『ALTの採用の予算が取れない』『派遣会社では、学校の要望が通らない』など、さまざまな問題が取り上げられていたよね」

フク「小学校の英語教育は、一九八六年（昭和六十一年）の臨時教育審議会で検討されたんだ。それから五年後、開始時期の検討に入り、翌年の一九九二年（平成四年）、『国際理解教育・英語学習』指導の在り方を、研究開発校を指定して研究させたんだ。そして一九九四年（平成六年）、全国の都道府県各一校を指定して研究を行わせたんだ。

その時、成留市の成留小学校が選ばれ、二〇〇〇年には英語科として本格的に取り組むことになったんだ。隣の小学校は、体育や図工の授業を英語でやる研究校に選ばれ、公開授業研究会では、多くの参観者が来たんだよ」

カラ「『総合』で取り組む授業例として、国際理解教育を挙げたけれど、よく考えると、英語の授業をスムーズに運ぶために取り上げたんじゃないのかな。『総合』の目標から考えれば、英語の学習は、児童自ら主体的に問題解決するものじゃないからね。英語で歌ったり遊んだりする学習例を示したことが、英語の授業に拍車をかける大きな原因のように思えてならないよ」

スズ「だから、『総合』で英語の時間を設けることが容易にできたんだね。でも、いくら特区だからといって、他の授業を減らして英語をやるなんておかしいよ。それに、財政が豊かな市町村でないとALTが採用できないのも不公平だと思うな」

カラ「そうだよね。いくら地方分権で各都道府県や各市町村が独自の教育ができるようになったからといって、財政の豊かさによって教育の質が異なるのは良くないよね。

成留市は、ALTがリードして、市内同じ指導案で授業ができるが、多くの学校は、担任が文科省から配布された教材『Hi,friends』、そしてCDやDVDを活用して授業を行っているからね」

フク「文科省は、英語の授業が開始される前までに、十分研究しているはずなんだ。でも、生かされているように思えないよ。

低学年から授業をやっている学校、同じ五、六年生でも、週一回の授業と週二、三回できる学校があるが、少なくとも、取り組む学年や授業回数など、条件に合った指導計画、指導案は提示すべきじゃなかったのかな。週一回と二回では授業の内容が異なるはずだからね」

スズ「そうだよ。学校によって、授業の内容や回数、それに指導方法が異なるのはおかしいよ。確実に英語がマスターできる授業を、どの学校の子どもたちも受けられるようにしなければいけないよ」

カラ「そうだね。でも、学校の授業で英語をマスターするのは、難しいと思うな。英語は筋肉と似ていて、使えば強くなるが、使わないと弱くなる。つまり、使わないと話せなくなるが、使えば使うほど上手に話せるようになるんだ。

東京都では、都内にいながら海外の気分を味わえる体験英語学習施設があるんだよ。福島県天栄村の『ブリティッシュヒルズ』では、英語の学習だけでなく、買い物や食事の際も英語を使うルールになっているんだって。英語だけで話すようにすれば、英語の力は当然つくんだろうね。英語で話せるようになりたい人にとっては最高の施設だと思うな」

スズ「そんな施設が多く出来れば、無理して英語に力を入れなくてもいいんじゃないかな。将来すべての子どもが、英語が話せないと困るわけではないんだからね。英語で話せるようになりたい人は、このような施設で英語を身につけさせればいいと思うな。もちろん、学校で基礎英語力を身につけさせることは必要だと思うけれどね」

カラ「そうだね。多くの時間を英語の授業に割く必要はないかもしれないね。英語より基礎学力を身につけなければいけない子どもたちがいることを忘れてはいけないよね」

フク「国は個々の児童の将来を考えなくてはいけないはずなんだ。英語を話せなくても日常生活で困ることはないんだからね。必要性を感じなくては身につかないからね。どの学習にも言えるが、自ら学ぶ意欲を大事にしなければいけないよ。

訪日外国人にインタビューするテレビ番組を見て驚いたことは、日本語で話せる外国人が多いんだ。日本のアニメや漫画、歌、文化が好きで、日本語で聞いたり読んだり会話をしたくて、独学でマスターした人も多く見られたんだよ。

会話ができるコツを聞くと、フレーズで覚えること、単語だけを多く覚えても会話には役立たない、文法はあとから学べばよい、とのことなんだ」

カラ「好きこそ物の上手なれだね。意欲があれば発音も上手になるんだから、無理して幼少からやらせなくてもいいかもしれないな。どんどん翻訳機の機能が良くなっているので、近い将来には通訳として気軽に使うことができることも考慮して、英語教育を考えなくてはいけないよね。
いずれにしろ、英会話で大事なことは、英語のモチベーションと身近に英語が使える場を多く設けることだと思うんだ。国は、英語村のような施設を多く設けることに力を入れてほしいな」
スズ「ワン先生は、二年生を受け持った時、英語の授業をやったんでしょう? みんな英語に意欲的に取り組んでいたの? ふざけたりちょっかいをかけたりする子はいなかったの?」
ワン「低学年でそんな子は、どこのクラスにもいるよ。特に低学年は、英語が分からないとすぐ態度に出てくるからね。
この子らの多くが、学習について行けないんだ。英語は言葉が覚えられないと、ゲームや会話をみんなと一緒にできないからね。一生懸命覚えても、次やるときに忘れていたら意欲が起きないだろう? 日本語なら常に使うので、新しい言葉も自然に覚えられるが、英語は、授業の時だけだからね。記憶力、理解力などの知的能力が不十分な児童にとっては、ハードルが高いと思うよ。
このような児童は、国語の学力自体がよくないんだ。だから、英語は苦痛だと思うな。文章を読んだり書いたりする力がない児童には、英語より国語だと思うけどな。この時間、この子どもたちに、個別授業で国語力をつけられたらなとよく思ったものさ」
スズ「子どもたちは、卒業までやるんだから力はつくと思うな。ふざけたら注意をして、授業に集中させればいいんだからね」
ワン「確かに、多くの英語の時間があれば、卒業までにはそれなりの英語力はつくと思うよ。でも、目的を持たせ、意欲的に取り組ませないと英語が嫌いになってしまうんじゃないかな。それと、注意の仕方はよく考えてやらないといけないんだ。
ＡＬＴが、いつも明るく元気に話しかけて、楽しい授業にしようと努めていることは知っているよね。意欲をとても大事にしているから、児童は楽しく英語を学ぶことができるんだよ。ＡＬＴが、担任が強く注意することを嫌がる理由はここにあるんだ。だから、よほどのことがない限り注意しないから、子どもたちは伸び伸びと楽しく授業を受けることができるんだよ」
スズ「ワン先生もウサ先生のように、英語の授業になると、笑顔をいっぱい見せていたんでしょう」
ワン「そうだね。英語の授業をやって驚いたのは、英語を終え、教室に帰って授業をすると、ＡＬＴのような表情豊かな言い方になっているんだ。そのことに気付き、気恥ずかしくなったものさ。英語のような話し方は気持ちが高揚するんだね。子どもたちに明るく、元気な声で話をすれば、子どもたちは多くの笑顔を見せてくれるんだ。

でも、日本の授業や生活指導は、静かに友達や教師の話を聞いたり、みんなと一緒にやったりすることを要求するからね。どうしても、落ち着いた話し方になるんだ」

カラ「英語を使うということは、その国の生活や習慣に基づいているものだからね。ＡＬＴは少しできただけでもオーバーに褒めるけれど、多くの日本人は苦手だと思うよ」

スズ「英語の授業には、問題はあると思うけれど、本当に身につけさせるならもっと時間をかけるべきじゃないの？　英語の授業を早くから取り入れている国の人は、英語がぺらぺらだものね」

カラ「台湾、韓国では、英語を上手に話せる人が多いけれど、英語への拒否反応のある子どもが出て問題になっているんだよ。英語の授業についていけなければ、学習への意欲がなくなり、自信喪失にもなるからね」

スズ「日本では、英語を楽しむことを大事にし、英語でコミュニケーションを図ることをねらっているので、自信喪失まではならないよね。でも、今は英語の読み書きが要求されるようになったので、同じような問題が出てくるかもしれないね」

カラ「成留市の英語の授業は、自己紹介や買い物など日常使う場面の英語を、各学年に応じて行うようになっているんだ。だから、学年が上がるに従って言い方の質が高まるように、授業計画がしっかり出来ているんだ。

だけど、英語の言葉を書いたり、簡単な文章を読んだりすることが要求されたら、英語の嫌いな児童が出てくるんじゃないかな」

スズ「成留市の学校は、英語の指導講師と多くのＡＬＴがいるので大丈夫だよ。効果的な学習方法と教材開発に力を入れているので、そんなことはないと思うけどな」

フク「そうとは言えないんだ。今、英語嫌いな子が増えていることをよく聞くからね。特に、記憶力の劣る子どもたちや、英語に関心がない子どもたちへの指導方法と指導体制が確立されていないからね」

スズ「きちんと教える体制と指導方法がしっかり出来

ていないと、英語をやってもものにならないということなんだね。そのためには、優れた英語講師やＡＬＴが必要になるよね。
　それと、担任の英会話能力が大事になるね。そうなると、英会話と英語指導力の研修が必要になるよ。特に、ＡＬＴのいない学校の先生はね」
カラ「今、国は学級担任に英語の指導力をつけて、授業を行うことを要求しているんだ。そして、教員の採用試験に英語を取り入れるように、各都道府県の教育委員会に要請しているんだよ」
スズ「今の英語教育では、コツコツまじめに勉強をしなければ良い成績は取れないよ。それでは同じような教員ばかりになるよ。創造性豊かで個性のある有能な教員の採用にも力を入れてほしいな」
ワン「英会話ができる人材は必要だと思う。だけど、文科省は、担任のことを全く分かってないよね。担任は英語だけ教えるわけじゃないんだよ。担任は毎日多くの教科や領域の授業を教えなくてはいけないんだ。教師の仕事は授業以外の仕事も多いからね。
　それなのに、準備を要する英語を設けたんだよ。しかも、教科になったので評価をしなくてはいけないんだ。より多忙になるに決まっているじゃない。それと、研修する時間なんて取れるわけないよ。文科省は、全く考えないで進めているんだから腹が立つよ」
カラ「そんなことはないよ。文科省は、英語の授業が成立するように、ＣＤやＤＶＤ、電子黒板、タブレットを使うように働きかけているじゃない」
スズ「でも、そのためには指導方法を考え、授業の準備が必要になるよね。だから、英語指導の先生を多く採用して、どこの学校にも配置する必要があると思うな。
　成留市のようにＡＬＴが中心になって授業ができれば、担任の負担が少なくなるんだから、ぜひこのやり方を全国の学校で採用してほしいよね」
カラ「政府や文科省が、そんなことやるわけないよ。それなのに文科省は、図画工作や体育なども英語で行うように考えているんだから、先生方はより大変になるんだ。
　英語を習得するには、多く英語に触れさせればいいというもんじゃないと思うけどな。他の教科も英語でやるということは、その分、授業の準備が必要ということになるんだから、上手くいくわけないよ」
ワン「そうだね。英語に触れる時間を増やせば、英語力がつくという発想はいただけないよ。
　成留市の英語の授業のやり方だけれど、問題も多いんだよ。たとえば週末、ＡＬＴと授業の打ち合わせを行うが、多くは休憩時間に行っているんだ。ＡＬＴは勤務時間内で仕事を終えるように決められているからね。だから、退勤する前までに打ち合わせを持つと、休憩時間になってしまうんだ。

多忙な教師にとっては、休憩時間は心身ともにリラックスする重要な時間なんだけど、それが取れないんだよ。打ち合わせの時間が補償されないのは苦痛だよ。問題はそれと、低学年の生活科と国語の授業時間が減ることなんだ」

スズ「小学校の英語教育は、市町村によってバラバラなんだね。成留市は一年生から始めているよね。だから、その時間を他の教科で補っているんでしょう？　全国どこでも同じようなやり方でできるようにしないといけないよね」

ワン「そうだよね。黒森山小の低学年では、英語の授業のため、生活科と国語の授業時数が少なくなるんだ。それに、生活科と英語、国語と英語の組み合わせで二十分ずつ授業をやっているんだ。二十分の生活科、国語じゃ授業にならないんだ」

スズ「二十分じゃ、やれることは限られるよね。どんな授業をやっていたの？」

ワン「国語は、いつも漢字の書き取りに充てているんだ。生活科は、ほとんど生活指導や英語のおさらいだよ。痛いのは、国語さ、漢字の練習は、朝や昼のドリルタイムで行うことができるからね。生活科はなくても支障がないけれど、国語の授業がしっかりできないのはよくないよ」

フク「国は当時の文部省を動かし、グローバル社会では英語は必要と考え、英語を教科にすることにしたわけだけど、やり方が乱暴だったよね。

生活科や『総合的な学習の時間』で失敗していることでも分かるじゃない。研究校や特別な学校で成功したからって、普通の学校でやらせても上手くいくわけないじゃない。研究校や特別な学校は、特別な教育課程を編成してＡＬＴを採用ができるんだからね。どこの学校でもできるような授業計画・指導体制を確立させてから行わなければいけなかったはずなんだ。

文科省は、当初の目標、楽しく英語で遊び、会話ができることに力を入れるべきだと思うな。書いたり読んだりすることは、中学校で学べばいいんだからね。小学校は、英語を学ぶ喜び、もっと英語を学びたいという心を育むことに力を入れるべきだと思うな。英語を嫌いになったら意味がなくなるものね」

道徳の授業が教科に

算数専科のキャン先生は、一、二年の担任と一緒に、「ピア・サポート」の学習を年四回やることになっている。今日は一年一組の三回目の授業の日。事前に作成した教材と、児童が学習するプリントを用意して教室に入った。子どもたちは、道徳の授業でやる「ピア・サポート」が好きで楽しみに待っていた。

キャン先生は、初めに「ピア・サポート」の説明をしてから、担任を相手に会話劇を見せた。その会話から、子どもたちは問題点を見つけ、気持ちのよい話し方、聞き方を発見していった。

その後、何度も気持ちのよい会話のやり方を練習した。どの子も楽しそうに学習したが、授業以外にこのやり方で会話する児童はとても少なく、効果が見られない。黒森山小では、やることが多く、継続して指導することができない。これは文科省の配布した道徳の教材『私たちの道徳（心のノート）』と同様である。文科省は、二〇一八年（平成三十年）から道徳を教科にしたが、それにより先生の負担が増すことになった。

スズ「どうして〝気持ちのよい話し方〟を道徳でやる必要があるの？（そもそも？）『ピア・サポート』ってなんなの」

カラ「『ピア・サポート』のピアは『仲間』で、サポートとは『支援や援助すること』を意味しているんだ。小学校では、みんなが助け合い支え合うことをねらって行われているんだよ。

黒森山小では、二〇〇七年（平成十八年）の二学期から始めたが、『ピア・サポート』は、心の教育とコミュニケーション能力を育てるので、道徳だけではなく、国語や生活科の授業も使っているんだ。だけど、子どもたちは、道徳の時間にやることが多いので道徳だと思っているんだ」

フク「『ピア・サポート』を小中学校でやることになったのは、県教育委員会が人間関係づくりに有効だと考えたからなんだ。今の子どもたちは、人間関係が希薄化し、他者を思いやる気持ちや規範意識などが低下していると指摘されているからね。

そこで、小学校では一、二年生で『コミュニケーション』、三、四年生は『感情』、五、六年生は『問題解決』というテーマで行うことになったんだ」

スズ「だけど、道徳と違って『ピア・サポート』は、チーム・ティーチングでロールプレイングの形態をとるので、打ち合わせが十分必要なんでしょう？　でも、それが日常の中で生かされないのは惜しいよね」

カラ「そうだね。ワークシートの中に一週間そのやり方ができたか、毎日チェックする項目があるが、子どもも任せになっているんだ。それと、授業で学んだことを、意図的に設ける時間がないんだ」

フク「これは、文科省が道徳で使うために配布した『心のノート』と同じさ。徳目ごとに自己点検を行い、改善方法を見つけて書き込むようになっているんだ。

だけど、チェック表をきちんとやらせる時間が取れないんだ。一週間、毎日、そして、定期的なチェックをね。でも、心のノートは使用後、保護者に渡さなければいけないから、やらないわけにはいかないんだ」

スズ「だから、学年末に、まとめて無理やり書かせる先生もいるんだね。ノートには、担任のコメントを入れなくてはいけないので、学校によっては保護者に渡さず処分するんだって。本当かな」

フク「本当のようだよ。『心のノート』は、基本的な生活習慣を教えるのには有効だけど、無理やりやらせてはうまくいかないと思うな。

二〇一四年（平成二十六年）、『心のノート』を全面的に改定して『私たちの道徳』を全小中学校に配布したが、チェックして書き込ませるやり方は変わらないんだ。先生方は面倒だと思うよ」

カラ「そうだよね。偉人伝などの読み物を入れても、チェックして書き込ませるのは変わらないんだからね。学校現場では、授業のやりやすい副読本（民間会社が作成した教材）でいいと思っているからね。忙しい学校にとっては、読ませて済ますこともできる副読本は助かっていたんだ」

スズ「今の道徳の授業は、いろいろ問題があるんだね。でも、道徳が軽んじられているから、政府や文科省がやかましくいうんでしょう？　やらなくて済んでいる学校があるけど、この地区では、あり得ないよね。教育委員会は道徳の授業を確実に行うよう指導しているもの。週案にきちんと道徳の授業が計画され実施されているか、管理職に点検させているんだからね」

カラ「そうだね。だから『ピア・サポート』を強要することが容易にできるんだろうな。だけど、全国を見ると道徳の授業をやらないで済ませているところがあるんだよ。だから、政府や文科省は、深刻ないじめ問題を契機に道徳を教科にしたんだ（二〇一八年、教科になる）」

スズ「〝深刻ないじめ〟って、大津中で起きたいじめによる自殺のことなんでしょう？　そこで、いじめ防止対策推進法（二〇一三年）が出来たんだよね。でも、どうして、道徳の授業を教科にすれば、いじめ防止に有効だと考えたのかな」

カラ「いじめ防止には、思いやりや助け合い、正義感など、心に働きかけ、高めることが重要なんだ。だから、道徳の授業の充実を図れば、いじめ防止に有効に働くと考えたんだ」

フク「だけど、いじめ防止には道徳教育だけでは難しいんだ。そこで、最も有効な施策として、いじめ防止対策推進法（二〇一三年）を制定したんだ。

推進法には、すべての教育活動を通じた道徳教育、体験活動等の充実を図ることが求められているんだ。だから、どこの学校も心の教育を教育目標に入れ、全教育活動で行うようにしているんだよ。

黒森山小の教育目標は、『進んで学ぶ子、体をきたえる子、思いやりのある子』だけど、ここでの思いやりは、優しさ、助け合い、正義感など、もっと幅広く、豊かな心を意味しているんだ」

スズ「心の教育を全教育活動でやることが大事なことなのは分かるけれど、一番有効なのが道徳の授業なんでしょう？　でも、道徳の授業をやっても、『子どもたちの心に響いている実感がない』『成果がすぐに表れるものではない』という声を聞くよ。道徳の授業では、子どもたちの心を揺さぶることはできないの」
カラ「心に訴えるものがないと、考えや気持ちを変えることは難しいよ。研究校でも難しいんだよ。まして　や、教材研究する時間のない先生にはね」
スズ「でも、教科になったら評価しなければならないでしょう。そうなると変容がないと評価できないよね。しかも、数値で表さなければいけないんでしょう?」
カラ「国語や算数のように2とか3とかで評定したり、興味・関心、読解力、計算力などのような観点で評価したりすることはできないよ。だから、所見で表すことになっているんだ。
日本道徳教育学会の会長は、『子どもの良いところを記述して励ますものでないといけない。それに、努力し頑張っている姿を記述しなければならない』と言っているんだ。でも、そうなると所見作成が難しく、時間がかかるよ」
スズ「教科になると、面倒なことが要求されるんだね。先生方は、教科になることをどう思っていたのかな」
フク「インターネットで道徳の教科化についてのアンケートがあったんだ。先生以外は、多くは賛成しているんだ。理由は、文科省の言うように規範意識の低下、いじめに効果がある、という意見なんだ。反対の理由は、道徳心は押しつけるものではない、教科になったらますます忙しくなる、評価が難しい、という意見なんだ」
スズ「肝心な授業を教える先生が、反対というのは問題だよ。教科化を進めるにあたっては、先生方の意見を十分聞いたのかな」
フク「道徳の研究をしている著名な教師には聞いていると思うよ。これは、道徳に限らないんだ。政府や文科省は、いつも、社会で活躍している著名人の意見を重視し、日本の教育を推進しているからね。
政府の教育再生委員会や教育審議会の構成メンバーを見てごらん。現場の教師はほとんどいないだろう。児童や教師の実態、学校現場の実態を十分知らずに事を進めているんだ。だから、多くは成果が得られないんだ」
スズ「道徳の教科化も同じだね。今の時点で問題が解決されないのに、一方的に進めているんだからね」
カラ「このままでは、うまくいかないのは目に見えてるよ。道徳の時間の授業を進めて半世紀（一九五八年九月から実施）、文科省は、いつも、指定の研究校の授業の展開を参考例として提示するんだ。でも彼らは、『このような授業をやれば効果や成果が表れる』という授業を見たり聞いたりしたことはないんだ。

先生方が必要性を感じ、まねをしたいと思わなければうまくいくわけないよ。教科にして、ただ授業を確実にやらせればいいというのでは無責任だと思うな」
スズ「ワン先生は、道徳を教科にしたことをどう思うの？」
ワン「良くないよ。文科省は、どのような道徳の授業をやれば確実に児童に道徳的な価値観を持たせることができるか、具体的な授業の展開例を示すことができていないからね。これでは、教師はどんな授業をやればよいのか、分からないよ。
いつも文科省は、研究校の授業を参考例として提示するけれど、研究校でしかできないものばかりだもの。どこの学校の教師もできるものでなければうまくいかないよ。
そもそも文科省は、どうして道徳の授業をやらない教師が多かったか、そのことが分かってないんだからね。やっている教師の多くは、管理職が強要しているからなんだ」
スズ「でも、道徳の授業の充実化は大事だと思うな。文科省はそのために、道徳の副読本として、『私たちの道徳ノート』を作成したじゃないの。そこに書かれていることを教えれば有効に働くんじゃないのかな」
ワン「『私たちの道徳』は、大きく四つの項目で構成されているんだ。その一つに、礼儀作法や基本的な生活習慣など、望ましい生活態度を身につけることを要求しているんだ。これらは、日常の学校生活や学習で指導していることなんだ。
でも、それを評価しなければいけないとなると、児童に強要することになるんだよ。それと、毎回、授業を終えるごとに感想などを書かされれば、児童は嫌になるよ。担任は担任で、評価のために記録をしなくてはいけないので苦痛だよ」

◆道徳の授業

カラ「ワン先生は、日台小では道徳の研究をやっていたんでしょう？　成果を挙げることはできたの？」
ワン「副読本の指導書に書かれているとおりの授業の進め方だったので、難しくはなかったよ。もちろん研究なので、研究テーマに沿って児童の実態を調べたり、参考資料を読んだりして指導案を作成したんだ。そして、何度も指導案を検討して授業をやったよ。
だけど、多くの時間をかけたわりには効果があったとは感じられなかったんだ。授業をやったからといって児童の心が変容し言動が変わったということはないからね。

研究指定を受けているような研究校なら、優れた講師を招聘《しょうへい》できるので、授業のやり方も違ってくるだろうけどね。だけど、講師は指導主事や校長で、道徳を多少勉強している程度なので、画期的な提案はなかったよ。講師の指導は、負担を増やす要求ばかりで苦痛だったな」

スズ「ワン先生は、どのような授業をやっていたの？」

ワン「授業の導入はいろいろあるが、多くは、副読本に載っている挿絵の拡大版を見せ、今日やる授業の目標を意識づける言葉をなげかける。そして、意見を出させるんだ。それから副読本を読み聞かせ、登場人物の言動、それに他の人物の言動について話し合わせる。それから、ねらいにあった意見に焦点を当て、考えや想いを各自に深く持たせる話し合いをさせるんだ」

スズ「道徳って国語みたいなんだね。どこが違うの？」

ワン「国語の場合は、登場人物の気持ちを詳しく読み取ることが要求されるんだよ。だから、常に文章をしっかり読み取らせるんだ。でも、道徳は登場人物の言動に対し、自分の想いを明確に持たせ、話し合いを通して自分の考えを深めればいいんだ。文章の読み取りの正確さは要求されないんだ。だから、教師が読み聞かせて内容をしっかり捉えさせなければならないんだ」

スズ「学校で道徳の研究をやっていたら、先進的な研究をやっている学校の公開授業を参観したこともあるんでしょう？　まねたりしなかったの？」

ワン「県内だけでなく、滋賀県まで出かけて公開研究授業を見たことがあるけど、どこも副読本を用いた授業だったんだ。研究発表や講師の話にも感銘はなかったな。

でも、研究紀要が厚く、研究の取り組みや実践記録などが詳細に記載されていたのには驚いたよ。このような研究は続かないと思ったが、案の定、数年後には他の教科の研究に変わったんだよ」

スズ「まねしたくなるような授業を見られなくて残念だったね。これじゃあ、どんな道徳の授業がいいのか分からないね」

ワン「本屋や図書館で道徳の授業の本を探したが、参考になるような本は見つからなかったな。やはり、副読本に載っているような話では、活発に話し合うことはできても、自分の考え方を変えるほどインパクトある授業は難しいよ。

二年生の道徳で、『たんぽぽ（生命尊重）』の授業があったんだ。タンポポが、荒れ地でも賢明に生きる姿に命の尊さを指導したが、校庭の草取りのとき、一人の男の子が、『おかしいよね、授業では、タンポポのことを褒めていたのに』とつぶやき、タンポポを抜いていたんだ。児童に分かりやすいように話を作ってはいるが、実際の生活に結びつかないと、むしろ、児童に不信感を持たせることになるんだからね」
スズ「副読本を使わないで、授業をやっている学校や先生はいるんでしょう？　ワン先生は副読本を使わずに授業をやったことはないの？」
ワン「何度か、やったことはあるんだ。児童がとても感動したのは、『中村久子』の伝記のテレビを教材に授業をやったときなんだ。中村さんは、赤ちゃんの時に手足を失い、見せ物小屋に売られるが、普通の女性と同等、もしくはそれ以上の技能を発揮して生きたんだ。針の穴に糸を通して、人形の和服を上手に縫うこともできたんだよ。しかも、唾液で汚すこともなかったんだ。
『ヘレン・ケラーは、私以上に苦労している』と言って涙を流し、懸命に生きている中村さんに感銘したんだ。児童も、中村さんの生き様に驚き感銘したんだ。やはり、感動や感銘を与える教材を準備して授業を行わないと、児童の心に変化を与えることはできないと思ったよ。
もちろん、誰もが同じ感動や感銘を持つことはできないので、児童の実態に応じてさまざまな教材の開発は必要だよね。この授業が、望まれる道徳の授業かどうかは分からないが、感動、感銘は必要だと思っているんだ。誰もが納得できるような授業例を提示しなければ、結局、道徳の教科化は形骸化するんじゃないかと思うんだ」
カラ「そうだね、直接、教えるのは先生だものね。ただ理想と理屈で要求しても、成功するわけないものね」
スズ「ところで、道徳の教科にあたって、国や郷土を愛する心の育成を求めているよね。これは、道徳だけでなく社会科の歴史でも教えることじゃないのかな。
今の日本の歴史教育は、ただ、どんなことがあったのか時系列で教えるだけで、他国のような国を愛する内容にはなっていないもの。むしろ日本が嫌いになるようなことが書かれているよね。道徳だけに求めるのはおかしいと思うけどな」
フク「道徳だけではないよ。全教育活動を通して行うことは前にも話したはずだよ。日本を否定した自虐思考では、健全な日本人には育たないよ」
スズ「だから、郷土・日本国を愛する心を育むことが求められているんだね。日本の良さをたくさん教えてあげてほしいな」

水泳指導

六月の中旬、子どもたちが楽しみにしていた水泳の授業が始まった。この時期は、まだ天候が不順で、晴天であっても気温が上がらない日もある。今日は低学年の水泳があるが、曇り空で朝から子どもたちに落ち着きがない。

一時間目の授業が終わり休憩時間に入ると、ウサ先生に水泳実施の連絡が入った。子どもたちは水泳があることを知らされると歓声をあげた。二時間目が終わると、急いで水着に着替え、先生に引率されてプールに行った。

初めに、シャワーを浴び、次に準備体操を行った。その後、ニャンコ先生から、今日の授業について話があった。話が終わると全員プールに入り、壁に沿って歩いた。その後、各グループに分かれて水泳の授業が始まった。

ウサ先生は、全く泳げない子どもたちの指導に当たった。子どもたちは、水をかけ合ったり、水の中に浮かんでいるペットボトルや、底に沈んでいるカードを拾ったりして、水に慣れる学習を楽しんだ。

授業の終わり前には、子どもたちの楽しみにしている自由時間が設けられている。ウサ先生は、このような授業では卒業までに泳げるようになるわけないなとつぶやいた。

スズ「六月の中旬は、梅雨がまだ明けてないんだから、暖かくなってからやればいいのにね。シャワーを嫌がっていたのは、水が冷たかったからなんでしょう？だから、腰洗い槽に浸《つ》からなくて済んだのかな。それなのに、水泳の授業を楽しみにしているんだから、子どもって不思議だね」

カラ「本来なら、もっと暖かくなってから始めるべきだよね。でも、七月の下旬には夏休みに入るだろう？やれるのは、七月上旬までなんだ。だから、雨や気温の低下でできない日を考慮すると、六月中旬から始めないと、決められた授業時間数に達しないんだ。

もちろん、子どもの健康を考え、プールに入れる条件は決められているんだよ。水温・気温それに風力などの条件をクリアしないとできないことになっているんだ。

〝地獄風呂〟と称される腰洗い槽は、二〇〇一年には廃止されたんだ。それまでは、大腸菌が多くいる肛門《こうもん》周りを消毒するために行われていたが、現在は、プールに入れる消毒液だけで十分効果があると分かったからね。それと、今は水道で目を洗うことも禁止になったんだよ。塩素水で目を傷つける可能性が高いからね」

フク「水泳は、子どもたちの健康・安全には十分配慮してやる必要があるよね。学校によっては、温水シャワーを取り入れているんだよ。だけど、プールの管理維持自体にお金がかかるので、簡単には設置できないけれどね。

そこで現在は、公営プールやスイミングプールが近くにあれば、そこを使って授業をやっている学校が増えているんだ」

スズ「スイミングプールなら天候を気にしなくても済むので、いつでもできるね。それに指導員がいるから、指導も依頼できるね」

ワン「でもお金がかかるよ。それに授業としてやるので、学習指導要領の内容通りにやるのは難しいと思うな。教師は、水泳の指導も大変だけれど、プールの管理も面倒なんだ。プールの水の塩素濃度が決められているので、間違いのないように投薬し、水泳前後に検査をしなくてはいけないんだ。そして、正確に記録をしておかなくてはいけないんだよ。

それと、学年によってプールの水位を変える必要があるからね。間違って水を全部抜いてしまったら、済みませんでは済まないよ。実際、水道代金を請求されることがあるんだからね」

フク「そうだね。プールの維持管理は面倒なんだ。どの学校もプール責任者は主に体育主任が行っているけれど、一人では無理なので各学年の体育委員会の先生が担当してやっているんだ。だから、毎回、水泳が始まる前に気温、水温などを調べて、できるかどうか教頭と相談して決めているんだよ」

スズ「子どもたちは、水泳を楽しんでいるけれど、泳ぐ時間は少ないんだね。二時間授業でやれるのは、四十分ぐらいしかないんだよ。これでは、泳げるようにはなれないよね」

ワン「全員泳げるようにするのは無理さ。学校の指導は、学習指導要領に書かれている内容で行うようになっているからね。内容を見ればそのことが分かるよ。

　低学年は『水遊び』で、水の中を移動する運動と遊び、そして、もぐる・浮く運動と遊びを行うことになっているんだ。中学年は『水泳運動』で、浮いて進む運動、そして、もぐる・浮く運動なんだ。高学年は『水泳運動』で、クロール・平泳ぎおよび安全確保につながる運動を行うことになっているんだ。

　ニャンコ先生は、少し泳げる子のグループを受け持ち、クロールで泳げるようにバタ足や腕の使い方を教えていたよね。でも、一斉指導なので個々の子どもの指導まで手が回らないんだ。このような、グループに分かれての指導は、全学年同じなんだよ。そもそも、学習指導要領では、全員が泳げることを目標にはしていないんだからね」

フク「でも、筑波大付属小学校では、全員が泳げるように取り組み、夏休みは保護者などの協力を得て、指導しているよね。水泳の授業は他の学校とは異なり、体育の授業と同じやり方で学級ごとに行っているんだ。これは、筑波小の『水泳指導のコツと授業アドバイス』の本に、各学年の指導計画と内容が詳しく書かれているんだよ。

　このやり方は、子どものことがよく分かっているので、ふざけたり勝手にもぐったり泳いだりすればすぐ分かるので、即、指導に当たれるそうなんだ。水泳の指導は体育の授業でやるので、プールでの活動時間が十分作れ、しかも、授業の回数も多くなるので、泳げるようにするにはとても効果的だと言えるよね。

　六年生になるとみんな泳げるようになっているが、早く泳げるようにスイミングスクールに行っている子もいるんだ。何しろ、筑波小では六年生になると海で遠泳を行うことになっているからね。みんな泳げるようになる目標を持っているので、みんな頑張れるだろうね」

スズ「だけど、学級にはとても手のかかる子もいるので、付属小と同じような授業は無理だよ。でも、テレビで紹介された『三日間で誰もが二十五メートル泳げるようになる方法』は参考になると思うけどな。このやり方を取り入れたら、きっと泳げるようになるよ。だけど、これは、学習指導要領に書かれてないので、できないんだろうな」

ワン「確かに、学習指導要領には、全員泳げるようにするとは書かれてはいないよ。子どもたちが水に慣れ親しみ、楽しんで水泳運動を行うことを目標にした内容になっているからね。高学年では、クロールや平泳ぎの学習はあるけど、泳げるようにするとは書いてないからね」

カラ「テレビでは、泳げるようになるためには、顔を水の中に沈められることが絶対条件なので、洗面器に顔をつけたり、お風呂の中で少しずつ顔を沈めたりしていたよね。そして、プールに入ったら十五分は動かずに浸かるだけと紹介されていたよね。そうすると、α波が出て体の緊張がほぐれ、リラックス状態になるんだ。そうしたら、腰に浮き袋のヘルパーをつけ、体が浮く感覚を覚えさせるんだ。

次に呼吸の仕方を練習させていたよね。このやり方は〝ブクブクパー〟さ。水の中で全部息をはき出させ、顔を上げたら一気に肺に空気を入れるんだ。簡単そうに思うかもしれないけど、実際は難しいんだよ。息を全部吐き出すのは、陸上と違って水中では呼吸の仕方が異なるからね。内肋関筋《ないろっかんきん》を使わないと息を全部吐き出せないんだ。これができれば、やっと泳ぎの練習に移れるんだ。

このやり方の『十五分水に浸かる』のは無理だと思うけど参考になると思うんだ。ほかにも泳げる方法もあるので、調べて取り入れられるものがあったらチャレンジしてほしいよね」

スズ「そうだね。水に浮くことができ、数メートルでも泳げたら子どもたちは嬉しいだろうな。

プール最後の授業は、どの学年も着衣泳をやるんだね。服を着たまま川に落ちても、慌てないで命を守る学習は必要だよね。着衣だと、思うように体が動かないことが分かるからね。

そして、ペットボトルや浮かんでいる物を使えば、体を浮かせることができるのを知ることも大事なことだよね。ウサ先生が、服に空気を入れて仰向きでずっと浮かんでいるのを見せたのも、とても良かったと思うな」

フク「着衣で泳ぐところも見せても良かったんじゃないかな。イギリスでは、船が沈んでも助かるように、深いプールで衣服をつけたまま、犬かきから平泳ぎや立ち泳ぎを教えるそうなんだ。とても実用的な授業だよね。

　だけど、イギリスは日本と違って水泳の授業はとても乱暴な指導で、無理やり泳がせるんだ。イギリスの学校に通わせている日本人のお母さんがインターネットで話していたんだ。命を守ることを考えると、犬かきでも泳げるようにしてあげたいよね」

カラ「泳ぎとは直接関係ないけれど、紫外線防止にも力を入れてほしいよね。学校では、水の汚れを防ぐため、日焼け止めを禁止にしているよね。だけど、紫外線は体に良くないよ。

　それと、ゴーグルも禁止になっているが、自由に使わせてもいいと思うな。ゴーグルの着用は、着けないと泳げなくなるということはないからね」

フク「ゴーグルの管理の面倒さはあるけど、子ども優先で考えてほしいよね。日焼け止めは、プールの水が汚れると言われているんだ。汚れがあると濾過《ろか》器への負担がかかるだけでなく、排水が直接河川に流れ込むことがあるからね」

スズ「だけど、人数が少なければ、影響は少ないんでしょう？　だったら、肌に影響のある子は認めて良いとは思うけどな。

　それと、お金はかかるけれど、今は、全身を覆う水着が販売されているじゃない。採用している学校もあるんだから、黒森山小も検討してほしいよね」

フク「そうだね。子どもたちの健康と安全が第一だものね。それと、水泳の授業を行うなら、少しでも泳げるようにしてあげてほしいよね」

スズ「そうだよ。スイミングプールで教わっている学校は、泳ぎ方の学習になっていると聞いているからね」

カラ「文科省はスイミングプールの活用を推進しているんだから、学習指導要領を見直し、多くの子どもが泳げる指導内容にしてほしいよね」

お楽しみ会

　終業式の直前になると、授業はほぼ終えているので、どのクラスもお楽しみ会が行われる。

　リス先生のクラスでは、各グループの劇を鑑賞し、その後、ゲームで楽しむことになっている。子どもたちは、先生が用意した台本の中から好きな劇を選び、練習と道具作りに熱心に取り組んだ。

　だが、グループの中には言い争ったり、ふざけたりする子が出て練習に支障が生じた。リス先生は、話し合いを設け解決させたが、その間、劇の指導に手が回らず、いらつく様子が見られた。

　お楽しみ会の当日、一時間目の授業が終わると、みんなで机を後ろに寄せて舞台を作った。机の上には、体育館から持ってきたマットを敷いた。そして、前日張っていたロープに幕を取り付けると、子どもたちから歓声があがった。

　進行係が作ったプログラムに従って係や先生があいさつし、いくつかの注意事項の話を終えて劇が始まった。台詞《せりふ》を忘れ教えてもらう子もいたが、どのグループも協力し合い、楽しんで演じることができた。リス先生は、その様子を楽しんでカメラに収めていた。

スズ「他のクラスでは、教室でイス取りゲームやハンカチ落とし、クイズ・手品などをやっていたよ。それから、グラウンドや体育館では、おにごっこやドッジボールなどをやっていたけれど、劇はやらないんだね。他のクラスの子が、羨ましそうに覗《のぞ》いていたじゃない。きっとやりたいと思ったんじゃないかな。他の先生は、劇が嫌いなのかな？」

カラ「劇は嫌いじゃないよ。それに、子どもたちが劇が好きなことは多くの先生は知っているよ。だけど、劇には脚本の用意や道具作り、そして劇の練習が必要になるんだ。それと、忙しい時期だと劇をやる余裕がないんだよ。だから、負担がかからず子どもたちが喜ぶゲームになるんだ。リス先生だって、毎回劇をやっているわけじゃないんだよ」

フク「劇をやるとなると、準備や練習が必要になり、忙しさが増すことになるんだよ。それに、グループ内でのもめごとへの対応が出てくるからね。多くの子は劇に意欲的に取り組むけれど、関心のない子もいるからね。さぼったりふざけたりして、けんかやいじめが起きたりすることがよくあるんだ。でも、劇をやることは良いことだと思うな。トラブルも良い勉強になると思うな。もちろん、先生の適切な指導が求められるけれどね。

劇は、自分たちが楽しむだけでなく、みんなから賞賛してもらいたい気持ちが起き、みんなで協力しようと頑張れるものなんだからね」

カラ「確かに、子どもは劇を演じたり見たりするのが好きだよね。だから、小さい時から、いろいろな人を演じる遊びをやっているんだろうな。ままごとや、仮面をつけて戦うことを楽しそうにね。

そして、テレビを通して、ぬいぐるみのキャラクターの演技やドラマの俳優の演技を楽しんでいるんだからね。だから、小さい子でも演じることに抵抗がないんじゃないのかな。

よく保育園や幼稚園は、情操教育の一環として劇をやっているよね。小学校でも、演劇は豊かな心情や表現力を養うことができるので、やる意味があると思うな。小学生になると、自分たちで考えて演じることもできるんだからね」

フク「そうだね。幼少の頃は、ままごとや戦いごっこなどの〝ごっこ遊び〟に夢中になるよね。これは、自分が空想の中の人物になって自己表現をし、他者とのコミュニケーションを図ることなんだ。幼児は遊びを通して、これ以外にもさまざまな能力が育成されるんだ。〝ごっこ遊び〟は、記憶力、観察力、表現力、想像力、言語力などの能力が身につくんだ。

だけど、いきなり小学生に自分たちで劇をやれと言ってもできないよ。それに、台本があってもね。先生が演技指導をしなくてはね。だから学芸会では、先生方が台詞の言い方や振り付けの指導に力を入れなければいけないんだ。

演技中の歓声や終わった時の拍手は、子どもだけでなく、指導した先生方も嬉しいものなんだ。だから、この感動を多くの子どもたちに味わわせたいよね」

カラ「だけど、近年は、学芸会や集会などの行事の精選で、劇を演じる機会がなくなっているよね。ましてや、学級で劇をやる先生は希有《けう》だからね。よほど劇が好きでないと、学級で取り組むことはしないよ。

演劇には、台本作り（台本探し）に配役決めと演技指導、そして道具作りなどが必要になるんだからね。それに、そのための練習と道具作りの時間の確保が必要になるんだ。それから台本だけれど、その多くが大人数で演じるもので、昔つくられたものなんだ。そのせいか、今の子どもが喜びそうなものは非常に少ないんだよ。だから、新しく台本を創るか、手直しをしないとできないんだ」

スズ「それじゃあ、簡単にはやれないね。でも、昭和の時代は、どこの学校も学芸会やクラス発表の集会をやっていたんでしょ？　先生方が台本を書いたのかな」

カラ「書かなくても劇の本はたくさんあったよ。劇の本だけでなく、教育技術の雑誌にも台本がよく載っていたんだ。だけど、ほとんどが大人数で取り組む劇で、学級でできる短い劇はとても少なかったんだ。とはいえ、集会などで演じる場が設けられていたので、多くの劇が行われていたんだよ。

現在は、卒業を迎える六年生に向けた送る会で、劇を演じる学年があるぐらいなんだ。でも、それも減ってきている傾向にあるんだ。それは、劇の本がとても少なくなったことも影響しているようなんだ」

スズ「それじゃあ、ますます劇の取り組みが減っていくね。ワン先生もお楽しみ会で劇をよくやっていたんでしょう？　学期末の忙しい時期によく練習できたね。成績をつけながら授業をやらなくてはいけないんだからね」

ワン「学期末は、どこのクラスも授業は終わっているよ。成績つけで忙しい頃の授業は学期のまとめなので、授業の準備に力を入れなくても済むんだ。それに、まとめのあとの授業も比較的楽なんだ。

でも、劇をやるためには多くの練習の時間が必要だろう？　そこで、忙しくなる前から始めるんだ。低学年なら、生活科の時間や学級活動などの授業も使うが、ほとんどは休み時間さ。道具作りでは、給食の準備しているときなど、やれる時間を見つけてやるんだ。だから、成績つけには大きな支障はないよ。

だけど、休み時間の練習は楽しいけれど疲れるよ。ましてや、各グループ公平に指導しなくてはいけないからね」

スズ「指導は大変だと思うけれど、劇はやるのも見るのも楽しいよね。だからかな、どこの学校もプロの劇団を招いて鑑賞をやっているよね」

カラ「学校では、学校行事の中に鑑賞会を年に一回設けているんだ。だけど、必ずしも人が演じる劇だけの鑑賞ではないんだ。劇にも、影絵劇や人形劇、音楽劇などがあるからね。あと、鑑賞には、合唱、楽器演奏、オーケストラ、それに落語などいろいろあるんだ。これらの中から、担当者は子どもが喜びそうなものを選ぶんだ。このとき、予算も考えてね。大規模校だと、低学年と高学年に分けて演目を変えて演じてもらうんだ」

フク「小規模校では、予算面で二部で演じてもらうことができないのは残念だね。でも、全学年が感動するような演目を選んでやっているところもあるので、担当の先生には頑張って選んでほしいよね。

子どもが芸術文化に親しむことは、芸術を愛する心を育て、豊かな情操を養うことができるということなんだからね。子どもたちが目を輝かせる鑑賞会は大事にしたいよね」

スズ「プロの鑑賞会もいいけれど、子どもたちが演じる劇も積極的にやってほしいな。ワン先生は、劇に積極的に取り組んでいるけれど、演劇部に入っていたの？それとも演劇の勉強をしたの？」

ワン「演劇部には入ってなかったよ。だけど、演劇は子どもの頃から好きだったんだ。小学校の時は毎年学芸会があったんだ。クラスでもお楽しみ会に劇をやっていたクラスが多かったんだよ。

三年生の時は、保護者を招いて劇をやったのを、今でもよく覚えているよ。だけど、高学年になるとやるクラスがなくなり、六年生の時は全くなくなったんだ。でも、楽しかった劇の思い出はとても貴重な経験さ。だから、教師になると学級で劇をやるようになったんじゃないかな。

教師になった当時は、児童会の集会でクラスの発表があったので、いつも劇をやったんだよ。とても好評だったんだ。だけど、授業時数の削減でクラス発表の集会がなくなったんだ。それでもクラスではよく劇をやり、授業参観でもやったことがあるんだ。劇をやるとお互いのよさを知り、協力し合うので、とても良い学習になっていたと思うんだ。

でも、学校が忙しくなり授業時間の確保を求められるようになると、簡単にできるものになり物足りなかったけれどね。それでも、忙しい学期末にクラスで劇をやるのは、学期末は児童が意欲的に学習や活動するものがないからなんだ。まとめの学習は、新鮮みがなく楽しくはないからね。どうしても緊張感がなくなり、クラスに落ち着きがなくなるんだ。気をつけないと、友だちへの干渉が増え、いじめを行う子も出てくるんだ。

そこで、児童の好きな劇をやることで学校生活に張りを持たせたいという思いもあって、やっていたんだよ」

カラ「子どもたちの気の緩みの対処として、学期末に劇を行っていたのか。悪いとは思わないが、好ましくはないよ。先生は授業で勝負しなくてはね。どんな授業を行えば、子どもたちが満足するか、成績処理で忙しくなる前に考えて準備しておけばいいことなんだからね。

劇をやるなら、指導に十分時間が取れるときにやるべきだと思うな。劇は子どもたちの心情に良い効果を上げることは、昔から言われているからね。

道徳では役割演技（ロールプレイング）を用いた授業があるが、即興的な表現をさせることで、登場人物の気持ちを実感させたり、相手の立場に立って行動する態度を育てたりする効果があると言われているよね。先生方には劇の良さを理解してもらい、子どもたちに劇を体験させてほしいな」

スズ「先生方は、劇を鑑賞しているけれど、劇のための演技指導や台本作りなど勉強してないんでしょう？だから、やりたいと思わないんだよ。だったら、劇の研修を設けて自信をつけさせればいいんじゃないかな」

カラ「そうだね。先生は、よき演技者になれと言われているからね。特に年少の子どもたちに教えるときは、大きな振りで、感情豊かな話し方をすることが要求されているからね。

それに、時には俳優になり、嫌なことがあっても笑顔を見せて振る舞うことができなければならないと言われているからね。先生方には、演劇のやり方の研修をさせてあげたいね」

ワン「確かに、低学年の教師の多くは、演技力があるものね。よい授業には、教師の演技力は欠かせないからね。

日台小のとき、運動会の打ち上げ（宴会）で、グループごとに劇をやったんだ。みんな上手に演じるので感心したよ。内容は、人気ドラマをパクった劇なんだけれどね。だから、劇のよさは知っているはずなんだ。

でも、学級でやるとなると二の足を踏むんだ。劇には、台本選び（台本作り）や演技指導、道具作りなどが必要だからね。どうしても、忙しくなると思うと避けたくなるんだ」

フク「学校では、いろいろな研修をやっているけど、劇の研修（台本作り、舞台作り、道具作り、演技指導など）はやってないよね。先生方の表現力を高めるには有効なので、ぜひやってほしいな。きっと子どもだけでなく、先生方も夢中になって取り組めると思うな」

※ワン先生がやって好評だった劇。

【劇の本から】①バトコン（悪い言葉を食べる怪獣と子どもたちが格闘：学級）②わがまま王女（わがまま王女の前に、かえるに変えられた王子が現れ騒動が：学級）③うさぎの王国（王国をおびやかすきつねを退治：学級）④アリババ（盗賊と格闘：『学芸会』学級）⑤たぬきの糸車（いたずらたぬきが恩返し：『送る会』学年）⑥メタゴミあらわれる（ごみの中のえさを取り合う：『送る会』学年）

【国語の本や絵本から】⑦大きなかぶ（みんなで力を合わせて大きなかぶをぬく：『学芸会』学年と学級）⑧フレディック（：詩人のねずみの活躍：『学芸会』『送る会』学年と学級）⑨スイミー（小さい魚が集まって、大きな魚を追いやる：『送る会』学年）

【自作の台本】⑩げき（監督が、好き勝手に劇を演じさせる：『学芸会』）⑪音楽会（演奏会に向けて「剣の舞」の曲に取り組むが、うまくいかない。だが最高の演奏ができた：『学芸会』）

スポーツテスト

朝の会を終えると、ピョンコ先生のクラスの子どもたちは体操服に着替え、引率してくれる六年生を待った。二年生は、担任が行う握力測定と立ち幅跳び以外の六種目のテストを行う。

子どもたちは六年生が来ると六人ひとグループになり、それぞれの種目会場に行ってテストを受けた。担任がついていないこともあってテストに時間を要した。ピョンコ先生はソフトボール投げを担当したが、給食前には終わらせることができた。後日、当日欠席した児童のために、体育担当の先生方と一緒に体力テストを行った。

やっと終わったと思ったら、最後に、児童の記録をパソコンに打ち込む作業が待っていた。

スズ「スポーツテストは、午前中いっぱいかかるんだね。この時間は体育の授業になるの？」

カラ「スポーツテストは、体育の授業ではないので、学校行事になるんだ。だけど、今は学校行事の時間は多くは取れないんだ。それで、黒森山小は一時間は学校行事で、残りは体育で取っているんだよ」

スズ「体育の授業内容でなくても大丈夫なの？　教育委員会から指摘されないかな」

カラ「学校行事の精選の中では多くは取れないからね。学校によっては、すべて体育で取っているんだよ。教育委員会はスポーツテストの要求をしているんだから、指摘や指導はしないよ」

スズ「高学年は、低学年の面倒を見ているけれど、この時間も体育で取っていいの？　全部、担任の先生でやれば高学年に迷惑をかけなくて済むのにね。どうして担任だけでやらないのかな」

カラ「担任だけでやれる種目もあるけれど、たくさんの先生方と高学年の児童の協力がなければ、できないものが多くあるんだよ。

　例えば、ピョンコ先生の担当したソフトボール投げでは、枠から出ないで投げさせ、ボールが落ちたところからの距離を測り、それを記録する。それから、けがのないようにボールを返させる。これを、低学年の先生一人だけでできると思うかい？　できたとしても、多くの時間がを必要とするからね。全校児童でやるには、全教師と高学年の児童の協力がなければできないということなんだ」

フク「そもそも、スポーツテストは、全児童がやる必要がないんだ。これは、文科省の体育局のスポーツテストの要項に記載してあるんだ。だけど、委員会の要請や各学校の方針で、全児童が実施しているんだ。

　でも、全くやらない学校もあったんだ。平成十八年度の調査では、五十パーセントに満たない都道府県がいくつかあったんだ。それが、平成二十二年度には、九十パーセント以上実施するようになったんだ。これは、平成二十年度から二年間、すべての小中学校を対象に全国体力調査が行われたことが大きな要因だったんだ。文科省は、学校と教育委員会の体力向上への関心が高まり、新体力テストの重要性が認識されたと考えているんだよ」

スズ「そうかな。体力向上は昔からどの学校も取り組んでいるじゃない。文科省が新体力テストをすべての学校を対象にしたことで、急激に増えるんだから不思議だね。

　でも、全児童が毎年やらなくてもいいと思うけどな。今、学校はやることが多く授業時間が増えているんだよ。テストが終われば、個々の児童の記録をパソコンに入力する作業があるんでしょう？　先生の負担が大きいと思うな」

カラ「先生方の負担を考えれば、やらない方がいいに決まっているよ。でも、児童の体力向上を考えると、簡単にやめていいとは言えないよ。ただし、毎年、全児童がやる必要はあるのか検討は必要だと思うな。体力テストの結果から対策を立てても、学校でやれることは限られているからね」

スズ「ワン先生は、旧体力テストの経験もしているんでしょう？　どんなやり方をしていたの？」

ワン「教師になった時は、旧体力テストで五年生が調査の対象だったんだ。でも、主に高学年の教師が測定することもあって、五、六年生全児童が実施したんだ（本来は一クラスで良かった）。高学年になると、教師と児童が一緒に測定や記録も取れるからね。

ただし、『踏み台昇降』という種目は、全教職員が手伝わないとできないんだ。踏み台をリズム太鼓に合わせて昇降させてから脈を取るんだけど、脈が弱い子もいて正確に数えることが難しいんだ。

テストは運動テストが五種目で、体力診断が七種目あったんだ。運動では、五十メートル走（走力）、ソフトボール投げ（投力）、懸垂腕屈伸（筋持久力）、ジグザグドリブル（調整力）、連続逆上がり（調整力）があったんだ。

体力診断では、反復横跳び（調整力）、垂直跳び（跳躍力）、背筋力（筋力）、握力（筋力）、伏臥《ふくが》上体（柔軟性）、立位体前屈（柔軟性）、踏み台昇降運動（持久力）があったんだけど、やる種目が多いので時間がかかったんだよ。

この地区に異動してきた時は、日台小でも五、六年だけだったんだけど、前任校で実施している教師が赴任すると、体育主任に提案し、中学年から実施することになったんだ。当然、多くの職員は反対したけど、テストの必要性を訴え、校長が実施することを決めたんだ。

自分の体力を知ることで体力向上が図れる、体育の学習に生かせると主張したが、実際は、体育の授業内容にないので生かすことはできなかったよ。でも、これ以降、毎年行うことになったんだ。一度決まるとやめられないのが学校だからね。

一九九九年（平成十一年）になると、改訂されて新体力テストになるんだ。すると、改訂されると同時にこの地区の全児童が実施することになったんだ。

初めは、調査する器具がなく手作りしてやったんだけど、以前と比べてやる種目は少なく、測定もやりやすくなったのはよかったんじゃないかな。でも、低学年は、高学年の児童に協力してもらう必要があり、高学年には負担がかかっているんだ。特に低学年は、事前に測定のやり方を教えてもうまくはできないからね。

児童は、楽しんでテストを受けているけれど、自分の運動能力を高めようという気持ちにはならないようだったな。だけど、高学年の児童の多くはテストの結果の表を見て、運動に関心を持つことはできたと思うよ。特に、優れた児童は運動能力賞を得ることができるからね。

だけど、体力テストを全児童がやる必要があるかと問われれば、毎年やる必要はないと思うな」

フク「でも、多くの委員会は、体力テストの必要性を訴えているから難しいんじゃないかな。体力テストにより、子ども一人一人が自分の体力を知ることができ、保護者と共有すれば、体力の記録は身長や体重のように、自分の伸びが実感できるはず。そうすれば、体力の向上に寄与することができる、という考え方をしているからね」

ワン「現在、どこの学校もやっているが、納得できないな。スポーツテストの種目を見てごらんよ。全部で八種類あるよね。

①握力、②上体起こし、③長座体前屈、④反復横跳び、⑤二十メートル走、⑥シャトルラン、⑦五十メートル走、⑧たち幅とび。

これらのテストは、どのような授業をすれば記録がよくなるか分からないんだ。

そもそも、スポーツテストの対象は六歳（一年生）から十一歳（六年生）で、抽出された学校の児童で各学年の一番のクラスが行うことでいいはずなんだ。それに高学年は、総合的に体力が分かるのでやってもよいが、低・中学年は体育でやらないんだから、全員やる必要はないよ。

どうしてもやるなら、児童に目当てを持たせ、具体的にどのような運動をやればよいか分かるものでないといけないよ。つまり、体育の授業でできるものさ。

今、授業時間の確保で多くの行事が削減されていることを考えると、スポーツテストも対象になると思うんだ」

スズ「だけど、スポーツテストを受けると測定結果の証明用紙がもらえ、自分の運動能力が分かるんだよ。優れているとA判定と評価され、運動の励みになっているんだ。だから、そのことも考えて検討しなくてはだめだよ」

フク「スポーツテストをどう生かすかだね。県・全国の平均も分かるので、励みにはなるよね。

先生の中には、テストに向けてさまざまな遊びを考案し、取り組んでいる人もいるんだ。最近では、幼児から小学六年生までを対象に、民間で運動能力を効果的に高める運動教室が設けられているんだ。なんと三〇〇種類のプログラムが用意してあるんだから驚くよ。

テストをやるやらないにかかわらず、学校も体育の授業や遊びの内容を考えて、運動能力や体力向上を図る必要があると思うな」

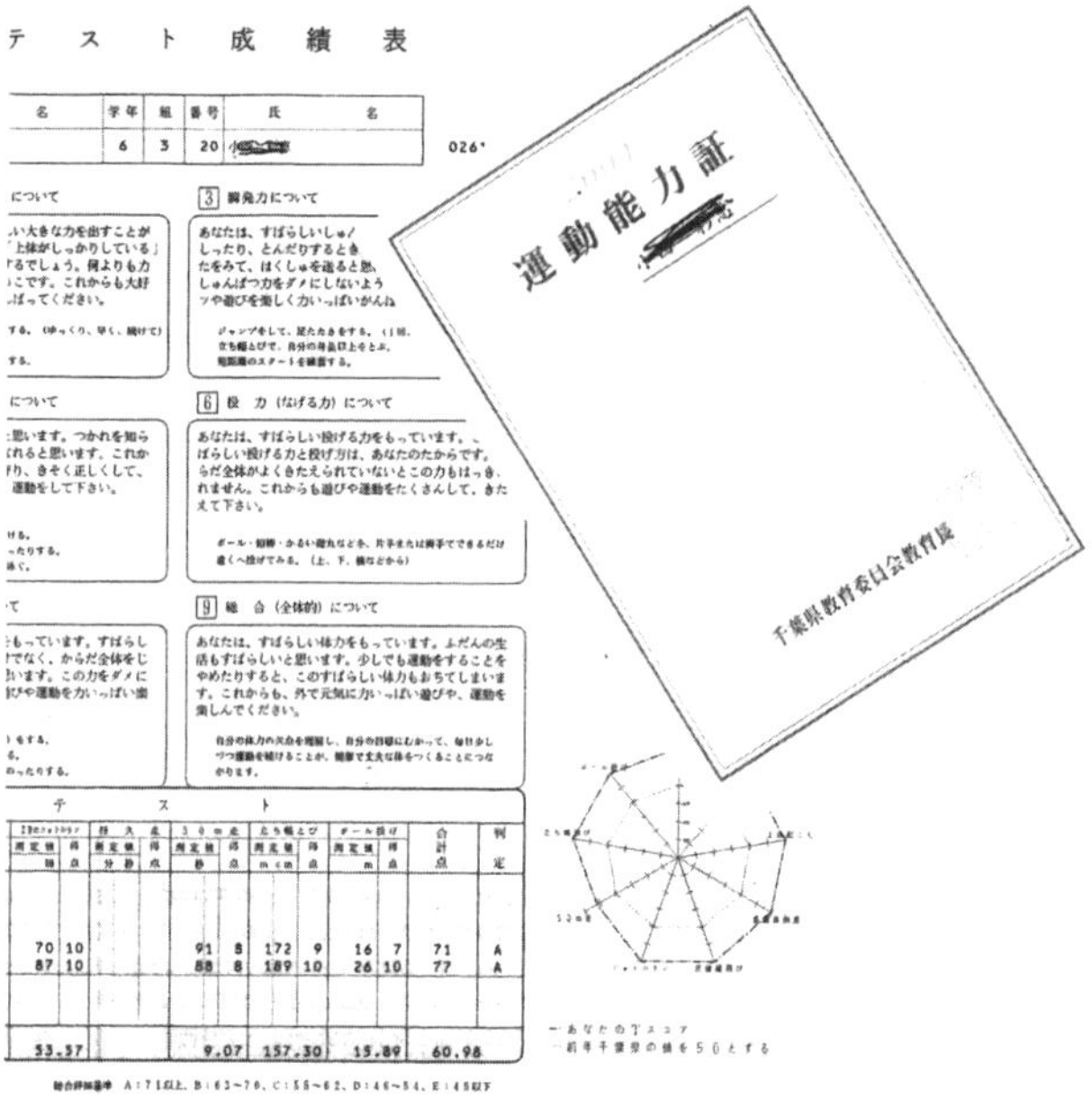

通知表作成（成績処理）

　一学期も残すところ、あと一ヶ月少々。多くの教室の窓に明かりが灯《とも》っていた。

　先生方が、最も頭を悩ます通知表の作成が始まっていた。退勤時刻を過ぎると、校長は教頭に、

「みなさんが、遅くならないようにお願いします」と言って退勤した。

　六時を過ぎると、家事が待っている先生方は次々帰って行った。手提げのバッグは、テストやドリルなどで膨らんでいた。教頭も帰り、残っていたのは、ヤギ先生とクマ先生だけになった。

　ヤギ先生は、学習指導要録補助簿に氏名の押印を終えると帰宅したが、クマ先生は、テストの採点と格闘していた。机の上には、テストやドリル、それに宿題のプリントなどが山積みされていた。

　漢字テストの採点を終えると、

「成績処理が始まると、子どもたちの緊張感が薄れ、学級が荒れやすくなるからな」とつぶやき、明日の授業で使う資料の用意を始めた。

スズ「どうして、通知表の作成のために毎日遅くまでやらなくてはいけないの。通知表は終業式の日に渡すんでしょう？　渡すまで十分時間があるじゃない」

カラ「通知表を仕上げるのに、多くの時間を必要とするからなんだ。通知表は、保護者と子どもたちに学習と行動の状況を知らせ、次の学期（学年）に目当てを持って取り組むことを目的に作られているんだよ。

　そこで、先生方は、学習と生活の状況をできるだけ正確に、子どもの良さが表れる通知表を作成するんだ。学習の成績をつけるには、学期末のまとめのテストだけではなく、単元が終わった後のテストや、普段の授業の態度や発言などの記録を分析する必要があるんだよ。そして、評定・評価をしたら、所見を考えなければならないんだ。

　生活・行動においては、目標までどのくらい達成しているかを、日常の観察や指導の記録をもとに評価し、所見を考えなければいけないんだ。そして、通知表のもとになる学習指導要録補助簿に、学習・生活、それに特別活動、出欠なども記載しなければいけないんだ。だから、多くの時間を要するんだよ」

スズ「そうだよね。テストだけで済むなら通知表作成はすぐにできるよね。それなら、もっと早く取り組めばいいじゃない。どうして取り組もうとしないのかな」

フク「授業の進度は、教育課程の中で教科ごとに決められているんだよ。どの月にどんな授業（単元）をや

るのか、そして、授業時間もね。だけど、そのとおりにやると、通知表の作成が遅くなるよね。そこで多くの先生は、すでに早めにやっているんだよ。

学習の成績は、主に市販の教材会社が作成したワークテストの結果なんだ。このテストを用いて学習目標をどのくらい達成したか、得点および学習状況のそれぞれの観点（知識・理解・思考力・観察力など）から見るんだ。

クマ先生の成績のつけ方は、テストと授業への取り組む意欲や態度、そして発表回数・発表の内容、ノートの記録、学習への取り組みの様子などの記録を分析して、評定・評価をするんだ。そのため、これらの材料を整理・分析する作業に多くの時間を要しているんだよ」

カラ「だけど、クマ先生のように、成績をつけるために多くの材料を作成している先生は少ないよね。チーター先生は、ワークテストの採点を重視しているものね。だから、テストの採点のときは、教材会社のパソコンのソフトを用いているじゃない。学習状況の観点の評価をして、所見まで作成してくれるんだからね。でもそれは、テストの中の一場面の所見なのでそのままでは使えないんだけれどね。だけど、時間がなければテスト分析ソフトに頼るのは仕方ないかもしれないね」

スズ「でも、このやり方なら通知表の作成に時間はかからないよね。みんなこのやり方をすれば家でやらなくて済むんじゃないのかな。ところでワン先生は、どのように通知表を作成していたの？」

ワン「ワークテストの採点システムのことは知っていたけれど、使う気は全くなかったよ。このシステムは、採点のとき○か×をペンでつければ、観点別の点数も出してくれるんだけど、解答には○や×ではつけられないのが多いんだ。『惜しいな』『この考え方も悪くはないな』『半分までは合っている』など、簡単に×にはできない解答が多いからね。

そこで、△をつけ、解答の仕方で半分の五点とか八点とかつけるやり方をしていたんだ。その方が児童の意欲につながると思うからね。

それと、このワークテストは教材会社が作っているので、実際の授業とは多少違っているんだ。例えば理科の実験を例にとると、実験や観察の方法がワークテストのやり方と違っていると、点数がよくないんだ。それから、テストの問題を見ると、この問題は思考力ではなく、知識・理解じゃないのかなというようにね。

そもそもテストは、習ったことをもとに、観点別に問題が作成されているんだよ。学習すれば多くは知識になるよ。そうなると、思考力や観察力ではなく、知識と判断される場合もあるからね。だから、テストだけでは判定・評価はできないんだ」

カラ「昭和の五十年代は、多くの学校がワークテストを用いていたが、学年独自のテストを作っていたんだよ。授業のやり方が、ワークテストとは違うことがよくあるから当然だよね。

だけど、今は作る時間もノウハウもないから、やっている先生や学校はほとんどないんじゃないかな。先生の中には、ワークテストを見て授業を進めている人もいるんだよ。おかしいよね」

スズ「今は、テストの作成が難しいんだね。ところで、通知表は出さなくていいって本当なの？」

フク「通知表を保護者に出すか出さないか、通知表の内容をどうするか、これらは、各学校の校長が決めることなんだよ。

でも、多くの校長は通知表を出すよ。その通知表の多くは、学習指導要録に生かされる通知表なんだ。つまり、学習指導要録の形式を用いた内容になっているんだ。この作成は、どこの学校も教頭と教務主任がやっているんだよ。

通知表のもとになっている学習指導要録は、学習指導要領を受けて作成されているんだよ。したがって、学習指導要領が改訂されると要録も改訂され、そして通知表も変わるということになるんだ。

それでは、昭和の時代から令和までの通知表の変遷を見てみようか。

◆通知表の変遷

これから、四つの通知表を紹介するよ。一枚目は、一九六二年（昭和三十七年）の四年生のものなんだ（資料①）。学習と生活活動と身体状況を記載するようになっているんだよ。学習は五段階評定（1・2・3・4・5）のみでいいんだよ。どう？　簡単でしょう。

次は一九八五年（昭和六十年）のものなんだ（資料②）。【身体の状況】は、健康カードを作り、別に渡すようになったんだ。通知表の内容は、学習の様子・行動の様子・出欠の様子で、学習は五段階評定で、観点はよいは○、努力を要するなら△で表すんだ。行動の様子は九項目でよくできていればA、努力を要するならCで表すんだ。基本的な生活態度ができている子は、すべてほぼ○になるんだが、実際は多くても四個ぐらいなんだ。これは、学年で話し合って決めているからなんだ。

　学習の五段階評定もそうなんだ。この時は相対的評価ではあっても、以前のようなきちんとした割合でなくなったんだけれどね。以前は5は七パーセント、4は二十四パーセント、3は三十八パーセント、2が二十四パーセント、1が七パーセントと決まっていたんだよ。

　次は一九九〇年（平成二年）のものだよ（資料③）。学習の記録は五段階評価で、行動の記録は前回同様九項目だが、ABCで評価。所見は学習と行動を別々に記載。あとは出欠と特別活動の記録となっているんだ。

　それが、二〇〇七年（平成十九年）になると（資料④）、相対評価から絶対評価に変更されるんだ（平成十四年から変更）。低学年の学習における評定はなくなり、観点の三段階で評価するんだ（よくできる◎、できる○、もう少し△）。中学年は三段階で評定（よくできる◎、できる○、もう少し△）。高学年は三段階で評定（3よくできる、2できる、1もう少し）するんだ。

　外国語活動（英語）と総合的な時間が設けられたので、所見で評価することになるんだ。そして、生活・

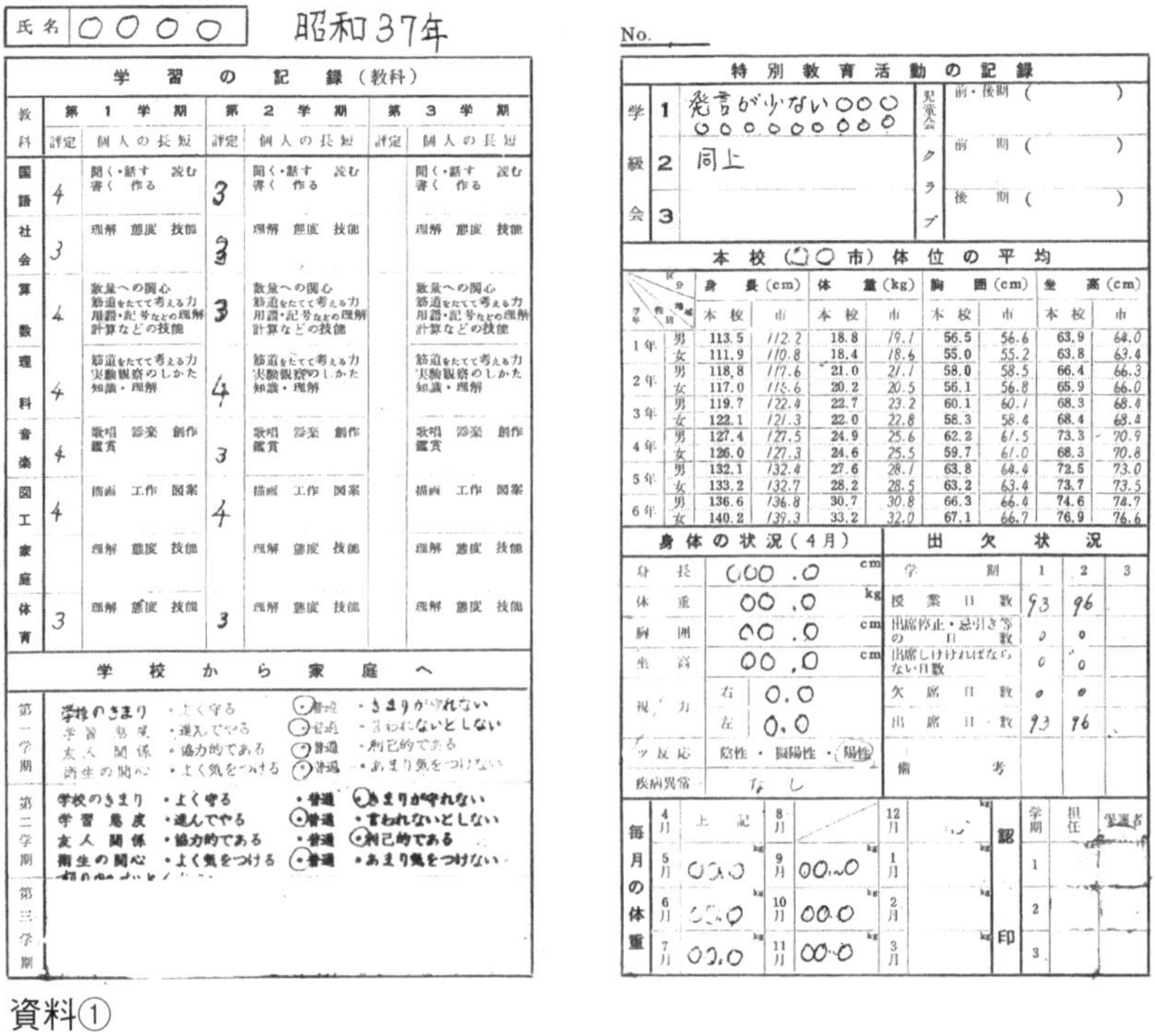

氏名 ○○○○　昭和37年

学習の記録（教科）

教科	第1学期 評定	第1学期 個人の長短	第2学期 評定	第2学期 個人の長短	第3学期 評定	第3学期 個人の長短
国語	4	聞く・話す 読む 書く 作る	3	聞く・話す 読む 書く 作る		聞く・話す 読む 書く 作る
社会	3	理解 態度 技能	3	理解 態度 技能		理解 態度 技能
算数	4	数量への関心 筋道をたてて考える力 用語・記号などの理解 計算などの技能	3	数量への関心 筋道をたてて考える力 用語・記号などの理解 計算などの技能		数量への関心 筋道をたてて考える力 用語・記号などの理解 計算などの技能
理科	4	筋道をたてて考える力 実験観察のしかた 知識・理解	4	筋道をたてて考える力 実験観察のしかた 知識・理解		筋道をたてて考える力 実験観察のしかた 知識・理解
音楽	4	歌唱 器楽 創作 鑑賞	3	歌唱 器楽 創作 鑑賞		歌唱 器楽 創作 鑑賞
図工	4	描画 工作 図案	4	描画 工作 図案		描画 工作 図案
家庭		理解 態度 技能		理解 態度 技能		理解 態度 技能
体育	3	理解 態度 技能	3	理解 態度 技能		理解 態度 技能

学校から家庭へ

第一学期	学校のきまり	・よく守る	⊙普通	・きまりが守れない
	学習態度	・進んでやる	⊙普通	・言われないとしない
	友人関係	・協力的である	⊙普通	・利己的である
	衛生の関心	・よく気をつける	⊙普通	・あまり気をつけない
第二学期	学校のきまり	・よく守る	・普通	⊙きまりが守れない
	学習態度	・進んでやる	⊙普通	・言われないとしない
	友人関係	・協力的である	・普通	⊙利己的である
	衛生の関心	・よく気をつける	⊙普通	・あまり気をつけない
第三学期				

No.

特別教育活動の記録

学級会	1	発言が少ない○○○○○○○○○○○○	児童会	前・後期（　）
	2	同上	クラブ	前期（　）
	3			後期（　）

本校（○○市）体位の平均

学年	性別	身長(cm) 本校	身長(cm) 市	体重(kg) 本校	体重(kg) 市	胸囲(cm) 本校	胸囲(cm) 市	坐高(cm) 本校	坐高(cm) 市
1年	男	113.5	112.2	18.8	19.1	56.5	56.6	63.9	64.0
	女	111.9	110.8	18.4	18.6	55.0	55.2	63.8	63.4
2年	男	118.8	117.6	21.0	21.1	58.0	58.5	66.4	66.3
	女	117.0	116.6	20.2	20.5	56.1	56.8	65.9	66.0
3年	男	119.7	122.4	22.7	23.2	60.1	60.1	68.3	68.4
	女	122.1	121.3	22.0	22.8	58.3	58.4	68.4	68.4
4年	男	127.4	127.5	24.9	25.6	62.2	61.5	73.3	70.9
	女	126.0	127.3	24.6	25.5	59.7	61.0	68.3	70.8
5年	男	132.1	132.4	27.6	28.1	63.8	64.4	72.5	73.0
	女	133.2	132.7	28.2	28.5	63.2	63.4	73.7	73.5
6年	男	136.6	136.8	30.7	30.8	66.3	66.4	74.6	74.7
	女	140.2	139.3	33.2	32.0	67.1	66.7	76.9	76.6

身体の状況（4月）

身長		000.0 cm
体重		00.0 kg
胸囲		00.0 cm
坐高		00.0 cm
視力	右	0.0
	左	0.0
ツ反応		陰性・擬陽性・陽性
疾病異常		なし

出欠状況

学期	1	2	3
授業日数	93	96	
出席停止・忌引き等の日数	0	0	
出席しなければならない日数	0	0	
欠席日数	0	0	
出席日数	93	96	
備考			

毎月の体重

4月	上記	8月		12月	kg
5月	00.0 kg	9月	00.0 kg	1月	kg
6月	00.0 kg	10月	00.0 kg	2月	kg
7月	00.0 kg	11月	00.0 kg	3月	kg

認印

学期	担任	保護者
1		
2		
3		

資料①

行動の様子は、十項目で評価し（特によいものに○）、学習面と生活面を合わせて所見を記載する形になったんだ。もちろん、子どもの良さを見つけて書くことが要求されているんだ。

それが、令和二年になると、学校独自で行動の内容を考えて、具体的で分かりやすいものになっていくんだ。だけど、評価するには、常時行動を記録しておく必要が出てきたんだ。でないと自信をもって評価できないからね。

低学年では十項目あるが、上から二つだけ紹介するよ。①『元気よく挨拶する』、②『整理整頓をし忘れ物をしない』。これらは、簡単に評価できると思うよね。でも、正しく評価するのは難しいんだよ。

①の『元気よく挨拶する』は、大きな声で言わなくてはいけないのか。声は大きくないが、いつも進んで挨拶する子はどうなるのか。判断が困るよね。

②の『整理整頓をし忘れ物をしない』は、整理整頓をどの場面で見るのか、忘れ物はどんな内容で見るのか、提出物なのか宿題なのか、そして、どのくらいの回数を基準にするのか、両者ともに良くないといけないのかなど、これも判断に困るんだ。

令和になると、新たに道徳が加わり、中学年は英語

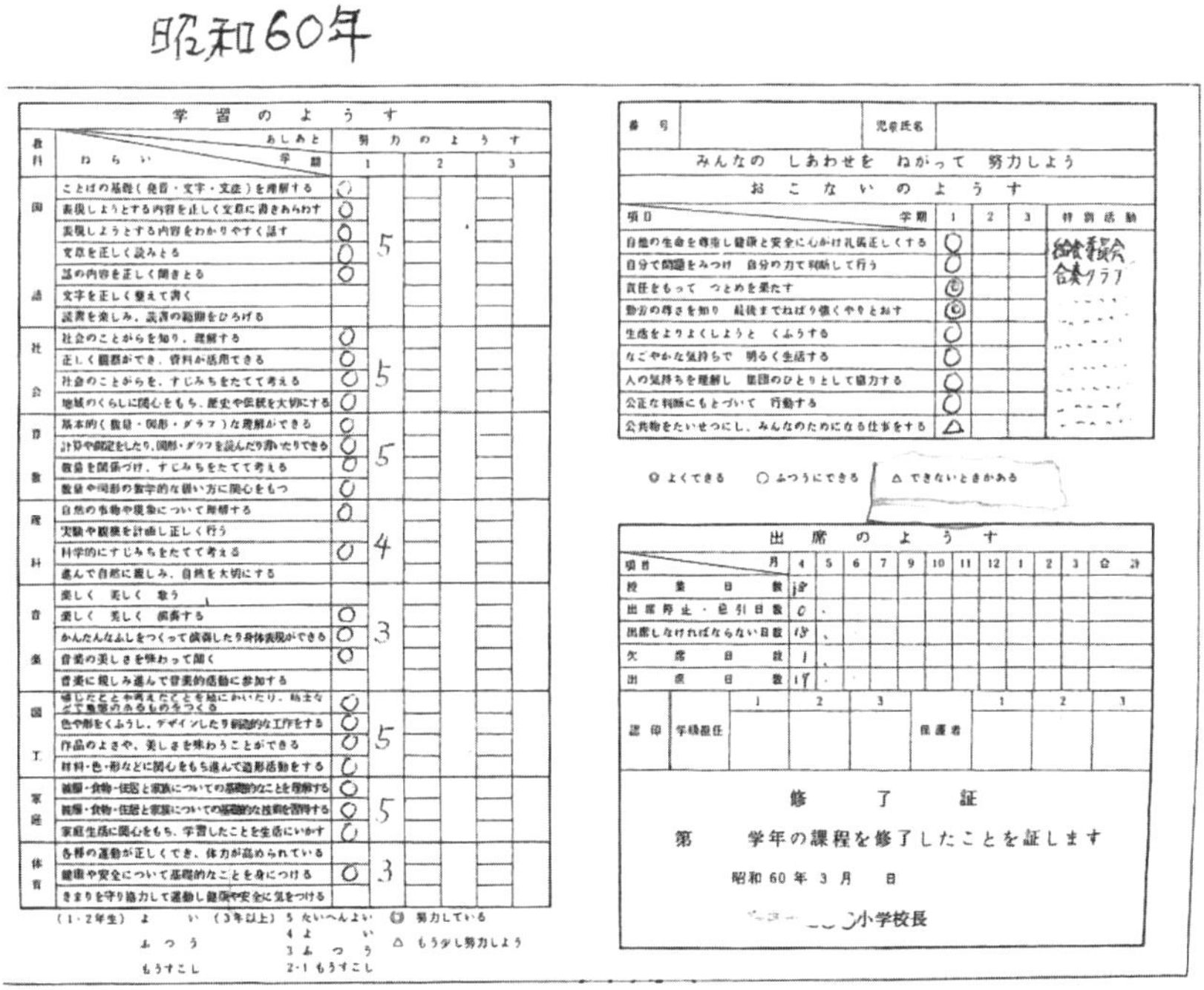
昭和60年

学習のようす

教科	ねらい ＼ あしあと・学期	努力のようす 1		2	3
国語	ことばの基礎（発音・文字・文法）を理解する	○	5		
	表現しようとする内容を正しく文章に書きあらわす	○			
	表現しようとする内容をわかりやすく話す	○			
	文章を正しく読みとる	○			
	話の内容を正しく聞きとる	○			
	文字を正しく整えて書く				
	読書を楽しみ、読書の範囲をひろげる				
社会	社会のことがらを知り、理解する	○	5		
	正しく観察ができ、資料が活用できる	○			
	社会のことがらを、すじみちをたてて考える	○			
	地域のくらしに関心をもち、歴史や伝統を大切にする	○			
算数	基本的（数量・図形・グラフ）な理解ができる	○	5		
	計算や測定をしたり、図形・グラフを読んだり書いたりできる	○			
	数量を関係づけ、すじみちをたてて考える	○			
	数量や図形の数学的な扱い方に関心をもつ	○			
理科	自然の事物や現象について理解する	○	4		
	実験や観察を計画し正しく行う				
	科学的にすじみちをたてて考える	○			
	進んで自然に親しみ、自然を大切にする				
音楽	楽しく　美しく　歌う		3		
	楽しく　美しく　演奏する	○			
	かんたんなふしをつくって演奏したり身体表現ができる	○			
	音楽の美しさを味わって聞く	○			
	音楽に親しみ進んで音楽的活動に参加する				
図工	感じたことや考えたことを絵にかいたり、粘土などで表現のあるものをつくる	○	5		
	色や形をくふうし、デザインしたり機能的な工作をする	○			
	作品のよさや、美しさを味わうことができる	○			
	材料・色・形などに関心をもち進んで造形活動をする	○			
家庭	被服・食物・住居と家族についての基礎的なことを理解する	○	5		
	被服・食物・住居と家族についての基礎的な技術を習得する	○			
	家庭生活に関心をもち、学習したことを生活にいかす	○			
体育	各種の運動が正しくでき、体力が高められている		3		
	健康や安全について基礎的なことを身につける	○			
	きまりを守り協力して運動し健康や安全に気をつける				

（1・2年生）よい　ふつう　もうすこし　（3年以上）5 たいへんよい　4 よい　3 ふつう　2・1 もうすこし　◎ 努力している　△ もう少し努力しよう

番号		児童氏名	

みんなの　しあわせを　ねがって　努力しよう

おこないのようす

項目 ＼ 学期	1	2	3	特別活動
自他の生命を尊重し健康と安全に心がけ礼儀正しくする	○			給食委員会 合奏クラブ
自分で問題をみつけ　自分の力で判断して行う	○			
責任をもって　つとめを果たす	◎			
勤労の尊さを知り　最後までねばり強くやりとおす	◎			
生活をよりよくしようと　くふうする	○			
なごやかな気持ちで　明るく生活する	○			
人の気持ちを理解し　集団のひとりとして協力する	○			
公正な判断にもとづいて　行動する	○			
公共物をたいせつにし、みんなのためになる仕事をする	△			

◎ よくできる　○ ふつうにできる　△ できないときがある

出席のようす

項目 ＼ 月	4	5	6	7	9	10	11	12	1	2	3	合計
授業日数	18											
出席停止・忌引日数	0											
出席しなければならない日数	18											
欠席日数	1											
出席日数	17											

認印	学級担任 1	2	3	保護者 1	2	3

修　了　証

第　　学年の課程を修了したことを証します

昭和60年3月　日

小学校長

資料②

No. 氏名（　　　　　） 平成2年

教科	学習の記録　観点	1学期	評定	2学期	評定	3学期
国語	文および文章構成のあり方や辞書を使って語句に関する事項を調べ使うことができる。	○	4	○	3	
	ねらいに応じて正しく文章を書くことができる。	○		○		
	要点をおさえ、すじみちを立てて話すことができる。	○		○		
	主題や要旨を理解し、目的に応じた読みができる。	○		○		
	主題や要旨を理解して話を聞くことができる。	○		○		
	文字の形・大きさ・配列・運筆などに気をつけて正しく書くことができる。	○		○		
	内容を整理して表現したり読書の範囲を広げたりする。	○		○		
社会	社会生活について基礎的な理解を深め知識を身につけることができる。	○	3	○	3	
	観察を具体的に行い資料を有効に活用できる。	○		○		
	社会のしくみの意味を考え適切な判断ができる。	○		○		
	社会的ことがらに関心をもち自覚をもって責任を果そうとする。	○		○		
算数	数量や図形の性質、資料の統計的な処理のしかたが理解できる。	○	3	○	2	
	計算したり、はかったり、図形やグラフを書いたりすることができる。	○		○		
	見通しをもち、すじみちを立てた考え方で問題をとくことができる。	○		○		
	数量や図形について、すじみちを立てて考えようとする。	○		○		
理科	自然の事象の特徴や相互関係及び規則性が理解できる。	○	3	○	3	
	適切な器具や装置を使って観察・実験ができる。	○		○		
	自然の事象から問題を見いだし、その仕組みや規則性などをとらえることができる。	○		○		
	進んで自然に接し、その仕組みや規則性を発見し自然の愛護に関心をもっている。	○		○		
音楽	歌の楽しさを感じとり美しく歌うことができる。	○	4	○	3	
	楽譜を読みとり正しく美しく楽器を演奏することができる。	○		○		
	即興的にリズムや旋律を工夫し、歌唱・演奏・身体表現ができる。	○		○		
	楽器の音色、曲の美しさを味わい、そのよさを感じとることができる。	○		○		
	音楽的な活動に関心をもち、進んで参加している。	○		○		
図工	形や色・材料をくふうし感じや美しさを豊かに表現することができる。	○	3	○	3	
	目的や用途を考えて形や組みたてを工夫し美しくつくることができる。	○		○		
	作品をみてその美しさや表現の意図・良さなどを感じとることができる。	○		○		
	自然美や造形美に親しみ作品を大切にする。	○		○		
家庭	衣食住などに関する基礎的な知識を身につけ家庭生活の意義やあり方が理解できる。	○	3	○	4	
	家庭生活の基礎的な技能を身につけ創意工夫して仕事をすることができる。	○		○		
	家庭生活に関心をもち習得したことがらを意欲的に実践しようとする。	○		○		
体育	運動の技能を身につけ楽しく行うことができる。	○	3	○	3	
	日常における健康安全の初歩的な知識を身につけることができる。	○		○		
	健康安全に留意しすすんで運動しようとする。	○		○		

学習の記録

1学期	2学期	3学期
難しい問題にも積極的に取り組みよく発表をしました。テストでは、もっと見直しに力を……	……	

行動及び性格の記録

観点	1学期	2学期	3学期
生命の尊重、健康安全、整理整とん、物や金銭を大切にする、時間の厳守、適切な服装、言語、動作、正しい応対など	C	C	
正しい意見と行動、進んで計画実行するなど	B	B	
責任あることばや動作、誠実な仕事など	C	B	
勤労の意義と喜び、進んで仕事や奉仕をする、最後までやり通すなど	B	B	
探究的な態度、新しい考えと方法、生活の工夫など	B	B	
落ちついた行動、なごやかな気持ち、明るい生活など	B	B	
人の立場・意見の尊重、助言忠告のうけ入れ、協力、集団生活への寄与など	B	B	
正義を愛する行動、誘惑に負けない行動など	B	B	
人への感謝、公共物、自然の愛護、きまりを守る、公共につくすなど	B	B	

所見

1学期	2学期	3学期
ピアノが上手で七夕集会ではクラスの歌の伴奏で活躍しました。お楽しみ会……	……	

特別活動の記録

1学期	2学期	3学期
保健係	忘れ物係	
1. 活動の意欲　2. 集団への寄与	1. 活動の意欲　2. 集団への寄与	1. 活動の意欲　2. 集団への寄与

出欠の記録

項目＼学期	1	2	3	計
授業日数	87	91		
出停・忌引日数	0	0		
出席を要する日数	87	91		
欠席日数	0	0	—	
出席日数	87	91		
備考				

氏名＼学期		1	2	3
校長	○○○○			
担任	○○○○			
保護者	○○○○			

資料③

平成19年

I. 学習のようす　低学年用

教科	評価の観点	1学期	2学期	3学期
国語	国語に関心をもち、話し合ったり楽しく書いたり読書したりしている。	○	○	○
	順序を考えて話したり、大事なことを落とさずに聞いたりできる。	○	○	○
	経験したことや想像したことを順序に気をつけて書くことができる。	○	○	◎
	書かれていることの順序や場面の様子に気をつけて読むことができる。	◎	○	○
	発音や言葉のきまりを正しく理解し、適切に使うことができる。	○	○	○
	文字の形、筆順、点画の交わり方に気をつけて書くことができる。	○	△	○
算数	数量や図形に親しみ、進んで学習に生かそうとしている。	○	○	○
	見通しをもち、筋道を立てて考えることができる。	◎	○	○
	基礎的な計算をしたりものの大きさや形をはかったりできる。	○	◎	◎
	数量や図形についての基礎的な意味や求め方を理解することができる。	○	◎	◎
生活	身近な環境や自分自身に関心をもち、楽しく生活しようとしている。	○	○	○
	具体的な活動を通して自分なりに考えたり表現したりしようとしている。	○	○	○
	具体的な活動を通して自分自身と社会や自然との関わりに気づくことができる。	○	△	○
音楽	音楽に対する興味・関心をもち進んで音楽活動を楽しもうとしている。	○	○	○
	音楽のよさや美しさを感じ取り、それらを生かした表現ができる。	○	○	○
	自分の歌声や発声に気をつけて歌うことができる。	○	○	○
	楽器のもつ音色に気をつけて楽しく演奏したり、音楽をつくったりできる。	○	○	○
	音楽を楽しく鑑賞し、そのよさや美しさを感じ取ることができる。	○	○	○
図工	進んで表現や鑑賞などの造形活動に取り組んでいる。	○	○	○
	感じたことをもとに思いをふくらませ、表したり作り方を考えたりできる。	○	○	○
	自分の思いを生かし感覚や技能を働かせて活動に取り組むことができる。	○	○	○
	作品に親しみ、そのよさや美しさなどを感じ取ったり味わったりできる。	○	○	○
体育	運動や健康・安全に注意しながら、進んで楽しく運動している。	○	○	○
	めあてをもって、工夫しながら運動することができる。	◎	◎	◎
	運動の楽しさや喜びを味わうために必要な技能を身につけている。	◎	◎	◎

II. 英語学習のようす　No. 1　氏名 ○○○○

1学期	2学期	3学期
いろいろな乗り物の名前を覚え乗り物カード取りゲームではクラスで一番多く取ることができました	自分の好きな食べ物を言えた。何の食べ物が好きか、たずねたり答えたりすることが上手に言えた	わたしの家族を……

III. 生活・行動のようす

項目	内容	1	2	3
基本的な生活習慣	気持ちのよい返事やあいさつをしている。			○
	時間を守って生活をしている。			
	健康や安全に気をつけて行動している。			
	身のまわりの整理・整とんや、忘れ物に気を配っている。			
健康・体力の向上	心身の健康に気をつけ、進んで運動をしている。		○	○
自主・自律	よいと思うことは進んで行い、最後までがんばっている。			
責任感	自分でやらなければならないことは、しっかりと行っている。			
創意工夫	自分で考え、工夫しながら生活している。	○	○	
思いやり・協力	身近にいる人々に温かい心で接し、助け合って生活している。			
生命尊重・自然愛護	自然に親しみ、生きているものに優しく接している。			
勤労・奉仕	手伝いや仕事を進んで行っている。	○		
公正・公平	自分の好ききらいや利害にとらわれないで行動している。			
公共心・公徳心	みんなが使うものを大切にし、約束やきまりを守っている。			

IV. 総合所見

1学期	2学期	3学期
算数1000までの数の学習ではユニークな方法で問題を解き自分の考えを発表することができました。校外学習では進んでリーダーになり、みんなを並ばせたり報告したり、とても熱心に活動しました。思いつくと直ぐに口に出し後悔することがありました。一呼吸おいてから言うように指導しています。	文章を読み取る力が優れていて、国語「たしかめよう」での問題作りでは質の高い問題を作りました。「おおきいちいさい」の詩の朗読もとてもよかったです。手伝いを進んでやり、発表に使う絵の色ぬりを熱心に行いました。……	読書に積極的に取り組み図書室から多くの本を借りていました。……期待しています。

V. 保護者の方より

1学期	2学期
宿題はちゃんとやっていました。ていねいに文字が書けるようになってほしい。	3学期は漢字の書き取りにもがんばってほしいです。……

資料④

活動、高学年は英語科が加わることになったんだ。道徳の所見は、学習状況および道徳性に係る成長の様子を記載することになっているんだ。

では、どのように書けばよいか、例文を見ると、『教材の登場人物に自分を置き換えて、普段の行動を振り返りながら、道徳的価値について深く考えることができるようになっている』

このような、分かるようで分からない所見を無理やり書かなければいけないんだ。しかも、このような所見のために、常時観察し記録を取らなければならないんだよ。それと、どの所見にも頑張ったことや良かったことを書くことが要求されているんだ。人の欠点はすぐに気付くが、良いことは見つからないから観察が欠かせないんだよ」

カラ「通知表の変遷を見ると、通知表が変わっていくことがよく分かるね。特に、令和のものは、所見の評価が多いよね。新しい教科が設けられれば評価が必要になるのは分かるが、それを所見で表記しないといけないので面倒なんだ」

スズ「そうだよね。面倒だと思うな。その所見のために、無理に良いところを探さなければいけないんだものね。このような所見と、どのくらい学力があるのか分からない評定と評価。これでは、親はテストの点数が学習能力のよりどころになるよ。子どもが喜ぶような通知表も悪くはないが、努力をしなくてはいけないことも書く必要があると思うな。

それと、通知表がパソコンで作られ、通知表の用紙に評価したプリントを貼付するものになってきたよね。これでは、通知表として味気ないよね。

あと不満なことは、手書きではなくワープロ文字のプリントということなんだ。所見は先生が直接ペンで書いてほしいな。性格や人柄、熱意などが表れて良いと思うけどな。でもそうなると、時間がかかるか」

カラ「そうだね。先生の誠意や熱意を伝えるには自筆が最適だよね。今の通知表は、先生方が苦労したわりに、子どもや保護者には満足のいかないものになっているからね。

インターネットで、自分の通知表を公開している子がいて、『○○行事に欠席したのに活躍したと書いているんだよ』とか、『全然発表してないのに、○○の授業に○○の考えを進んで発表した、と書いてあるんだ。でも、覚えていないんだ』とか、結構辛辣なコメントをしているんだ。

ワンさんも通知表作成で苦労したんでしょう？　通

知表の変遷を見てきてどう思う？」

ワン「今の通知表は、児童や保護者だけでなく教師も納得いかないと思うな。教師になって昭和の終わり頃までは、負担を感じたけれど結構楽しかったんだ。所見は三学期のみで（面談があったので）、所見では、向上するための手だてや問題解決に向けての処方箋のようなことも自由に書けたんだからね。

通知表の検閲を学年内でやったので、お互いの成績の付け方や所見の書き方が分かってとてもよかったよ。尊敬する先輩の所見を見せてもらったら、こんな書き方をしていたんだ。

『球技クラブでよく練習に励みました。また、体育を好み積極的によくやりましたが、算数の文章を読んで問題を解くことや、正多角形の作図などが正確にできませんでした。また、習った漢字の習得率が低く実際には使えませんでした。体育で見せた熱意を他の教科にも示してくれれば、これらの問題の解決にも役立つと思います。もう一つは、学校で勉強したことを忘れないうちに家で復習してみることです。来年度の活躍を期待します』

担任はこのように子どもの向上を考えて所見を作成しているが、保護者も児童も、関心事は学習の評定なんだけれどね。当時は相対評価なので、いくら頑張っても5は取れないんだ。5の人数は決められていたからね。でも意欲的に学習し、目標に十分達していた子には学年の了解を得てあげたよ。学習への意欲を削ぐことになるからね。その後、相対評価に絶対評価を加味することになったんだ。

平成十四年以降になると、学習への関心・意欲が重視され、評価も絶対評価になったんだ。そして、子どものよさが前面に出る通知票が求められるようになったんだ。『○○がよくなかったです。○○直しに努力が望まれます』という表現は認められなくなったんだ。だから、『○○では、○○について自分の考えを言うことができました。とても、良い考えで感心しました』というように、一場面であっても、それを褒めるような書き方が求められるようになったんだ。このような文章を考えるには、時間がかかるんだよ。

それなのに、平成の半ば頃からは、子どもたちの活躍できる行事がなくなったんだよ。だから、良いところを探すのに一苦労なんだ。それからかな、児童の日常の学習・生活でよかったことなどをより詳しく記録するようになったのは。

学習指導要領、学習指導要録の改訂により、どんどん通知表作成に苦痛を感じるようになったのは私だけではないと思うよ。通知表や指導要録の作成を意識した授業や教育活動は避けたいけれど、そうはいかなくなっているんだ。学習指導要録がどう変わっていったか見ていけば、このことを理解してもらえると思うよ」

◆学習指導要録の変遷

フク「それでは、学習指導要録の変遷を見ていこうか。学習指導要録は昭和二十四年から始まるが、それまでは学籍簿と呼ばれていたんだよ。昭和二十四年の前の年、昭和二十三年の学籍簿を見ると、児童の氏名、生年月日、住所、入学月日など身分証明に関するもの、それから成績と出欠、身体の状況を一枚に記載するようになっているんだ。成績には各教科の評定だけで、所見はないんだ。

それが、学習指導要録になると、学習の記録や行動の記録が記載されるようになるんだ。

ここに、一九五四年（昭和二十九年）の学習指導要録（資料【あ】）があるので、どんな内容で記載するか見てみるよ。身体の記録には、食欲や皮膚の色つやなど健康状態の記録の記載が求められているんだ。これは、当時の児童の栄養状態を把握する必要があったからなんだ。学校では希望者に肝油を購入してもらい、学校で食したんだよ。

それから、知能検査や学力テストの検査を記載することになったんだ。ここから、学籍簿とは性格が変わり、指導に生かすことが目的となったんだ。なお、学習は各教科の学習状況の観点を五段階で評価するんだ。行動は望ましい児童像の観点で、全部で二十二項目（五段階で評価）あるんだ。そして、その他として興味、特技、特に指導や参考になることを所見で記載するんだ。

かなり、作成するのに時間と手間がかかるようになってきたよね。でも、思っていることをそのまま書けるのでそれほど負担を感じなかったと思うよ。

次は、一九六六年（昭和四十一年）から一九七〇年（昭和四十五年）のものだよ（資料【い】）。学習の記録では、各教科において五段階の評定（5、4、3、2、1）を行うようになるんだ。各教科の観点では、五段階評価ではなく、優れていれば○をつけるようになったんだ。

行動の記録は十三の項目名で、ABCの三段階で評価することになったんだ。学習と行動は、所見の記載が求められたが、この時点でも思ったことをストレー

昭和29年
【あ】

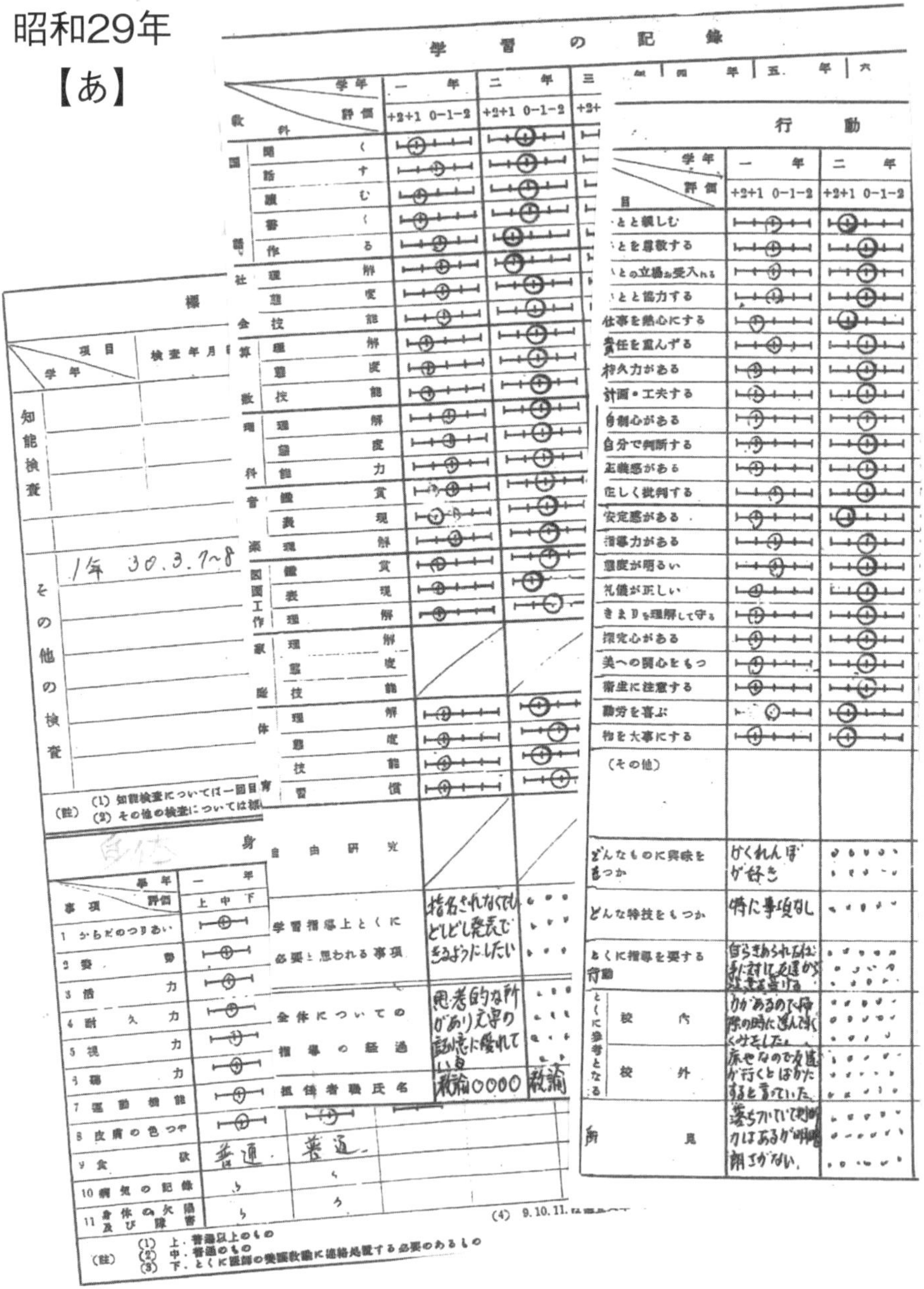

学習の記録

教科	学年・評価	一年 (+2+1 0−1−2)	二年 (+2+1 0−1−2)
国語	聞く		
	話す		
	読む		
	書く		
	作る		
社会	理解		
	態度		
	技能		
算数	理解		
	態度		
	技能		
理科	理解		
	態度		
	能力		
音楽	鑑賞		
	表現		
	理解		
図画工作	鑑賞		
	表現		
	理解		
家庭	理解		
	態度		
	技能		
体育	理解		
	態度		
	技能		
	習慣		
自由研究			
学習指導上とくに必要と思われる事項		指名されなくてもどしどし発表できるようにしたい	
全体についての経過		思考的な所があり児童の記憶に優れている	
担任者職氏名		教諭○○○○	教諭

行動

項目	一年 (+2+1 0−1−2)	二年 (+2+1 0−1−2)
…と親しむ		
…を尊敬する		
…の立場を受入れる		
…と協力する		
仕事を熱心にする		
責任を重んずる		
持久力がある		
計画・工夫する		
自制心がある		
自分で判断する		
正義感がある		
正しく批判する		
安定感がある		
指導力がある		
態度が明るい		
礼儀が正しい		
きまりを理解して守る		
探究心がある		
美への関心をもつ		
衛生に注意する		
勤労を喜ぶ		
物を大事にする		
（その他）		
どんなものに興味をもつか	かくれんぼが好き	
どんな特技をもつか	特に事項なし	
とくに指導を要する行動	自らきめられるよう手に対して友達から注意を受ける	
とくに参考となる 校内	力があるので休憩の時に遊んでよくけんかをした。	
とくに参考となる 校外	床やなので友達が行くとほかたすると言っていた。	
所見	落ちついて判断力はあるが明朗さがない。	

標準検査の記録

学年	項目	検査年月日
知能検査		
その他の検査	1年 30.3.7~8	

（註）(1) 知能検査については一回目…
(2) その他の検査については…

身体の状況

事項	一年（上 中 下）	二年
1 からだのつりあい		
2 姿勢		
3 活力		
4 耐久力		
5 視力		
6 聴力		
7 運動機能		
8 皮膚の色つや		
9 食欲	普通	普通
10 病気の記録	〃	〃
11 身体の欠陥及び障害	〃	〃

（註）(1) 上、普通以上のもの
(2) 中、普通のもの
(3) 下、とくに医師の養護教諭に連絡処置する必要のあるもの

(4) 9.10.11.は…

トに書いてよかったんだ。なお、今まであった身体の記録は、健康カードに記載し保護者に渡すようになったんだ。あとは、行動及び性格の記録が追加されたんだ。

次は、一九九八年（平成十年）の要録（資料【う】）だけれど、用紙が一枚増えてB４用紙が三枚になったんだ。学習は評定と観点で前回と同じだが、絶対評価で、観点の項目内容も変わったんだ。それから、どの教科も学習への意欲が重視されるようになったんだ。だから、意欲が項目の上にあるだろう？

それと、教科の評定が三段階になったんだ。行動の項目内容は分かりにくく、評価に手間がかかることになったんだよ。前回の『自主性』が『自主性・根気強さ』に、『公正さ』が『公正・公平』になって、その他も同様なんだ。組み合わせれば達成が難しくなるだけなのに不思議だよね。それから、学習と行動の所見をたくさん書くことが求められたんだ。さらに、欠席理由を詳細に書くこともね。

次は、平成十三年のものだが（資料【え】）、低学年と中・高学年に分けてあるんだ。中・高学年の要録の学習は、前回の平成十年のものより分かりやすい観点になっているんだよ。だけど、行動の項目は、『明朗・快活』が『健康・向上』に、『自主性・根気強さ』が『自主・自立』に、『自然愛護』が『生命尊重・自然愛護』と変わったり、相変わらず求めすぎて、評価がしにくくなるんだ。それと、『総合的な学習の時間』が創設されたので、活動・観点・評価を所見で表すことになったんだよ。なお、用紙がA４サイズの三枚になり、一枚目は氏名や住所などを記載する学籍簿にあたるものなんだ。

最後は、令和二年度だよ（資料【お】）。学習は三段階の評定で同じだが、今回も観点の項目名称が変わっているんだ。毎回変更があるのには驚きだよね。文科省の担当は、変えなければいけないものだと思っているんだろうね。

今回は中学年の外国語活動（英語）が始まったので、活動の記録の欄が設けられたんだ。高学年は外国語活動が教科（英語）になったので、評定と観点の評価を記載しなければいけないんだ。それから、道徳が特別の教科になったので、その学習状況と成長の様子の所見が必要になったんだ。それと、今までと大きく違うのは、コンピューターで作成することを認めているんだ。

以上が学習指導要録の大まかな変遷さ」

【い】昭和45年

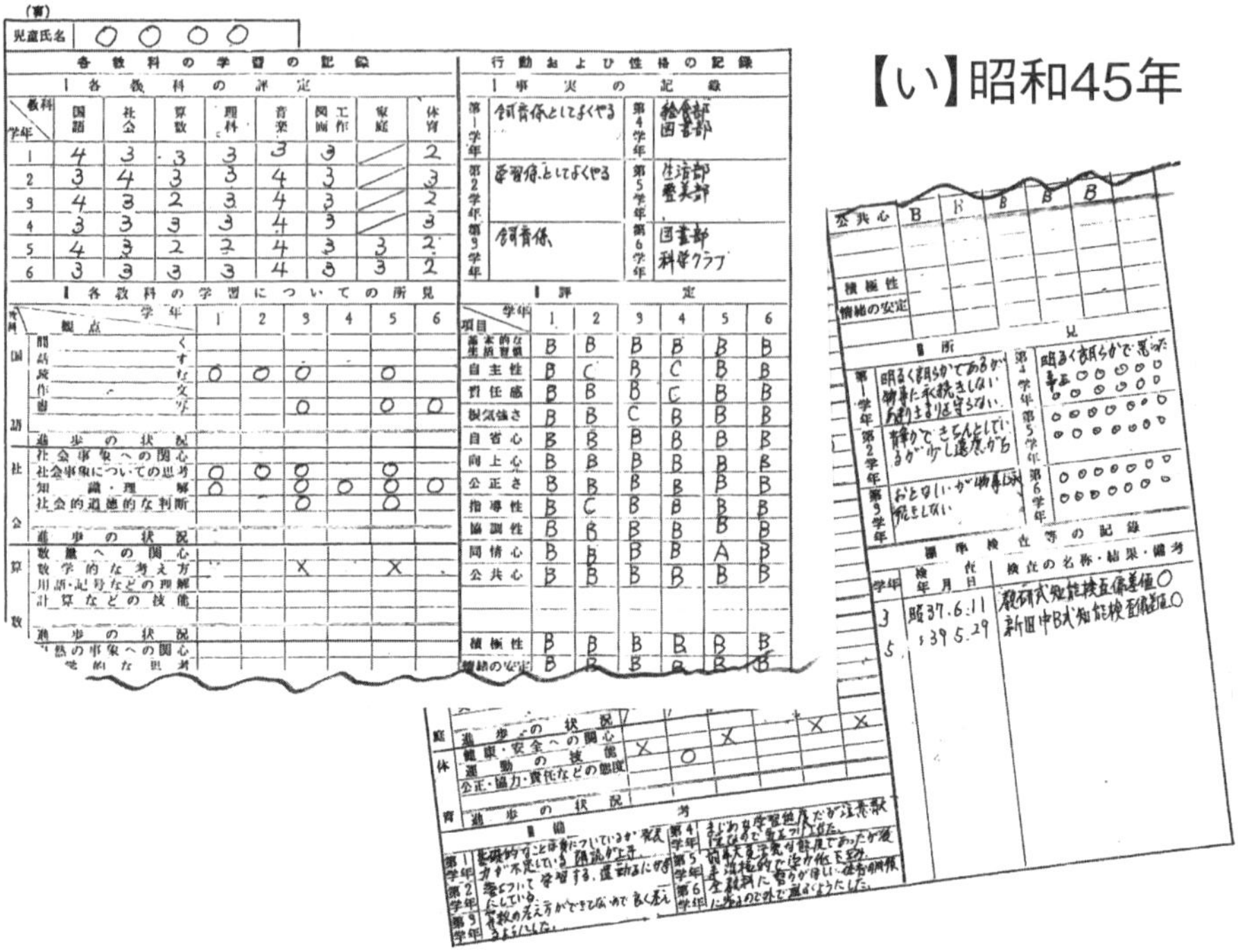

児童氏名 ○○○○

各教科の学習の記録

I 各教科の評定

学年	国語	社会	算数	理科	音楽	図画工作	家庭	体育
1	4	3	3	3	3	3		2
2	3	4	3	3	4	3		3
3	4	3	2	3	4	3		2
4	3	3	3	3	4	3		3
5	4	3	2	2	4	3	3	2
6	3	3	3	3	4	3	3	2

II 各教科の学習についての所見

行動および性格の記録

I 事実の記録

第1学年	飼育係としてよくやる	第4学年	給食部 図書部
第2学年	学習係としてよくやる	第5学年	生活部 整美部
第3学年	飼育係	第6学年	図書部 科学クラブ

II 評定

項目	1	2	3	4	5	6
基本的な生活習慣	B	B	B	B	B	B
自主性	B	C	B	C	B	B
責任感	B	B	B	C	B	B
根気強さ	B	B	C	B	B	B
自省心	B	B	B	B	B	B
向上心	B	B	B	B	B	B
公正さ	B	B	B	B	B	B
指導性	B	C	B	B	B	B
協調性	B	B	B	B	B	B
同情心	B	B	B	B	A	B
公共心	B	B	B	B	B	B
積極性	B	B	B	B	B	B

III 所見

標準検査等の記録

学年	検査年月日	検査の名称・結果・備考
3	昭37.6.11	田研式知能検査偏差値○
5	昭39.5.29	新田中B式知能検査偏差値○

【う】平成10年

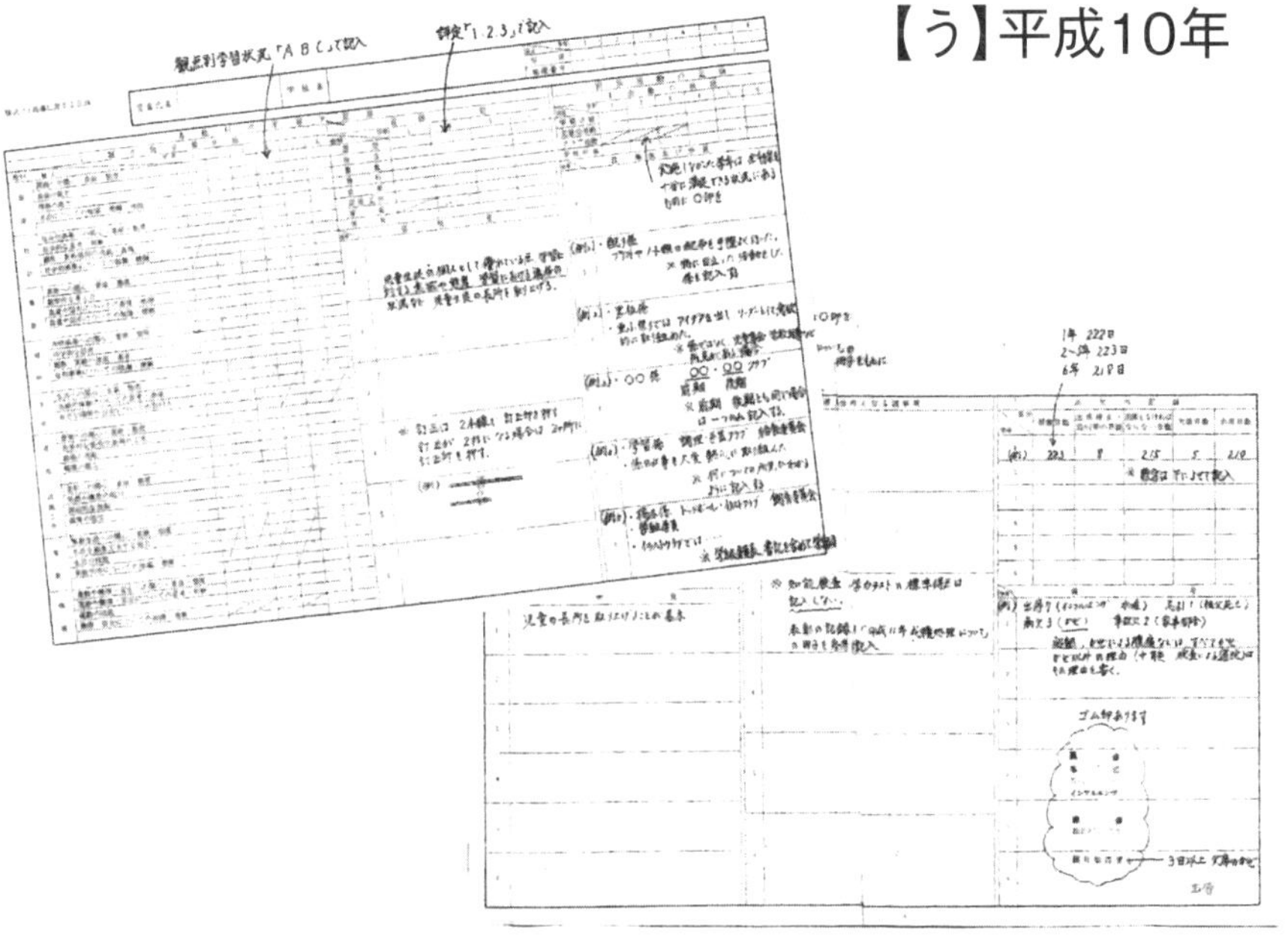

【え】平成13年

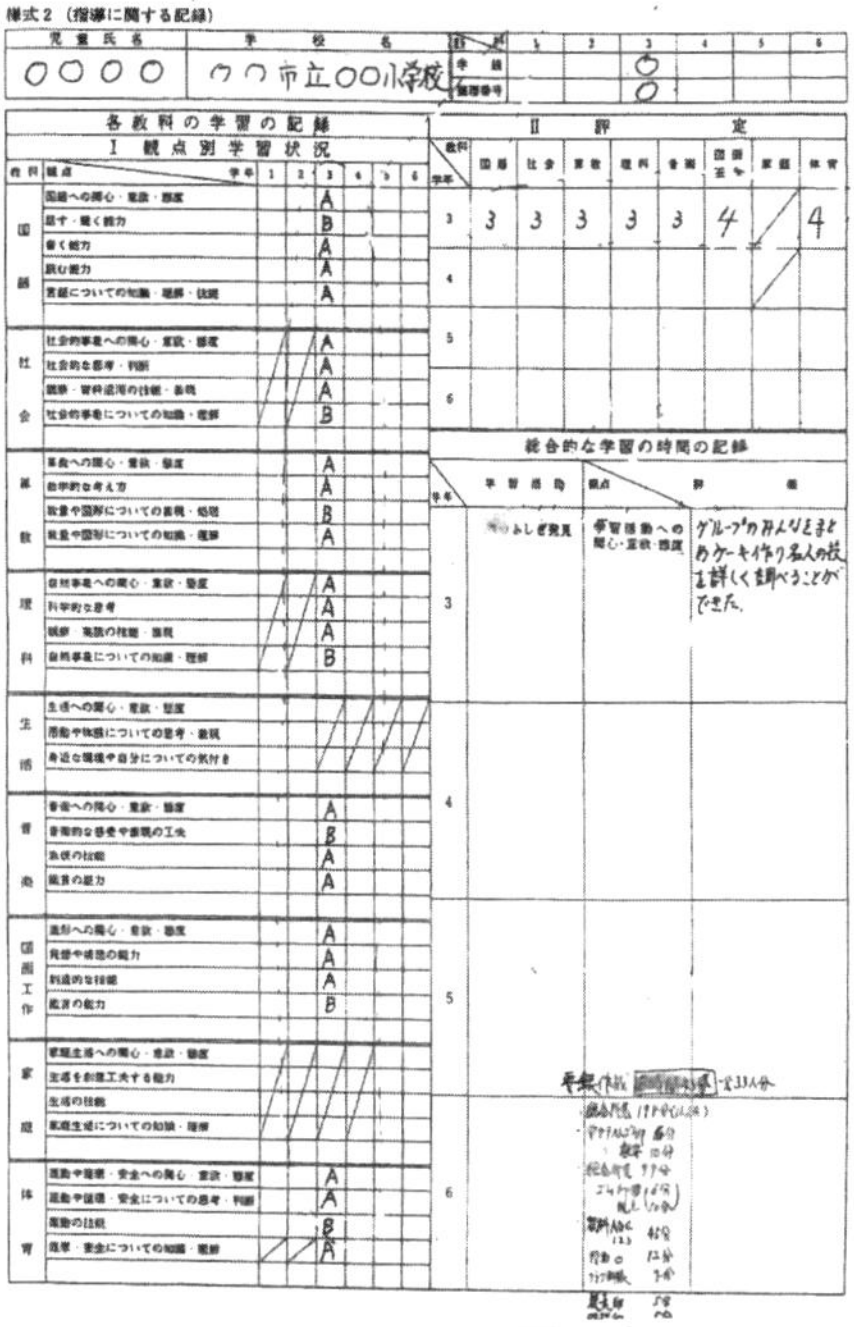

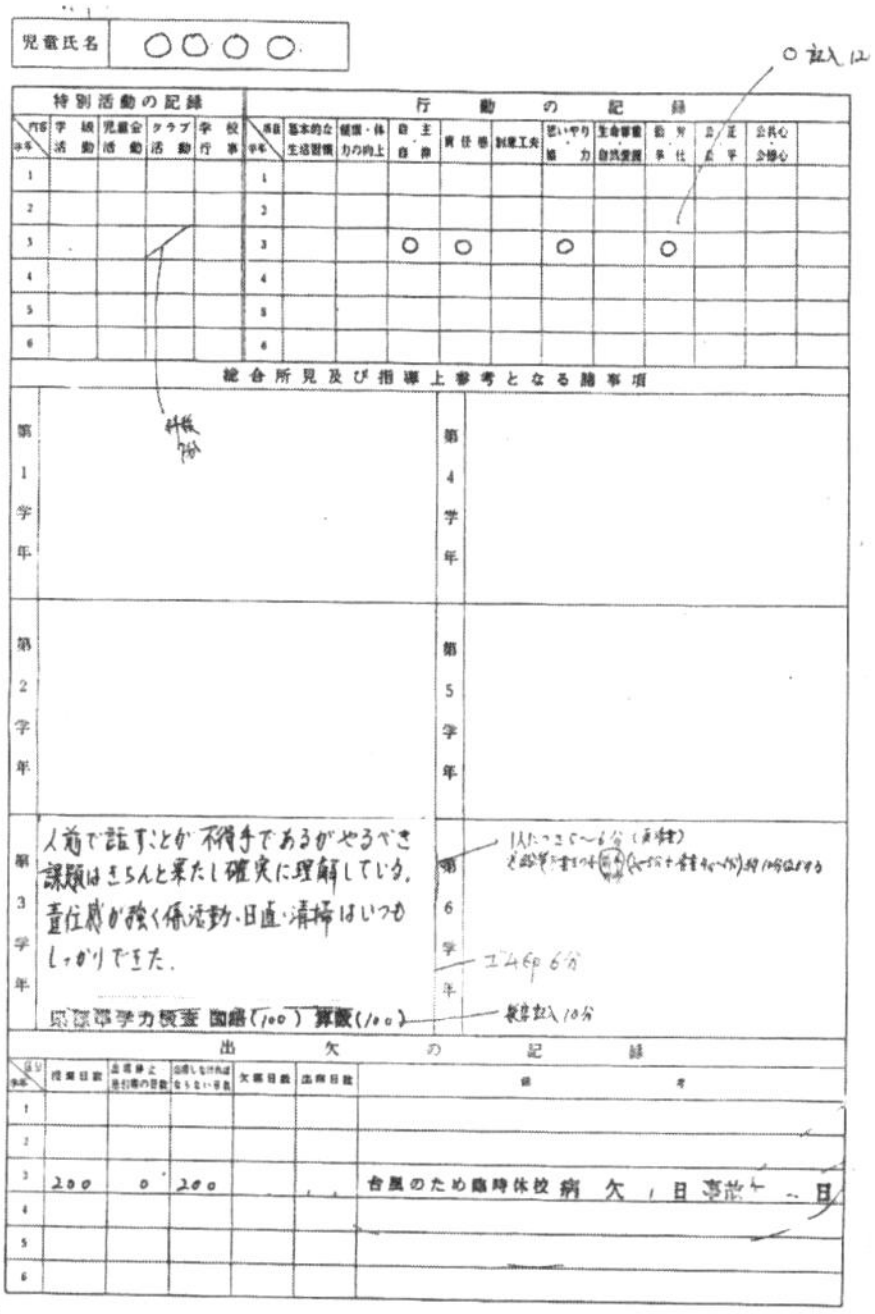

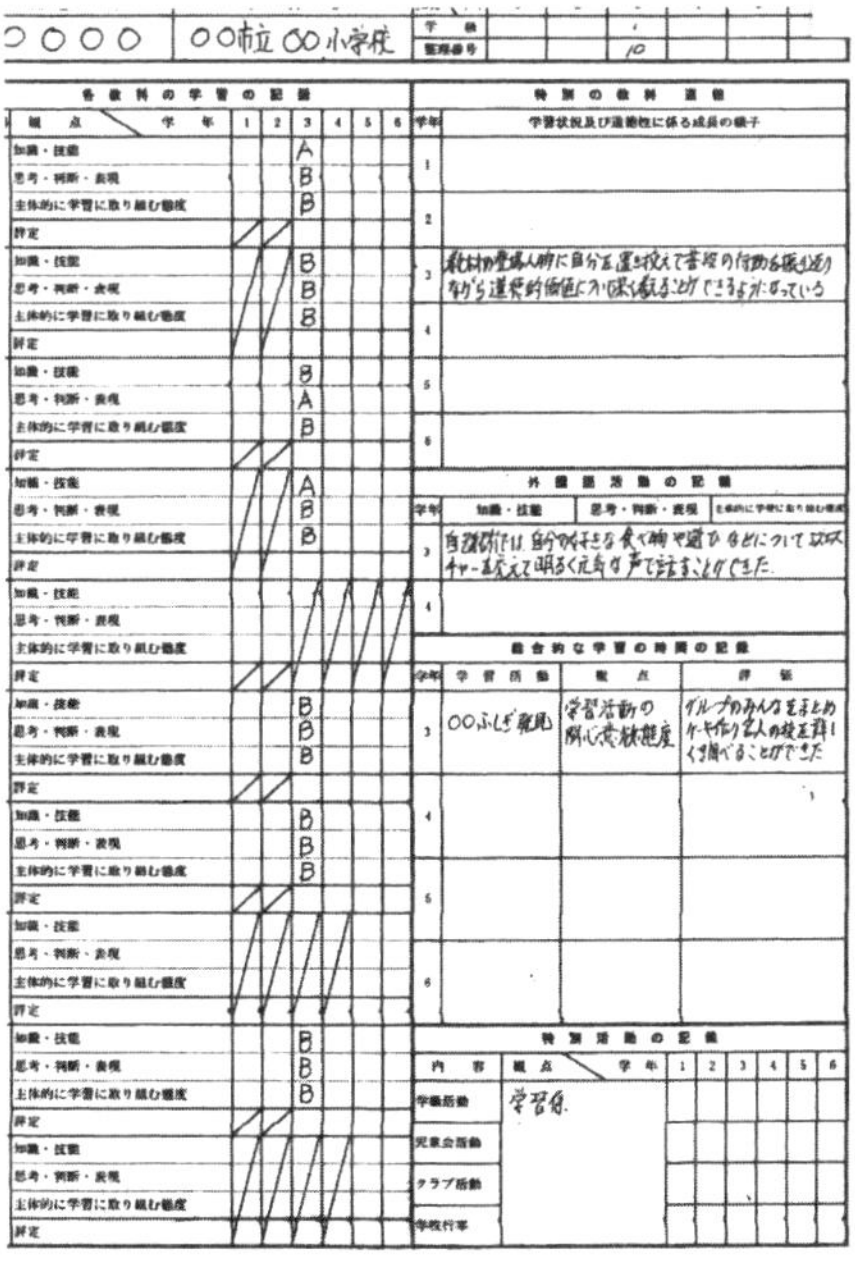

【お】令和2年～

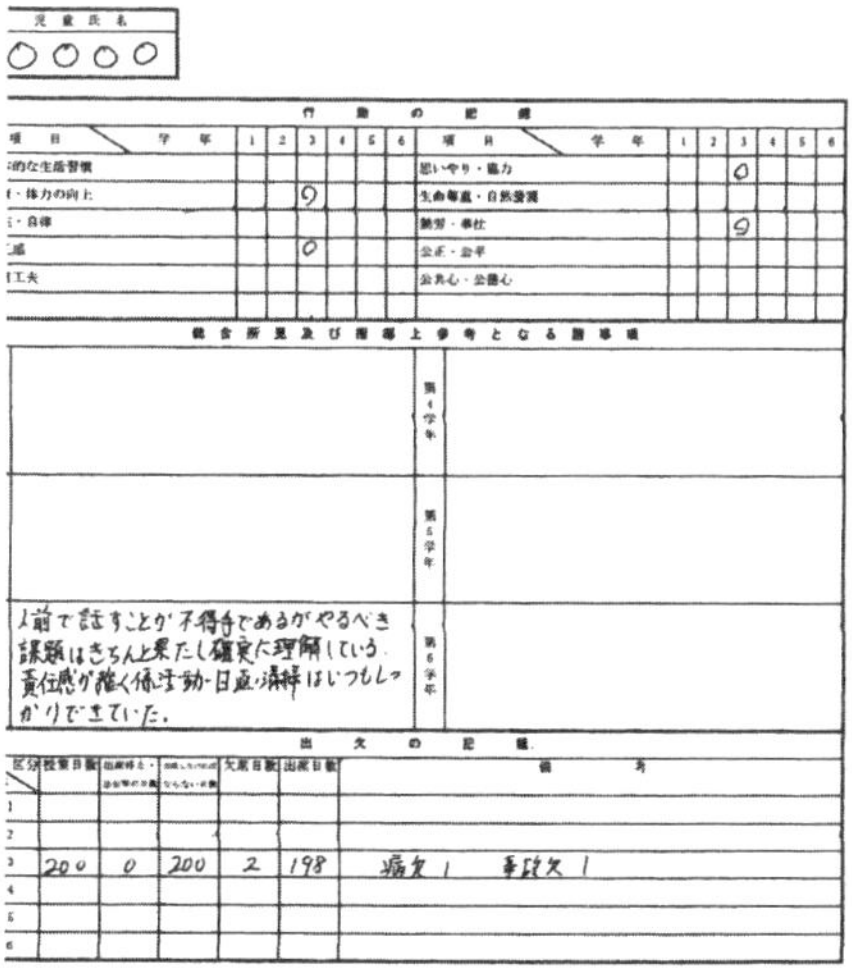

スズ「どんな学習をするのか学習指導要領で決まっているのは分かっていたけれど、学習指導要領が改訂されるたびに、学習指導要録の形式と内容が変わるとは知らなかったよ。それにしても令和の学習指導要録は、作成がより一層面倒になったよね」

カラ「そうだね。令和の要録はオブラートで包まれたようなものだものね。どのくらい優れているのか、また、悪いところは何かが分からないよね。これでは、どのような指導が必要か分からないよ」

スズ「今の学習指導要録は、良いこと、優れていることを書くようになっているよね。だけど、指導を必要とすることがあるはずなんだ。だから、分かるようなものでないといけないと思うな。

学習でもそうさ。学級経営では、個々の子どもの実態をより詳しく知らないと、効果的な指導ができないと言うじゃない。例えば『かけ算九九を半分しか覚えていない』『ドリル学習や復習が嫌いで習得率が悪い』『弱い子をいつもいじめている』など書いていれば、引き継ぐ先生は、指導の参考にすることができるじゃない」

カラ「それだと、初めから子どもを色眼鏡で見ることにならないかな。自分で判断しようとせず、所見のとおりの子と捉えて指導するならうまく行かないと思うな。先生によって子どもの捉え方は違うからね。

ただし、かけ算九九が半分しかできないと明らかなものは、指導に生かせて良いと思うよ。だけど、弱いものをいじめているとなると、その子を乱暴で手のかかる子と捉えはしないかな。すると、最初から厳しく指導を行うかもしれないよ。

新年度に次の学年の引き継ぎをして、そこで具体的に説明を受けるんだから書く必要はないよ」

フク「学習指導要録の目的からすれば、指導の参考に役立つことが求められているから、必要なら書くべきだと思うな。ただし、否定的な表現や固定観念を抱かせるような表現は避けなければいけないけれどね」

ワン「通知表や学習指導要録の作成に多くの時間を要するようになったが、実際どのくらい時間を要しているか、これを明らかにしないと、ただ量が多い、書き方が面倒になってきている、だから時間が必要だ、書式を変えよと訴えても、理解を得ることは難しいと思うな。

そこで、実際、通知表と要録にどのくらい時間を要したか、人事委員会に訴えたときの資料を使って具体的に説明していくことにするよ」

◆通知表と学習指導要録の作成時間

ワン「まずは通知表の作成だよ。通知表への記載内容は学習指導要録補助簿に記載しなければならないことは説明しているよね。要録補助簿に要した総時間数は、約十九時間三十分かかっていたんだ。

国語九十分、社会三十分、算数三十分、理科五十分、図工四十分、体育二十八分、学習の所見のための資料作り六十三分、生活行動評価八十分、所見作成七五九分。

※テストの採点時間…約一回のテスト三十分。ノートの評価（考え、まとめ方、正解な答え）、テスト直し、ドリルの評価などの時間は含めない。

次は、学習指導要録補助簿から通知表に転記する時間だよ。総時間数は四時間四十五分。ただし、補助簿検閲後の直しの時間は含めないよ。

・教科評価ゴム印十分、行動十分、所見一人四分から七分。

※一枚仕上げるのに約八分。

次は学年末に作成する学習指導要録だよ。補助簿をもとに作成九時間。

・評定・評価八十分、所見四〇〇分、出欠六十分。

それでは、これらの成績処理のために設けられた時間を見るよ。通知表の作成のために特別日課（短縮日課）を設定。日台小は、補助簿作成に二日で五時間十分。六月後半から成績処理を始める。だが、特別日課までの間には、職員会議や研究協議会、学年会などがあったので、十六時間十五分。ほかにテストの採点、学級事務、学級家計簿、業者への支払い、宿題の点検、出席簿整理、授業の準備など多岐にわたって仕事があったが、この時間は含まないよ。

したがって、成績処理に要した十九時間三十分から、設定の時間五時間十分を引くと、四時間二十分不足となるんだ。なお、黒森山小は特別日課が四日で七時間三十分。

※集団下校指導がある。

本来は、専科の空き時間が使えるが、この時期は空きがないんだ。

それでは、要録補助簿から通知表に転記する時間だよ。日台小では、そのための短縮日課が設定されていて、それが補助簿提出の二日後で、前日四十五分を転記に使えたので、合わせると二時間十五分になるんだ。だが、実際かかった時間は四時間五分。したがって、五十分不足になるんだ。

これは、計算上のことで、実際は通知表の作成のほか、算数の打ち合わせ、学級費の会計、夏休みの生活のしおりなどの仕事があったので、全く時間が足りないんだ」

スズ「通知表作成に多くの時間が必要なのに、時間の確保ができないなんておかしいよ。休み時間や給食時間も成績処理をやっている先生もいるんだよ。校長先生は、時間をかけず作成できる形式の通知表を作るようにしなければだめだよね」

カラ「そうだね。それから通知表のもとになる学習指導要録も同様に、時間をかけないで作成できる形式の学習指導要録を文科省は作成する責任があると思うんだ。文科省は、約十年ごとに学習指導要領を改訂しているが、そのたびに先生の負担を増やしているんだからね」

スズ「学習指導要録は、指導に生かすために作成することになっているんだよね。だったら、しっかり個々の子どもを見て適切な評価をし、指導に生かされるものにしなくては意味がないよ。これでは、活用できないよ」

フク「残念だけれど、現実は誰も活用していないんだ。指導要録を書くとき、初めて前任者の評価や所見を見る先生がほとんどなんだよ。書こうとする内容が、あまりにも異なっていたり、全く同じ内容であったりすると困るからね。

それと、先生方は、同じことは書きたがらないものなんだ。まねをしたと思われるのが嫌なんだ。だから、そのために確認するんだ。本来は、その子の指導に必要な情報が役立つように書かれていないと意味がないんだけどね。良いことばかり、しかも、無理に探して書いているものは、指導の参考にはならないよ」

スズ「このことは、新一年生のクラス編成のところで聞いていたけれど、このことで、よく分かったよ。つまり、昔から指導要録はあまり役に立たないということなんだね」

カラ「だけど、指導要録は公簿なんだ。だから、平成三年までは二十年間の保管だったんだよ。それが、学籍に関しては二十年、指導に関する記録は五年間にはなったけれどね」

スズ「かつて、自分の小学校の指導要録の開示を要求して問題になったことがあるよね（二〇〇三年、訴訟して一部開示が認められる）」

カラ「当時は、公開を前提に書いてはいなかったので、思ったことを率直に書いていたんだ。だから、問題にされそうなところを隠して開示したんだよ。これを契機に、公開されてもよい書き方になっていったんだ。でも、今では褒める内容になっているので、開示されても問題はないんじゃないかな」

スズ「誰も活用しない学習指導要録に、多くの時間を使って作成しているっておかしいよね。作成の時間はできるだけ少なくして、子どものために使うべきだよ。

　文科省は、要録作成に、いったいどのくらい時間を要しているのか分かっているのかな。現場の先生方の成績処理の実態を把握しなくちゃ。どうも学習指導要録の作成に携わっている人は、これが最高のものと考えているようだけど、それが先生方を苦しめていることを理解すべきだね」

フク「そうだね、とても残念なことは、成績処理に多くの時間が必要なことが要因で、三学期制から二学期制に変更する学校が数多く出てきたことなんだ。建て前は授業時間の確保なんだけれどね（今は、三学期制に戻す学校が少しずつ増えている）。

　このようなことから、今の学習指導要録の作成は、先生方に負担をかけ、超過勤務を強いていることが分かるだろう。どんな通知表がいいのか、そして、どんな学習指導要録が望ましいか考える必要があると思うんだ。使えない学習指導要録のために、子どもを犠牲にしてはいけないはずなんだ」

スズ「そうだよ。成績処理期間は、忙しくて子どもたちに目が行き届かなくなり、生徒指導が疎かになっているんだからね。

　指導要録の変遷を見てきて思ったことは、いくら問題だと指摘しても、肝心なのは指導要録を作成している人に分かってもらわないと変わらないということだよ。変えられるのは、文科省なんだよ。作成に携わっている人は、現場の学校に行って一学期、講師でもいいから勤務して通知表を作成すべきだよ。そうすれば、望ましい指導要録が作成できると思うんだ。先生方みんなで訴えないといけないよね」

夏休みと二学期制

七月二十日、黒森山小の一学期の終業式が体育館で行われた。校長からは楽しく夏休みを過ごすための話があった。生徒指導の先生からは、夏休みに事故に遭わないための約束などの話があった。児童は夏休みが目の前にあるので落ち着きがなく、注意を受ける姿が見られた。

教室に戻ると、児童が楽しみにしていた通知表が渡された。良い成績を取った喜びの声と、芳しくなく落胆した声とで教室が騒然とした。担任から配られた、夏休みのしおりや学校からのお便りなどを手提げやカバンにしまうと、児童は急いで校庭に集合した。

全児童が集まると、安全主任のサル先生から集団下校の注意があり、地区別に下校した。児童の後方には保護者がついて面倒を見た。明日から九月一日までの長い夏休みに入る。今は宿題が少なく自由研究も強制ではないので、子どもたちは十分夏休みを楽しむことができる。

隣の市内の多くの学校は終業式がなく、通知票を渡すこともなく夏休みに入った。

スズ「終業式を行わず、通知表ももらわず夏休みに入るなんて驚きだな。どうしてなの？　不満はないのかな」

カラ「通知表がもらえないことは多くの保護者は不満に思っているよ。でも、十月の一学期終業式の後にはもらえるんだよ。二学期制だからね。二学期制になると、夏休みが三学期制より一週間ぐらい短くなるが、その代わり一学期終了後、区切りの休みがあるんだよ」

スズ「まだ、八月末まで暑いよ。夏休みを短くして授業をやっても問題はないのかな。暑くて学習に集中できないよ。それに、熱中症の心配もあるよね。

それと、通知表をもらわないで長い休みに入るのも問題だと思うな。長い夏休みに入る前に学習や生活の様子を知れば、目当てが持て、できなかった学習の補習や生活面での向上に向けての取り組みができると思うんだ。今までは、どこの学校も三学期制だったのに、どうして二学期制にしたの?」

カラ「今はどこの学校もクーラーが設置されているので学習で困ることはないよ。二学期制にしたのは、授業時間を確実に確保できるからなんだ。終業式もないので、夏休み前日まで普通授業ができるんだ。それと、担任が通知表作成のための超過勤務を解消できるんだ。何しろ、面倒で時間のかかる通知表が夏休みの間に作成できるんだからね」

フク「そうだね、先生方にとっては助かるよね。では、なぜ二学期制が生まれたか。その遠因は、生きる力、ゆとりある生活、そして特色ある学校づくりを標榜《ひょうぼう》し、二〇〇二年の学習指導要領改訂で週五日制を導入したことにあるんだ。そのために、総授業時間数が四十時間減少になったんだ。そこで、各学校は授業時間の不足解消のため学校行事の精選を行うが、学校に潤いがなくなってくるんだ。それと、先生方の忙しさが増すなど課題が表面化してきたんだよ。

そこで、二〇〇三年、中央審議会は教育課程の適切な実践と課題解決をするために、二学期制を提唱したんだ。二学期制は、一年を前期と後期に分け、一学期を四月から十月前半にして、二学期を十月後半から三月までとしたんだ。

二〇〇二年の指導要領の改訂とともに、仙台市の学校は先陣を切って二学期制を導入したんだ。審議会の提案があると、次々に二学期制を導入する学校が現れ、二〇一一年には二十・九パーセントと増えて行ったんだ。でも二〇一五年以降になると減少していくんだけれどね」

スズ「なんだ、二学期制は学校の都合なんだね。授業時間の確保と先生方の負担を減らすためなんだ。保護者や子どもたちはどう思っているんだろう」

カラ「二学期制を導入した市町村の多くは、保護者や先生方にアンケートを実施していたんだよ。

二学期制に保護者から反対の声はあがらなかったんだ。保護者は、学校が実施していることに、当初、不安や不信感を持ったんだよ。でも、時が経つと慣れるものなんだね。

それでは、先生方はどう思っているか、調査結果を見ると、多くの先生方も肯定的に受け止めていたんだ。授業に余裕ができた。成績処理が二回で済み、楽になったなどね」

スズ「でも、二〇一五年以降減少しているんでしょう？　どうして減ってしまったのかな」

フク「仙台市のアンケート結果を見ると、二学期制に対して疑問と不満が多く見られたんだ。一学期と二学期の区切りが不自然で違和感がある。学期を終えたときの解放感やはじけるような気持ち、新学期を迎える喜びと頑張ろうという気持ちが味わえない。保護者の多くは、夏休み前の通知表がもらえない。夏休みの学習意欲がわかないなどね。民間の調査（ベネッセ）でも、二学期制に反対が多かったんだ」

カラ「だから、三学期制に戻している学校がわずかながら増えているんだ。やはり、三学期制は日本の気候や風土に合った学期制なんだろうな。子どもたちの生活や学習活動に一つの区切りをつけることは、メリハリを持たせることになるんだからね。

中学校では、テストの回数が減り、集中して勉強する機会がなくなったり、テストの出題範囲が増えたりしたので、勉強が大変になったんだ。先生も短いスパンで評価した方が生徒の勉強に意欲が持てるので、三学期制の方が良いと思っているんだよ。

小学生では、学期末までの期間が長い分、テストの回数が多くなるので、期末テストの出題範囲が広がったんだ。だから、テストへ取り組む意欲や集中力が欠けるので、テストの面ではよくないんだ」

スズ「なるほど、二学期制の良さはあって導入されたけれど、実施していると問題があるんだね」

フク「二学期制は学校および先生にメリットがあるはずなのに普及は進まず、元の三学期制に戻っている実態は重く受け止めなくてはいけないよね。やはり、日本の学期は日本の季節に合うように作られているんだからね。だけど、戻した学校の中には、夏休みを短縮し、その分、土曜日授業を行う学校も見られるんだ。これは児童のためではなく学校側の都合のように思えてならないよ。

　そもそも、土曜日授業を廃止にしたのは、先生方の適正な勤務時間を確保するためだったんだからね。多くの子どもたちはゲームや好きなことができるので、週二日の休みは大歓迎かもしれないが、子どもたちの健全な教育を求めるなら、二日の休みは必要ないと思うな。

　文科省は、週休二日制の理由を、子どもたちの生活全体を見通し、ゆとりある生活の中で個性を生かしながら、自己実現を図るため実施すると言っていたんだ。学校・家庭・地域が相互に連携し、子どもたちに生活体験・社会体験・自然体験などの活動を経験させることで、自ら学び、自ら考える力や豊かな人間性など、生きる力が育まれるとね。

　でも、いかにも週休二日制は児童・生徒のために実施するかのように言っているが、実際は先生方も一般公務員と同じような勤務体制にするためなんだ。それに、当時は自治体や地域が子どもたちのため、さまざまな企画を立て参加できるようにしたが、現在は皆無だよ。塾やスポーツに熱心に取り組む児童もいるが、多くは家庭やゲームセンター等でダラダラ過ごしているんだ。週休二日制の目的とは異なる結果になっているんだから、子どもたちのための授業を土曜日に行うことは必要かもしれないね」

親睦会と職員旅行

黒森山小では、毎学期、職員の親睦を図るために、趣向を凝らして飲食の会を行っている。一学期は、教職員の歓迎会と職員旅行が行われる。職員旅行は、全員が行くのが建て前になっている。

一学期の終業式を終えると、職員旅行担当の先生方が集まり、職員旅行の打ち合わせと準備に取りかかった。だが、ウサ先生は都合がつかなかった。そこで、しおりの作成を手伝った。

ウシ先生に「今度行くところは、前の学校で行ったのよ。ウサ先生は、行かなくて済んで良かったじゃない。トラ先生は、用がないのに行かないんだよ。どう思う?」と言われて、返答に困った。

スズ「毎学期、職員の親睦を図るための会がいろいろあるよね。ウシ先生は、同じところに行きたくないんだったら、断ればいいのにね」

カラ「職員旅行が、同じところになるのはやむを得ないよ。一泊となると、行けるところが限定されるからね。だから、観光内容を変える工夫はしているんだよ。だけど、同じところに何度も行けば行きたくなくなるよね」

フク「職員旅行は、必ずしも一泊とは決まってないよ。

日帰りの学校もあるからね。今は個人旅行や家族旅行が主流になっているから、進んで行きたいと思っている教職員は少ないんじゃないかな。ウサ先生の前任校では、全員行くように教頭が働きかけていたけれどね」
スズ「あれ？　職員旅行は勤務じゃないんでしょう？どうして行かせようとしたの？」
フク「それは、宿泊が伴う職員旅行は、多くの職員と交流が図れるからなんだ。お互いのことをよく知れば、協力関係が構築でき、まとまりのある職場になると思っているんだ。それと、人数が多ければ、旅行代が安くなるからね」
スズ「だからといって、無理に参加させようとするのは良くないよ。もし、職員旅行がなくなったら人間関係に悪い影響があるのかな」
カラ「そんなことはないよ。それに、職員旅行をやれば人間関係が深まるというものでもないよ」
フク「今は、職員旅行は義務みたいになっているが、昔は多くの先生方が職員旅行を楽しみにしていたんだよ。だけど今は、楽しみにしている先生方は多くはないよ。職員旅行の料金で、家族で希望のところを観光できるんだからね。
それなのに、なぜ職員旅行が続けられていると思う？
それは、毎年実施されていることとして旅行の積み立てをやっているからなんだ。黒森山小では、毎月四〇〇〇円を積み立てしているんだよ。もし、全額一括での支払いとなれば、敬遠したくなるだろう？」
スズ「だから、職員旅行が続いていたんだね。でも、個人や家族での旅行が普及すると、職員旅行への魅力がなくなるよね。職員旅行の見直しはしないの？」
フク「そうだね。見直しは必要かもしれないね。旅行の参加の在り方もそうだが、事故に遭ったときのことを考えるとね。もし全員一緒に事故に遭ったら、子どもたちや保護者に迷惑をかけることになるからね。事故のことを考えるなら、グループで行くしかないんじゃないかな」
スズ「そうなると、親睦が薄れるよ。ワン先生、職員旅行をどう思っているの？　それと、どのように変わっていったか教えてよ」
ワン「教師になって十年間くらいは、旅行が楽しみで心待ちにしていたよ。普段話したことがない職員と楽しく会話もできるからね。
当時は、平日の二泊なので、遠方に安く行けたんだ。だから、個人では行けそうもないところにも行けたんだよ。それが、個人旅行や家族旅行が普及し、海外旅行に行く職員が見られるようになると、職員旅行は二泊から一泊になったんだ。そして、今では日帰りも珍しくないよ（コロナ以降旅行を廃止する学校が増えている）。

だから、もし職員旅行の目的が親睦だけだったら、必要ないと思うな。親睦なら、毎学期いろいろやっているんだからね。

一学期は教職員の歓迎会があり、二学期は始業式のあと、昼食会があるんだ。学校によっては、ゲームをやったり、夏休みの思い出を披露したりしているんだ。そして、運動会のあと、夕方から宴会場での慰労会があるんだ。

日台小のときは、慣例で低・中・高学年と事務や専科管理職のグループで寸劇で楽しむんだ。それから、二学期末には忘年会なんだ。ちょうどクリスマスの時期なので、プレゼント交換もあって楽しい会になっているんだ。宴会のあとは、二次会、三次会と遅くまでカラオケなどで楽しむんだ。

三学期は、始業式の後、二学期同様で会食会なんだ。以前はお酒も出たが、今は御法度で、ただ食事をするだけになっているけれどね。日台小のときは、多目的教室でゲームをしたんだよ。そして三学期には、退職や異動の教職員のための送別会があるんだ。

それから、定年退職や校長の異動のときには、臨時の祝う会があるんだ。以前は、校長が異動すると、お泊まりの宴会が開かれたんだ。あと、公開授業や特別なことがあると宴会があるんだ。なんだかんだで、教職員の親睦を図る機会はあるので、職員旅行がなくなったからといって、親睦を図れないということはないよ」

フク「今はどの学校も、臨時の教職員の数が多くなっているので、全教職員参加の職員旅行は難しいよ。今の職員旅行のやり方は、旅費を積み立て、幹事学年を決め、役割の分担を決めてやっているんだ。旅行を希望する職員が集まって旅行の計画を立て実施しているわけではないんだ。だから、見直しは必要じゃないかな」

スズ「そうだね。職員旅行は、希望する有志が働きかけて行うものだよね。無くすことは簡単だけれど、良さがたくさんあるので、できたら続けてやっていけるといいよね。宿泊が伴えば、お互いをよく知る機会になるんだからね」

寂しくなる運動会

今日は晴天に恵まれ、黒森山小学校の秋の大運動会が開催されることになった。先生方はいつもより早く出勤し、係の子どもたちと一緒に担当の仕事に取りかかった。前日の準備の時間で、ほとんどの仕事を済ませていたので早く終えることができた。

先生方は、子どもたちに応援席にイスを置かせると、指定された行進位置に並ばせた。体育主任の行進の合図で金管クラブの演奏が始まり、全員が一斉に本部席に向かって行進した。

クマ先生は青空を見上げ、「運動会は、大空に花火が打ち上げられないと雰囲気が出ないな」とつぶやいた。

スズ「運動会は、子どもたちが楽しみにしている学校行事なんでしょう？　でも、係以外の子どもたちも早く登校してきたのはどうしてなの？　みんな運動会が待ちきれないのかな」

カラ「そんなことはないよ。係の子ども以外の子どもが早いのは、運動会の開始が早いからなんだ。日中はとても暑いだろう？　だから、涼しい早朝から始めれば早く終わらせることができるからね。体への負担を軽減できるので、九月に行う学校はどこも開始時刻を早くしているんだよ」

スズ「なんだ、楽しみにしているから早く来ているわけではないんだね。だけど、早ければ早く起きなければいけないんだね。暑い中での運動会には変わりないんだから、健康上よくないと思うけどな」

フク「だけど、子どもが心待ちにし、楽しいと思うものはつらく感じないので大丈夫だよ。大事なことは、暑い中での競技や演技はできるだけ避けることなんだ。そのために早く始め、早く終わらせることだと思うな。でも、やり方によっては、早く始めなくても早く終わらせることができるんだ。

ワンさんが、習野市で勤務していた時は、普段と同じ登校時刻で始めていたからね。プログラムの内容を見ると、とても多いんだ。児童会が企画した仮装行列、ブラスバンド部のマーチングバンドなどをやっていたんだからね。八蜂小の時は、天候が悪く開始を遅らせることになったが、予定した時刻で終わらせることができたんだよ。これは、進行の先生がうまくリードしたこともあるが、運動会の予行を生かし、子どもたちがてきぱきと動いたからなんだ」

スズ「工夫すれば、遅く始めても早く終わらせることができるんだね。それなら、運動会の開始を普段どおりの登校時間にしてもできるということなの？」

カラ「できるよ。校長が認めればね。でも校長は、特に問題がなければ前年度のやり方を踏襲するから、変更は難しいと思うな」

スズ「校長先生は、運動会の開始時間を決めることができるなら、登校時刻を変えることもできるということなの？」

フク「校長は、登校時刻だけでなく先生方の勤務開始時刻を決める権限も持っているんだよ。この地区のほとんどが、登校時刻は八時だけど、先ほどの習野市のいくつかの学校は、登校時刻が遅いんだ。今は、多くの家庭が夜型になっているだろう？　それに、遠方から通う先生もいるからね。

それと、これらの学校の登校時刻は、夏と冬とでは違っていて、夏は八時二十分、冬は八時三十分になっているんだ。黒森山小に転校してきた保護者が、登校時刻が八時と聞いて驚いていたよ」

スズ「この地区では、どこの学校も八時登校だけど、検討はしないのかな。ワン先生は、登校時刻の変更を要求したことがあるって本当なの？」

ワン「本当さ。八蜂小に勤務したとき、校長に夏日課（八時登校）と冬日課（八時二十分登校）を要求し、実現させたんだ。それで多くの保護者は、余裕をもって子どもを登校させることができ、先生方は、子どもが登校する前に授業の準備ができたので好評だったんだ。でも、校長が替わったら、元に戻されたんだけどね」

スズ「登校時刻も運動会の開始時刻も校長先生が決めるんだね。それなら、開催時期はどうなの？」

ワン「開催時期も決めることができるよ。だから、運動会は地域や学校によって、実施時期が違うじゃない」

スズ「それならどうしてこの地区の学校は、九月に運動会を行うのかな。始業式が終わったら、毎日、運動会の練習があるけど、とても暑いんだよ。十月に入れば涼しくなるんだから、十月にやればいいのにね」

フク「確かに九月はまだ暑いよね。それに、台風もあるので、本当は運動会の条件としては良くないんだ。だけど、十月に入ると、どこの学校も研究授業に力を入れるんだ。特に十月から十一月は、公開研究授業が盛ん行われるんだよ。だから、どうしても、九月の実施にこだわることになるんだ。

ところが近年は、運動会で熱中症になる子が多く見られるようになったんだ。そこで、暑さ対策として運動会当日だけでなく、練習の段階からテントの中で観戦・応援できるようにしているんだよ」

スズ「黒森山小も、練習の時から応援席にテントを張るようになったよね。だけど、暑いよ。だからなのかな、運動会を半日にしている学校があるよね。でも、半日にすれば、競技や演技などの種目が少なくなり、楽しさが半減するよ。それなら他の学校のように、暑くない五月に移せば、一日かけてできるのにね」

カラ「五月でも半日でやる学校は多いんだよ。五月は爽やかな天候だが、とても暑い日があって、熱中症で具合を悪くする子どもがいるんだ。まだ体が暑さに順応できてないいんだろうな」

フク「半日にするのは、熱中症だけが要因じゃないんだ。各教科の授業時間の確保なんだよ。運動会は学校行事（特別活動）になるが、この時間だけでは運動会はできないんだ。多くの練習時間が必要だからね。そこで、特別活動以外の教科の時間を使う必要があるんだ」

スズ「運動会は、運動だから体育の授業だよね。でも、そうなると体育の授業を多く使うので、決められている学習内容ができなくなるよ」

カラ「全部、体育で取ったらそうなるよね。確かに、学習指導要領の指導内容から考えると、体育（競技や集団行動など）になるが、どの学校も、理由をつけて他の教科でも取っているんだ。

黒森山小では、全部で三十一時間使っているが、学校行事、音楽、総合、生活科、道徳、国語、図工、学級活動で取っているんだ。

だけど、隣の市の日台小は、教育委員会の指導で、低学年だと体育十時間、音楽（ダンス曲で表現活動）六時間、学校行事十時間で取るように決められているんだ。でも実際は予定の時間より多く取るので、他の教科でも取っているんだ」

スズ「五月に移せば、一日しっかりできると思ったのに、授業時間の確保があるのか。五月でも熱中症があるなら、あえて五月に移す必要があるのかな」

フク「五月の方が九月に比べれば暑くないよ。でも、五月は最適とは言えないんだ。それは、暑さの問題だけではなく、子どもの心身の面からなんだ。

五月だと、一年生や学級編成のあった学年は、クラスの子どもたちと仲間づくりの段階なんだ。特に一年生は、学校にまだ慣れていないので、連帯感をもって協力し合うには、まだ不十分なんだ。

その点、二学期なら仲間意識が出て協力し、規律ある集団行動がとれるようになっているからね。それに、体力や運動技能もつくので、難しい踊りや競技にも対応できるんだ」

スズ「そうだね。運動会は運動に適した時期にやるべきだよね。授業時間の確保だって、いろいろな教科で取れば、運動会も一日かけてできるんでしょう？　一日なら、家族で一緒に昼食を食べることだってできるんだよ。一緒に食べられるから運動会がより楽しめるんだ」

フク「多くの保護者は、昼食を一緒に食べることを楽しみにしているけれど、ない方が良いという保護者もいるんだよ。弁当を作るのが面倒、休みが取れなくて見に行けないなどの理由でね」

スズ「作るのは面倒でも、親の愛情を実感させる大事な機会じゃないの。もし、昼食がなくなれば、今の運動会の内容では、参観に来る保護者は少なくなるよ。きっと子どもたちはつまらなく感じると思うな。先生方はそれでもいいと考えているのかな。

それと、十月は、充実した校内研究をやるからできないというのもおかしいよ。昔の運動会は十月が多かったんでしょう？　校内研究会は、運動会を終わらせたあとにやればいいじゃない」

フク「昔は、今ほど研究授業には力を入れてなかったんだ。だけど、先生方の指導力を高める必要があるからと文科省が要請したことで、今では、どこの学校も力を入れてやるようになったんだ。十月は、校内研究の成果や課題を明らかにできる時期でもあるんだ。だから、多くの公開研究授業が開催されているじゃない」
スズ「だからって、運動会は軽く扱っていいの？　いつも、教育委員会や校長先生は、授業時間の確保と学習指導要領の内容をきちんと教えるように話しているよね。学習指導要領では運動会でどんなことを求めているの？」
カラ「学習指導要領には、運動会についての内容や時間数は載ってないよ。学習指導要領では、運動会は特別活動の学校行事『健康安全体育行事』の中で、例として取り上げられているだけだよ。
　健康安全学校行事の目的は何かというと、心と体の健やかな成長や健康の保持増進、そして、団体行動への適応能力、体を動かすことを楽しむ姿勢の育成、体力の向上などに役立つ活動を行うこと、となっているんだ。だから、運動会だけでなく、球技大会などいろいろな活動を通して、この目標達成を図るように努めればいいんだ」
スズ「じゃあ、運動会はやらなくても済むということなの？　だから、半日にすることができるんだね。だけど、運動会は楽しいだけでなく、健全な子どもたちを育成するのに有意義だと思うけどな。黒森山小は、一日かけてやっているけど、運動会をどう考えてやっているの？」
フク「黒森山小では、運動会を通して『子どもたちにあきらめずに頑張り抜く力や協力する力、そして、役割、責任を果たそうとする心を育成する』ことを目的に行っているんだ。特に、高学年は運動会の運営に欠かせない大事な役割があると考えているんだ。出場する学年の子どもをスタート位置まで引率したり、スタートの合図の手伝いをしたり、競技中の競技内容や実況を放送したり、得点板に点数を表示したりと、いろいろな仕事を通してね。
　その中でも応援団は、大きな声でみんなを鼓舞し、競技を盛り上げる重要な役割を担っているんだ。だから、子どもたちを育てる上で運動会は大きな働きをしているんだ。そして、保護者にとっても、運動会は、一日、自分の子どもの様子をじっくり見ることができる良い機会になっているんだよ」
スズ「運動会は、子どもたちに必要だと考えていて安心したよ。だけど、近年は運動会が嫌いな子が多いと聞いているけれど本当なの？」
カラ「本当さ。昭和の時代は、好きな子が圧倒的に多かったんだけどな。当時は、運動会が華盛りで、楽しい競技や演技が多く行われていたからね」

フク「だけど、今の運動会の内容は、競技や演技に楽しさや華やかさがなくなっているんだ。しかも、毎年同じような競技や演技内容では、子どもたちは楽しさを感じないいんじゃないかな。

　これは、先生方にも言えるけれどね。多くの先生方は、昭和時代の華やかな運動会とワクワク感を知らないから、仕方ないいんじゃないかな」

スズ「知らないでは済まないよ。先生方は忙しいので、時間をかけて内容を考えたり道具を作ったりする余裕がないと思うけど、運動会はお祭りのように子どもたちが夢中になって楽しめる行事にできると思うんだ。

　それを、運動会を秋から春に、一日から半日に変えているけれど、これは子どものためではなく、学校や先生方の都合じゃない。だから、運動会を楽しめず嫌いな子が出てくるんじゃないの？」

フク「そうだね。昔は運動会が好きという子が多かったが、今では嫌いな子が増えているよね。運動が苦手、負けるから、疲れるからなどいろいろ理由があるが、だからと言って運動会を軽視するのは良くないよね。

　運動会を『体育発表会（授業参観）』に代えている学校があるが、子どもが望んでいると思うかい？　先生方は、運動会のよさや子どもを育てる観点で、運動会を考えて実施してほしいよね」

スズ「先生の生きがいである〝子どもを育てる喜び〟を放棄するように思われてならないよ。先生方が夢中になって取り組む姿を子どもたちや保護者に見せることは、先生としてとても大事なことじゃないのかな。

　ワン先生は、昔から運動会には熱心に取り組んでいたと聞いているよ。どのように取り組んでいたの？　それと、今の運動会の在り方についてどう思うのか聞かせてよ」

ワン「創作活動が好きなので、競技の内容を考えて、道具を作るときは、いつも率先してやっていたよ。特に昭和の時代は、自由にできたから楽しくやれたんだ。

　当時は、どこの学校の教師も張り切り、前日泊まって準備する教師もいたんだからね。競技や演技には創意工夫があり、見応えがあるのが多かったが、これは、数多くの運動会の競技本が出版されていたこともあるんだ。今でも、教育技術の月刊雑誌に運動会の競技のアイディアが掲載されているので参考にはなるが、少ないよね。
※インターネットでも運動会の競技やダンスが紹介されている。

それと、当時は、ダンスのレコードも多く販売されていたんだ。だけど、多くのレコードは幼稚園用に作られているので、そのままの振り付けと隊形は使えないんだ。そこで、どのような振り付け・衣装・隊形にしたらよいか考えて指導するのが、教師の腕の見せどころだったんだ。

今でも思い出されるダンスというと、二年生でやった、『どんどこあばれ獅子《じし》』と、四年生でやった『ジャングル広場』かな。どんな踊りかというと、『どんどこあばれ獅子』では、子どもたちは鬼の面をつけ、教師は大きな鬼の顔を持ち上げて踊るんだ。踊っている間に鬼の顔を合体させてみんなを驚かす場面もあって、好評だったんだよ。

『ジャングル広場』は、男の子たちはやりと盾を持ち、女の子はポンポンを持って、歌詞に合わせて踊るんだ。その真ん中で、大きなダンボールで作った怪獣になった数人の子が、みんなの踊りに合わせてダイナミックな動きで踊るんだよ。最後はみんなが怪獣のところに集まり、女の子の持っているポンポンを一斉に高く放り投げ、幕となるんだ。

でも、児童数が減ったので、そうした曲が極端に少なくなっているんだ。今は、子どもが夢中になって踊れる曲がないので、アニメ曲や流行のヒップポップ曲に振り付けているんだよ。多くの児童は楽しんで踊ってはくれるけれどね。

だけど、広いグラウンドでは、見栄えのある隊形作りが難しくて、何度も隊形作りの練習をやるので嫌な顔をされるんだ。これは、他の競技にも言えるんだけど、広いグラウンドだと児童の様子がよく見えないからね。一方、狭いグラウンドでやっている運動会は、競技や演技が間近に見えるので、見応えがあるんだ」

カラ「昭和の時代の運動会は、楽しめる競技や演技が多かったよね。走力がない子でも運がよければ上位になれる競技は、特に喜ばれていたよね。

それが、不公平という苦情が出て、なくなってしまったんだ。公平という考えが強くなると、競技自体、楽しめなくなるんじゃないかな。それと、けががない団体競技や演技もね」

スズ「組み体操がそうだよね。けが人が出るので、けががない内容にしたり廃止にしたりしていたよね。そこで、代わりに中学生でやっていた『南中ソーラン節』をやるようになったんだよね」

カラ「ソーラン節は、どの学年がやっても迫力があり見応えがあるよね。子どもたちは、かっこよく踊ろうと一生懸命練習するので、毎年やる学校が多いんだ。でも、見る方にとっては新鮮みがないけれどね。
先ほどの、いろいろな競技に不公平や危険という声が出て、そうした理由でやらなくなっているというのは寂しいよね。
それに、運動会の競技で順位をつけたり、勝ち負けを競ったりすることを嫌う先生方がいて、みんな一緒にゴールするやり方をしている学校があるというんだから驚きだよ。いったい運動会で、どんな子どもを育成しようとしているか理解できないよ」
スズ「これでは、ただやっているだけで、楽しさを味わえないよ。当然、応援の練習も時間が作れないだろうから盛り上がるわけがないよね。勝負があるから、全力で走ったり戦ったりできるんだからね。勝ったときの喜びはとても大きいんだよ。もちろん、ビリになったらおもしろくはないよ。でも、悔しい気持ちになることも良い経験だと思うな」
ワン「運動会が、児童にとって楽しい行事になるかどうかは、教師の考え方によると思うんだ。運動会が面倒で負担が大きいと思えば、簡単にできる運動会になるよ。
だけど、運動会は学校の三大行事の一つだよ。卒業式、入学式、そして運動会。だから多くの学校が、運動会に『大』をつけて呼んでいることでも分かるじゃない。その大運動会が、衰退していくのは悲しいよ」
スズ「それなら、どうしたら活気ある運動会にすることができるの？」
ワン「そうだな。かつて児童が喜び、夢中になってやった競技や演技を復活させたり、それを参考にして、新たなものに作り替えたりするのはどうだろう。今の若い教師は、新たなものを創作することに消極的だが、行動エネルギーは十分備わっているんだから、率先して取り組んでほしいよね」
スズ「挑戦してうまくいかなくても、チャレンジした経験は財産になると思うな。ワン先生は、運動会をどのようにしたらよいと思うの？」
ワン「今の運動会は、地域の住民と少数児童への配慮をしすぎると思うんだ。開会式の花火も、その音をうるさく感じる住民の苦情や、花火の音で萎縮する児童がいると訴える職員によって廃止になっているよね。運動会を知らせる早朝の花火は廃止してもやむを得ないとしても、開会式の花火は打ち上げてほしいな」
スズ「そうだよ。地域で子どもを育てることに協力してもらわなくちゃあ。そのためには、学校、役場、教育委員会は広報活動に力を入れることが必要だと思うな。それでも文句を言ってくる人には、招待状を出して観てもらえばいいんだよ」

ワン「そんな簡単にはいかないよ。だけど、音に敏感に反応して萎縮する児童への対応が、即、花火やピストルの廃止になるのは問題だと思うな。その児童のために運動会の盛り上がりを削いでしまうからね。ヘッドホンを着用させるとか、出場するときだけピストルの代わりに笛でスタートさせるとか、いくらでも手があると思うんだ。

ピストルでのスタートは、児童に緊張感をもたらすと同時に、全力を出さなければという気持ちにさせるんだ。ピストルの音や会場に流れる音楽、児童の歓声は、運動会を盛り上げてくれるんだよ。

それから、気になるのは、開会の言葉を低学年の児童に言わせて、得点係の児童からの得点発表なども児童にさせていることなんだ。

開会の言葉は、児童が自ら考えたわけではないんだよ。保護者や参観しているお客さんには、ほほえましく感じるだろうが、そのために担当の教師は指導に当たらなければいけないんだ。このようなわずかなことが、自らを忙しくしていることにつながっていることを認識してほしいな。頑張るところが違うよ。

得点発表だって、担当の教師が行うべきだよ。児童の様子を見ながらうまく発表することで盛り上がりをみせるんだからね。

それと、これは難しいと思うが、会場を狭めて、児童の顔がよく見えるようにするんだ。ダンスや団体競技、障害走などが、臨場感をもって楽しめるようになると思うんだ。地域の方が競技に参加するのも良いと思うな。もちろん、学習指導要領にも書かれているが、運動会の教育的意義を損なわないようにね」

スズ「保護者や地域住民の中には、先生より演技に堪能な方がいるんだから、巻き込むのもいいよね。だけど、コロナ感染で、運動会が簡素化に向かっているよう気がしてならないよ。今後、運動会はどうなるんだろうな」

カラ「そうだね。だけど、コロナ渦でも中止にしないで、リモート観戦や学年ごとに行うなどして実施した学校が見られたのは良かったよね。

運動会が、クラスの団結に有効に働くことや、学校生活での楽しみ、そして、運動の得意な子の励みになっていたことが、再認識されたんだからね。

特に六年生にとって運動会は、係活動や競技、応援などで活躍の場になっていて、小学校の思い出に欠かせない行事になっていたこともね」

フク「そうだね。今は運動会が軽視されているので、運動会の良さを再認識できたことは良かったよね。子どもたちの成長に欠かせない運動会なのに、授業時間数の確保、教職員の多忙化解消などの理由で、簡単に時期を変更したり短縮したりしているんだからね。ワンさんが危惧していたコロナ用の簡素な運動会が定着することは、運動会の衰退だからね。

それと、最近言われているのは、運動会の目的・やり方が、子どもたちに良くない影響を及ぼしかねない学校が現れてきたことなんだ。それはチーム分けをせず、競い合わない運動会なんだ。

社会に出れば競争の世界なんだよ。競争は、進歩・発展・向上には欠かせないことを、先生方は教える責務があるはずなんだ。運動会は勝ち負けがあるからこそみんな頑張れるし、楽しさを味わうことができることを忘れてはいけないと思うな。

先生方には、子どもたちが思いっ切り楽しめる運動会にすること、そして、あきらめず頑張り抜く力を育てることに努めてほしいな。日本の運動会は、世界に誇れる文化なんだから」

親子レク（ＰＴＡ行事）

ＰＴＡ活動の中には、保護者（親子）と先生方の親睦を図る行事がある。
三時間目、体育館で一年生の子どもたちが待っていると、保護者が次々と入館してきた。保護者は、ＰＴＡの学級委員長の指示で、自分の子の隣に座った。ニャンコ先生たちは、出席していない保護者の代わりに一緒にやってくれるように、近くの保護者に依頼した。
進行は保護者が務め、学級委員長の挨拶で競技が始まった。クラス対抗なので、どのゲームも盛り上がり、体育館に歓声が鳴り響いた。競技が終わると、子どもたちは保護者の用意した飲み物をもらい、親子で楽しそうに話をする姿が見られた。
先生方は、走り回る子や舞台に上がる子らの指導に当たっていたため、保護者と会話することなく閉会となった。

スズ「平日なのに、ほとんどの保護者が来るんだね。来ていない保護者の子どもには、先生方がちゃんと面倒を見てくれてよかったね。
ＰＴＡの役員がリードをとって、親子で楽しくゲームができたけれど、これでは親子ゲームじゃない。先生方と交流する場面がなかったけれどいいのかな」

カラ「確かに、これでは、先生方と親睦が図れたとは言えないよね。だけど、他の学校も、親子が楽しく過ごすことを目的にしてやっているんだ。だから、問題があるとは思ってないんだ。他校では『学級学年親睦会』とか『学級学年集会』とか言っているけれどね」

フク「親子レクは、ＰＴＡ活動の年間計画に組み入れられていて、大事な行事となっているんだ。だから学校は、このレクを通して親子関係を強化する機会と捉え、活動を支援しているんだよ」

スズ「でも、保護者の中には、親子レクは必要ないと思っている人もいるんじゃないのかな。仕事を休んで来なければいけないんだからね」

カラ「そうだね、だけど保護者の多くは、疑問に思っていても、子どもが喜ぶので拒否はできないよ」

フク「今はどこも、学年で親子レクをやっているけれど、昭和の時代までは、学級単位で親子と先生、そして保護者間の親睦を図っていたんだよ。だから、活動内容もいろいろあったんだ。おかし作り、もちつき、カルタ作り、それから学校を出ての遊びなどいろいろね。

先生方は、子どもたちと一緒に保護者と親睦が図れるので、開催は土曜の午後だったけれど、快く参加したんだ。ワン先生だって拒否しなかったものね」

ワン「当時は、そんなに忙しくなかったからね。土曜日はいつも親しい教師と昼食をとり、その後、夕方までやりたい仕事をしていたから、全然負担に思わなかったよ。それに、当時は時間外勤務という考えで勤務をしていなかったからね。

当時は、保護者と教師の親睦が目的で行われていたんだ。教師になった頃は、学級で保護者と児童、そして担任で活動していたんだ。だけど、学年で講師を招聘し、保護者と一緒に勉強会をしていた学年もあったけれどね。

袖小のときは、学級の保護者とアルバム作りをやったこともあるんだ。だけど、児童が参加しないと保護者の参加は少ないよ。やはり児童を巻き込まないと、保護者は参加してくれないよね。でも、参加した保護者とは親睦が図れてよかったんだけどね」

フク「でも学校が忙しくなり、保護者がＰＴＡの活動を敬遠するようになると、学級から学年でやるようになっていくんだ。役員の負担を考えればやむを得ないけれどね。

そうなると、学級の保護者と親睦なんて図れるわけがないよね。だから、ニャンコ先生のように、子どもの面倒を見るだけで、充実感なんて味わえない活動になっているんだよ」

スズ「先生方がやる意味がないと思っているのなら、見直さなければならないよ。保護者だって本当に必要かと問われれば、このやり方に不満を持つと思うんだ。

それと、この活動は授業じゃないんでしょう？　それに先ほど、親子の関係を深める目的でやっていると言っていたけれど、このようなレクで深まるのかな。子どもが楽しむための活動だよ」

フク「このような活動で、授業時間を使うのはよくないよね。もしやるなら、裁量として取らなくてはいけないんだ。だけど、授業時間数の確保から、体育と学級活動の授業で行っているんだ。この点からも親子レクの見直しは必要だよね」

授業参観（日曜参観）

今日は休日の土曜日であるが、授業参観が行われる。子どもたちはいつものように登校してきたが、笑顔が多く見られた。

校門前では、校長が子どもと朝の挨拶を交わしていたが、先生方は、教室の掲示物の点検や室内の整頓、授業の準備に追われていた。

二時間目の授業が終わると、二年生は「学区探検（生活科）」の発表のため、会場の教室や多目的室に行き準備を始めた。その頃には、多くの保護者が来校し、子どもたちのいる各教室に足を運んでいた。

授業開始のチャイムが鳴ると、ニャンコ先生は、初めの言葉と注意事項を話した。その後は子どもたちの発表を見守った。各グループはリーダーのもとで次々発表をし、どのグループも上手にできた。

授業を終えると急いで片づけ、教室に戻って四時間目の授業を行った。

スズ「休日の土曜日なのに、多くの子が笑顔で登校してきたよ。親に授業の様子を見られるのにね。嫌だと思わないのかな」

カラ「多くの子は、親が来ることが嬉しいんだよ。だから、保護者が教室に入ってくると、後ろを振り向いて親の姿を探すんだ。そして、見つけると笑顔を見せるじゃない。

ただ、登校のとき笑顔が見られたのは、それだけではないんだ。休日の土曜日を月曜日に振り替えると、日、月、火（祝日）の三連休になるからだよ。

祝日の前日に、今日のように代休を設けるやり方は、運動会でもみられるんだ。このやり方は、子どもだけでなく保護者にも喜ばれているんだよ」

スズ「なんだ、そういうことか。二年生の生活科の授業では、どのグループも先生の手伝いもなく上手に発表ができて良かったね。でも、ニャンコ先生は、発表を終えたグループに賞賛の言葉をかけるだけだったよ。保護者は、先生が教えない授業に納得しているのかな」

カラ「保護者は、自分の子の発表や授業態度が見られたので良かったと思っているんじゃないかな。近年は、コミュニケーション能力やプレゼンテーション能力の育成に力を入れているんだ。みんなの前で、自分の考えや思ったことを話せることは大事だろう？

上手く発表できたのは、前日、他のグループですでに同じ発表をしているからなんだ。先生方は、困ったとき、アドバイスするだけでいいので、やりやすい授業になっているんだ」

スズ「学年で合同の授業をやったのは、二年生だけじゃないんだね。三年生と六年生は『総合』の授業をやっていたよ。学校でやるように決められていたのかな」

カラ「そんなことはないよ。今日は二時間授業を見せなければいけないんだ。そこで、一時間は学年で授業をやることを話し合って決めたんだよ。生活科も『総合的な学習の時間』の授業も、みんなが意欲的に発表をするからね。

子どもたちが意欲的に学習に取り組み、発表の多い授業を考えるのは大変なんだ。それを二時間、しかも、以前やった教科とは別の授業でやるとなると、教科選びが面倒なんだ。学習進度の関係で参観用の授業が見つからないことがあるんだ。それに、授業の準備に時間がかかるからね。だから、一時間の授業は、今日のような合同の授業を望んでしまうんだ」

フク「授業参観でも、先生方の研究授業の場合は、研究主題を追求する質の高い授業が求められるが、保護者の場合は、子どもたちが活発な意見が交わされる授業を望んでいると思うんだ。

もちろん、先生の授業の指導力と、自分の子の学習を受ける態度を当然見たいと思っているよ。だから、多くの先生方は、保護者に納得してもらえる、参観用の授業を考えるんだ。

だけど、それも問題だと思うな。保護者に分かりやすい授業を優先することで、子どもたちに深く考えさせ、問題解決を図るような授業を避けてしまうことはね。たとえ発表が少なくても、今、学校で求められている授業を理解してもらうことは大事だからね。

もし、授業後に懇談会があれば、今日の授業についてのねらいや指導方法などを詳細に話せるので、自分が求めている授業を、熱を入れてできると思うんだ。だけど、それがないとなれば、無理はしないよ」

スズ「先生方は、保護者に授業を見せるのに苦労しているんだね。でも今は、土曜日の授業参観では、保護者会（懇談会）はやらないよね。

だけど今、学校にはいじめや不登校、学習の遅れなどさまざまな問題があるじゃない。学級の様子や今日の授業を見て、父親は先生に聞きたいと思わないのかな」

カラ「保護者会を開催しても、保護者の多くは子どもと一緒に帰るんだ。だから、あえてやらなくてもよいと考えるんだよ。それと、なくしても不満の声がないからね。それに、普通の日の授業参観でも、その後の保護者会には参加しない保護者が多いんだよ。これは、学校によっても違うけれどね。

保護者は、『学校だより』や『学年だより』によって、どんな行事があるか、また、必要な物や持たせる物など細かな用件も分かるからね。ましてや、近年はインターネットの普及で、学校のホームページで事足りるようになったからね。他の学年の様子も分かるんだから便利だよね。

それから、子どものことや学級のことは、本人や学級の子や保護者から聞くことができるだろう？　担任に聞きたいことや伝えたいことなどがあれば、連絡帳や電話で用が足りるんだ。だから、仕事を休んでまで行く必要性がないと思っている保護者は、多いんだよ」

フク「そうだね。保護者会への関心が低くなっているよね。今は、保護者会が年に三回くらいで授業参観も三回くらいだよね。だけど、昭和五十年代は保護者会が四、五回くらいで授業参観も四、五回くらいあったんだよ。

当時は、学校や先生だけが、教育情報を提供し相談できる相手だったんだ。だから、学習の仕方や宿題、お小遣い、就寝時間、言葉遣い、友だち関係などが議題になっていたんだ。しかも、今と違って会の運営と司会が保護者なので、発言しやすかったんだ。だから、活発に意見が交わされたんだよ。

　また、会を始める前に、歌を唄ったりゲームをしたりと和やかな雰囲気づくりをするクラスもあって、活気があったんだ。参加数が多かったのは、専業主婦が多かったこともあるんだけれどね。

　それが、多くの母親が働くようになっただろう？　それと、保護者の教育への関心が高くなり、塾に行かせる家庭が増えるにつれ、学習の相談相手は担任の先生より塾の先生にウエートが置かれるようになっていったんだ。

　それから、教育情報は、テレビとインターネットで得られるからね。保護者の方が先生方より詳しいことが多くなっているから、よけい保護者会が敬遠されるのかもしれないね」

スズ「だけど、先ほど言ったけれど、学校や学級内での子どもたちのことは先生が一番知っているんだよ。学校では、先生と子どもが面談をして、いじめや困っていることなどを聞く取り組みもやっているんだよ。学級のことが気にならないのかな。父親は、学校や学級のことは母親から聞いているだけでいいのかな」

カラ「特別に問題がなければ、気にならないものさ。自分の子が被害に遭ったりすれば別だよ。ほとんどの父親は、担任の先生と話したりすることはないよね。だから、母親と子どもからの話で判断することになるんだ。

　そうなると、自分の子が被害に遭ったり問題があったりすると、担任と話すのではなく校長に訴えることが多くなるんだ。今では、直接教育委員会に行く保護者もいるんだよ」

フク「教育委員会に行っても、結局は校長に事情を話し、解決に向けて話し合うことになるんだけれどね。当然、担任から説明を受け、保護者が納得できるような解決案を出すが、こじれることがよくあるんだ。

　それは、担任に対しての不信感。そして校長・教育委員会による担任の擁護。そして、自分らの保身などに不満を抱くからなんだ」

スズ「父親も学級の様子や担任の教育方針・学級経営などを知ることが必要だと思うな。少なくとも一回は保護者会に出席すべきだよ。昔は、日曜授業参観に出て活発に意見を交わしていたんでしょう？　土曜日の授業参観の後に保護者会を設けるべきだよ。たとえ参加者が少なくてもね」

カラ「そうだね。少ないからやめるのではなく、出席する必要性のある保護者のやり方に変えればいいんだからね」

フク「そうだね。どのようにすればよいか考えないといけないね。だけど、父親が学校に対して関心がないとは一概に言えないんだよ。昭和の終わり頃には、父親が学校や子どもたちに積極的に関わっていたんだよ。秋小では『おやじの会』を結成し、子どもたちのための遊具作りや活動、そして校庭の整備などに取り組んだんだ。

この取り組みが好評で全国に広がり、黒森山小でも平成の半ば過ぎには『おやじの会が』が結成されているんだ。ただ、残念なことは、校長・教頭・教務とはコミュニケーションは取れているが、先生方とは取れていないんだ。本当は、先生方と語り合えるといいんだけど、先生方のハードな勤務状況では難しいよね」

スズ「父親の中には、学校に強く関心を持って取り組んでいる人もいるんだね。だったら保護者会に多く出席できるような働きかけも欲しいよね。でも、先生方は減らすことに賛成しているからな。難しいか」

カラ「ワン先生は、保護者会の重要性を職員会議で訴えたことがあるよね。校長先生や職員は理解してくれたの？」

ワン「本当は保護者会は大の苦手なんだ。児童に厳しい指導をするので、保護者からの不満の声がよく出るからね。でも、人数が少なくても、担任の考えや児童への思いを知らせることは必要だと思うんだ。保護者の疑問や要望も聞けて、励みになるからね。そして、担任が困っていること、協力してほしいことも言えるじゃない。だから、保護者会は貴重な機会だよ。

そこで、昔はもっと回数が多かったので、保護者会を減らさないようにと訴えたんだ。しかも、増やす提案をしたんだ。だけど、参加数が少なく、教師の忙しい状況から、『先生方のことを考えればなくすことはやむを得ない』と拒否された次第さ。授業時間の確保の観点からもやむを得ないと言われたんだ。

そして職員会議の後、学年主任から、『学校は年々忙しくなっているのよ。少しでも負担を減らしたいじゃない。校長先生が私たちのことを考えてくれたんだからね。考えて発言してよ』と注意を受けたんだ。

さらに、『保護者の多くは、保護者同士の関わりを持ちたくないんだからね。だから、学級で迷惑をかける子やいじめる子がいても、自分の子が被害を受けていなければ、避けようとしているじゃない』と言われたんだ」

フク「今の保護者会は、先生方も保護者も必要性を感じられないと思っているからね。例えば、迷惑をかけている子がいて、その子の親に、やめるように話したくても、今後のことを考えると言えないんだ。ましてや、自分の子に被害がなければ避けようとするからね。

学級の子どもたちの関係をよくする話し合いにしたくても、どうしても特定の子の親の攻撃になるからね。だから、どうしても差し障りのない話し合いになるので、よけい必要性を感じなくなるんだ。今は、親と教師が共に考え、取り組めるような課題を見つけることが難しいと言えるね」

カラ「保護者は、担任から子どもの様子を詳しく聞け、聞きたいことにしっかり答えてもらう時間が十分取れれば、それでよいと思っているんじゃないかな。保護者は必要な情報は容易に得ることができるんだからね」

スズ「だけど、子どもたちは学級で生活をしているんだよ。集団生活では、さまざまなルールがあり、絶対守らなければいけないルールがあるじゃない。たとえば暴力、いじめ、無視など人間関係のもの。学習面では、授業中の私語、勝手に歩き回る、などがあるよね。学校では、日々さまざまなトラブルが生じているんだよ。

でも今の子どもたちは、先生を友だち関係に見るところがあり、注意しただけではきかないじゃない。友だちや先生との衝突や不信から、登校拒否に発展することも往々にしてあるんでしょう？　だからこそ、保護者会が大切だと思うけどな。学級の様子が分かるじゃない。それから、授業参観も絶対必要だよ」

カラ「神戸の小学校で不審者による殺傷事件があったことを覚えているかい？　以前は、多くの学校が〝開かれた学校づくり〟に取り組み、いつでも、自由に学校に出入りでき、授業を見ることができていたんだよ。それが今では、授業参加の日しか見られないんだよ。

だから授業参観は、子どものことを知る良い機会なんだ。自分の子とクラスの子どもたちの関係は、学校に行かないと分からないからね」

フク「多くの学校は、今でも不審者が学校に入れないよう、門扉の施錠や受付での名前の記載など対策を講じているよね。だけど、日台小は地域の人なら自由に授業を参観できる日を設けているんだ。これは、子どもたちの学校生活の様子を見てもらい、地域のみんなで子どもを見守り育てようという趣旨なんだ。

この日は、受付もなく自由に校舎内に入れ、授業を見ることができるんだ。安全面で気になるが、大人が大勢参観しているので、子どもに危害を与えにくい状況であると判断したんだろうね。これは、校長の教育観から来るんだろうな。以前のように、子どもの学習および生活の様子を自由に見られる機会は欲しいよね。せめて一日でもね」

スズ「だけど、先生方はどう思っているのかな。ワン先生はどう思うの？」

ワン「いいと思うよ。だけど、教師の勤務状況から考えると、安易に賛成とは言えないな。現状では、多くの授業は、事前に授業の準備もせず、その場で考えて行っているんだからね。よい授業をやりたくても準備の時間がないんだ。

　普段の授業で良いと言われても、教師のプライドがあるからね。保護者に見られるんだから、へたな授業は避けたいよ。保護者はその日の授業を見て指導力を評価すると思うからね」

スズ「先生方が、納得できる授業ができない状況は分かるけれど、それでも、子どものことを考えれば授業参観は必要だよ。先生方の置かれている勤務状況を分かってもらえる良い機会になると思うんだ」

フク「そうだね。学校によっては、保護者が授業の教材作りを手伝ったり、授業中、理解できていない子を教えてあげたりしているからね。

いずれにしろ、校長は保護者にもっと働きかけ、先生方と協力し合える関係を構築することが必要じゃないのかな。なんのために保護者会があるのか、どうして授業参観が行われるのか、よく考えてほしいよね」

不登校の低学年児童が急増（令和五年度文科省調査）
・小学一年生は二年前から二倍超の九一五四人。
・小学二年生は一・八八倍の一万三六九四人。
※いじめ（小中高校）の認知件数は七十三万二五六八件で七・四パーセント増。

校内研究授業

今日は休日だが、学校には数人の先生方の姿が見られた。ウサ先生は、二ヶ月後に行う研究授業の準備のために出勤した。

ウサ先生は、パソコンを開くとインターネットで、今回行う授業の参考になる指導案を検索した。だが、いくら探しても見つからないので、職員室の研究関係の資料棚から探すことにした。

探すのに時間がかかったが、同じ単元の指導案がやっと見つかった。黒森山小の指導案の形式とはだいぶ違っていたが、指導案の書き方や授業の展開のやり方が分かるので参考になる。

ウサ先生は、教科書の指導書だけでは物足りなかったので、見つかってホッとした。早速、必要なところをコピーして指導案の作成に取りかかった。

スズ「まだ、校内授業研究まで二ヶ月もあるよ。ましてや休日だよ。どうしてそんなに早く取りかからなくてはいけないのかな」

カラ「指導案作成には、多くの時間を要するんだ。だから、早く取りかからないと指導案検討までに間に合わないんだ。そのためにウサ先生は、前もって本屋で参考になる本を探していたんだよ。

近年は、教育関係の本の出版が少なくなっているんだ。でも、今は県や市町村の教育委員会が、参考になる指導案をインターネットで検索できるようにしているんだ。とはいえまだ少ないけれどね。ウサ先生が、今日、学校に来たのは、指導案作成の資料を何としても探したかったんだよ」

スズ「普段、多くの先生方は、教科書用指導書を見て授業をやっているよね。研究授業も教科書を使うんだから、指導書を参考にすれば、時間はかからないと思うけどな」

フク「教科書用の指導書は、普段の授業では使えるが、校内の研究となるとそのままは使えないんだ。研究授業は、学校で作成した研究目標・指導計画・指導案の形式・仮説・評価等をもとに指導案を作成することになっているからね。参考になるのは、本校と同じような研究をして、授業展開のやり方が似ている指導案なんだ。もちろん、指導書も参考にするけれどね。

ワン先生が凸凹小学校で勤務したときの校内研究授業を凸凹小のフクロウのボスとスズメのサブが会話している記録があるんだ。その記録をもとに、黒森山小の校内研究授業について考えてみようか」

＊

◆研究授業の準備…ボス（フクロウ）、サブ（スズメ）

凸凹小学校では、研究授業のため先生方は準備に追われていた。

サブ「研究授業になると、どうして忙しくなるの？」

ボス「授業で使う資料や掲示物、そして学習指導案の作成があるからだよ。特に学習指導案は、研究の主題に即して書かなければならないから、時間がかかるんだ。だから書き終えると、研究授業が終わったような気になる先生が多いんだよ」

サブ「指導案って大変なんだね。もっと簡単にできないの？」

ボス「できるだけ簡単で分かりやすい方が望ましいさ。例えば、国立大学の附属小学校の指導案のように、研究する内容が本当に分かっていれば、簡単な指導案にすることができるからね。

でも、学校の研究推進委員は、学校独自の形式の指導案にこだわるので、結果として複雑で理解困難なものになってしまうんだ。だから、理解不十分なまま指導案を作成しなければならないから、よけい時間がかかるんだ」

サブ「でも、さすがに講師の先生だよね。難しい指導案をよく理解しているのだから」

ボス「それは当然さ。講師のところへは一週間前に指導案を送っているから、十分指導内容を勉強して臨むことができるんだ。だから、講師を引き受けた校長は、校長室に閉じこもって熱心に勉強しているんだよ」

サブ「でも、そんなに早く送って大丈夫なの？　予定どおり授業が進まなかったらどうなるのかな」

ボス「子どもたちは、思わぬ反応をよく見せるからね。補助発問や誘導発問を多く入れて、指導案どおりの授業になるように努めなくてはいけなくなるんだ」

サブ「それじゃ、研究授業でねらっている子どもたちの学習に対する理解の仕方や、どのように学習問題に取り組むのかという本当の姿を見ることができないよ」

ボス「そうだね。指導案の提出は、できるだけ実施日に近い方がいいよね。でも、管理職は講師に失礼だと考え、早く提出させるんだ。よく考えれば、一番失礼にあたるのは、授業をやる先生なんだけれどね」

＊

スズ「指導案を講師に早く送るのは、今も同じで変わってないんだね。だから、送った指導案のとおりの授業を行うと、無理のある授業展開になることが多いんだね。

ワン先生は、指導案作成に時間がかかることを問題だと思っていたんでしょう？　どうして時間がかかるか具体的に教えてよ」

ワン「指導案は、各学校によって研究テーマや仮説、そして、指導案の形式や記載内容が違うんだ。それに、詳細に書くことを求められたら、当然多くの時間を要するよ。

ベア先生のやる国語の指導案を例にとると、指導案で記載する事項は、①単元（教材名）、②単元について（ねらい・児童の実態）、③単元の目標、④指導計画（課題を持つ・課題の追求・追求のまとめ）、⑤本時の目標、⑥本時の展開、⑦板書計画、となる。

しかし、ここに研究仮説があるので、仮説との関連、また、主題に迫るための手だてなどが必要になるんだ。それと、今、評価が重視されているので評価基準を詳細に書かなければいけないんだ。そして、展開も具体的に記載しなければいけないので、時間が多くかかるんだよ」

スズ「たった一日の校内研究授業のために、膨大な時間をかけて指導案を作成していたんだね」
ワン「指導案が手書きの時は、これほど時間はかからなかったんだよ。手書きだった時は、二~四枚ぐらいだったんだ。それが、パソコン作成になったら、十枚ぐらいになったんだ。個人の研究ならとことんやってもいいけれど、全先生方がやるんだから、本当に必要なことだけでいいと思うけどな。
フク「次は、凸凹小学校の校内研究の様子だよ」

＊

◆授業の様子
サブ「今日は普段の授業とは様子が違い、おしゃべりする子が見られず、たくさんの発表が見られてよかったね。授業の計画を十分に練った成果だね。でも、研究校や公開授業を行っている学校は、もっと素晴らしい授業をやっているんだろうね」
ボス「そうとも言えないよ。質の高い研究を目指し、研究主題・研究仮説・指導案などを難しくすることで、他の学校では絶対まねのできない、凝りに凝った授業をやっている学校もあるからね。
それに、文部省（当時）や教育委員会から研究指定を受けた学校は、多くの研究費用が出るし、講師も有名な人を呼べるので、よけい力が入るから大変なんだ。指定の期間は研究一色で、帰宅が遅くなり、家に仕事を持ち込むので、家庭を犠牲にする先生が多く出ているんだよ」
サブ「どうしてそこまで研究に時間をかけるの？」
ボス「素晴らしい成果を収めたいと、管理職をはじめ研究推進の先生方（教務、研究主任と一部の先生）が、みんなにあれこれ仕事を要求するからさ。自分たちが評価されるから当然そうなるわけだが、一部の人しか見ない研究紀要や資料作りに膨大な時間をかけるのは問題なんだけれどね」
サブ「みんなで、少ない時間でより良いものにしようと言えないの？」
ボス「それは難しいね。学校の先生方は、研究には時間がかかるものだと思っているし、研究に熱心な先生は高く評価され、職場での発言力も強くなるからね。指摘すれば、消極的な意見としてしか受け止めないよ」
サブ「ところで、公開研究校の校長先生は、授業内容より参観人数を問題にするって本当なの？」
ボス「多くの校長は、参観人数を成果と考えているからね。それに、委員会が参観人数にこだわり、各学校に対して動員を求めるから、気にしないわけにはいかないよ」

サブ「なんのために研究するんだろうね」

ボス「そうだね、誰のために研究するのか、よく考えないといけないね。研究に熱心な学校ほど、その研究教科が嫌いになる子どもが出て、教職員関係に軋轢《あつれき》が生じているというからね」

サブ「それは、研究の仕方がおかしいんじゃないの？」

ボス「本来、授業は教師にとって、苦しくても、とても楽しいはずなんだ。子どもが意欲的に取り組む姿を見ることは、教師の喜びだものね。でも年々、研究授業が苦痛なだけになって、喜びを味わえない教師が増えているのは気になるな。

これは、授業の名人や独創的な授業をやる先生が出てないことに表れているんだ。共同の研究授業は、見た目にはよい授業ができても、魅力ある授業にはならないからね。その先生の持っている良さを生かさなくちゃあ。

そのためにも、与えられた形式的な研究や講師依存の研究から脱却し、自分たちのやり方で追求できるようにすることが大切じゃないのかな」

サブ「でも、これからの教育は、教師が協力して授業を行ったり、マルチメディアを取り入れたりした、新しい授業が求められているんでしょう？」

ボス「よい授業に、新しい古いはないよ。『子どもが意欲的に取り組める授業』や、『子どもが自分から進んで問題を解決する授業』は絶対必要だよ」

サブ「あれっ、そんなことどこでもやっているじゃないの」

ボス「表向きはね。先生は、自分の目で児童の実態を捉え（アンケートに頼らない）、子ども自ら問題が作れる提示の仕方（児童が興味・関心を持ち、たくさんの疑問が出てくるもの）、発問の仕方、教材の工夫などに力を入れ、分かる喜びが得られる授業が大事だと思うな」

◆凸凹小学校協議会

研究授業が終わり、協議会が始まった。授業者からの反省と質問が出され、みんなで討議するが、差し障りのない意見が多かった。

サブ「どうして、先生方は正装で授業をしなければいけないの？　子どもは違和感を覚えて、普段の力が発揮できないと思うけどな」

ボス「それはないと思うな。正装でやるのは、講師が来るからさ。普段はどんな服装でも注意を受けないのに、こういうときだけ要求するんだから、おかしいよね。一日中、体操服で過ごす先生もいるけれど、もっと服装に神経を使う必要があると思うな。子どもたちの美的感覚や情操面にも影響するからね」

サブ「そうか、けじめが必要だよね。それにしても、どうして先生方の服装はみんな黒っぽい色なんだろうな」

　ところで、講師が質問したことと違うことを答えても、みんな何も言わないんだね。納得しているのかな」

ボス「講師が校長だからね。解答になってないなんて言えないよ。それに、多分に答えられないだろうと思っているからだよ」

サブ「それじゃあ、指導主事を講師として来てもらえばいいじゃないの」

ボス「どこの学校も指導主事に依頼するので（研究指定校などが優先）、なかなか来てもらえないよ。それに、指導主事でも得手不得手があるから、差し障りのない指導で終わることが多いんだよ。

　よい講師を招聘することは、校長の大切な仕事なんだけれどね。研究の成果を上げるには欠かせないからな。校長は、授業を多く見ているので、どの学校のどの先生がよい授業をしているか、研究を深めているか、よく知っているはずなんだ。呼べなかったら、その学校の先生のところへ行かせて授業を見せてもらったり、話を聞きに行かせればいいんだもの」

＊

◆黒森山小学校の授業

フク「本当にそう思うな。校長の役割は大事だよね。それでは、黒森山小の授業について見てみようか」

スズ「凸凹小も黒森山小も、校内研究授業となると、子どもたちは活発に発言する子が多いよね。やっぱり授業の進め方をよく考えているからなんだね。これを毎日やったら、研究テーマのような子どもたちが育成されるよね。

でも、無理だよね。毎回の指導案がないんだもの。全授業の展開案を作成すれば、求める能力や技能などが育成されるのにね。

ところで、これからの教育は、先生方が協力して授業を行ったり、マルチメディアを取り入れたりした授業が求められているって本当なの？」

ワン「凸凹小のときは、チーム・ティーチング（T・T）や教科担任制の授業は行われていなかったんだ。だけど今では、当たり前のように多くの学校で行われているよね。それから、マルチメディアを取り入れた授業もね。

マルチとは、複数を意味していて、文字や音声、写真、動画などのメディアを別々で使っていたものが、スマホやパソコン・電子黒板、それにタブレットなどで複合的に使えるので、授業に生かせば効果を上げることができるんだ。だから今では、一人一台タブレットを使って授業を行っている学校が多く見られるようになっているじゃない（コロナ感染時では、自宅でオンライン授業で活用される）」

スズ「そうだね、今はタブレットを使った授業を行っているよね。二〇二四年度からは、デジタル教科書を使った授業が行われてるんでしょう？　だけど、日台小の公開授業では、電子黒板が作動できず、計画どおりに授業ができなかったと聞いたよ。先生方は活用方法を考えるだけでなく、機械の操作をしっかり覚えないといけないんだね。

でも、デジタル教科書は便利だけれど、目にはよくないんでしょう？　紙の教科書と比べると、記憶力、集中力などについては脳によくないと報道されていたよ。文科省はICT（情報通信技術）教育に力を入れているけれど、うまくいくのかな」

カラ「デジタル教科書は、学力低下を招くとも言われているよね。脳は新しい情報やネガティブな感情に反応し、集中力を持続するのが苦手なんだ。採用している国の中には、廃止したり紙の教科書と併用したりしている国もあるそうだよ。だから、きっと日本も併用になるんじゃないかな。

それにしても、文科省はICT教育機器導入、GIGAスクール構想などで、劇的に授業の変革を図る施策を出しているよね。だけど、学校現場の実態、先生方の勤務状況を知っているのかな。実態が分かれば使いこなすことは難しいと思うけどな」

スズ「現状のままでは難しいよね。それなら、教科担任制はどうなの？　先生方の負担は軽減されることになるのかな。そもそも、教科担任制と言っても、専門の先生が教えるわけではないんでしょう？」

カラ「二〇二二年から、高学年は教科担任制が導入されたんだ。でも、多くの学校を見ると、学年間の先生方でやりたい教科を選び、その教科を教えているようなんだ。一見、負担がかからないようだが、そのための準備や評価などに多くの時間を要することになっているんだ。

普段は、授業の準備ができず、指導書を片手に授業をやることが多いんだ。それが、他のクラスを教えるとなると、そうはいかなくなるんだよ。先生の中には、他の先生の方が授業が上手と言われるのを屈辱と思う人もいるので、教材研究をして授業の準備をすると思うな。そうなると、帰りが遅くなるだろうね。

それから、教科担任になると、全員の子どもの名前、そして、性格や学習能力の把握が必要になるんだ。それと、個々の子どもの学習記録や評価もね。そうしないと、成績つけで困るからね。だから、しっかりできる体制でないと、先生方には苦痛な教科担任制になるからね」

フク「教科担任制の導入は、授業のコマ数を減らし先生の負担を減らすだけじゃないんだよ。その目的は、急激に変化が起こる社会に適応できるように子どもを育成することなんだ。教科担任制は、複数の先生で子どもたちを見るので、子どもに多面的な見方で接することができるんだ。それにより、子どもたちが心の安定を得られるので、中一のギャップの問題への対策になっているんだよ。

でも、どんな授業でもいいということではないんだ。外国語（英語）、理科、算数、体育の四教科が対象とされているんだ」

スズ「本当に成功させたいなら、校内だけでは人材が足りないので、文科省や市町村が必要な先生を採用しなければいけないよね。

ワン先生は、教科担任はやったことはないよね。でも、算数のＴＴ、そして、低学年の専科をしたことがあるんでしょう？　学級担任のときと比べてどうだったの。授業数は変わらなかったの？」

ワン「授業時間の数は、そう変わらないよ。だけど、学級指導の時間がないし、学級事務の仕事がないので、余裕をもって授業に臨むことができたんだ。だから、教材研究、そして、授業で使う教材や資料の準備はしっかりできたよ。それに、計算の苦手な子どものために学習方法を考案することもできたんだ。これも時間的余裕があったからなんだ。この授業の実践を校内発表会で発表させてもらえて嬉しかったよ。

※次項の校内研究会『ゆび計算』参照。

スズ「今はどこの学校も、担任と専科と一緒に授業をやるＴＴではなく、担任組と専科組に分かれてやる少人数授業をやっているよね。どうしてなの？」

ワン「人数を少なくすれば、個々の児童の面倒を多く見ることができるからさ。ＴＴだと教える教師の補助になってしまうので、学習についていけない子の指導が主になるからね。個々の児童を指導するには、少人数の方が適しているんだ。これは、空き教室があるからできることなんだけれどね。

だけど、専科には向いてなかったな。同じ内容の授業を教えるので、担任のときより楽しくないんだ。児童からは『よく分かった』『楽しかったよ』とよく言われたけどね。でも担任のときのような充実感はなかったんだ。

不思議だよね。小学校の教師は児童の生活や学習、すべて受け持ってやることに生きがいを感じるんだからね。だから多くの教師は、苦しくても頑張れるんだ。先ほど、教科担任制に問題があると言っていたけれど、専科の拡充が行われれば、授業だけでなく学校の教育活動自体も変えることができると思うな。

筑波大付属小へ公開研究や指導案の検討でよく伺ったが、いつも羨ましく思ったのは、教科担任制なんだ。全員ではないが、担任を受け持っていながら専門の教科を研究できるんだからね。それには、多くの専門の教師がいて、担任を支援できるからなんだけれどね。

筑波小の教育活動や行事は、児童が主体的に取り組む活動ばかりで、どれも魅力的なんだ。この学校の教育活動は本になっているので、ぜひ読むべきだと思うな。このような活動を公立の学校も行えるようになったら、多くの児童は学校が好きになると思うんだ」

※筑波大付属小発行「学校行事」

スズ「教科担任制を成功させるには、先生を増やさないといけないのか。そのためには、文科省はお金を出さなければいけないよね。いつも先生方に要求するばかりで支援はないんだから、無責任だよ。それに支援をしても、いつも一部の学校にしか恩恵が行き渡らないよね。それなのに推進していることをアピールするんだからずるいよね」

カラ「そうだね。新聞やテレビでの報道では、文科省が力を入れて進めていることを伝えているが、ほとんどの先生方は実感として受け止めてないからね」

フク「それでは、ウサ先生の授業についても考えるよ。ウサ先生は、指導案を時間をかけて作成したけれど、授業が思うようにいかなかったんだ。まとめまでいかず授業を終えることになったからね」

スズ「でも、子どもたちの発表が多く聞かれたし、ワークシートには、たくさん気がついたことや感想が書かれていたので、よかったと思うけどな。もう少し時間があるとよかったね。

だけど、この授業のためにとても多くの時間を使うんだね。指導案作成は仕方ないとしても、指導案検討が、低学年部会で二回、学年会で二回もあったんだよ。そのたびに指導案の書き直しを要求されたんだからね。そして、やっと完成と思ったら、最後は研究主任や教頭が見て直すんだから、嫌になるよね」

カラ「最後に提出した時には、大きな直しはなかったんだよ。誤字や脱字がないか見る程度だったんだ。これは講師に送るので、間違いを指摘されたら指導的立場である管理職として恥ずかしいからね。このことからも、指導案作成の取りかかりが早かった訳が分かったんじゃないかな」

スズ「だけど、少しくらい間違いがあってもいいと思うけどな。ところで、ウサ先生が授業をしている時、机の上に指導案は置かれていたけれど、別の用紙しか見ていなかったよ。あれだけ時間をかけて作成したのに、どうして指導案を見てやらなかったのかな」

フク「あの用紙は、授業の進め方を詳細に書いたものさ。初めに何を見せ、どんな発問をするかなどを具体的に書いているんだ。指導案は、決められた形式で要約して書いているので、授業の展開は分かるけれど、実際に授業をどう進めるか細かなことまでは書いていないからね。

それと、授業を進めていると子どもたちは変容するものなんだ。子どもたちの見方や考え方が変わってきたら、指導案どおりにはならないだろう？　そこでウサ先生は、実際の授業に合うように考えて作成していたんだよ。

だけど、指導案どおりに展開する先生は多いんだよ。指導案の展開どおりに授業を進めた方が、講師や参観者に理解してもらえるからね。そのためには無理をしてでも本時の授業につながるように指導しなければならないけどね」

スズ「ウサ先生は、子どもたちの実態に即応した授業を行ったんだね。ところで、研究授業は指導の展開案が作られているけれど、次にやる授業の展開のものはないんだね。やる単元のすべての授業の展開指導案があれば、研究の目的がより達成されるのにね」

フク「本時の展開案が綿密に作られているのは、この授業を通して研究の検証をするためなんだ。次の授業の分もあれば、それを見て授業ができるので助かると思うだろう？

でも、授業は生ものなんだ。計画どおりに授業を終えられればいいが、児童の反応が異なると、次の授業の目標を変更しなければいけなくなるんだ。それと、協議会で変更を要求されたら使えなくなるだろう？

それでは、授業後の協議会を見ていこうか」

スズ「協議会は、感想が多く、研究主題や仮説の話し合いはほとんどなかったよ。多くは講師が話していたよね。これではどのような授業を目指せばいいか分からないよ。

講師は、授業者の指導内容のことより、指導案の問題点ばかり指摘しているんだからね。しかも、指導案の形式の変更を要求するんだから、いい迷惑だ。授業者は二人いて、学年も授業内容も違うんだから、授業者のために多くの時間を使わなくてはいけないよ」

カラ「この地区では、講師から指導してもらうことを前提に、協議会を進めることになっているんだ。でも、先生方の指導力と研究を高めるための協議会でないといけないよね」

ワン「当然さ。授業者の指導力を高めるものでなければやる意味がないよ。そのためには、良い講師を招聘しなければいけないけれどね。

以前勤務していた習野市の大保小の国語の研究授業

の参観に行ったけど、協議会のやり方が違うんだ。講師、授業者、参観者の三者が自由に話し合うんだ。最後に講師から研究の進め方、授業の展開などを総括して話をしてもらうんだよ。

協議会は、一方的に講師の話を聞くことではなく、聞きたいことや自分の考えを自由に言えないと、授業に生かすことができないと思うな」

スズ「そうだよね。ところでワン先生は、みんなと同じように玄関まで行って講師の見送りをしたの？」

ワン「必要ないと思っても、管理職が要求すればやるしかないよ。この地区では慣習でやめられないんだ。見送りをしないこともあったけれど、主任から嫌な顔をされたよ。

だけど、教務主任のときは、校門まで出て車が見えなくなるまで頭を下げて見送ったんだ。教務は管理職ではないけれど、管理職候補だからね。校長の気分を損ねては、教頭試験に影響するかもしれないだろう？」

フク「講師見送りの場合も、凸凹小のものがあるんだ。それを見てみようか」

＊

協議会が終わると、しばらく講師は校長室で談笑。その間、職員は職員室で待機し、教頭の見送りの連絡で職員は玄関に集合して、みんなで見送る。

サブ「講師の校長先生は、校長室を出るとき謝礼を受け取ったけれど、どうしてお金がもらえるの？」

ボス「指導主事は、それが仕事だからお金はもらえないが、校長や教頭、一般教員はもらえるんだよ。教員は兼職やアルバイトはできないが、教育書を執筆したり講演など教育に関係する仕事は、個人の資質を高め、みんなにとっても利益になるので許可されているんだよ」

サブ「そうか、それで校長は講師としてよく他校へ行くのか」

ボス「きっとそうかもしれないね。自校の研修に出なくても、他校へは講師としてよく指導に行くよね。この地域では、講師は指導主事や校長・教頭となっているんだ。でも、質問してもうまく答えられない講師には困ってしまうよね」

サブ「でも、そのために良い講師に巡り会えないとしたら、その職場の先生方はかわいそうだね」

ボス「確かに、良い講師に指導を受けることも大事だけれど、自分から進んで先進的な実践や成果をあげている学校に行って勉強することも大切なんじゃないのかな。そのための費用もあるんだからね。うまく使わなくちゃ。

ただし、出張は校長の判断に任せられているので、先生だけではどうにもならないけれどね。だけど、免職を取って自費で行くことはできるんだよ。

その点、校長は自分で決められるから得なんだ。以前いた校長は、北海道や長崎などの遠方の県外視察を年に数回行っていたんだよ。だから、全体の旅費が少なくなり、先生方は校長と付き合いのある学校や、教育委員会から要請のあった近くの学校の公開研究会などの出張にしか行けなかったんだ」

サブ「どうして、校長先生だけが自由に遠くへ行けるの?」

ボス「出張を決めるのは校長だからさ。それに、県外で宿泊を伴う校長の出張は、教育長の承認が必要とされているけれど、教育委員会の職員は同じ仲間だから、すぐに認可されるんだ。職員会議と教頭の出張と重なった場合でも承認しているんだから、呆《あき》れちゃうね」

サブ「ところで、どうしてみんなで講師を見送りするの? 会場で見送りしたじゃない」

ボス「講師に気持ちよく帰ってほしいと思うからさ。それと、講師に校長の威厳をアピールし、自分をよく評価してほしいという気持ちが働いているんだ。もちろん職員には、指導を受けたんだから礼儀として当然だと要求するけれどね」

＊

スズ「なーんだ、黒森山小と同じだね。でも、黒森山小は、講師が協議会の教室を出て行った後も、しばらく立ったまま見送りしていたよ。来る時も、ずうっと立ったまま待っていたんだから驚きだよね。だけど、退勤時刻を過ぎても、講師を玄関まで見送らせるのはやり過ぎだよ」

カラ「これも悪しき慣習なんだ。残念だが、校長や教育委員会が廃止しないとなくならないと思うな」

スズ「どうして先生方は、拒否しないんだろうな。おかしいと思ったら校長先生に言わなくちゃあ。何も言わないから、職員会議があっても観光を兼ねた県外研修や視察に行くんだよ」

ワン「県外研修に行けるのは、校長の特権とみんな思っているので、表立って不満を言う職員はいないよ。口うるさい校長の場合は、逆に歓迎するけれどね。

だけど職員は、県外出張には勤務校中に一回行ければ良い方さ」

カラ「だけど今は、全く行けない学校が多いよね。校長だって今は少ないじゃない。不登校やいじめ、そして、先生方の不祥事などさまざまな問題が多くみられるようになったからね。それと、勤務評定があるからね。だから教育委員会は、校長にできる限り学校にいることを求めているんだよ」

フク「校長の県外出張が少なくなったことは良いことだと思うよ。だけど、一般の先生方が行けないことは問題だと思うな。近年行けるのは、近隣の学校の公開研究会だけなんだ。以前は、希望すれば、勤務校中に一回は行けていたからね」

ワン「『所変われば品変わる』と言われるように、地域によって違うんだ。だから教育課程、授業の形態、教育機器、生活指導、教室環境、学校運営などを知ることは大切なことだと思うんだ。

今まで青森、長野、富山、京都、滋賀、東京に行くことができたが、それぞれ特色があり、雰囲気が全く異なるんだ。授業だけでなく、学校行事や学校運営など参考になったよ。上履きに履き替えない学校があるのには驚いたけれどね。

学校を変えるには、一般の教師が他県の学校を知ることが必要だと思うんだ。だけど、残念ながら年々予算が少なくなり、行けなくなっているんだ」

スズ「予算がないという理由で、このような機会を奪うことには納得いかないな。校長先生は、県外の公開研究授業に行けるように働きかけているのかな。全国から公開研究会の案内が学校に送られているんだよ」

カラ「今は、多くの先生方は仕事に追われ余裕がないんだ。それと、他の先生方に迷惑をかけたくないと思っているからね」

ワン「そうなんだ。安心して出張できにくいよね。特に手のかかる児童のいるクラスの担任はね。県外だと一日か二日は自習になるだろう。その間、自習の補助や学級指導などで、多くの教師に迷惑をかけることになるからね。今は自分のクラスの指導に精いっぱいで、他のクラスの面倒を見る余裕がないからな」

フク「帰った後、自習でやったプリントやドリルなどを見なくてはいけないのはつらいけれど、先生方の見聞を広める意味でも、県外の学校を見ることは重要だと思うな。多くのことを学べるんだから、校長は、安心して出張に行ける体制づくりをしないといけないね。それと、出張できる予算を確保しなくてはね」

校内研究発表会『ゆび計算』

算数専科のワン先生は、校内研究発表会で「ゆびを使った計算方法」の発表を行った。

計算の基礎（たし算・ひき算・かけ算）は、小学校三年生までに習うようになっている。だが、中学生になっても、繰り上がりのたし算・ひき算そして、かけ算の計算ができない子がいる。これは、この時の習得が十分できていなかったからと考えられる。

小学校に入学すると、最初の算数の授業は、数の数え方、書き方などを、絵やおはじき、そしてゲームで楽しく学べるようになっている。ここまでは、誰もが算数が大好きである。

だが、10の合成・分解（1と9で10、2と8で10……）の学習から楽しさはなくなり、繰り上がりのたし算になると、計算を嫌がる子が出てくる。計算ができないのである。

そこでワン先生は、誰もが楽しく繰り上がりのたし算やひき算ができる計算方法を考案した。それが、『ゆび計算』である。

スズ「『ゆび計算』は、指を折って数えるやり方とは違うんだね。指の型が数を表すので、指の型を変えることで計算ができるんだよね」

ワン「そうなんだ。指の型に意味づけることで、計算ができるんだ。そこで、指の型を楽しく覚えさせるために、最初に紙芝居を見せたんだ。

　お風呂の中でカズくんが、お兄ちゃんのように計算ができるようになりたいと思っていると、風呂の中から〝けい算くん〟が現れるんだ。そして、ゆび型の話をするんだ（いちごの好きないっちゃん…1、ゴボウの好きな五人組…5、ひっくり返って親指さん、おじぎをするとロバさん…6など）。

　それから、歌に合わせてゆび型を作るんだ。

『イチジク（1）、にんじん（2）、さんまに（3）、しいたけ（4）、ごぼう（5）、ひっくり返して、ロバさんが（6）、なっとう入れて（7）、はちみつ入れて（8）、くものわたあめくるりと入れて（9）、ぎゅっとしぼって、はいジュース（10）、ゴックン。あー美味しかった』

　子どもたちが関心を持ったところで、大きなゆびの模型を見せるんだ」

スズ「子どもたちは喜んで、歌に合わせて指の型を作ってくれてよかったね」

※資料①指の型と数

ワン「指の型と数を、しっかり覚えさせるために、歌に合わせての指の型作りだけでなく、紙のゆび模型を操作させたり、指の型の絵のプリントに数字を書かせたりもしたんだよ」

※資料①

スズ「そして、計算で大事な『10の合成・分解（10は1と9、2と8……）』の学習で指の型が活躍するんだよね」

ワン「10は何と何で10になるか、指の型を用いると簡単に分かるんだ。2の指の型の裏は8の型になるんだ。だから、表と裏で10が作れるのですぐに答えが出るんだ。

※プリントにして理解を図る資料②

　10作りで抵抗がなくなったら、頭の中でできるようにカードを使って練習させるんだ。2のカードを見せたら、児童が8のカードを出すようにさせてね。このあと、10までのたし算・ひき算の計算があるんだ」

スズ「この計算は、指折りや暗算でも答えが出せるよね。どうして、ゆび型を使って教えたの？」

ワン「繰り上がりのたし算やひき算が、確実にできるようにさせるためさ。暗算でできる子らには必要ないが、一斉授業なので仕方ないんだ。

　では、繰り上がりのたし算のやり方だよ。

資料①

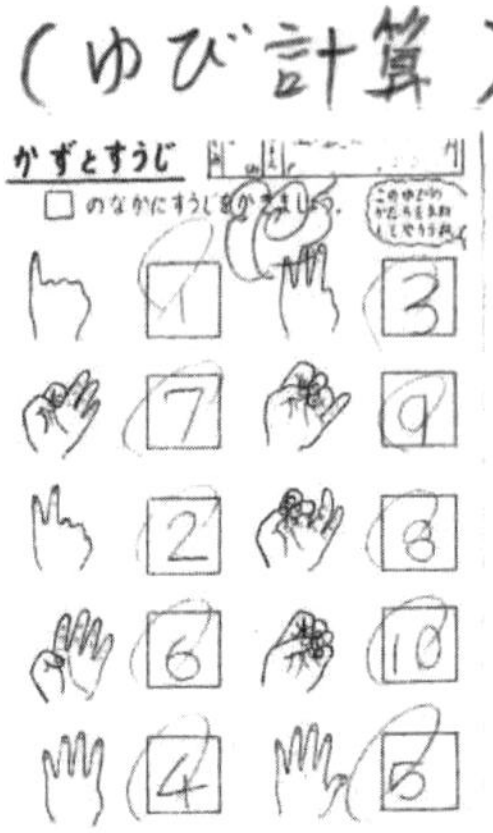
(ゆび計算)
かずとすうじ
□のなかにすうじをかきましょう。
1
3
7
9
2
8
6
10
4
5

資料②

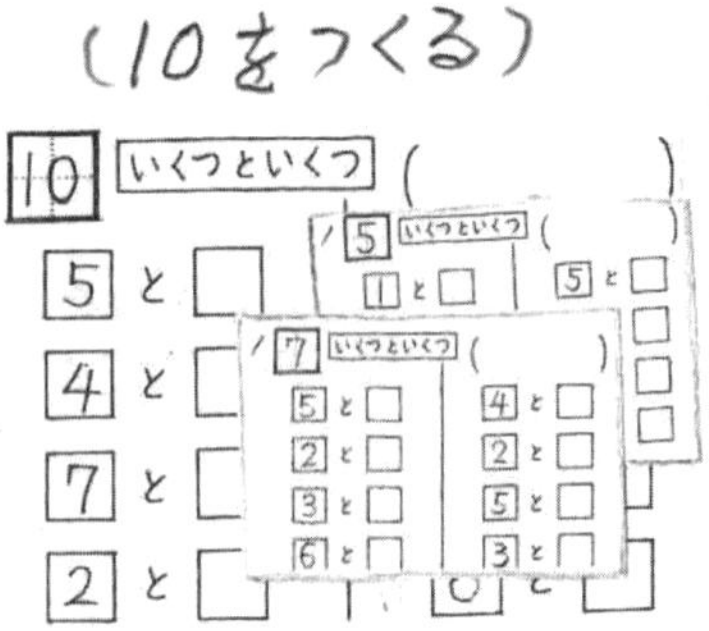
(10をつくる)
10 いくつといくつ
5 と
4 と
7 と
2 と
5 いくつといくつ
7 いくつといくつ

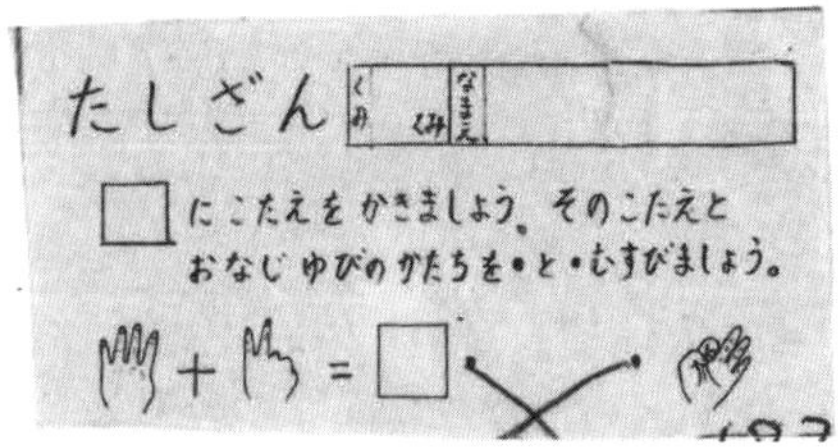
たしざん
くみ
なまえ
□にこたえをかきましょう。そのこたえと
おなじゆびのかたちを•と•むすびましょう。
+ =

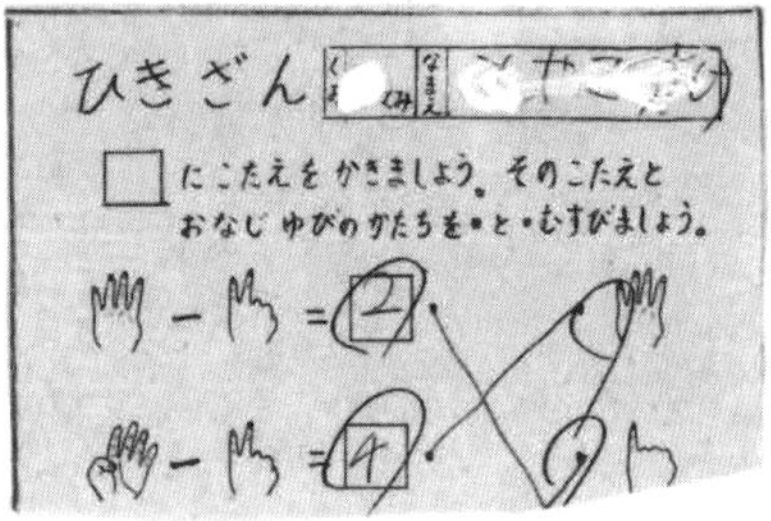
ひきざん
□にこたえをかきましょう。そのこたえと
おなじゆびのかたちを•と•むすびましょう。
2
4

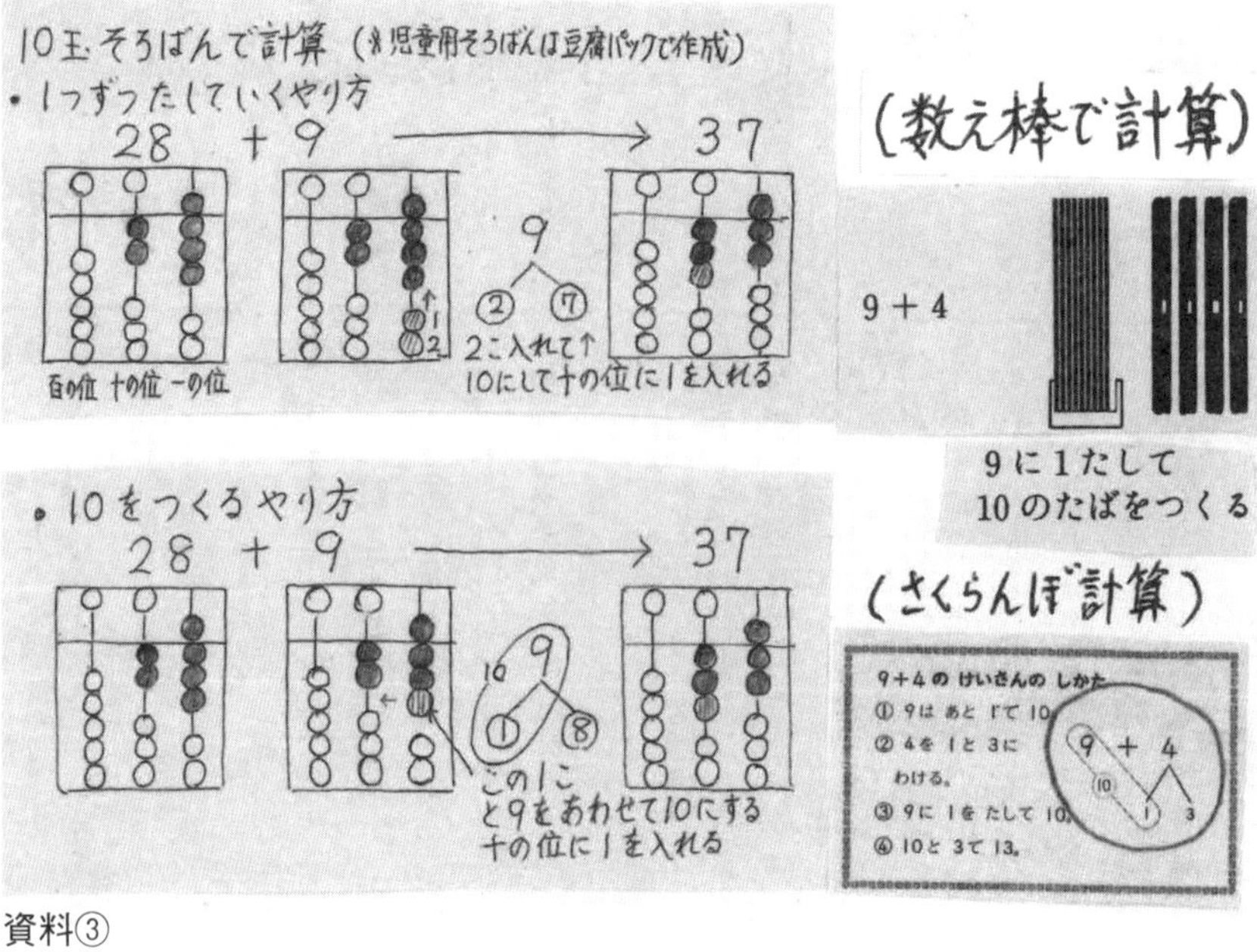
10玉そろばんで計算（※児童用そろばんは豆腐パックで作成）
・1つずつたしていくやり方
28 + 9 → 37
9
2 7
2こ入れて↑
10にして十の位に1を入れる
百の位 十の位 一の位
・10をつくるやり方
28 + 9 → 37
10 9
1 8
この1に
と9をあわせて10にする
十の位に1を入れる
(数え棒で計算)
9 + 4
9に1たして
10のたばをつくる
(さくらんぼ計算)
9+4 の けいさんの しかた
① 9は あと 1で 10。
② 4を 1と 3に わける。
③ 9に 1を たして 10。
④ 10と 3で 13。
9 + 4
10 1 3

資料③

８＋４なら、８の指型を10の指型にさせるにはいくつ必要か考えさせるんだ。２になるよね。そこで、２を導き出すために、４を２と２に分解させるんだ。このあと、２を８の指型に入れさせて10にするんだ。そして、10と残りの２を合わせて12と答えを出させるんだ」

スズ「なるほど、10の合成・分解ができないと計算ができない理由が分かったよ。このあと、指型だけでなく、十玉そろばんを使ったけれど、これは教科書には載ってないよ」

ワン「そろばんも具体物で玉の位置で計算ができるので、計算に有効だからさ。それに、そろばんで上手に計算できるようになると、脳裏にそろばんが浮かぶので、浮かんだそろばんで計算ができるようになるからね。

ただし、ここではあえて、昔の十玉そろばんを使うけれどね。10を作ったら隣の10の位に一つ入れるんだ。一年生では、10の束を作らせて計算させた方が分かりやすいからね」

※資料③そろばんでの計算

スズ「発表では、昔の学習指導要領や六社の教科書のやり方も紹介してあったので、子どもがどこでつまずくかよく分かったよ。他の先生は、指型計算での授業に反対はしなかったの？」

ワン「一年の一学期の多くは、専科が主にやるので、授業の一部を使わせてもらってやったんだ。だから、反対はなかったよ。

本当は、この『ゆび計算』は、計算ができない子のためのものなんだ。でも、担任ではないので、時間を見つけて教えることができないので授業に取り入れたんだ。だけど、この『ゆび計算』は、確実にできる方法として良い方法だと思うんだ。

どの教科書も、最初は楽しく学習できるように時間をかけているんだ。５までの数にそれぞれ一時間もかけているんだよ。だけど、『いくつといくつ』からは、短時間で授業が進むんだ。まるで、プール遊びから、いきなり泳ぎの学習さ。繰り上がりの計算はもっと時間をかける必要があるんだけどね。そこで、『ゆび計算』の方法を考えて実践し、全教師の前での発表となったんだ」

フク「子どもたちが確実に計算できるようしたかったんだね。でも、これは、時間に余裕がある専科だからできたと思うな。担任誰もが子どものためにやりたいものがあるはずなんだ。それに取り組めれば、きっと教師としての生きがいを感じると思うな」

叱責（叱る）

鉄棒の前で、タイガー先生が、一人の女の子を大きな声で叱った。女の子が、鉄棒にぶら下がって『こうもりぶら下がり』をしていた男の子の手を払い、わざと落としてしまったのである。

その様子を見ていた子どもたちが騒いだので、静かにするようみんなを叱った。この騒ぎに気がついたウサ先生が、気がついて駆けつけた。

この様子を見ていた保護者は、『あんな大きな声で叱らなくてもいいのにね』『子どもがかわいそう』と、けげんそうな顔で話をしていた。

そして、男の子が腕が痛いと訴えたので、タイガー先生はウサ先生にクラスの子の面倒を頼み、保健室に連れて行った。

スズ「女の子がやったことは、許せないと思うけれど、まだ二年生だよ。あんなに大きな声で叱るのは良くないよ。クラスの子どもたちが怖がっていたじゃない」

カラ「叱るのは、仕方ないよ。女の子がやった危険な行為は許せないからね。子どもたちをけがから守るのは、担任の責務だからね。大けがでもしたら指導を問われるんだよ。確かに叱り方は、端から見ると恐怖を感じたかもしれないよ。だけど、一部始終を見ていれば、納得してもらえる対処の仕方だと思うけどな。
　普通の子なら、ぶら下がっている子の手を払ったら、地面に落ちてけがをさせるかもしれないと思うだろう？　でも、その子は事の重大さが分からないんだ。その子にとっては、いつものふざけのつもりなんだろうからね」
スズ「軽いけがでよかったね。もし、大けがをさせたら、タイガー先生のせいにさせられるんじゃないかな。女の子がちょっかいかけるのを防ぐことはできなかったのかな」
カラ「タイガー先生は、鉄棒遊びでけががないように、鉄棒の握り方、やっている子のそばから離れて待つなど、安全指導をやっていたんだよ。女の子が、ちょっかいを出すと予想して授業をやることは難しいよ。だから、責任をとらされることはないよ。だけど、けがが起きたので、けがをした子の保護者、けがをさせた子の保護者への対応が必要なんだ」
フク「その後、けがをした男の子の保護者に連絡して、すぐに来てもらい、けがをした理由とけがの状態や、どう対処したかを説明したら分かってもらえたんだ。ただ、女の子の指導を要求されたけれどね。
　けがをさせた女の子の保護者には、放課後、電話をしたんだ。最初は、我が子がやっていないことを信じて、疑われたことに立腹して電話を切られたんだ。でも、あとで電話がかかってきて、分かってもらえたけれどね。けがをした保護者には、お詫《わ》びの電話をしたことを聞いて、タイガー先生は胸をなで下ろしたんだ」
スズ「うまく解決して良かったね。子どもの中には、先生に叱られると、自分が悪いことが分かっていても、『お父さんに言いつけるからね』『教育委員会に言うからね』なんて言う子もいるからね。叱り方をよく考えないといけないよね」
カラ「感情に任せて叱ると、反省心より怒りを覚え、憎しみが起きるからね。気をつけて叱らないといけないんだ。
　よく、他の子どもに同じようなことをさせないために、必要以上の叱り方をすることもあるけれど、今回の叱り方には、そんな感じがしたんだ。だけど、保護者が見ていても、臆せず叱ったことは良かったと思うな。
　それと、タイガー先生は、教室に戻るとみんなにけがの状態、どんなことで叱ったのか、どうして英語の授業に行くのが遅れたかなど、分かるように話をしたのも良かったと思うな」

スズ「今は、低学年でも、他の先生との授業もあるので、時間の厳守が求められているよね。でも、今回は特別だったから、授業に遅れても仕方ないよね。あとで話をしても、真剣に聞いてもらえないからね。
　今日は来ていなかったけれど、黒森山小は、教育相談員が派遣されているよね。相談員がいたら協力してもらえたのにね」
フク「タイガー先生は、女の子に昼休みに指導をしたけれど、以前の行為についての注意もあって、お説教になってしまったんだ。だから、家に帰って正直に言えなかったんじゃないかな」
スズ「そうだね。先生方は忙しいので、余裕をもって指導できないよね。まして、問題を抱えている子には、よく話を聞いて解決させないといけないからね。
　ところで、タイガー先生は、保健の先生から事故報告書の用紙をもらったけれど、けががあると書かなければいけないの？　校長先生には事故のことは、ちゃんと報告しているじゃない」
フク「事故報告書は、医療費要求書のもとになるので詳細に書かなければならないんだよ。これをもとに保健の先生が、日本健康振興センターへの請求書の用紙に記載するんだ。
　この地区では、担任がほとんど書くが、他の地区では保健の先生が提出するので、担任の事故報告書は簡単で済むんだ。ワン先生が以前勤務していた地区では、事故報告書を書くことがなかったんだよ。たかが事故報告書と思うだろうけど、面倒なんだ。書く時間だってばかにならないからね」
スズ「けがをして病院に行くと、事故報告書を作成しなければならないのか。親への電話対応でもそうだけれど、思わぬことで、この日は事故の対応に追われて、大変な一日だったね。
　もし、先生が見てないとき、けがが起きたら、どのように対処するのかな」
カラ「基本的には、けがをさせたら対応は同じさ。もし、他のクラスの子がけがをさせたら、主にさせた方の先生が指導するんだよ。ただし、事情によっては一緒に指導に当たることになるけれどね。
　ワン先生も似たようなことがあったよね」
ワン「そうだね。業間の休み時間、回旋塔（今は危険遊具とされ、どこの学校でも撤去されている）で遊ぶ子の面倒を見ていたときのことなんだ。隣の鉄棒で遊んでいた一年生の男の子が、近くにいた同じクラスの男の子に押されて落っこちたんだ。周りにいた五年生の子が見ていて、押したことを教えてくれたんだ。

そこで、昼休み、担任と一緒に指導にあたったんだ。でも、押した子は、やってないと言い張り続けるんだ。だから担任は声を荒らげて叱りつけたんだ。そして、無理やり謝らせたんだ。

すると夕方、両親で校長室へ怒鳴り込んできたんだ。『子どもがやってないのに決めつけて叱っていた』『先生が怖くて、学校に行きたくないと言っている』とね。きちんと説明したら渋々分かってくれたものの、叱り方には納得せず、文句をつけて担任に謝らせたんだ。

校長は親が帰った後、子どもの気持ちの理解に努め、子どもを怖がらせることがないようにと担任に注意をしたんだ。担任は悔しがっていたよ」

スズ「叱るときは、十分気を遣わないといけないんだね。学校では、教室や廊下で叱っている先生方を見かけるけれど、多くは決まりや約束を破ったときだよね。それにしても、学校はさまざまな決まりがあるんだね」

カラ「学校は集団で学習し、そして生活を送る場所と言えるよね。だから自分勝手な行動や迷惑をかける行為は、規律を要する学校生活を乱すことになるんだ。

学校生活の決まりは、朝の登校から始まるんだ。最初の決まりは、登校時刻を守ること。実はその前に、集団で登校する子どもには、上級生は下級生の面倒をみるとか、歩道が狭い道路では一列になるとか約束事があるんだ。よく、『道いっぱいに広がって歩いている』『石を蹴飛ばして歩いている』など、苦情の手紙や電話が学校に来るんだよ。

玄関に入れば、上履きに履き替え、決められた靴入れに靴をきちんと入れる。教室に入れば、決められたボックスに決められた物を入れる。担任よって何をどのように入れるか決まっているので、そのとおりにやらなければならないんだ。

授業においても、発表の仕方があって、担任によって異なるんだ。ウサ先生は大きな声を出して大きく手を挙げさせるが、ヤギ先生は、声を出さないで手を挙げさせるんだ。ノートの書き方、鉛筆の数などにも、さまざまな決まりと約束事があるんだ。

だから、決まりを破れば指導することになるんだ。廊下を走れば注意で済むが、人にぶつかりけがをさせれば、厳しく叱られることになるんだよ。

よく、教室から出され、廊下で叱られている子を見るけれど、それぞれ叱られる原因が違うんだ。だけど、端から見ていると、そんなに厳しく叱らなくてもいいのにな、と思うことがよくあるんだ。だけど、事情が分かるとやむを得ないと思うこともあるけれどね。
近年は、基本的生活習慣が身についていない子どもたちが増えているよね。だから先生方は、集団生活・集団行動をとれる子どもたちを育成するのに苦慮しているんだ。もし普段の日、校内を見て回れば、先生が子どもを叱っている場面をきっと見ることができると思うよ。『授業中の私語』『掃除中のふざけ』『係の仕事忘れ』『けんかやいじめ』など、挙げればきりがないよ」

フク「そうだね。今の日本の教育は、集団行動と基本的な習慣を求めているからね。でも、子どもによっては、うまく対応できないいんだ。だから、叱る場合、子どもが理解し納得できるような叱り方が重要になるんだ。

だけど、ここで厄介なのが、他の子が納得しないことが多いことなんだ。『ずるい、ひいきだ』とね。叱るのは簡単だけど、効果を得られる叱り方は難しいんだよ。

いつも叱っている、オオカミ先生のクラスは、先生の言うことをよく聞いて行動をとるけど、かたやメイ先生のクラスは、叱ったその時だけで、すぐに勝手な行動をとっているよね。

つまりオオカミ先生の子どもたちは、先生の顔色を見て行動しているんだ。叱り方によって子どもの変容に違いが出るので、気をつけないといけないんだよ」

スズ「近年は、叱ることより褒めることで子どもを育てることが求められているんでしょう？　通知表作成で分かったけれど、良かったことを見つけて評価するんだよね。だから所見では、悪いことは書かないじゃない。

だからかな。【褒めて子どもを育て、クラスをまとめる】という教育方法を取り入れる学校や先生方が、増えてきているんでしょう？」

カラ「昔から『一つ叱って三つ褒める』とか、『三つ叱って七つ褒める』というやり方が奨励されているよね。だけど、学校では叱る場面が多いので、七つ叱って三つ褒めればいい方かもしれないよ。

以前は、あえて褒めなくても指導できるという考え方が通用していたからね。これは、家庭や地域で子どもたちに基本的な生活習慣を身につけさせていたことや、先生を敬っていたからなんだ。知らない子どもでも、大人が叱ったり褒めたりしていたものね。

だけど、核家族で共働きの家庭が増え、地域住民が他人への干渉を避けるようになると、学校にすべてその役割が任されることになったんだ。でも親が先生を敬うことはせず、子どもの前で不満を口にするんだから、子どもの態度もおのずから変わるよね。

だから、叱るばかりでは反抗心だけを抱かせるので、褒めることにもっと力を入れた教育技術の習得が必要となったんだ。学習指導要領、指導要録で、子どもの良さを見つけた指導をすることが求められていることでも分かるよね」

フク「『褒めて育てる』。口で言うのは簡単だけど、実際やるとなると難しいよね。ただ、褒めれば決まりを守ったり意欲的に取り組んだりするというものじゃないからね。子どもたちの実態を把握して、個々に応じた適切な褒め方が要求されるからね。先生の授業力、そして、生活・行動における指導力が重要になるんだ」

スズ「だけど、基本的生活態度が身についてない子が多ければ、褒めるやり方だけでできるのかな。今、多くの学校では、先生方に褒めることを奨励しているけれど、叱ることも大事じゃないのかな。『一つ叱って三つ褒める』。このやり方で、子どもの指導にあたることが大切だと思うけどな」

フク「脳科学的に考えると、一つ叱って四つ褒める方が効果があるそうだよ。脳は褒められると、快感を感じる脳内物質、ドーパミンの分泌が促されるんだって。だから良いことをしたら褒めることなんだ。これを繰り返すと『より頑張ろう』という気持ちになるからね。

逆に叱られると、脳の扁桃体《へんとうたい》が活動し、『すくみ反応』が起きる。つまり恐怖学習をするんだ。強烈にね。人間の脳は、マイナスの出来事をプラスの出来事より三倍強く感じるようになっているそうなんだ。なお、日本人は四倍と言われているんだよ。だから、四つ褒めるということになるわけだ。

それから、叱るときは目を合わせると効果的だと言われているんだ。先生方は、叱り方、褒め方の勉強が必要だよね」

カラ「褒めることがとても大事だよね。褒めるといえば、今、〝褒め言葉シャワーで学級崩壊を解消した〟とテレビでよく取り上げているじゃない。参考にするといいと思うな」

フク「だけど、弊害もあるんだ。これが絶対というのはないからね。詳しいことは、それに関する書物を読むと分かるよ。

褒め言葉で子どもを育てるには、確実に褒める時間が確保され、毎日行うことが大事になるので、自分の学校の実態を知り、先生方の協力体制などを確立させる必要があるのんだ。だから、十分検討して進める必要があるんだよ。
　これ以外にも褒める指導方法があるので、ぜひ参考にして、よりよい指導方法で子どもたちを育成してほしいな」

【ほめ言葉のシャワーのやり方】
（帰りの会で今日の主人公に行う）

ほめ言葉のシャワーとは、一人一人のよいところを全員で見つけ合い、伝え合う活動。シャワーのように「ほめ言葉」や「温かい活動」を浴びせる。

第一段階
　隣の席の友だちに「〜してくれてありがとう」「〜を頑張っていたね」と言葉を伝え合い、握手をすることを続ける。

第二段階
　班ごとに一人ずつ「今日の主人公」を決め、班の前に立ってもらう。順番に班のみんながその友だちのよいところ、頑張っていること、されて嬉しかったことなど話す。

第三段階
　一日一人の主人公を決める。学級みんなでその一人の主人公に「ほめ言葉」を伝える。「友だちのきらりと輝くよさを見つけよう」を合い言葉に、伝え合う。

※みんなの教育技術（鳥取県公立小学校教諭・小川友起子著）菊池省三発案（ＮＨＫテレビ「プロフェッツナル」で紹介される）

体罰と学級崩壊

六年担任のイノ先生のクラスは、授業中なのに話をする子が多く見られた。
勝手に席を離れ友達のところへ行くノブくんに気がついたイノ先生が、『席に着きなさい』と大きな声で注意をした。席に戻ろうとしないノブくんを席に着かせようと腕を引っ張ると、手を払い『痛い、痛いよー』と悲鳴を上げた。すると、周りの子が『かわいそう。体罰だ』と騒ぎ始めた。
イノ先生は、構わず体をひっぱり席に着かせようとした。すると、ノブくんは手を払いのけ、先生にぶつかってきた。イノ先生は、『何をするんだ』と言うなり、ノブくんの頭を叩《たた》いてしまった。
夕方、ノブくんの両親が学校に来て、校長にイノ先生の処罰と担任を替えることを要求した。

スズ「授業中、おしゃべりをするなんて、よほど授業がつまらなかったのかな。イノ先生の怒る気持ちは分かるけれど、頭を叩くのはよくないよ。それは体罰なんだからね。タイガー先生は叱っただけなのに、親ともめたんだから。我慢しなくてはね」
カラ「イノ先生も、体罰をしてはいけないことは、十分分かっているよ。機会あるごとに校長や教頭、それに教育委員会から言われているからね。

　叩かれたノブくんは、いつも自分勝手な行動をとり、言うことをきかなくて手を焼いていたんだ。だから、強く反抗してきた態度に腹が立ち、つい手が出たんだろうな」

フク「確かに、イノ先生の行為は、体罰なんだ。これは、学校教育法第十一条に規定されていて、許されないんだ。もし行えば、懲戒処分として戒告（口頭や文書での注意・減給・停職または免職〈免許書返納〉）の処分を受けるんだ。

　この行為の参考例にこんなのが載っているんだ。

『生徒指導に応じず下校しようとする生徒の腕を引いたところ、生徒が腕を振ったため当該生徒の頭を平手で叩く』。これは、身体に対する侵害なので、体罰になるんだ。だけど、認められる行為として、懲戒というのがあるんだよ。

　懲戒とは、学校教育法第十一条（児童生徒の懲戒）『校長及び教員は、教育上必要があると認めるときは、監督庁の定めるところにより、児童、生徒及び学生に懲戒を加えることができる。ただし、体罰を加えることはできない』とね。つまり、叱責とか罰掃除とかだね」

スズ「体罰は、先生だけでなく親にも禁止になったよね。親の虐待で子どもの命が奪われる事態が相次いだからなんだよね」

カラ「そうだよ、だから、二〇一九年（平成三十一年）、親でもしつけで体罰を加えることは禁止だと体罰禁止が法制化されたんだよ（児童虐待法と児童福祉法の改正）」

フク「体罰は、一九四四年（昭和十九年）には、すでに禁止になっていたんだよ。だけど、体罰が社会問題になったのは、平成の終わり頃なんだ。連日、新聞やテレビで大きく取り上げられたんだからね。

　それまでは、多くの先生や親は、頭や尻をよく叩いていたんだ。今より昔の子どもの方が、先生や親の言うことを聞いていたんだけれどね。

　ワンさんは、よく体罰をしていたよね」

ワン「よく叱ったし体罰もよくやったよ。決まりを破ったり迷惑をかけたりしたら、よく尻を叩いたものだ。頭を叩いたこともあるよ。

　教師になった頃は、かなりの先生が、手を出していたんだ。国内外の教育関係のドラマでは、よく見られていたし、保護者の中には、悪いことをしたら叩いてくださいと言う人もよくいたことなどもあって、当時は指導として用いられていたんだ。

だけど、昭和五十年代、体罰が大きな問題になったんだ。それは、中学校で校内暴力を抑えるため、生徒にけがを負わせることがよくあったからなんだ。

ちょうどその頃なんだ。六年生を担当していた時、わざと教師を困らせる言動をとった子がいたんだ。担任の指示を無視し、反抗的な言動をとったんだ。これは見逃せないと思い、怒鳴りつけ、机をわざと倒してから胸ぐらをつかんで叱ったんだ。机の倒れた音は効果的だったけれど、周りの子は驚きの声をあげ、教室は騒然となったんだ。

それ以来、その子は特にトラブルを起こすことはなかったが、このことが知られ、教務からお説教をもらったよ。『体罰をすれば、その子たちが大人になったとき、同じように体罰を振るうことになるんだ』とね。保護者には理解してもらったが、後味が悪かったよ。その後も、頭や尻をぴしゃりと叩くことはあったけれどね。

だけど、平成に入る頃には、体罰による指導は好ましくないという考え方をするようになったんだ。校長・教頭、そして教育委員会から体罰について指導を受けることもあってね。体罰で厳しい処分を受けた事例をよく聞かされたものさ」

スズ「ワン先生は、注意を受けただけなんだね。保護者から訴えられなかったの？」

ワン「訴えまではいかなかったけれど、立腹の電話はあったよ。だから、その時は、家に行って事情を説明して謝ったよ。まだ、体罰が大きな問題になってなかったから、それで済んだんだろうね」

フク「平成半ば頃からかな、体罰が新聞・テレビで大きく取り上げられるようになったのは。こんな記事が報道されたんだよ。

（イ）二〇〇八年（平成二十年）五月、運動会のアトラクションの練習中、男子児童が思いどおりにならず、腹を立て練習のじゃまをしたり上履きを投げつけたりしたその行為を止めようと、右手でほほを叩いた（戒告処分）。

（ロ）同年六月、転校する四年生男子児童のお別れ会で、同級生から贈られたプレゼントなどを床に捨てたり机に放り出したり、帰りの会、プレゼントの品を他の児童へ渡したりした行為に感情的になり、右手で男子児童の左ほほを叩く。全治二週間のけが（減給）。

（ハ）また、同年に、『四十代の先生が四年生の女子のお尻を叩き、心に傷』というのもあったんだ。

そして、二〇一二年（平成二十四年）の大阪市立桜宮高校の『体罰が要因で生徒が自殺』。この事件から、体罰禁止の徹底化が図られることになったんだ。

文科省は、翌二〇一三年三月、『体罰の禁止及び児童生徒理解に基づく指導の徹底について』の通知を出すんだ。それを受け、教育委員会は、学校に体罰禁止の指導を指示したんだ。

【体罰とは、①殴るけるなど身体に対する侵害。②端座直立などの姿勢で長時間保持させ肉体的な苦痛を与える。③トイレに行かせない。食事時間が過ぎても教室に長くとどめておく】

このようなことが体罰にあたるが、担任が子どもたちと一緒に生活を行っていると、トラブルは避けられないんだ。だから、体罰は厳禁であることは知っていても起こしてしまうんだ。完全に体罰をなくすことは難しい問題なんだよ。

（ニ）二〇一九年（平成三十一年）には、一年生の担任が、全学級の児童を一時間以上立たせる。

あと、こんな事例もあったんだ。

（ホ）五年生男子が、夏休みの課題を未提出、はっきり返答しなかったことで左ほほを平手で叩く。

（ヘ）低学年の四人の男子児童が、注意を受けてもしゃべっていたので腹を立て、並べてパンパンと頭を叩く。

そして二〇二一年三月には、こんな記事が載っていたんだ。

『三年の担任が宿題を忘れた児童を、体育でいなくなった教室でやらせる。児童は精神的苦痛で数日欠席（懲戒を超えた指導で厳重注意、校長は監督責任で口頭注意を受ける）』

こうなると、教師は常に平常心で冷静沈着な言動と指導をとるようにしないといけないんだ。どんなに忙しくても不満を口にせず、理不尽なことも寛容な精神で勤務に励むことができる忍耐強い教師じゃないと務まらないような気がするな」

カラ「体罰は、なぜ許されないのか。その理由は次のように言われているんだよ。『体罰は受ける者のみならず、周囲の子どもに対しても影響する』ってね。先生や学校に不安や恐怖心・不信感・怒りなどの感情を抱かせ、不登校への引き金になり、いじめや暴力、非行などの土壌を作るそうなんだ。また、不眠、頻尿などの症状を引き起こす場合もあるということなんだ」

スズ「体罰には、いろいろあるんだね。先生方は体罰の影響について研修を受けているよね。それでもなくならないのは、先生としての自覚と自己規制の欠如だけでは済まされないんじゃないかな。

　ワン先生は、体罰の経験者として、あとどんなことが要因と考えられると思う？」

ワン「体罰を受けた経験があったり、体罰を容認する考えを持っていたりすること。そして、体罰を回避する指導力が備わってないからだと思うな。それから、日本の教育システムにも問題があると思うんだ。

　日本の学校教育は、一人の教師が学級の児童をまとめ、学校のさまざまな行事や活動を行っているよね。だからおのずから、周囲に迷惑をかけず規律ある児童を育てようと考えるんだ。ここに、体罰が行われる要因があると思うんだ」

フク「そうだね、日本の学校は集団行動を伴う活動・行事がとても多いよね。だから、学級担任は学級をまとめ、周囲に迷惑をかけない規律ある子どもへの育成を図ることに努めているよね。

　春、体育館で全校身体測定があったけど、きちんと並べさせたり、おしゃべりやふざけることがないように指導したりしていたよね。もし、自分のクラスだったら、周りの先生方から指導力不足の目で見られることになるんだ。そこで指摘を受けたら、屈辱を感じるよ。

　実際、子どもの目の前で、その先生を叱責する先生はいるんだからね。残念ながら、その叱責した先生を咎《とが》める先生は皆無なんだ。だからこのことでも分かるように、先生は、児童に対し優位に立ち、他の先生から指摘を受けたくないと思うんだ。

　そんなこともあって、先生の言うことを聞かなかったり、無視されたり、反抗されたりすると、強く叱って聞かせようとすることになるんだ。このとき、無理にも聞かせようとしたりして感情が抑えきれなかったりすると、体罰を用いることになるんだ」

スズ「学校というところは、学級の子どもたちをまとめられるかで、その先生を評価するんだものね。だけど体罰は、行き過ぎた指導だよね。体罰を起こさないようにするには、どうすればいいのかな」

ワン「今の学校の教育システムでは、難しいと思うな。今、盛んに〝褒め言葉のシャワー〟でいじめのない、友だちを思いやる学級をつくることが賞賛されているけれど、問題も多いんだよ。今の教育システムを前提に考えると、次のような方法が考えられるんじゃないかな。

　第一は、教師の授業における指導力と生活指導力さ。そのためには、研究と研修に努め、教育技術を高めることなんだ。魅力ある授業ができたら最高さ。昔から、児童は授業で育てると言われているからね。

第二は、心に余裕のある生活を送ること。これは家庭だけでなく、学校生活も含めてだよ。特に学校では、教師が休憩をしっかり取れるように計画的に仕事をしないと難しいよ。

小学校の担任は、登校から下校まで子どもたちと接し、騒音のような子どもの声の中で過ごすんだよ。家庭では、子どもと二人だけでもうるさく感じるが、学校では比べものにならないほどうるさいんだよ。気持ちに余裕がないとイライラし、つい叱るからね。だから、意識して子どもから離れ、気分転換することも大事なんだ。お茶を飲むだけでもいいんだよ。そのためには、休憩室で休むのが一番有効なんだ。

第三は、職場の人間関係を重視すること。特に担任は、常に同学年と一緒の行動を余儀なくされるよね。学年間の人間関係がよくないと最悪なんだ。

そこで、休憩時間に休憩室などで雑談をするなどして交流を図るんだ。すると、困ったとき相談にのってくれる教師はいるからね。できたら、積極的に会食したり飲み会などに参加したりできるといいよね。ただ、車がないと通勤できない状況では、難しいと思うけれどね。

平成に入る前頃までは、研究授業が終わったり、行事が終わったりしたあと、よく飲み会が行われていたんだよ。白熱して口論になる場合もあるけれど、多くは人間関係をよくするからね。

なお、学校が忙しくなる前までは、放課後にバレーボールや卓球、ゲームなどレクリエーションがよく行われていて、ストレス解消に有効だったんだ。

第四は、体罰を起こさないための勉強をして、学級経営に生かすようにすることなんだ。

今の学級経営案は、学校の形式に沿うように記載しているが、それでは個々の教師の思いや考えを反映できないよね。具体的に方策を立て、計画的に教育活動を行うことが大事だと思うな。

ここに、大正時代の教師が書いた研究報告があるが、とても参考になるんだ。この研究内容には、児童をどのように教育するか、児童の学習・生活の指導をどうするかが詳細に書かれているんだよ。これは、児童の教育手引き書として役立つと思うな」

フク「先生方は、多くの研修を受けているが、このような研究・研修を行っている先生はいないと思うな。生きがいのある教員生活を送るには、このような教育手引き書の作成が望まれてならないよ。これは、学級経営案でもあるんだからね」

スズ「この先生のように教育・生活指導を考えていれば、体罰を起こさないで済むよね」

カラ「だけど、分かっていても体罰が起きるからやっかいなんだ」

フク「そこで大事になるのが、体罰を起こした後、どんな対応を取ったかが問われるんだよ。

それでは、イノ先生の場合、どのような対応をとったか見ていこうか」

訓練に關する研究

目次

一 訓練の意義及び目
二 訓練の方針
1、日常最も必要なる
2、無意識的より漸次に意識的實行に進ましむべき事
3、兒童の個性と境遇とに適應せる方法をとるべき事
4、常に成功の快樂を味はしめて益々奮勵せしむべき事
5、漸次干渉の度を減じて自治的に導くを理想とすべき事
三 訓練の綱領及び兒童心得
四 訓練の綱領

訓練に關する研究

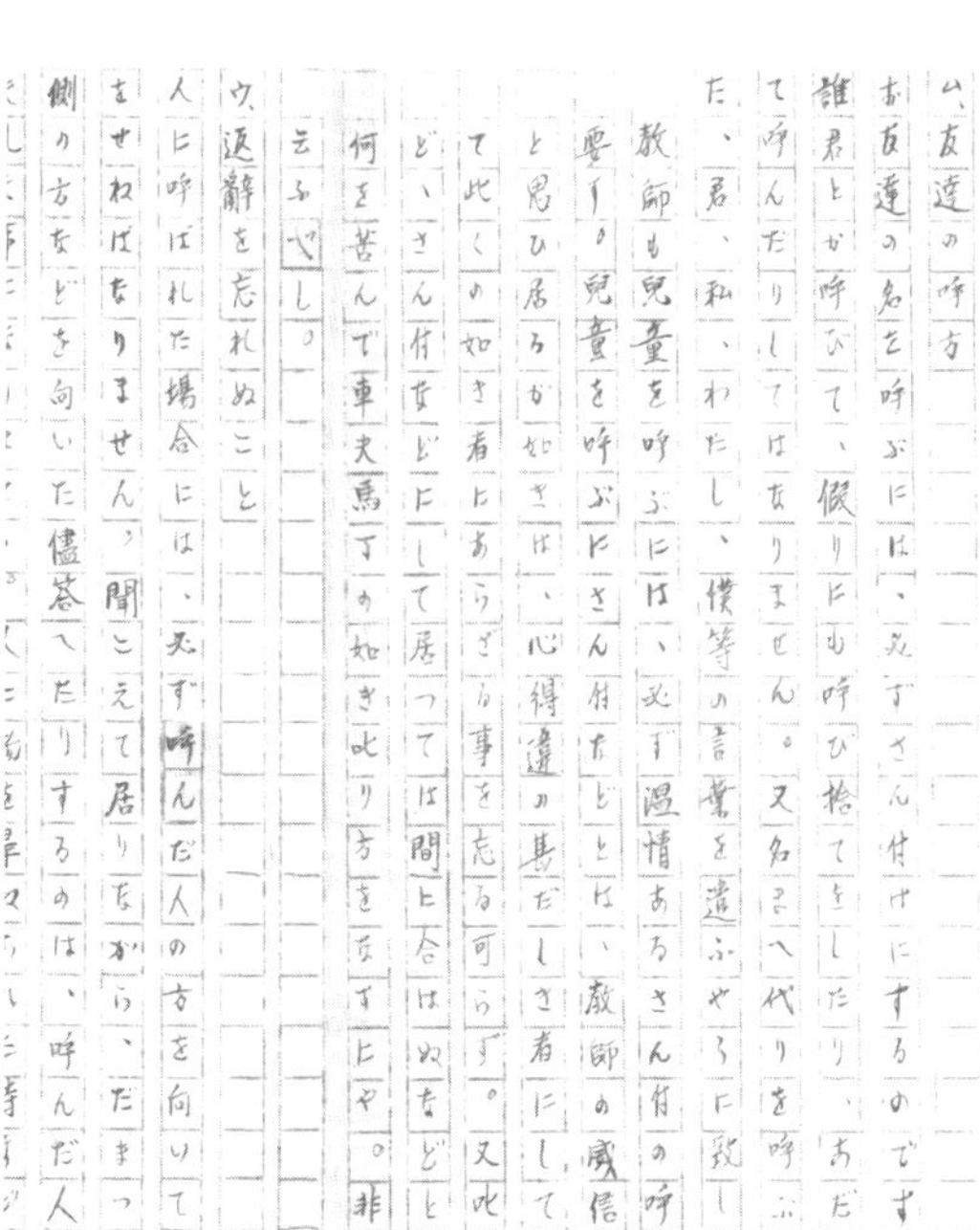
4、友達の呼方
お友達の名を呼ぶには、必ずさん付けにするのです。
誰君とか呼びて、假りにも呼び捨てをしたり、あだ名
で呼んだりしてはなりません。又名ざへ代りを呼ぶ時
た、君、私、わたし、僕等の言葉を遣ふやうに致しま

教師も兒童を呼ぶには、必ず温情あるさん付の呼び
要す。兒童を呼ぶにさん付などとは、教師の威信に
と思ひ居るが如きは、心得違の甚だしき者にして、
て此くの如き者にあらざる事を忘る可らず。又叱り
ど、さん付などにして居つては間に合はぬなどとい
何を苦んで車夫馬丁の如き叱り方をなすにや。非常
云ふべし。
ウ、返辭を忘れぬこと
人に呼ばれた場合には、必ず呼んだ人の方を向いて、
ませねばなりません。聞こえて居りながら、だまって
側の方などを向いた儘答へたりするのは、呼んだ人に

◆学級崩壊

スズ「イノ先生は、頭を叩いたノブくんの家にお詫びの電話をしたんだよね。そのときは『気をつけてください』と、言われただけなんでしょう？　それなのに、どうして親は校長に訴えに来たのかな」

カラ「電話のあと、何人かの親が、体罰があったこと、多くの子が担任に不満があること、そして、クラスが学級崩壊状態であることを聞かされたんだ。それ

を聞いて、担任の指導がダメだから子どもに手を出すと考え、それで、訴えに来たんだよ」

フク「ノブくんの親は、すごい剣幕で校長に『担任を替えろ』と迫ったんだよ。だけど、校長は前もってイノ先生から事情を聞いていたので、冷静に訴えを聞くことができたんだ。そこで、イノ先生と保護者で話し合うことを提案したんだよ」

スズ「それで、臨時の保護者会が開かれたんだね。今回は夜にもかかわらず大勢の保護者が出席したんでしょう？　話し合いはうまくいったの？」

カラ「保護者会は重苦しい雰囲気の中で始まったんだ。最初に司会の教頭から、今日の話し合いになった理由が述べられ、その後、イノ先生が学級の子どもたちの授業や生活態度について説明をしたんだ。

　だけど、多くの親からイノ先生の厳しい指導や授業が成立していないことなど、不満が口々に出たんだ。そこで、学年主任が、学級の子どもたちの実態とイノ先生の取り組みを、具体例を挙げて話したんだ」

フク「このような保護者会に、学年主任が出席してくれるのは、心強いんだ。保護者にイノ先生の学級経営や子どもへの思いなどを理解してもらうことに努めてくれるからね。それと、司会が教頭だったことも良かったんだ。司会の経験が多く、話の進め方がよく分かっているからね。

　保護者の中には、特定の子がいじめをしたり学級を乱したりしていることを知り、ショックを受けた人もいたんだ。保護者は詳しく聞きたがったが、教頭はそれを拒み、今後どのように健全な学級にするかで意見を交わさせたんだ。

　そこで、授業が成立するように保護者が交代で、教室で子どもたちを見守ることに決まったんだ。もちろんイノ先生には、子どもたちの信頼を得られる指導を要求したんだよ。

　翌日から、保護者が交代で教室で子どもたちを見守ったんだ。子どもたちは、親から話を聞いていたこともあって、授業で私語を交わすことはなくなり、保護者の見守りはすぐ必要なくなったんだよ。

　イノ先生は、学級の様子を知らせるために学級通信を出したんだ。だけど、いじめを解決させることはできなかったんだ」

カラ「いじめの解決は難しいからね。容姿や動作に嫌悪感を抱いている場合は特にね。人は言葉によって美しさや醜さ、そして不快などの感情を抱くものなんだ。あの子が汚いと言えば、そう思ってしまう子がいるからね。最近の子どもは言葉に敏感になっているから余計なんだよ」

スズ「そうさせているのは、言葉狩り（差別語、傷つく言葉などを過剰に排除すること）をしている大人やマスコミじゃないの。これを見直さなければ、いじめはなくならないよ」

カラ「いじめの難しさは、いろいろな要因が複雑にからみあっている場合が多いんだよ。だからベテランの先生でも解決できず、学級崩壊を招くこともあるんだよ」

スズ「ベテランの先生でも、学級崩壊があるのか。でも、最近は学級崩壊の話は聞かないけれどな」

フク「それは、ニュースで報じないからさ」

カラ「学級崩壊はなくなっていないよ。どの学校でも大なり小なり起きているんだよ。一九九〇年代頃からかな、一年生の学級で、自分勝手な行動をとる子どもたちで、授業が成立しない状況になったというニュースを多く見るようになったんだ。

これは一見、学級崩壊のように思われるけれど、入学したばかりの児童が学校生活に適応できずに起きる問題だったんだ。これを『小一プロブレム』と言って、社会問題になっているんだよ」

◆小一プロブレム

フク「児童の中には、授業中に立ち歩いたり集団行動がとれなかったりする子もいて、学級が崩壊したような状態になるんだ。だから、一年生を希望する先生が少なくなっているんだよ。

先生の話を聞かないし、指示どおりに行動しないんだからね。これは、家庭のしつけが十分できていなくて、自分をコントロールする力が身についてないことに原因があるようなんだ。小学校と違って保育施設では、自由を尊重し楽しい時間を過ごしているので、そのギャップも大きいからね。

一九九九年（平成十一年）、宮城県では、小学校入学を迎える保護者に家庭のしつけをお願いしたんだよ。二〇〇七年頃には、各自治体や学校で独自の対策を講じるようになったんだ。

例えば、入学一ヶ月後に学級を再編成するんだ。それまでは仮の学級で様子を見るんだよ。二〇一一年（平成二十三年）二月の新聞記事に、本格的な取り組みが紹介されていたんだ。就学前の子どもを、小学校に体験入学させるんだよ。

いずれにしろ、担任一人でこのようなクラスを受け持つことは負担が大きいんだ。クラスの人数が多ければ多いほどね」

カラ「学級の人数が多いと、先生の指導が行き届かないので、文科省は、一年生だけ一学級の人数を三十五人までにしたんだよ。今は、全クラス三十五人学級に向けて随時行われているけれど。各市町村の教育委員会によっては、一年生は、学校に慣れるまでクラス分けをしなかったり、補助の先生をつかせたりする対策が講じられているんだ。特に、障害を持った子どもがいるクラスの担任になると、とても手がかかるんだ」

スズ「学級の人数を減らすことはとてもいいことだよね。それから、手のかかる学級には補助の先生が必要だよ。

ところで、よく『学級経営がへただから先生の言うことをきかない』と言うよね。学級経営ってなんなの？　学校の先生が学級を経営するって、ピンとこないな」

フク「学級経営とは、担任が学級の子どもたちに学習・生活指導や学級活動などの活動を通して、よりよい子どもたちの育成を図るための計画を立て、教育目標を具現化することなんだ。学校には教育目標があり、先生方は全教育活動を通して実現することが求められているからね。

そこで担任は、学校教育目標・学年目標・学級目標や学級の子どもたちの実態と対策、指導を必要とする子どもの実態と対策、家庭環境、係活動など、学級経営に必要なことを計画案として作成するんだ。これを学校では『学級経営案』と呼ぶんだよ。

だけど、活動や指導をしていると、計画どおりにはいかないことが多いんだ。学級にはいろいろな子がいて、予期せぬ言動をとるからね。いつも、問題行動をとる子を嫌っていた子どもが、突如その子の味方になったりするんだからね。

今は、学校に教育相談員が派遣されているのでアドバイスを求め、協力して対応することが必要だと思うな」

スズ「そうだね、困ったときは相談が大事なんだよね。教師はプライドがついじゃまをして、無理を重ねた指導に陥りやすいからね」

フク「ここまで、体罰や学級崩壊、そして小一プロブレムの問題や対処法などについて考えてきたけれど、先生だけの努力だけでは解決が難しいことがよく分かっただろう？　だから、そのために学校として取り組む体制づくりと、先生方の自己研鑽《けんさん》が必要だと思うな」

休憩時間と休憩室

子どもたちは、給食を終え、歯みがきを済ますと、昼休み時間（二十五分）に入った。

リス先生も、この時間の二十分間が休憩時間になっている。しかし、リス先生は、係の児童と配膳台をきれいにすると、子どもたちが書いた連絡帳の点検を始めた。それを終えると、職員室の向かい側にある湯沸かし室でお茶を入れて、ようやく一息つくことができた。

だが、職員室では、五年生の先生が、英語の講師の先生と授業の打ち合わせをしていた。その頃、ウシ先生は、教室でワークテストの採点を、テイ先生は、けんかをした子どもたちの指導を、ポンコ先生は、給食委員会の指導に当たっていた。

校庭では、サル先生と講師の先生だけが、子どもたちと一緒に遊んでいた。

スズ「先生方も昼休みが休憩時間なんだよね。それなら、子どもたちと一緒に遊んだらいいのにね……とも言えないか。リス先生は、連絡帳の点検をしてから休憩に入ったけれど、それは休憩時間にやらなくてはいけない仕事なのかな」

カラ「休憩時間は、労働から解放される時間なので、本来自由に過ごせなければいけないんだけど、先生方は、やらなければいけないことが多いんだよ。

リス先生は、給食前に連絡帳を書かせたけれど、まだ二年生だから、きちんと書けない子が多いんだ。それで確認が必要なんだ。でも、五年生の先生方の打ち合わせは、自分の判断で決めたわけではないので、本当はよくないんだ。違法にもなるからね」

スズ「黒森山小は、英語と算数は講師と一緒に組んで授業を行っているよね。当然、打ち合わせが必要だよね。でも、英語の講師は、他の学校の授業もあるので、時間になったら退勤しなくてはいけないんでしょう？だから、休憩時間に行うのは仕方ないんじゃないかな」

カラ「いや、休憩時間外で打ち合わせができないこと自体おかしいよ。今の学校は講師や専科が増えているので、最初から打ち合わせの時間を考えておかないといけないはずなんだ。

だけど文科省も教育委員会も、学校現場の教師の勤務実態を考えずに導入するから、休憩時間や退勤時刻後にも打ち合わせを行うことになってしまうんだ」

フク「そうだね。財政の豊かな市町村では、県採用の講師以外の特別講師を多く採用しているよね。でも、市町村の場合は、時間給で勤務時間が短いんだ。だが、休憩時間は講師にも与えることになっているんだよ。

だけど、このことをほとんどの先生は分かっていないんだ。だから、正規の先生と同じ勤務条件で考え、休憩時間や退勤時刻後でも、打ち合わせや手伝いを行わせているんだ。

しかし、休憩時間に仕事を入れることは違法なんだよ。いくら仕事が多いからといっても、やむを得ないという理屈は通らないよ」

スズ「どんなに休憩時間を設けても、活用できないのでは意味がないよね。

校長先生は、最初の職員会議で、休憩時間を昼と放課後に分けて設けていることを説明したよね。でも、休憩時間の意味や、法規で定められていることについては一切言わなかったけれど、それでいいのかな」

カラ「先生方は、今まで勤務している中で、休憩時間だから仕事をやめて、みんなで一斉に休憩を取るという経験はしてないんだ。それに先生方は、仕事の合間に余裕ができたときに休憩をとっているから、休憩時間について深く考えていないんだよ。

ワン先生は、休憩時間について詳しいよね。このことでも、校長とよく話し合っていたものね」

ワン「教務になってから、休憩時間の意味と重要性を知ったんだ。それまでは、他の教師と同じで何も知らなかったんだよ。それは、きっと教師になった時から、休憩時間も仕事をするのが当たり前と思っていたからだろうね。それと、空き時間に休憩が取れていたからなんだと思うよ。だから周りの教師も、休憩時間に会議や研修が入っても、誰も不満を言う教師はいなかったんだ。

だけど、教務になり管理職の勉強をすることで、休憩時間の意味と、勤務の中に休憩時間を設定することが義務づけられていることが分かったんだ。その他、勤務条件に関しての法律があることもね。

だけど、この頃は今みたいに忙しくなかったんだ。ところが週休五日制の導入の頃から、職員の帰りが遅くなり、給食中も仕事をする教師が見られるようになったんだ。そして、休日出勤する教師も出てきたんだよ。

こうした勤務状況が全国でも見られるようになり、心身に異常を来して休職する教師まで出てきたんだ。それが、年を経るごとに数が増えて、新聞、テレビで取り上げられるようになったのは周知のとおりだよ。

それで文科省は、対策を講じることになったんだ。でも、その一方で新たな教科を設け、授業時間数を増やすものだから、より多忙化が増したんだ。

そこで自分は、校長や教育委員会に訴えたんだ。教育委員会は、口では休憩時間は重要であると言っているが、校長には徹底させていないんだからね。校長や教育委員会が休憩時間を軽視していることがよく分かったよ」

フク「多くの校長は、校長になる前までは、休憩時間も熱心に勤務をしていたんだろうな。だから、休憩時間を軽視し、実際に休憩が取れない時間に休憩時間を設けても気にしていないんだよ」

カラ「以前、東京都は、驚くような休憩時間の取り方をしていたよね。組合が交渉して、退勤時刻前に休憩時間と休息時間を設定していたんだよ。これでは、休憩の意味をなしてないのにね」

スズ「でも、そのような取り方をすれば、帰りが早くなるじゃない。八時出勤なら、退勤時刻は四時前になるんだよ。勤務が楽になるんじゃないの？」

カラ「でも、これは休憩の目的を逸脱したやり方なので、廃止されたんだ（平成十九年七月まで存在していた）」

フク「休憩時間は、六時間を超える勤務であれば、勤務時間の中でまとめて四十五分取ることになっているんだ（労働基準法三十四条）。これを勤務時間のどこに設けるかは、教育委員会の仕事なんだけど、学校の場合は、毎日同じ時間で同じ活動が行われるわけではないので、学校現場の責任者である校長に任されているんだよ。

休憩時間を与えるときは、三つの原則があるんだ。一つ目は『労働の途中で付与する』。二つ目は『一斉に与えること』。三つ目は『自由に利用させる』となっているんだ。だけど学校は無理なので、一斉ではなく分割して設けているんだ。

黒森山小は、昼休みに二十五分、残りの二十分を全児童が帰ったあとに設定しているんだ。その後、会議や研修などを行うようにしているんだよ。

平成十九年の九月までは休憩時間があって、勤務時間四時間につき十五分置くことになっていたんだ。だから、休憩時間をうまく使えば、好ましくはないが、この時間を使って仕事ができたんだ。

でも実際は、会議や行事などに使われていたんだ。だけど休憩時間がなくなっても、先生からの不満の声は聞かれなかったんだ」

スズ「休憩時間がなくなれば、その分早く帰れると思ったんじゃないの？　でも実際は、退勤する時刻は変わってないんだから、むしろ勤務時間が増えたことになるよね。先生方にとっては、最悪な法規の改正だったと思うな。

ワン先生は、校長先生に休憩時間の確保を強く要求していたよね。だけど、学校はやることが多いので、確実に休憩を取ることは難しいよね」

ワン「でも、休憩時間に会議や行事を入れて済ませることは許されないよ。休憩時間に児童の面倒や指導、そして保護者の対応などを行う場合があるが、それは、いつもあることじゃないからやむを得ないと思う。だけど、年々忙しくなっているんだから、確実に取れるようにしないとおかしいよ。心身の疲労の回復、リフレッシュは絶対必要だよ。だから、校長に確実に休憩時間を取れるように、そして、会議や行事などの仕事は入れないことを要求していたんだ。

それから、確実に休憩が取れるように休憩室を設けることなんだ。これは、大きな問題だよ。労働安全衛生法第三条の事業者（市長・教育委員会・校長）の責務の条文で、快適な職務環境の実現と労働条件の改善を通じて、職場における労働者の安全と健康を確保するようにと記されているんだからね。そして、労働安全衛生法規則第六一三条には、『事業者は、労働者が有効に利用することができる休憩の設備を設けるように努めなければならない』と定められているんだ。

しかしこの安全法の『快適・職場の環境』が具体的ではないので、一九九二年（平成四年）、厚生省（当時）から『快適職場指針』の通達が出されているんだよ。そこには、快適な職場として、『疲労回復に役立つ施設設備：横になれる休憩室、ゆったり座れるイス、清潔とみどり等』と書かれているんだ。ただ、学校の場合は小規模事業にあたり、義務はないので教育委員会が指導管理にあたらなければいけないんだ。

だけど、休憩室自体がない学校が多いんだ。今まで勤務した学校で、休憩室が設置されている学校はなかったからね。多くは、湯沸かしのある流しのところで、立ってお茶を飲みながら休憩するんだ。かろうじて職員室の一角にソファーと机を置いて休憩できる学校が二校あっただけなんだ。

そもそも、学校を建設するときに、休憩室を計画していないことに問題があると思うよ。これは、教室の道具置き場が足りないことにも言えるけれどね」


カラ「不思議だよね。休憩室を設置してないなんてね。今は、超過勤務で先生方の疲労が増しているんだから、休憩室は絶対に必要だよ。

それと、休憩時間は絶対に保障しないといけないと思うな。教員は、特例四項目以外は、労働基準法が適用されているんだからね。法令に則った勤務でなければいけないはずなんだ。つまり、勤務時間内で仕事が終えられるように、勤務内容を決めて行わせなければならないんだ。

講師の打ち合わせや週案の作成などの時間も、確保できなければ、支障があってもやらせない。このくらいの考えで学校運営をしなければ、本当の休憩なんて取れはしないよ」

フク「そうだね。仕事が増えているから超過勤務が常態化して、先生の中には心身に異常を来し、休職に追い込まれている人もいるんだからね。そのためにも、休憩時間が確実に取れる適正な勤務内容にしてあげないといけないよね。
それには校長だけでは無理なので、文科省は勤務状況をしっかり把握・分析して、適正な勤務ができるようにしてほしいな。これは、対策を講じればいいという問題ではないからね」

日直と学校日誌

ピョン先生は、指導案検討が退勤時刻を過ぎても終わりそうもないのでいらだっていた。
今日は、日直当番に当たっていたので、校舎内の点検と戸締まり、そして学校日誌を書かなくてはいけない。それを終わらせて帰宅すると、塾に通う娘の夕食が遅くなってしまう。ピョン先生は、アラ先生に学校日誌をお願いして、分担した場所の戸締まりをして急いで帰宅した。
アラ先生は、戸締まりを終えると学校日誌を書いた。「今回も学校日誌か」とため息をつき、板書に書かれているものを転写した。今日は出張が多いので、写すのに時間がかかった。

スズ「ピョン先生は、退勤時刻が過ぎているんだから、断って戸締まりに行けばいいのにね。
ところで、学校日誌を日直が書くのはどうしてなの？校舎内の点検で異常があったかどうか書くなら分かるよ。だけど、教頭先生がボードに書いたものを写すだけだよ」

カラ「学校日誌には、校舎点検の記載欄はないから、日直が書く必要性はないんだ。だけど、校長が命じているので書かなければいけないんだよ」

スズ「なんだ、日直でなくてもいいなら、日直は戸締まりだけにしてあげればいいのにね。

ピョン先生は、用があるのが分かっていたんでしょう？　だったら、指導案検討会の前に戸締りをやっておけばよかったのにね。そうすれば、アラ先生に迷惑をかけないで済んだのに」

フク「検討会を始める時には、まだ、校舎内に子どもたちが残っていたんだよ。だから無理さ。本当は、会議や打ち合わせをやるなら、子どもたち全員を校舎内にいないようにさせないといけないんだ。子どもの安全面からもね。だけど、現実は難しいんだ。帰りの会を終えて、会議や打ち合わせなどを始めるまでの時間がとても短いからね」

スズ「それじゃあ、指導案検討を早く終わらせてもらうしかないね。だけど、学校日誌を書く必要性があれば、きっと前もって書いていたと思うな」

フク「学校日誌には、どんなことを書かなければいけないか分かっているかい？　学校日誌には、その日の行事や出張、児童の在学人数、そして、教職員の欠席と理由などを記載することになっているんだ。だけど、これらは、管理職である教頭がボードに書いているんだよ」

スズ「それなら、教頭先生が記載内容を決めて書いたんだから、自分で学校日誌に書けばいいじゃない」

カラ「それは、教頭の仕事が多いからみんなに協力してもらいたいからさ。学校の仕事をみんなに分担してやってもらっているのと同じさ。学校によっては、校務分掌に日直の仕事として載っているんだよ。だけど、どうして日直なんだろうね」

フク「そうだね、どうして、先生方は問題にしないんだろうね。このことに詳しいワンさんに説明してもらおうか。何しろ、この問題では、校長と教育委員会に必要性を問うていたからね」

ワン「そもそも、教師に校舎内の窓や出入り口の鍵の施錠をさせて、学校日誌を書かせる必要はあると思うかい？　以前、勤務していた習野市の学校では、学校日誌を書いたことがなかったんだ。校舎内の施錠も、忙しいときは教頭や教務がやってくれたんだよ。

だけど、この地区（県教育委員会の出先機関の教育事務所）の学校は、どこもそんな配慮は皆無なんだ。日直に学校日誌を書かせるだけでなく、転写後、ボードに記載したものを消させるんだよ。そして、このような仕事をさせても、ほとんどの教職員は問題だと思っていないんだ」

スズ「日直の仕事もそうだけれど、この地区では出張後、市内の出張以外は復命書を書いて提出しなくてはいけないよね。だけど、他の市の中には、書かなくて済んでいるところもあるんだよね。それなのにこの地区の先生方は、不必要だと思っている仕事でも、不満を言わないいんだね」
ワン「それは、校長が偉いからだよ。どれも、校長が変えたり廃止したりできるんだよ。学校日誌も同じだよ。では、どうして学校日誌を管理職が書かないで教職員にやらせるのか。その一つの理由が、宿直があったとき、学校日誌に日直が記載する校舎点検の欄があったからなんだ。もう一つの理由は、校長の権威と服従心を植え付けるためなんだ。

　学校日誌の変遷を見て、宿直があった時の学校日誌と今のものを比べてごらんよ。違っているだろう?」

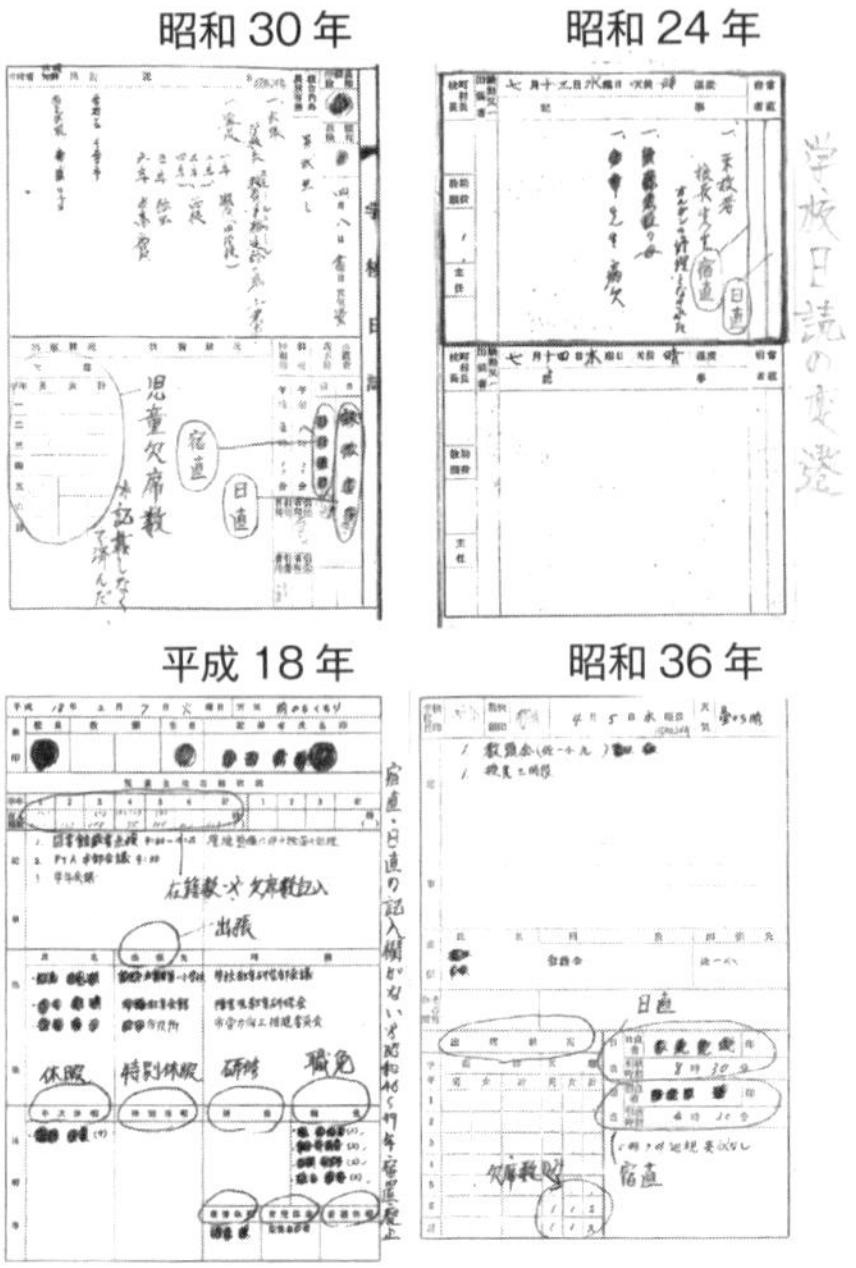

※資料・学校日誌の変遷

スズ「昔の学校日誌には、宿直者の名前と校舎点検の有無を書くようになっているんだね。それと、主な出来事を書くだけで済んでいたんだね。これなら、なにも負担に感じないよね」
フク「そうだね。だけど、宿直がなくなった一九七四年（昭和四十九年）からは、学校日誌の様式が変わったんだ。それでもその当時は、先生方の勤務はそれほど忙しくなかったから、学校日誌の記載は負担にはならなかったんだ。だけど今は、先生方の勤務状況は超過勤務になっているから、先生方の健康を考えれば書かせるべきではないよ」
ワン「そうだよ。だけど校長は、『学校日誌を書くことで、学校の運営に参画している意識を抱き、より学校の運営が分かる』と言うんだ。そこで市と県の教育委員会にも問うたんだ。すると委員会は、『学校日誌は、職員に職務命令で書かせることはできます』と返答するんだ。それに、文科省（当時文部省、県教育委員会に問い合わせる）もね。

それで分かったことは、校長には多くの権限力を持たせ、法的・常識的に反していなければ、何でも職務命令が出せるということなんだ」

スズ「すると、校長先生が決めれば、何でも従わなくてはいけないということなの？」

ワン「そうだよ。職務命令で、職員に仕事を命じることができるんだからね。だから、指示どおり教職員を動かすことができる方策として、最も効果があるのが学校日誌だと思うんだ。納得できないことも、校長が求めれば、やらなければいけないんだからね」

フク「このことを教育行政が認めるんだから、先生方の勤務の改善が図れないのは当然かもしれないね」

ワン「学校日誌は誰が書くのが適任だと思う？　それは、教育書（『学校の情報公開』ぎょうせい）に『教頭の仕事』と書かれているんだ。だけど、絶対に校長は認めたくないいんだ。

このことから、書かせる理由は、校長の権限と権威で教職員を服従させるための手段の一つとなっているんだ。だから、これを打破すれば勤務改善の糸口になると考えたんだ。

そこで、教頭に書かせることを要求したんだ。要求により、一度だけ教頭に書かせる機会があったんだ。でも、教頭の仕事を見て要求はやめたんだ。今から思うと、教頭に書かせると校長が言ったとき、そうしてほしいと言わなかったことが悔やまれるよ。もし、教頭に書かせることができたら、学校日誌の記載者の問題だけでなく、勤務の条件要求においても有利に働いたと思うんだ（詳細は、『ワン先生奮闘記』の項）」

フク「ワンさんの学校日誌の格闘は、意味あるものだと思うよ。校長への服従からの回避の一助になるからね。だけど、現実は厳しいよね。ワンさんのやったことは全く意味をなさなかったんだから。多くの先生方の方が賢いということになるんだからね。何もせずして、時間の経過によってＩＴ教育機器が登場して、公文書を含めて多くの文書がパソコンで作成できるようになったんだ。だから、おのずから、学校日誌の内容を決める教頭が、作成することになるはずなんだ」

スズ「だけど、校舎内の点検と鍵の施錠はどうなるの？やっぱり、先生方がやることは変わらないんでしょう？　それでは、先生方の勤務の負担は減らないよ」

カラ「校舎内の鍵の施錠に問題はあると思うが、点検は決して悪くはないと思うな。子どもたちを危険から防ぐことになるからね。それと、自分の教育および学校経営に生かせる機会になるんだよ。

　普段は他の教室の中に入って教室環境を見ることはできないよね。でも、掲示物を見ると、他の先生がどのような授業をやっていて、どんな資料を使っているか、また、掲示物をどのように展示・貼付しているか、さらに係の組織と仕事の内容はどのようにしているかなど、参考にできることが多いからね」

スズ「時間に余裕があれば、よく見ることはできるだろうけれど、現状は教室内の施錠と確認で精いっぱいだよ。研究授業やいろいろな会議や打ち合わせなどでも見ることはできるじゃない。だから、日直のときでなくてもいいと思うな。本当に知りたいなら、教室に出向いて、見せてもらったり話を聞いたりした方がよほど参考になるよ」

フク「今、先生方は専門職として自覚をもって仕事をすることが重要なんだよ。先生方に余裕があった時代では容認されていても、今は多忙で余裕なんてないからね。だからと言って、教頭に戸締まりを毎日やらせるのは酷だと思うな。それでなくても、教頭の仕事は激務なんだよ。

　それなのに、この地区の学校では、昔から数時間は、教頭が授業を受け持つことになっているんだからね。いくら、校長になるまでの我慢といっても酷だと思うな。やはり、適している人材を採用してやってもらうことが重要だと思うよ」

ワン「今、学校には、児童を不審者から守り、校舎内の安全保持のための業務に携わる職員が必要だよ。予算がないことを理由に教職員に日直の仕事を含め、雑務の仕事をさせることは許されないよ。

　男女平等というけれど、学校には力仕事、危険が伴う仕事、そして校舎内外の破損の修理や道具の作成など、技術と力を必要とする仕事もあるんだよ。

　だけど、この地区の学校では、女性の用務員が多くを占めているんだ。その主な仕事内容は、訪問客の対応、給食の配膳、教育委員会に行って文書を受け取ったり届けたりするなど軽易な仕事なんだ。だから、校舎内外の破損の修理は、もっぱら男性職員の安全担当が行うようになっているんだよ。

　校舎の戸締まりの話からそれたけど、教師本来の仕事以外の仕事から解放すべきだと思って取り上げてみたんだ」

フク「用務員の仕事内容は、市町村によって異なるけれど、基本的にはどこも管理職の指示で仕事を行うことになっているよね。この地区では、特別に給食配膳の職員を雇わずに、用務員にその仕事をさせているんだ。

だけど他市では、行事の準備や校舎内の修理、木の伐採、防犯ネットの修理など多岐にわたっているんだ。主な仕事がトイレ掃除という学校もあるんだよ。だからワンさんが言うように、必要な職員を採用すべきだと思うな」

スズ「今、どこの学校も先生方の仕事の量が多すぎるよね。だから、保護者や地域の方に協力をお願いして、授業の教材作りや印刷の手伝いをやってもらってたりしているんでしょう？　黒森山小はやってないけどね。だけど、それだけでは先生方の多忙化の解消は無理だよね」

フク「学校には、さまざまな仕事があるよね。それを先生方に分担させているけれど、校長は本当に先生方がやらなければいけない仕事なのか、残念ながら検討をしていないようなんだ。それでは先生方は忙しさからは解放されず、疲弊するだけになるよね。

だから、校長や教育委員会は、必要な業務員を雇用することを市町村の行政に働きかけることが大事だと思うな」

週案（週の授業の計画案）

週案①

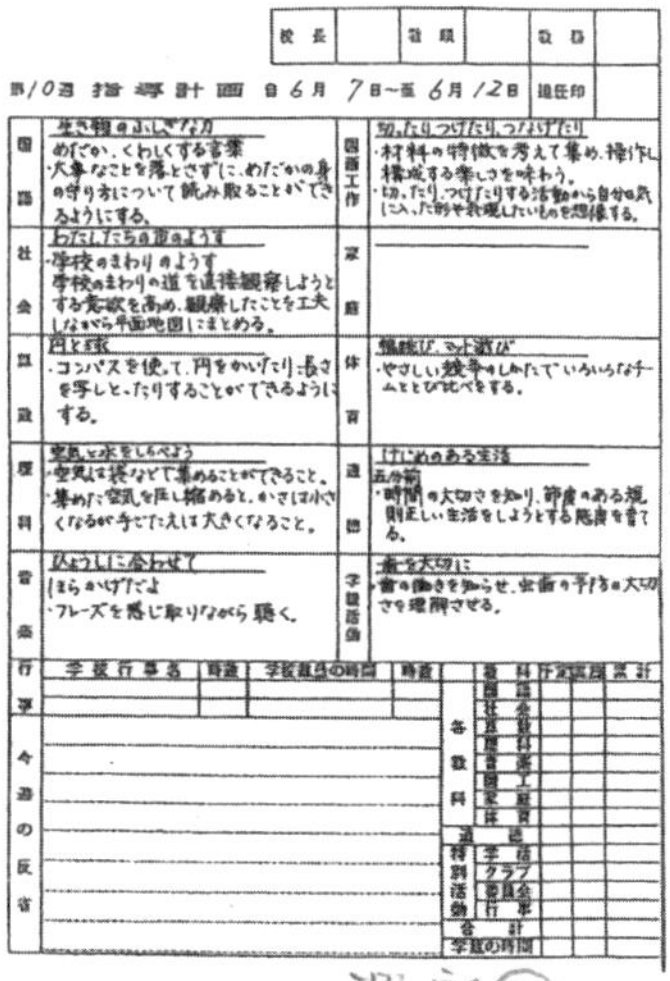

週案②

黒森山小の週案は、パソコンで作成しなくてはならない。ニャンコ先生は、学年会を終えると、パソコンに入っている週案のファイルを開いて週案作成に取りかかった。

初めに、教科書の指導書に記載されている目標と内容を入力していった。だが、すでに退勤時刻を大幅に過ぎていた。ニャンコ先生は、保育園の子どもを迎えに行かなければならないので、急いで週案作成に必要な教材や資料などをカバンに詰め込み退勤した。

ニャンコ先生は、翌日、朝食を終えると教科・領域の続きを入力した。それから、反省を書き入れ完成させた。

その頃、学校では、数人の先生が来て週案の作成やテスト、ドリルのまるつけなどの仕事をしていた。四年生のウッシ先生も、学校に来て週案の作成をしていた。学校だと週案作成に必要な教材があり、集中してできるからである。

仕事を終えた月曜日、ニャンコ先生は、早めに出勤すると、すぐに週案を印刷した。そして週案簿に綴《と》じ込み、学年主任の机の上に置いた。

学年主任のブウ先生は、学年全部の週案が揃うとまとめて教務に提出した。教務の机の上には、週案簿が山積みになっていた。週案簿は、教務、教頭、校長に渡り、週の半ばの水曜日、各先生方に返却された。

スズ「週案って、翌週の授業や行事などの教育活動の指導計画のことだよね。どうして、パソコンで作成しているのに時間がかかるのかな」

カラ「週案作成に時間がかかるのは、学習の目標や内容などを詳しく書くように求められているからなんだ。あれが大事だ、これが必要だと思えばいくらでも要求できるんだ。パソコンなら、文字を縮小すればいくらでも記載できるからね」

フク「それにこの地区では、安全が必要と思われる授業には、対策を書かなければならないんだ。そして、授業の変更や反省などもしっかり書かないといけないんだよ」

カラ「だけど、先生によって作成時間は違うよね。かなり前だけど、県が調査をしたんだ。一時間以上が六十パーセント、三十分以内が九パーセント、二時間以上が八パーセントだったんだ。二〇一三年（平成二十五年）時点では、手書きが四十四パーセントいたんだよ」

フク「この地区では、多くの学校がパソコンを使用しているが、週案も各学校で独自の週案を作成して使わせているんだ。だけど、他の地区では、市販の週案簿（教務必携　週案①）を使っているところもあるんだよ。手書きなので、簡潔に指導内容を書いて済ませることができるんだ。それに、教務必携には、週案以外にテストの採点や行動の記録、座席表など教育活動全般が記録できるので、とても便利なんだ」

スズ「地区や学校によって週案の作成の仕方が違うんだね。ところで、授業や活動で大事な週案なのに、どうして返却が遅いのかな」

カラ「週案の返却が遅くなるのは、教務、教頭、校長が見て、コメントを入れているからなんだ。それと、出張があったり校務で忙しかったりすると、見るのが遅くなり、週の終わり頃になることがよくあるんだ。大規模校では、見る量が多いので、隔週ごとに週案を出させているんだよ。

どうして週案にコメントを入れるかと言うと、そうすることで、一人一人の先生をしっかり見て指導していることを証明できるからね。それと、教育委員会にもアピールできるからなんだ」

スズ「ワン先生が先生になったときの週案は、今のものより簡単に作成できていたんでしょう？」

フク「ワン先生が週案を書き始めた時は、教科書のページ数を書くだけでも良かったそうなんだ。驚きだよね。反省だってごく短くてよかったんだよ。だから、書くのに時間はかからなかったんだって。そうだよね」

ワン「昭和の五十年代後半までは、週案についての考え方が、今とは違っていたんだ。

『教師は教材研究をして、計画的に授業を行うことが当然なので、週案の提出を強要すべきでない』という考えが当たり前だったんだ。

最初に勤務した学校では、ほとんどの教師は週案を書いてなかったよ。週案を書かなくても、学校の立てた教育課程、そして、教科書会社の作成した授業計画等で授業ができるからね。

それと、各教科・領域等の単元・授業内容を月ごとに明示した一覧表（週案③の資料①）を作成していたからね。これさえあれば、授業が遅れることはないんだ。保護者には、それを見て、学年だよりに今月の授業内容を載せて知らせていたんだ。

だけど、教育委員会の学校訪問では、週案も点検対象にはなっていたんだよ。だから、校長に要請された学年主任は、週案を作成していたんだ。でも検査では、一番上に載っている週案（教務必携）に目を通すだけだったんだ。

それが、学校が荒れ始めた一九八〇年代前半頃、週案の提出が求められるようになったんだ。中学校では、校内暴力で、授業が成り立っていないところもあったからね。当時は、ほとんどの授業を担任が行っていたこともあり、授業計画を無視した教師も珍しくはなかったんだ。このような背景もあって、計画的に授業を行わせるやり方として、週案の提出が要求されたんだ。

だけど、当時の校長や教育委員会は、適正な授業時数と時数の確保には目を配ったが、週案の書き方までは干渉しなかったんだ。だから、単元名と教科書のページ数だけでも良かったんだよ」

スズ「ワン先生の週案（週案①）は、簡単すぎるよ。それで、計画的に授業や教育活動ができたの？」

ワン「週案は特別詳しく書く必要はないよ。先ほど説明したけれど、週案は、本校の作成した教育課程と指導書等の資料、それと教務から出される週報（翌週の行事や業務の計画および連絡）を見れば、翌週の授業や行事などの計画を立てられるからね。

計画を立てるとき、授業内容を理解し、どのように授業を展開するか頭に浮かべておけば、詳しく週案に書かなくても困ることはないよ。もちろん、必要に応じて授業展開や板書計画を考えるけど、このときはメモにして貼り付けておくんだ。

当時は、教頭や教務の押印だけだったので、すぐに返却されたんだよ。それがいつの間にか、教務や教頭のコメントが入るようになったんだ。

だけど、東小学校に異動すると、全く書かなくてもよくなったんだ。この学校は有名な研究校で、毎日遅くまで研究、そして、日々の授業に力を入れていたからね。作成する時間はなかったんだ。

それが、この地区の学校に異動してきたら、週案の形式が全く異なっていたので驚いたよ」

カラ「驚くのも無理はないさ。この地区は、それぞれの学校が独自で作成した週案を使っているんだからね」

ワン「日台小の週案（週案②）は、各教科の週の授業をひとくくりにして目標だけを書けばいいんだ。でも最初は、なぜこのような意味がない週案を書かなければならないのかと苦痛に感じたんだ。だけど、二、三週間まとめて書くことができ、しかも、学年で持ち回りで作成できるので、楽な週案でもあったんだよ。

その後、いくつか学校を替わったけれど、それぞれ形式が違うんだ。峰小のときは、児童が理解達成できる表現で目標や内容を書かなければならないんだ。

『……させる』ではなく『……できる』とね。こんなことに頭を使わなければいけないので、時間がかかったよ。

学校訪問では、『道徳の授業が確保されている』『安全指導が書かれている』『校長や教頭がきちんと見てコメントが書かれている』など講評があったんだ。どう考えてもこれは、校長への褒め言葉なんだ。もちろん、我々教師には、『授業内容とねらいはしっかり書くように』『授業を変更したら分かるように直しておくように』『全教育活動に安全指導は重要なので、しっかり書くように。これは、教師を守ることになる』などと要求するんだからね。

そこで教育委員会へ、本校の週案に自作の週案を貼付（週案③）したものと、週報（三四一ページ）などの資料を持って行ったんだ。すると、『週案の形式は自由で、この週案は学校が決めたものなので問題はありません』『あなたの使っている週案は、誰もが書けるものではありません』と言われたんだ。

だから『安全指導を書いたから身を守れると言うなら、その事例を教えてほしい』と聞いたんだけど、答えてもらえなかったんだ。いくら、週案に事故対応を考えて書いてあっても、適切な指導をしていなかったら、保護者は納得するわけないよ」

フク「子どもの事故防止と対処の記載は必要だけど、自分の心身のことも週案に記録すべきだと思うな。心身に異常を感じたら記録しておくんだ。きっと校長が健康に留意してくれると思うな。週案を自分の身を守るためにも使わなくてはね」

スズ「週案には、反省の欄があるので、自分の健康のことや、事故やトラブルなどの記録も書いておくといいよね。

だけど週案には、自分の身を守る働きもあるなんて思わなかったな。ワン先生の週案は、学校だけでなく自宅での仕事の様子も分かるので良いと思うけれど、誰でもまねはできないと思うな。

ワン先生は、この地区の週案は良くないと思っているんでしょう？　それなら、どんな週案がいいと思っているの？」

ワン「この地区の週案に不満なのは、役に立たないからなんだ。週案の考え方はみんな違うので、基本的なことだけを決め、あとは個人が使いやすいようにすればいいと思うんだ（例　週案モデル）。もちろん、実践記録として生かされるものだよ。

全国的に有名なオバラ教諭と学年を組んだとき、週

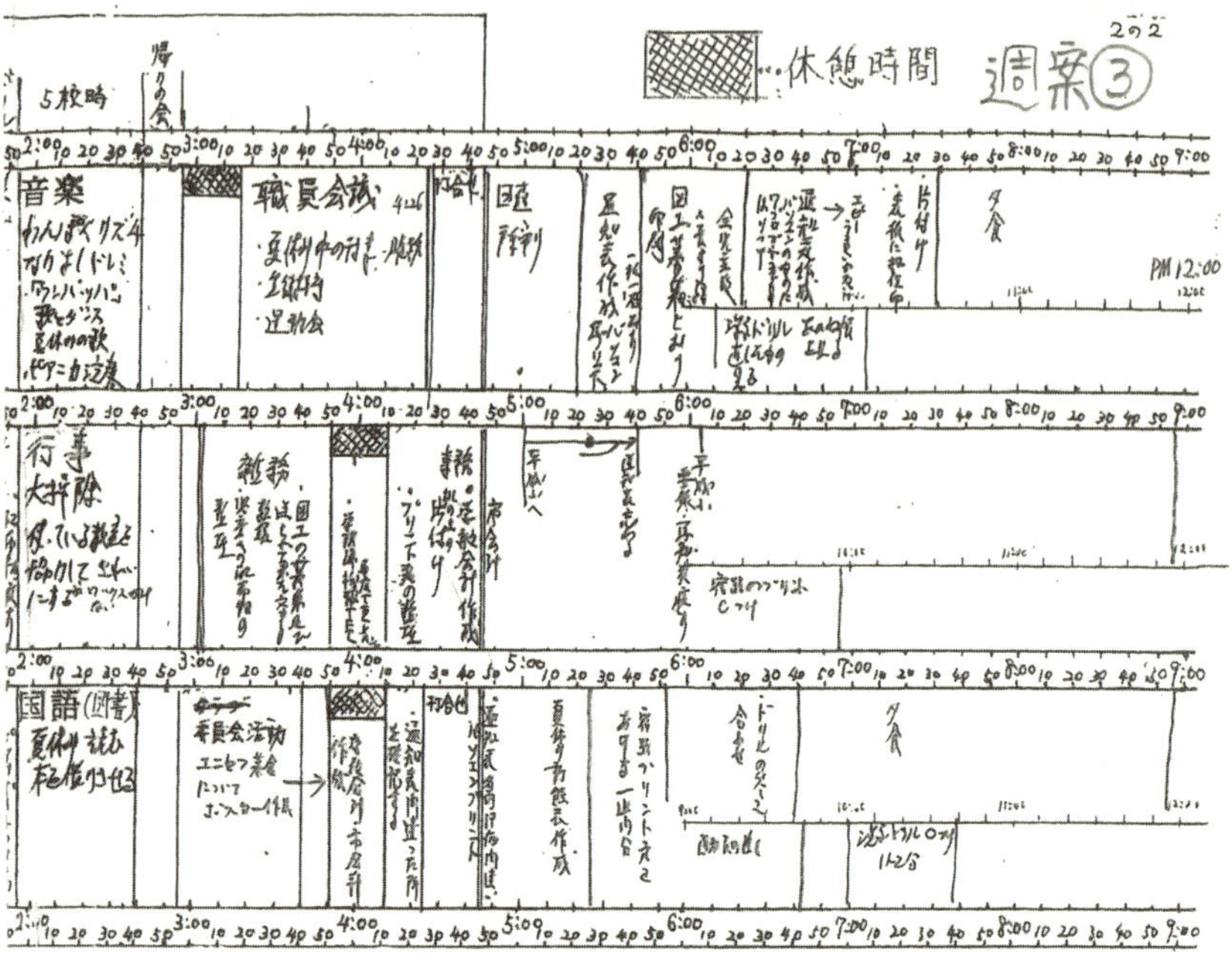

案を見せてもらったんだ。メモした紙がたくさん貼られていたんだよ。研究授業じゃないのに、各メモに授業の展開の仕方の要点が書いてあったんだ。

国語の授業では、初発問からどのような反応をするか予想し、どのように問題解決を図るか板書内容まで書かれていたんだ。座席表に、発表や指導したメモ、家庭に配布した用紙など、いろいろ貼ってあったのにも感心したんだ。オバラ教諭に、『週案は、のちに生きるので教師のよい財産になるよ』とよく言われたよ。

異動した袖小では、市販の週案簿に、マネをして計画メモを書いて貼るようにしたんだ。ただし、各教科領域などの欄には、前に話したように簡単に内容を書いたものだけだったけれどね。でも、同じ学年をやったときは、とても役立ったんだ」

スズ「週案は作成の仕方によって、役に立つんだね。肝心な先生の役に立たなければ、作成する意味がないよね。ニャンコ先生は、役に立つと考えて作成しているのかな。だけど、休日にやるのはよくないよ。早く作成するようにしないといけないよね」

ワン「週案は、週の終わりでないと作成できないんだ。だけど、週の終わりは学年会があるので、早く学年会が終わらないと自宅でやらなければいけなくなるんだ。

週案（週の授業の計画案）

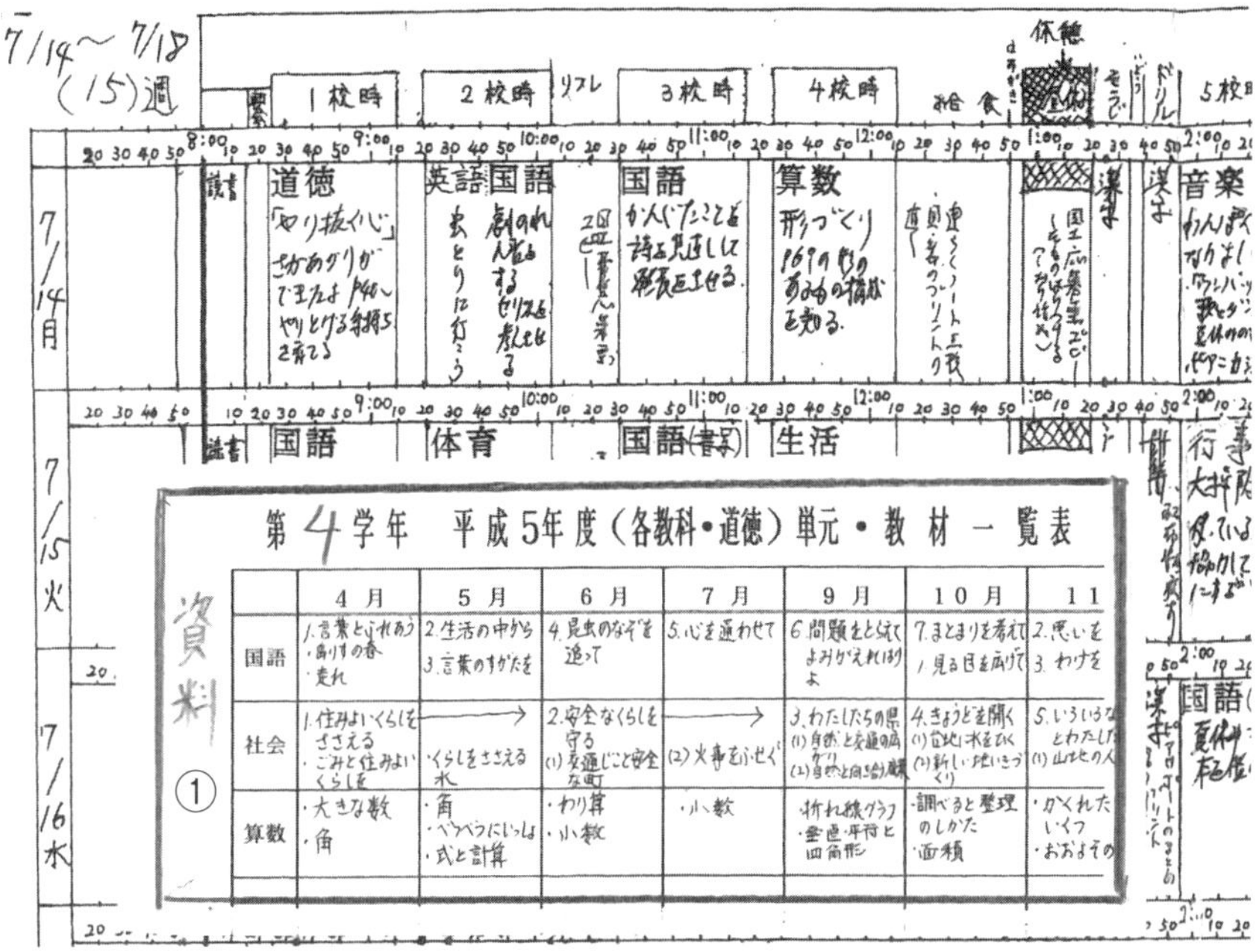

不思議なのは、週案の提出が、翌週の最初の曜日の早朝ということなんだ。

つまり、これは、自宅もしくは休日出勤して作成することを前提に提出を求めていることになるんだ。でも、これでは時間外勤務になるので、法令違反に当たるんだ。なぜなら、二〇〇六年（平成十八年）頃からこの地区では、週案が、準公簿扱いになったからなんだ。つまり、強制して書かせることが容認されたんだ。これまでは、ごく少数の教師だけれど、週案提出を拒否できたんだよ」

フク「そうなると、週案簿の書式を定め、学校管理運営規則や学校文書管理規定などで、週案簿を公文書と明記しなくてはいけないんだ。そうしないと、公簿にはならないはずだけれどね。

他県では、公簿に定めている教育委員会（東京都多摩川の教育委員会。今は増えている）があるが、この地区の学校は、週案の書式が各学校異なっているし、教育委員会が規則や規定を定めてないんだ。だから、公簿でなくて準公簿の扱いじゃないのかな。

それにしても、強引なやり方だよね。学校管理運営規則第二十八条には、備えなければならない表簿として、具体的に『学習指導要録……』などと名前が書かれているんだ。そこには『週案簿』なんて書いてないんだからね。それを『概ね』と書かれていることを拡大解釈して、週案を公簿扱いにしているんだからね」

カラ「そうなると、先生方は職務として作成し、提出義務が生じることになるよね。すると、作成されたものは整理・保管・廃棄の対象になるから返却されなくなるんだね」

ワン「そうなんだ、平成十九年度、校長と教育委員会に週案返却を要求したら、公簿扱いになったので返却できないと言われたんだ」

フク「だけど、個人が作成した物なので、保管期間が過ぎれば返却要求はできると思うよ。でも、公簿と規定されたら難しくなるね。

　とはいえ、返却を要求する先生はいるのかな。今の週案は、指導に役立つ個人の財産になるようなものになってないからね。反省の記述だって、管理職から指導を請うような書き方はしてないと思うよ。中には、校長の励ましやアドバイスを授業や学級経営などに生かしている人もいるとは思うが、果たして返却を要求するかな」

ワン「かつては、週案は教師の財産になり、今後の指導に役立つと、教育委員会がそう指導してきたんだよ。それなのに、作成したものが倉庫に保管されるんだ。つまり、活用できないものになってしまうんだ。それと、週案には、他の教師に知られたくないことも書かれているんだよ。それが、自由に閲覧できるようになるんだからね。

　最初は返却を要求したけれど、その後は要求しても拒否されるので、コピーして活用していたんだ」

スズ「生かされることなく処分されるなら、全先生方で抗議しなくてはいけないと思うけれどな。それと、勤務時間内で作成できていないんだから、時間外勤務であって違法だよ。それなのに抗議しないいんだから、

〔週案のモデル〕

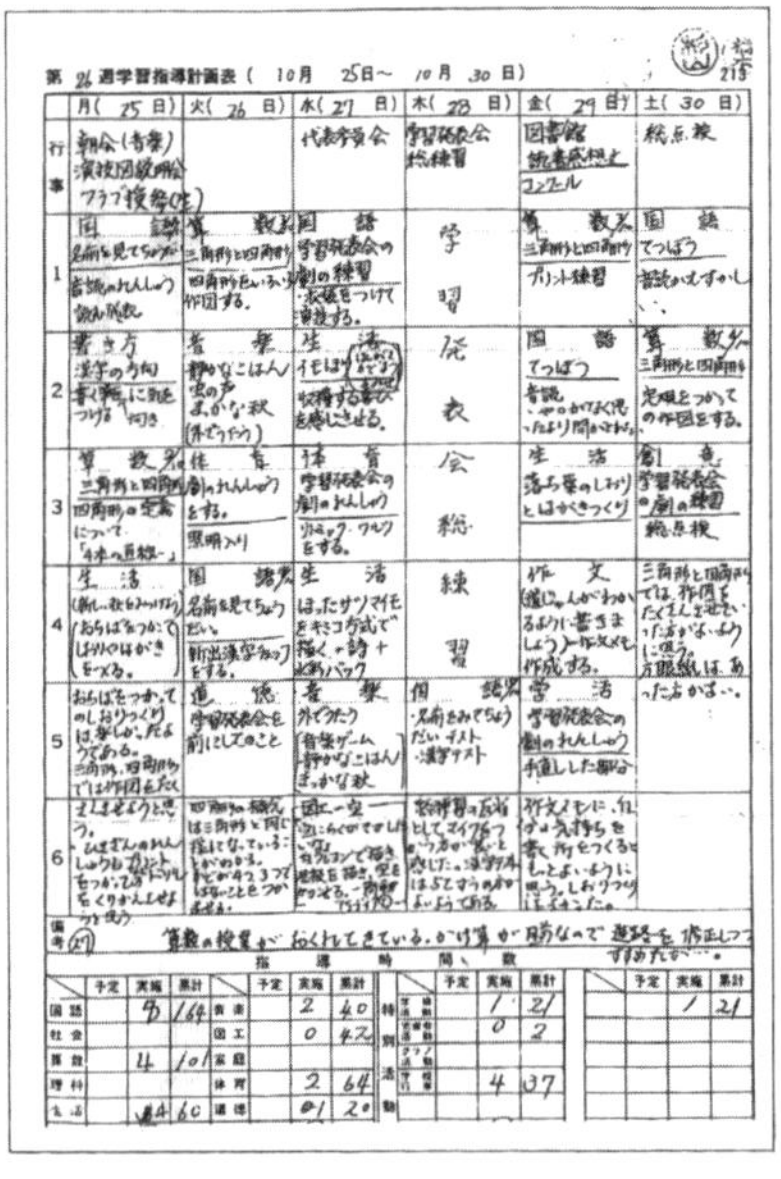
第 26 週学習指導計画表（ 10月 25日～ 10月 30日）

	月（25日）	火（26日）	水（27日）	木（28日）	金（29日）	土（30日）
行事	朝会（音楽）		代表委員会	学習発表会総練習	図書館 読書感想文コンクール	
1	国語	算数	国語	学習	算数	国語
2	書き方	音楽	生活	発表	国語	算数
3	算数	体育	体育	会	生活	創意
4	生活	国語	生活	総練習	作文	
5		道徳	音楽	国語	学活	
6						

先生方もよくないよ」
フク「そうだね。先生方は時間外勤務が多いと不満を言うが、週案作成の時間が保障されず強要されているんだからね。みんなで声をあげないといけないね」
スズ「それと、週案は絶対に返さなければいけないよ。そうでないと、反省が生かせないよ。そうでしょう?」

指導室訪問と所長訪問

今日は、県教育委員会の出張所である教育事務局による学校訪問がある。午後から、全先生方が授業を行い、指導主事および講師から指導を受けることになっている。

先生方は、この日の授業のために、夏休みから指導案作成に取り組んできた。そして、九月末に完成させることができた。

教頭と教務は、昨夜、点検表を手にして各教室の掲示物や室内の整理整頓状態などを見て回った。だが、出勤してくると、再び点検表を見ながら、全教室を見て回った。

スズ「四ヶ月前に、教育委員会の所長訪問があったのに、また学校訪問があるんだね。先生方は大変だね。

六月の学校訪問では、管理課長と管理主事が学校の諸帳簿や施設・設備の調査をしたよね。でも、今回は指導室の指導主事による授業研究の研修なんでしょう?校舎内外の美化に力を入れる必要があるのかな。

それと授業が終わったあとに協議会があったけれど、講師の指導主事ばかり話していて、質問したことにほとんど答えてもらえなかったよ。この日の授業のために多くの時間をかけたのに、これでは、やっても意味がないよ。そうでしょう。分科会の時間は四十五分しかないのに、各教科に授業者は二人いたんだよ。しかも、学年が違ったじゃない。それに、授業者が授業を振り返って課題や聞きたいことを多く話せば、協議する時間はその分少なくなるじゃない。先生方はきっと不満だったと思うな」

カラ「そうだね。少ししか協議ができなかったからね。それに、講師は、研究主題そして目標との関係で授業を分析し、問題点を挙げ長々と話をするんだからね。不満だったと思うよ。とくにトラ先生はね」

フク「そうだね。トラ先生は指導案通りの授業ができなかったことや、授業中の評価が十分できていなかったことを言われたからね。

だけどトラ先生は、子どもたちの様子を見て、大まかな評価をして授業を進めていたんだよ。授業を終わってからでも評価することができたのに、それを強く指摘されたんだからね」

カラ「それだけじゃないと思うな。トラ先生は、具体的にどのような質問・手だてをすればよかったか講師が話をしてくれなかったからなんだ」

フク「トラ先生は以前から、『研究授業は明日の授業に生かせる指導技術や方法を習得する場だ』と言っていたからね。だから、どのような発問や助言、手だてを講じればよいか具体的に役立つ分科会でなければならないと思っていたんだ」

ワン「この地区のほとんどの学校の校内研究は、講師から指導を請うことを前提に授業を行っているので、トラ先生の要望は難しいよ。

今回は指導室が作成した指導案だったのでこれで済んだが、校内研究だと講師が指導案や研究の内容を変えさせることがよくあるんだ。『こうしてほしい。これを入れるとよくなる』と言われれば、納得しなくてもその通りにするしかないからね」

スズ「分科会のあと、全体会で県教育委員会から、教育施策や先生方への要望の話があったよね。でも、配られた資料に書いてあることばかりだったよ。校長先生や教頭先生が聞いて済ますことができなかったのかな。そうすれば、全体会の三十分を分科会に回すことができたのにね」

カラ「そうだね。あとで先生方に伝えればいいんだからね。先生方には、授業力をつけさせるためにも、多くの時間を協議に当てられるようにすべきだね。以前は分科会の時間は一時間あったんだよ」

フク「指導室訪問の目的は、授業力をつけるだけじゃないんだよ。県の教育施策や先生方に必要とされることなどを伝え、全教職員でしっかり取り組めるようにすることなんだ。

だけど、時間をかけないと作成できない指導案、そして、授業後の短時間の分科会は、良くないと思うな」

カラ「それで、指導室訪問の大きな負担を訴え、柏市では、学校労働者合同組合が交渉して分科会だけにしてもらったことがあるんだよ。学校だけでなく、指導室訪問の在り方にも改善が必要だよね」

スズ「全体会では、先生方の頑張りを褒めてくれて良かったね。でも、校内の掲示や教室環境、清掃の徹底のお褒めは必要ないよね。今後も力を入れて取り組むことを望むというメッセージになるんだから。

今回は、授業で苦労をしたけれど、六月に行われた所長訪問も大変だったよね。公簿、諸帳簿の作成、そして教室、校舎内外の清掃と環境づくりにね。一年生の先生方は、休日も出勤していたんだよ」

カラ「一年生だけじゃないよ。他の学年の先生も数人出勤していたじゃない。次長訪問は、先生方の授業の様子、そして施設設備の状況、それから学校に備え付けの必要な公簿や諸帳簿の点検があるからね。

特に一年生は、公簿や諸帳簿を新しく作らなければいけないからね。訪問が二学期なら夏休みを使ってできるんだけど、六月だろう？　間に合わせるには休日も使わないと終わらせることができないからね」

スズ「次長訪問は六月だったけど、三週間前には市の教育委員会による事前の点検があったんだよね。だから、それに合わせるために、どうしても休日出勤となったんでしょう？　現時点でどうしても必要でないものなら除外してもらうように、校長先生は市の教育委員会に言わなければいけないよ。管理職なんだからね。教職員のために仕事をしなくては」

カラ「本来は、市の教育委員会だけで済ませることができるんだ。だけど、市の教育委員会は県の教育事務局に訪問を要請するんだ。市の教育委員会も校長先生も、県の教育委員会には弱いんだ。県の管理課の先生方は厳しく検査するからね。

だから訪問前に検査をして、間違いや不足がないようにしておかないと、たくさん指摘されるからね。それでも管理主事からいくつも指摘があるんだから驚きだよ。

先生方には、次のような指摘があったんだよ。

・訂正印はできるだけ使わないこと。

・出席簿の記入においては、数字は下部に小さく書くこと（以前は三分の一）。

・週案には、必ず安全指導を書くこと。

・授業の変更があったら、教科名の変更だけでなく指導した内容も書くこと。

・反省欄に児童の名前を書くときは、イニシャルではなく実名で書くこと。

・教室の前面に学校教育目標を貼ること。

・黒板に書いてある日直の名前には『さん』をつけること。

・黒板に欠席の児童の名前が書かれているのが望ましい、等々。

もちろん、お褒めの言葉も多く聞かれたけれどね。

・出席簿、学校日誌、服務整理簿の整合性がよくとれている。

・週案に校長と教頭が朱でコメントを入れている。

等々とね」

※現在は、かなりの公簿がパソコン処理ができるようになったが、時間を要している。

スズ「教育事務局はそこまで要求するから、校長先生は、みんなに指摘されないようにやらせるんだね。それにしても、次長や管理課長には権威があるんだね。次長さんたちが、校長先生の案内で各クラスの授業を見て回っていた時、教務の先生は先回りしてゴミが落ちていないか、掲示物がはがれていないか点検していたよね。これは指摘されないためだったんだよね。

だけど、そこまでやる必要はあるのかな。それと、わずかな時間しか授業を見てないよ。これで先生方の授業力が分かるのかな」

フク「指導室訪問とは違うんだよ。先生方が、しっかり授業に取り組んでいるか、それが分かればいいんだからね。だから、授業の目標と授業内容を書くだけで、指導案は書かなくてよかったんだ。以前は簡単であるが、指導案の提出が求められていたんだよ。

校長、教頭、教務、それに市の教育委員会が、教育事務局に頭が上がらないのは、管理指導する立場にいて人事権を持っているからなんだ。

今はどうなっているか分からないが、かつては『反省会』と称して、訪問があった学校は一席設けていたんだ。凸凹小では、お土産まで持たせて歓迎してたんだからね」

スズ「教育委員会の方は、各学校で歓迎されているが、教職員は、訪問によって忙しい思いをしているんだよ。学校には働き方改革に取り組むように要請しておきながら、教育委員会は、細かいことまで要求するんだから、矛盾しているよ。教育委員会には、先生方が無理なく事務処理ができるように考えてほしいよね」

フク「だけど、以前と比べれば少しは良くなっているんだよ。ワン先生が教務をやった時の管理訪問は、もっと厳しかったんだから。

訪問の様子を凸凹小のボスから詳細に聞いていたので、参考のために今から紹介するね」

◆凸凹小学校の管理訪問

職員は、管理訪問のため、毎日遅くまで書類の整理、校舎内外の環境整備に時間をかけて取り組んでいた。

朝、出勤してくると、黒板に朝清掃の連絡が書かれていた。管理訪問は午後からであるが、子どもたちは朝と昼の清掃に取り組んだ。

ワン先生は、管理職の先生方の到着前に正門で待ち、到着すると、深々とお辞儀をして玄関に案内した。玄関では、校長、教頭、事務、養護の先生が待っていた。

サブ「訪問は午後からなんでしょう？　せっかく掃除しても汚れると思うけどな」

ボス「休み時間、外で遊ぶ子がいるので汚れるよね。だから、昼掃除は十分時間をとっているんだよ」

サブ「それじゃ、昼掃除だけでいいじゃない」
ボス「そうだね、昼掃除だけで十分だね。でも校長からすれば、現時点できれいでないと不安なのさ」
サブ「子どもたちにとっては迷惑だよね。管理職の先生は、そんなに偉いのかな。校長より偉いの？」
ボス「偉いかどうかは、人によって見方が変わると思うよ。管理課の先生は、教育委員会に所属して指導的立場で仕事をしているんだ。だから、よく思われた方が得なんだ」
サブ「諸帳簿を何度も見直したのに、ミスってあるんだね」
ボス「ミスを見つけるのが仕事だよ。ミスがなければ、『このやり方が望ましい』と指導するんだ。自分の存在をアピールするためにね」
サブ「復命書のファイルをサッと見ただけで、『先生方は大変ですね』と言っていたけれど、どうしてなの？」
ボス「その量が多かったからだよ。出張したら校長に復命書（出張の月日、行き先、用件と報告）を提出しなければならないんだ。書くのに結構時間がかかるんだ。でも、学校の周辺の出張以外はすべて提出が要求されているんだ」
サブ「どうして、学校周辺は書かなくていいの？」
ボス「出張旅費が出ないからさ。でも、それはおかしいんだけれどね。旅費に関するのは旅行命令簿や学校日誌であって、復命書とは目的が違うからね。
　復命書は、学校運営上必要な事柄で、報告書の形で知っておいてよいと校長が判断したときだけでいいんだ。だから、どんなに大事なことがあっても、校長の場合は書かずに済んでいるだろう？　つまり、校長のために必要なのさ」
サブ「じゃ、どうして軽い用務のものも書かせるの？」
ボス「管理訪問があるからさ。たくさんあれば指摘されることもないし、校長の管理能力と威厳を誇示できると思っているからだろうね。
　でも、せっかくの復命書も利用されずに戸棚にしまい込まれるんだから、本当に無駄なことをやっているよね。しかも、復命書と旅費命令簿の内容を一致させるために、嘘《うそ》の復命書を書かせられる職員もいるんだからね。ひどいもんさ」
サブ「週案も、管理訪問のために詳しく書かせているのかな」
ボス「もちろんさ。週案は表簿じゃないけれど、きちんと授業が行われているのか、また、管理職が職員をしっかり指導しているか、これで評価できるからね。

それと、事故防止の指導が書かれてあれば、事故の際、校長、委員会および担任の責任が軽くなると考えられているからね」

サブ「なるほど、管理職に納得のいくことが前提として書かれているのか。でも、そのかいあって、どの諸帳簿も褒められたものね。それに、接待も褒められたんだものね。校長と教頭は、さぞ気分がよかっただろうな」

ボス「前にも言ったけれど、よく思われていた方が得に決まっているからね」

＊

スズ「あれ、今と大して変わってないよ。むしろ清掃や掲示物においては今の方が厳しいと思うな。清掃週間なんてなかったじゃない。訪問に来る管理課の人に対して、ここまで待遇しなくてはいけなかったなんて驚いたよ。

学校訪問は、県内どこの学校もこのような対応をとっているのかな。訪問のために、計画的に事務処理や教室などの環境づくり、そして、落ち度のない清掃は、先生方にとっては大きな負担があるのにね。負担のないようにしてほしいよね。

それから、指導室訪問の指導案も、分かりやすいものにしてほしいよね。先生方から改善を求めることはできないのかな」

カラ「難しいよ。もちろん校長に要望できるよ。でも、改善要求はしないよ。教育事務所には、頭が上がらないからね。

それから、先生方が要望したいと思ったら、組合に言ってもらうしかないよ。実際、組合から、県や市の教育委員会に要望はしているんだよ。だけど、ほとんど要求は叶《かな》えられていないけれどね」

フク「実際に学校訪問を行っているのは、教育事務所だからね。ここに要求しなければ改善は難しいよ。言えるのは、市町村の教育委員会と校長なんだ。でも、言えないんだな。このことは、『ワン先生奮闘記』の項を読むと分かるよ。

先生方の働き方改革が言われているので、先生方の負担のない学校訪問にしてほしいよね」

教職員の不祥事

十二月八日、市内の小中学校では、教職員の不祥事対策のための研修会が行われた。黒森山小の教職員は、隣の中学校へ近隣四校の教職員と共に研修に参加した。

はじめに教育委員会から、十月に起きた中学校の先生の体罰と処分の話があった。その後、各学校の教職員がブロック別で不祥事対策と生徒指導の充実に向けて話し合った。

一時間ほど話し合いをした後、各グループで、話し合ったことを発表した。その後、委員会から総括の話があって、四時三十分に閉会となった。

玄関では、成績処理で忙しい時に研修をやったことや、退勤時刻までやったことに、不満の声があちこちから聞かれた。各学校の教職員は、相乗りで来たので、学校に戻ってからの退勤になった。

スズ「十二月は、成績つけでとても忙しいのに、どうして研修を行ったのかな。以前なら、体罰で処分されると、すぐに先生方を集めて指導があったのにね。教育委員会は、成績処理で忙しいことを知らないのかな。そうだとしたら、校長先生に、日程を変えてもらえるように頼まなくてはいけないよね」

カラ「普通はこのような行事は、事前に行事予定表に記載されているんだよ。だけど、先生方が知ったのは十二月に入ってからなんだ。それでは変更を要求するのには間に合わないんだ。

それでもトラ先生は、先に延ばせないか、成績処理で支障があると訴えたんだ。すると教頭先生は、『教育委員会が決めたことなので無理です。出席してください』と返答したんだよ」

フク「本来なら、先生方の勤務状況から、校長が教育委員会に日程変更を要求しないといけないんだけれどね。

教育委員会が、事件後、すぐに集めなかったのは、急を要して指導するより、小中連携で取り組んでいる生徒指導の体制を生かし、話し合いをさせた方が良いと考えたんだろうな。だから、先生方に配布した要項の表題が、『小中連携生徒指導研修会』となっていたじゃない」

スズ「体罰を起こさせないためには、小学校と中学校が連携して生徒指導を行う必要があると考えたんだね」

フク「中学校の先生の多くは、小学校の生徒指導に不満を抱いているんだ。十分ではないとね。そこで中学校の先生から、決まりをしっかり守らせ、基本的な生活態度を身につけさせてほしいと要望があったんだ。

それに対して小学校側は、決まりで拘束させるより、子どもとよく話し合って、子どもの気持ちを理解する。そして、全先生方が協力して取り組むことが大事ではないかと反論し、平行線の話し合いになったんだ。

だけど中学校では、暴力、いじめ、不登校など問題行動に苦慮しているんだ。そして、行き過ぎた指導が、体罰になって表れているからね。だから小学校の先生に、生徒指導の徹底を求めていたというわけなんだ」

スズ「それで小学校の先生方に、決まりを守る指導を要求したんだね。でも、頭ごなしに決まりを守らせるやり方は、良くないよね。子どもの気持ちや考えをしっかり聞いてあげ、決まりの必要性を分からせることをしないと、守ろうとしないよ。特に六年生はね」

カラ「小と中では、発達段階に違いがあり、思春期を迎えている中学生の指導はとても難しいんだ。話を聞く態度も小学生とは違うからね。

でも、子どもの気持ちを理解する考え方は、指導において大切なんだ。今日は、お互い意見交換することで、指導方法を見直す機会にはなったんじゃないかな」

スズ「でも、忙しい時にやったのは良くないよ。一月でも良かったのにね。

今、黒森山小では、一部教科担任制をとっているけれど、これも小中連携の一環なんでしょう？　いつ頃から始めるようになったのかな。

　ワン先生は、小中連携のことで教育委員会に問題提起したことがあったんだよね。今回の小中連携の研修はどう思うの？」

ワン「研修の内容は良かったと思うよ。でも、時期と時間を考えると良くないよ。話し合いはわずか一時間だよ。しかも、今後の話し合いはないんだからね。形式的にやったという感は否めないよ。

　教師になった時は、幼・保・小の連携で、授業やさまざまな活動を行っていたが、小中連携の取り組みはなかったよ。

　それが、八峰小に勤務していた時の一九九九年（平成十一年）、隣の中学校の校長が、小中連携推進委員会を提案し、強引に進めたんだ（二〇〇〇年、文部省の研究開発校の指定を受け、初めて小中一貫校が広島県呉市で設立される前年度）。

　市内の小中十二校で、『小中連携五項目』と『学校変革の項目』を設定して取り組むことになったんだ。だけど、その項目は、中学校の先生方には必要であっても、小学校には、特別必要とはされていないものなんだ。

　どのような項目かと言うと、
①あいさつができる
②人の話を静かに聞くことができる
③掃除をすることができる
④指示を受け止めて行動することができる
⑤自学をすることができる
　の五つなんだ。

　特に④の目標は、指示どおりに行動に移さなければならないことを要求しているんだ。小学校では、自ら考え主体的に行動をとる指導を行っているんだよ。もちろん、大事なことや決まりなどの指示は受け止めて行動する必要はあるよ。でも、常時となると、受け身の子どもを育成することになるからね。
　③の掃除だって同じだよ。話をしないで掃除ができるようにさせることを目標にしているんだよ。無駄な話は、掃除が雑になるので良くはないが、児童はやるべきことはやっているからね。そこまで求める必要はないよ。
　これらの目標は、生徒のためというより、教師が生徒を管理しやすくするために設けたように思えてならないよ。このために、チェックシート・掲示物・アンケートなどの作業で多くの時間を使うことになったたんだからね。

小中一緒に道路のゴミ拾いをやったが、ただ、ゴミを拾うだけなんだ。小中で一緒に活動をすればいいというものじゃないよね。それから六年生は、他のクラスと交換授業をやっていたんだけど、体育や図工などやりやすいものだったんだ」

スズ「今回の小中連携の研修は良かったと思うけれど、今の話を聞くと必ずしも良いとは言えないんだね。だけど、今、小中一貫校が増えていることからも、小中連携の必要性が大事だよね。だからといって、高学年の先生方に、多くの負担をかけるのはよくないよね」

カラ「そうだね。今は、教科担任制が求められているが、高学年の先生にとっては負担が大きいよね」

フク「今の高学年は、心身ともに発達が早いので、早く思春期を迎える子どもが多いからな。それに、子どもたちを囲む人間関係が狭くなっているからね。だから、中学校という新しい環境に適応できないから、不登校の子どもたちが増えていると言われているんだ。

中学校は、小学校とは授業の形態・先生によって異なる授業と指導、そして規律を求める校則・クラブ活動など、大きく異なっているんだ。だから、このギャップを乗り越えるために、小学校には、教科担任制の導入が求められているんだ。複数の先生から授業を受けることで、授業のやり方や接し方が異なることを経験することができるんだよ」

スズ「中学校に上がる六年生の子にとって、小中連携は大事だね。もちろん先生方にとっても、不祥事防止に効果があるんだからね。

あと、先生方の不祥事対策で取り組んでいるのは何なの？ うまくいっているの？」

カラ「飲酒運転の対策は功を奏しているんだよ。昔は、飲酒運転でも事故さえ起こさなければ、軽い処分で済むことがあったんだ。でも今は一切許されないんだ。だからどこの学校でも、お酒が出る歓迎会や慰労会などは車に乗って行けないように、鍵を預かる対策をとっているんだ。

それと、個人情報の持ち出しにも決まりを設けて、紛失や盗難防止に取り組んでいるんだ。でも、自宅に持って行かないと仕事が終わらず、黙って持ち出すことがあるので、徹底させることが難しいんだ」

フク「近年、わいせつ行為の事件が多いよね。『まさか、あの先生が』というコメントが聞かれることからも、私生活に関わってくると対策はもっと難しいよね。

学校や教育委員会は、不祥事の報道があったら先生方に知らせ、教師の失墜行為は重く処罰されることを話して、不祥事防止を図っているんだ。ただ、市内で不祥事が起きた場合は、今回のような研修を行うんだ。
　それ以外の対策としては、不祥事の事例をまとめた資料を配布したり、不祥事対策のレポートを書かせたりしているんだ（資料①）。先生は、民間より厳しく見られ、処分も重いことは、十分知らされて分かっているはずなんだ。懲戒免職になれば退職金がなくなるんだよ。それでも不祥事がなくならないんだから、本当に難しい問題だよね」

スズ「退職前の先生は、不祥事を起こさないように、車の運転にも気をつけているんだってね。みんなにもこの気持ちがあれば、不祥事は防げるよね。でも、この気持ちは、退職前でないと分からないか。
　教育委員会は、不祥事対策のレポートを書かせているんでしょう？　効果は出ているのかな」

カラ「教育委員会は、先生方に毎年、不祥事対策のレポートを書かせているよね。だけど、みんながどんな対策を考えているか、知らせることはしないんだ。これでは、不祥事防止の意識を持たせることはできないよ。教育委員会は、責任回避のために書かせているように思えてならないよ」

フク「そうだね。みんなの提出したレポートの中で、効果がありそうな対策は紹介しなくてはいけないよね。それらをみんなで見れば、もっと効果が出ると思うな。
　それから、本当に不祥事をなくそうと思うなら、先生が生きがいを持って働ける勤務条件と、快適な職場環境を作ることじゃないかな」

資料①

「職場の不祥事根絶に向けて思うこと」

[redacted]市立[redacted]小学校
教諭　　小西　孝敏

　現在、教育委員会を主とした不祥事が新聞、テレビ等で大きな問題として報道されている。これまでは、教員個人の自覚の欠如からくる飲酒運転、わいせつ行為、個人情報の盗難・紛失等が問題にされてきた。そこで、昨年度「不祥事根絶に向けての具体的な対策」を考えたが、この事件から教育委員会も含めて全教職員で不祥事根絶について考え対策を講じる必要性を痛切に感じた。教職員だれもが不祥事を起こせば処分され、親近者は勿論、同じ職場のみんなに迷惑をかけることを知っている。特に、児童、保護者、地域の教育に対する信頼を損なうことは教員者として恥ずかしいことである。しかし、不祥事は後をたたない。平成１８年度、県教育委員会から、不祥事の具体例とどんな処分になるかが記載されている「不祥事根絶に向けて」というパンフレットが配布されたが、このような具体的な内容は数多く知らせることが抑止力になると考える。特にどのような処分が行われるのか関係法令と結び付けて知らせることはとても有効だと思う。
　教育委員会にお願いしたいことは、不祥事の詳細は教育委員会しか分からないので、事件を起こした本当の理由・原因を分析し、何が問題かどのように行うように努めたらよいのか、我々教職員に知らせて欲しいと思う。これは教職員自身を守ることにもなる。我々教職員は、新聞やテレビなどで報道された内容のことしか知らないので、対策を考えても表面的なことでしか考えられない。まして、今回の不祥事は教育委員会自体に問題が向けられているので、教育委員会は校長や専門家を交えて対策を立てることが急務だと考える。我々に不祥事を起こさないように事例を上げて注意を促すだけでなく、具体的に分かるような対策を示しみんなで取り組むことが大切だと思う。
　不祥事の中で、最近特に目だって多く見られるのに個人情報の流出があげられる。これは、機会ある度に上司や情報担当の職員から言われている。昨年度、成田市で個人情報の入ったパソコンやＵＳＢメモリーが盗難に遭った女性教諭の不祥事で、教育委員会から情

学年主任と学年会

週末の金曜日は、どこの学校も学年会が行われる。二年生の先生方は、児童を帰したあと、学年主任のブウ先生の教室に集まり学年会を始めた。いつもの会議と異なり茶菓が出て、一見、休憩時間の様相が見られた。

初めに、今週の授業時数の確認をし、来週行われる学年の行事や活動について話し合った。次に、各部会に所属している先生からの報告があった。その後は、お菓子を食べながら、学級で困っていることや子どもたちの様子、そして、生活情報、ドラマなど、さまざまな話題で会話を楽しんだ。

だが、ニャンコ先生は保育園へ子どもを迎えに行かなければならない。特に大事な話もないので、早く週案を作成したかったが、席を立つことができず、学年主任の終わりの言葉を待った。

学年会を終えると、すぐにみんなは週案に取りかかった。だが、ニャンコ先生は、迎えの時間になったので作成をやめ、必要な指導書などの教材をカバンに詰めて退勤した。

主任のブウ先生は、祖母が家事をやっていることもあり、遅くまで残って週案を作成し、完成させてから退勤できた。だが、五年生の先生方は、遅くまで学年会をやっていた。

スズ「学年会のことを『学年会議』とも言うんでしょう？　会議だから、もっと議題があって話し合うかと思っていたのにな。でも会議のあと、週案作成があるなら、早く終わらせればいいのにね。多くは、私的な話で時間を使っていたんだよ。

ニャンコ先生は、『話し合うことがなければ、終わりにしましょう』とか、『週案作成がありますからお先に失礼します』とか言えばいいのにね。結局、間に合わなくて自宅でやるようになったんだから。学年主任は、学年会議の議長にあたるんだから、『話し合うことがなかったら閉会します』と宣言しないといけないよね」

カラ「そうだね。必要な話でなければそう言うべきだね。ところで、学年会を『学年会議』とも言うのはどうしてなのか分かるかい？　学校は、さまざまな教育活動を学年単位で行っているんだ。そこで黒森山小では、毎週、計画的に活動できるように学年で話し合う時間として学年会が設定されているんだ。でも学年会は、学年のことだけでなく、学校運営に関わる議題を話し合うことが要求されているんだ。だから『学年会議』という言い方をされるんだよ。

黒森山小では、学年会を週末の金曜日に実施しているが、木曜日にやっている学校もあるんだよ。その方が、余裕をもって話し合うことができるからね。今回の学年会は、今週の授業時数の確認と来週の予定、そして部会の報告と、生活科でやる芋掘りの準備の打ち合わせだけだったので、すぐに終えることができたんだ。黒森山小の学年会は、どこも週案の時間数の確認と、学校や学年の教育活動の計画や準備を重視してやっているんだよ。

以前は、校内研究が算数（少人数授業）だったので、算数専科に来てもらって、授業の進度や進め方の打ち合わせがあったんだ。でも、今は計画表を配布されるので必要なくなったんだ。だけど、専科の授業の多い中・高学年は、打ち合わせを学年会でやることが多いんだ」

フク「週末は、翌週の学習・活動と生活指導などの計画案を作成しなくてはいけないから、どの先生も学年会が早く終わることを願っているんだ。だけど、学年主任のブウ先生は話し好きで、退勤が遅くなっても困ることがないから、気にしないんだろうね。

ともあれ学年主任は、学年のみんなをリードしてまとめるだけでなく、みんなのことを考えて、学年を運営しなければいけないはずなんだ。

学年主任というのは、校長の監督を受け、当該学年の教育活動に関する事項について連絡調整及び指導、助言に当たる（学校教育法施行規則第四十四条）とされて、学年代表として運営委員会（企画会議。次回の職員会議の要項作成及び学校の問題について話し合う）に参加し、学年の総意を伝える役割を担っているんだ。

それから学年会には、行事や活動の運営決定だけでなく、学年研修の場としての役割もあるんだ。だから校内研究とは別に、普段の授業の改善や新たな取り組みなど、個々の先生方の技能を高める機会の場でもあるはずなんだ。だけど現実は、学年会だけでは時間が足りず、できないんだ。

ところで、ニャンコ先生が途中で退室できなかったことを問題にしていたけれど、いつも学年主任に面倒を見てもらっていることと、学年主任が威圧的な言動をよくとるので言い出せなかったんだ。学年主任には、意見や異議などがあっても言いにくいものなんだよ。学年主任は、学年の先生方のまとめ役だからね。

もし学年主任と異なる考えを提案しても、結局は学年主任のやりやすいように進められるんだ。だから、学年主任とトラブルになれば、人間関係だけでなく、学級運営にも支障を来すことになるんだ」

カラ「学校の教育活動は、学年主任の指導のもと、先生方がまとまって活動することが求められているんだ。だから、物事を決めるときの最終判断は、学年主任に委ねることになっているんだよ。

学年主任の権限は大きいので、学年主任に睨《にら》まれたら困るんだ。何しろ、朝から帰りまで、いつも行動を共にしなければならないんだからね。全教職員で楽しむ場でも、一緒に会食したり談笑したりすることが多いんだ。だから、新年度の担任発表の時は、誰が主任になるかが大関心なんだ。

始業式のあと、校長から担任発表があるだろう？　そこでは、子どもたちの喜怒哀楽が見られるよね。それと同じ気持ちさ。だけど顔には表さないけどね。評判の良くない先生が主任になれば、最悪な一年間になるんだよ」

フク「先ほど、黒森山小の学年会の日は週案作成もあることを話したけど、週案作成にどのくらい時間を要するか分かるかい？　もし、パソコンを使って週案を作成すれば、早い先生で三十分くらい、遅い先生は一時間以上かかるんだ。

だから、もし学年会で週案作成を三十分取るとすると、話し合いは四十分になるんだ。その訳は、五時間目の授業を終えるのが二時四十分、その後、帰りの会が十五分、休憩時間が二十五分、そして週案作成で三十分、退勤時刻が四時三十分なので、残りが四十分となるんだ。もし六時間授業なら、話し合いは十五分くらいかな。

だけど、実際は帰りの会を終えても、子どもたちが教室を出るまで時間がかかるんだ。それに会場の準備などを入れると、開始はもっと遅くなるんだ。これでは、充実した学年会を行うことは難しいんだ。少なくとも一時間は欲しいよね」

スズ「五年生の先生方が、退勤時刻を過ぎても学年会をやっていたのは、学年会の時間が短かったからなんだね」

カラ「本来は、週案の作成の時間を設けるべきだけど、それだと学年会が全くできなくなるからね。

この問題は、黒森山小だけではないんだよ。ワン先生は日台小の時、このことを問題にして、教育委員会や人事委員会に訴えに行ったんだよね（詳細は『ワン先生奮闘記』の項）」

スズ「だからと言って、勤務時間が過ぎているんだよ？　それでなくても、五年生の先生は、毎日遅くまで残っているじゃない。学年主任が綿密に計画を立てれば、遅くまで残らなくて済むと思うけどな。トラ先生が、代わりに学年主任になればいいのに。企画力もあるし指導力もあるじゃない。校長先生は見る目がないね」

フク「学校運営に学年主任の働きは欠かせないよね。だから多くの校長は、学年主任を決めるとき、教頭と相談するんだよ。

二年生のブウ先生は、熱心でないように思っているようだけれど、学年をまとめる力量はあるんだよ。二年生の構成を見てごらん。新採三年目と中堅だけれど、園児のお子さんを持っているニャンコ先生だよ。それを考えるとやむを得ないんじゃないかな。

五年生のトラ先生は、確かに優秀かもしれないけれど、校長と意見が合わないからね。トラ先生は、職員会議でいつも問題提起をして校長を困らせているんだ。だから、ワン先生が学年主任になれないのも、この理由さ」

スズ「それじゃあ、ワン先生に聞くよ。異動する前の習野市では、学年主任をやっていたんでしょう？　この地区でもやりたいとは思わなかったの？」

ワン「学年主任は、面倒な仕事だけれど、とてもやりがいがあるよ。だけど、自分から希望すればなれるものではないんだ。

校長からすれば、学年主任は自分の考えを学年のみんなに理解・協力させることができることを要求しているんだ。校長は、自分に反対するような教師は、相応しくないと思っているんだ。だから、職員会議で校長に問題提起や反対意見をよく述べる教師は、絶対に学年主任にはさせないんだ。特に、みんなに支持される発言をする教師はね。

何しろ学年主任は、学年のみんなだけでなく、他の学年主任にも影響を与えるからね。袖小で学年主任をやっていた時は、校長のさまざまな提案に反対意見を述べ、公開研究発表の実施を阻止したり、学芸会の廃止の阻止をしたりしたんだ。校長は、学年主任を外そうと画策したが、学年主任がまとまって抗議したのでできなかったんだ。

多くの職員を敵に回すことは得策じゃないからね。当時は職員会で多くの職員が積極的に発言し、活気があったことが背景にあったんだ。今では、みんなで抗議したりすることはあり得ないけれどね。

学年主任は強い権限を持っていて、自分の都合に合わせて会議を設けたり活動したりすることができるんだ。時間の設定も自由さ。しかも、活動内容も自分の考えで推し進めることもできるんだ。

『総合』が創設されたとき、独自で学習内容を決められたので、学年会で先進校の授業を参考にした内容を提案したんだ。だけど、『事前の準備が面倒』、『訪問先の方と交渉したり、保護者・地域の方に協力要請をしたりするのが面倒』と言われ、できなかったんだ。

学年主任の権限の大きさを痛切に感じたよ。学年主任にならないと、自分の考えが反映されないとね。だからといって、校長の意向どおりに事を進めることを容認することはできないし、この性格だと、どうしても校長や教頭、教務と衝突するんだ。

だから、どの校長にも学年主任にはさせてもらえなかったよ。校長の中には、職員会議で発言させないように企画会議に参加させたり、他校に希望するように強要したりすることもあったんだよ。

だけど、これは、一担任でも学校運営に影響を与えることができることの証じゃないのかな。つまり学年主任なら、他の学年主任にも影響を与えることができるということなんだ」

スズ「一担任でも、学校運営に影響を与えることができるのか。ところで、学年主任になるには、どんな条件が必要なの？」
ワン「学年主任は、試験や何か資格を持っていないとなれないものではないんだよ。学校の勤務年数や指導能力などを総合的に見て、校長が任命するんだ。概ね年配の教師がなっているんだ。中には、相応しくないと思われている人もいるけれど、特別問題がなければ、退職まで学年主任のままなんだ。だけど、これは考えないといけないよね」
フク「そうだね、問題がなければそのままやらせておいた方が、校長としては頭を悩まさなくて済むよ。でも、校長は学年主任の活性化を図る勇気が必要だと思うな。前任校で学年主任をやっていれば、異動校でも学年主任というのは問題だよ。学校の様子も分からずに学年主任になるんだからね。任命するなら、十分その先生のことを知っていないといけないと思うんだ。

　ワン先生が、習野市の東小に異動した時は、学年主任に任命されなかったんだよね。でもそれは、ワン先生だけではないんだ。これは、校長の『学校の実態をよく知らないと、学校経営に支障が出ることがある。本校の学校運営をしっかり見てからの方が学校に貢献できる』という考え方なんだ。一年勤務すれば、学校の良さも問題点も分かるからね。

　でも、このやり方には問題もあるんだ。学校の改善・発展に即、活躍できる機会を奪うことになるからね。つまり、学年主任というのは、重要な働きをする役職を担っているんだ。

　それから、学校には、校長や教頭とは別に教務主任がいるよね。教務主任も学年主任同様、試験も資格も必要ないんだ。だけど、権限は学年主任より持っているんだ。しかし教務主任には、学年主任とは違って、多くの研修が設けられているんだ。

　そして、それとは別に、管理職試験のための勉強会もあるんだよ。当然、研修は学校経営に直結する内容なんだけど、法律もしっかり学ぶんだ。

　それに比べて学年主任は、学年経営に関する研修だけで、学校運営や教師の権利・義務に関する研修は行わないんだ。だから、学年会や学年での研修を、休み時間にやったり、勤務時間を過ぎてやったりすることになるんだ」
スズ「そうか、ブウ先生は、時間外勤務は違法であることや、休憩時間に仕事を入れてはいけないことを学んでいなかったのか。校長先生は、教員の義務を指導するけど、権利についてはしないものね。

　ともあれ、学年主任は学年のみんなをリードするんだから、勤務条件や権利義務をしっかり学んでほしいよね」

不審者対応訓練

二時間目、ニャンコ先生が国語の授業をしていると、突然後方の出入り口のドアが開き、不審者が入ってきた。

不審者は手に持っているナイフ（木製）を振り回し、子どもに襲いかかろうとした。すぐにニャンコ先生は笛を強く吹き、子どもたちに前方のドアから避難するように指示をした。そしてニャンコ先生は、不審者が子どもたちに近づかないように机を押しつけて防いだ。

しばらくすると、二年二組に不審者が侵入してきたことを知らせる放送が流れた。すると、すぐに先生方が刺股《さすまた》を手にして駆けつけてきた。先生方は、不審者の身動きを止め警察官が来るのを待った。やがて警察官役の先生方が不審者を捕獲して、不審者対応の避難訓練を終えた。

ニャンコ先生は、本当に突然教室に侵入した不審者が子どもを刺したら、恐怖で体がすくむのではないか、ましてや、何も持たず不審者に対峙《たいじ》できるのかと不安に思った。

スズ「もし、誰かが本当に刃物を振り回して教室に入ってきたら、先生方は今日のように子どもたちをうまく避難させることができるのかな。それと、笛を吹いて知らせたけれど、隣のクラスが騒がしくしていたら聞こえるのかな」

カラ「体育用の笛では、遠くまで聞こえないよ。防犯用の笛はあるけれど値段が高いからね。隣の日台小では防犯ブザーを用いてやっていたけれど、音が小さいのでブザーを廊下に投げての訓練だったんだ。だけど、静かに授業をやってないと聞こえないんだ」

フク「実際に殺傷を目的に入室してきたら、何度も吹く余裕なんてないよ。ブザーでは音が小さすぎるからね。火災報知器のような大きな音が出る非常ボタンの設置は必要だと思うな」

スズ「ニャンコ先生は、机やいすで防いでいたよね。本気でかかってきたら、机を突き飛ばし、簡単に乗り越えてくるよ」

カラ「机を使って不審者を妨害するのは良い方法だと思うよ。ただし、一時的に動きを止めるやり方としてはね。大事なことは、動きを少しでも止めたらすぐに逃げることだよ。

ただし、職員会議で提案した防犯機器ネットランチャーを使えば、身を防いで安全に逃げることができるんだ。ネットランチャーは、スイッチを押すとネットが瞬時に放出し、不審者を絡めることができるんだからね」

スズ「便利な物があるんだね。ぜひ備えなくちゃあね。ニャンコ先生が、不審者と対峙していたとき、校内放送で『緊急、緊急、二年二組に配膳車が着いています』とアナウンスがあったけれど、これは、不審者を興奮させないためなんでしょう？　でも、放送が流れる前に、すでに気持ちが高揚しているのに配慮する必要があるのかな」

カラ「みんながこの意味を知っているんだから、無難なやり方なのでいいんじゃないかな。だけど、校内がざわついているときは、具体的に知らせた方が確実に避難でき、救助にすぐ行けるけれどね」

スズ「そうだね。ところで、どうして駆けつけてきた先生方は、不審者を捕らえなかったの？　研修で刺股を使って捕らえることをやっているのにね」

カラ「実際に刺股を使って捕らえるとなると難しいんだ。相手に取られれば逆に危険な目に遭うからね。黒森山小では、不審者の動きを止めることまでになっているんだ。不審者対応策は、学校と管轄の警察の考えによって対応策が違うからね。先ほどの侵入の知らせ方や捕らえ方もそうだけれど、不審者が侵入できない対策もそうなんだ」

スズ「黒森山小では保護者や業者の人たちが校舎内に入る際には、玄関に置かれている名簿に名前を記載することになっているよね。だけど、多くの学校は名札の着用を要求しているよね。黒森山小はつけなくていいの？」

カラ「第二回職員会議で職員だけ名札をつけるように安全主任に言われたじゃない？」

フク「先生方だけ名札を着用することになったのは、安全主任が決めたわけじゃないんだよ。不審者対策を指導した警察官がそう話したからなんだ。教職員が名札を携帯すれば不審者を威嚇するとね。だけど、発想が警察官だよね。名札を見せれば逃げると思うんだから。警察手帳とは違うんだけどね。

だけど、指導を受けたからには、実施しなければならないと考えて、校長は職員に要求したんだ。そこで、トラ先生が、職員だけつけるのは問題だと校長に問うたんだ。不審者には名札の威嚇効果なんてないことをね。

二〇〇五年二月、大阪の寝屋川市中央小学校に十七歳の少年が包丁を持って侵入し、教職員三人を殺傷する事件があったんだ。この時、対応した先生がマニュアルどおりに用件を聞き、校内から出そうとしたんだ。その時に背後から刃物で刺されたんだよ。

名札を着けても着けなくても、殺傷目的で来たら効果がないことが、このことでも分かるだろう。大事なことは、不審者を校内に入れないことなんだ」

カラ「だから、子どもたちが学校にいる間は門扉を閉め、用があれば玄関前のインターホンを使って入れるようにしているんだよ。でも、ほとんどの学校は、門扉の開け閉めだけで精いっぱいなんだけどね」

スズ「それなら、防犯カメラと、門扉のところにインターホンを設置すればいいんじゃない?」

カラ「お金がかかるからそう簡単じゃないよ。多くの市町村は、不審者対応に十分な費用はかけられないのが実状なんだ。交通事故のように事故に遭う確率が高ければ費用を捻出すると思うけれど、あまりにも確率が低く、近年は事件が見られないからね。だけど、学校には不審者対応訓練は要求しているんだ」

スズ「いつも事件や事故があればすぐに取り組ませ、しかも、しばらく続けさせるよね。でも、その間、先生方は忙しくなるんだよ」

カラ「そうだね。学校は何かあるとすぐに対応を求められるけれど、人材や資金で支援してもらえることはないからね。学校に協力者を得ることを求められるのは、管理職の校長にとってもきついと思うよ。

事件が発生した当初は、先生方が休み時間に交代でパトロールしていたんだ。いつ、どこで同じような事件が起こるか予測できれば意味があると思うけどね。でも、全く分からないのに継続してパトロールを求められても負担が大きく、継続できるわけがないよ。だから、自然に解消されていくんだ。

不審者対応も同じさ。形式的に行うだけのものになっているじゃない。事故当初は校外(公園)でも、『一一〇番の家』を使って避難訓練をやっていたんだよ。

ところが隣の市の日台小では、不審者対応もとらず、地域住民のために学校開放の授業参観を実施しているんだよ。名札の着用も記録名簿も必要なく、自由に校舎内に入って参観できるんだ。以前の〝開かれた学校〟なんだが、ここまで自由に入れてよいのか疑問に思うな」

フク「でも、多くの保護者がいれば事件を起こしにくいし、何かあれば対処してくれるよ。それでも、事件が起きれば大問題になると思うけれどね。

本当に安全な学校にしたいと思うなら、学校だけで対処するのではなく、学校は、市町村の公共団体の安全担当者と教育委員会、それに警察と一緒に対策を講じるべきだと思うな。そうすれば、ネットトランチャーや防犯カメラの設置、そして対応できる職員を配備することができるんじゃないかな。

いずれにしろ、教職員に負担をかけずに行うようにしないと、長くは続けられないよ」

◆警察署（安全生活科）へ行く

フク「トラ先生は、名札の着用に納得できず、名札を奨励した警察官からの説明を求めて警察署に行ったんだ。その時の話を聞いたので教えてあげるね」

カラ「確か、トラ先生は、保護者はつけなくていいが職員だけつけてくれというのはおかしい、順番が違う、そして、なぜ、名札の着用が抑止力になるのか、校長先生に問いただしたんだよね」

フク「そうなんだ。そこでトラ先生は警察官から話を聞きたいと思ったんだ。その警察官の話から、職員が名札をつけることになったんだからね。

警察官は、『名札をつけていれば、学校に従事していることが分かるので、部外者に対しての抑止力につながる』と説明するんだ。名札を掲示することで、相手に学校の職員であることを認識させることができるとね。

だけど、トラ先生は、『警察手帳ではないんだから、逆に襲われる』と反論するんだ。そして中央小の事件について話をするんだ。マニュアルに従って対応していた教師が背後から刺されたことをね。『不審者は、児童や職員を殺傷するのが目的で侵入してくるので、名札は抑止力にはならない』とね。

だけど、この警察官は、その事件のことを知らなかったんだ。文科省が学校に、部外者には名札や学校が指名したリボンをつけて入るように指示していることもね。

トラ先生は、最後に、名札の着用は教育委員から言われているのかということと、防犯グッズのネットトランチャーのことを聞くんだ。

すると警察官は、『教育委員会からは言われていない』『防犯グッズはどの学校でもネットトランチャーは見ていない』と答えたんだ」

スズ「警察は、不審者対応訓練で指導に当たってくれるけれど、警察署によって違うんだね。黒森山小では、侵入してきた不審者を捕らえなかったけれど、日山台小では、刺股で捕らえたものね」

フク「どこの警察署も同じ指導でないのは良くないよね。池田小の事件を受けた当初は、警察は力を入れていたが、今は力を入れていないような気がするな。だけど、いつ起こるか分からないので、警察署間で適切な指導に当たれるようにしてほしいよね」

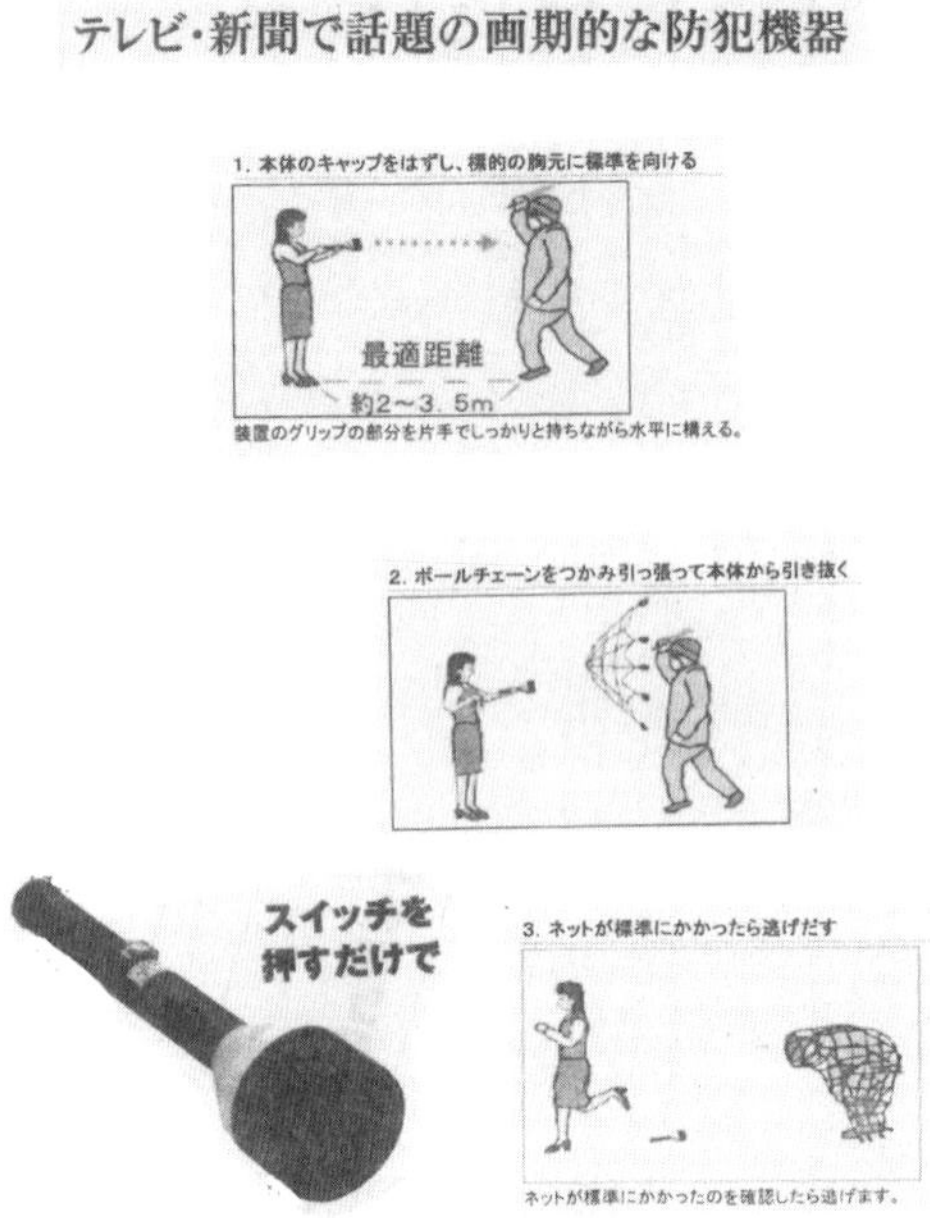

六年生を送る会と児童会活動

黒森山小では、毎年、卒業式の前に、在校生が六年生に感謝の気持ちを込め「送る会」を行っている。だが、どの学年も手間のかからない出し物ばかりである。

二年生の学年会を覗くと、何をやるか話し合っていた。学年主任のブウ先生が、今年も例年のように詩の朗読を呼びかけでやりたいと話した。だが、ピョンコ先生は、勇気を出して「同じようなものでは六年生には喜んでもらえないし、発表する子どもたちも楽しくない」と反対した。そして、子どもたちの大好きな演劇を提案した。

最初はみんな渋っていたが、脚本の用意、そして道具作りをピョンコ先生が率先してやるということで承諾を得ることができた。

子どもたちは喜んで取り組み、本番では多くの拍手をもらうことができた。だがブウ先生は、ピョンコ先生に「練習時間をたくさん使ったね。もう少し時間がかからないようにしないといけないね。それと……」と反省をうながした。

スズ「六年生を送る会は、六年生に感謝の気持ちを込めて、学年で出し物を考えて発表する場なんでしょう？ ニャンコ先生が頑張って、みんなに喜んでもらえる演劇ができたのに、どうして学年主任は、素直に喜んでくれなかったのかな」

カラ「練習のために多くの時間を使い、学力テストのための授業が十分できなかったからだよ。それと、練習時間を確保するために、専科の先生に無理して授業を動かしてもらったからなんだ。さらに、体育館のステージを使うため、体育館の使用学年に変更を何度かお願いすることになったこともあるんだ。

黒森山小では、英語と算数は専科の先生と一緒に授業をやっているんだよ。だから、学年で練習を行う場合は、授業を動かしてもらわないといけないんだ。そこで、交渉に当たったブウ先生が、嫌な顔をされたことがあったからなんだ」

フク「算数専科のキャン先生は、黒森山小の〝お局《つぼね》様〟と言われているんだ。交渉は学年主任の役割だから仕方ないけれど、嫌な顔をされると気分が悪いからね。

それと、他の学年主任から皮肉を言われたからなんだ。

『拍手、すごかったじゃない。来年からやりにくくなるわね』

『時間がかかったでしょう？ よく時間があったわね』

『毎年、同じ内容でやることになってたのに……』

なんてね。でも、率直に『よかった』と褒めてくれる先生の方が多くいたんだよ」

カラ「批判的だった先生は、きっと、六年生を送る会に頭を使いたくなかったんだと思うな。この時期は多くの仕事があるからね。二月の中旬に行われる学力テストに向けての取り組みと処理、そして三学期の通知表と学習指導要録の作成、文集作り、子どもたちの書いたシートやノートなどへのコメント入れ、それから校務分掌で受け持った仕事の処理など、山のようにあるからね」

※現在は、各市町村によって取り組みが変わり、県の学力テストではなく、市独自の学力テストを用いて行う学校が出てきた。テスト時期も異なっている。

スズ「だから、三月の初めの六年生を送る会には熱心じゃないんだね。学校が忙しくなると、多くの学校が時間と手間のかかる劇や演奏をやらなくなったけれど、黒森山小は特に簡素化していったんだよね。ピョンコ先生は、劇を提案したけれど負担にならなかったのかな」

カラ「負担は大きかったよ。劇の脚本作りや背景、道具作りなどのために、やらなければならない仕事を後回しにしてやっていたんだよ。だから、遅くまで残って勤務していたじゃない。

今は六年生を送る会しか文化的活動ができなくなっているからね。だから、ピョンコ先生は、どうしても子どもたちが楽しく活動できる内容のものにしたいと考えたんだ」

フク「黒森山小は、忙しい勤務状況の中にあるからな。だから、容易にできる内容にしているんだよ。だけど、黒森山小と同じように忙しい学校でも、多くの時間をかけた内容でやっている学校もあるんだよ。

ポンタ先生が勤務していた日台小学校もそうなんだ。六年生を送る会を文化的行事として行っているんだ。

文化的行事の目的は、『表現的・創作的な集団活動の楽しさを体験させるとともに、平素の学習の成果を相互に交流させること』なんだ。本来は、全校的な規模で演劇や合唱などを主とする特別なプログラムを編成し、学年や学級単位でその出来を競い合う総合的な教育活動なんだよ。

だから、運動会と並ぶ代表的で特別な学校行事として、保護者や地域の人々に学校教育の様子を知ってもらう機会にもなっているんだ」

スズ「あれ？　以前は学校行事ではなく、児童会活動の集会で六年生を送る会をやっていたじゃない。どうして学校行事になったのかな。それによって何が変わったの？」

カラ「集会活動とは、児童会の集会委員が中心になってさまざまな活動を計画して行うことなんだ。一年生を迎える会とかのど自慢大会、ゲーム大会、七夕集会などいろいろね。

六年生を送る会もそうだったんだ。だけど学芸会は、準備と練習に多くの時間を要するだろう？　それに、指導力が問われ、他のクラスと比較される場でもあるからね。ましてや保護者に見せるとなると、自信がないと避けたくなるんだ。

このような理由から学芸会はなくなっていったんだけど、学校行事には文化的な行事があるんだ。そこで、劇や演奏などを学芸会でやるような形にした『送る会』にしたんだ」

スズ「学芸会は子どもたちにとって楽しい行事で、教育的意義があるので全くなくすことはできないよね。

黒森山小と日台小では、同じ文化的学校行事でも内容が違うんだね。日台小は劇と合唱・合奏だけれど、黒森山小は、授業で習った詩の朗読とか合唱、そしておお礼の言葉を呼びかけるなど、どれも練習時間が少なくて済むものだね。先生方は表現活動が好きではないのかな」

カラ「多くの先生は、好きだと思うよ。よく言われているのは、自分が小学生の頃、経験していなかったり、勤務校でやっていなかったりして、やり方がよく分からないからなんだ。

だけど、どこの学校も観劇会をやっているので、劇の良さと表現の仕方などは分かってはいるよ。慰労会などでよく寸劇をやるからね。だから、やろうと思えばできるはずさ。

合奏も同じさ。だけど、中・高学年は、発表用のものになると指導が難しくなるんだ。それに、音楽専科だけではできないので、学級・学年で取り組む必要があるんだ。もし、学級でやるとなると、よほど頑張らないと上手くはいかないよ」

ワン「やる気になれば難しい演奏もできるものさ。

新採一年目、六年生を受け持った時、運動会でよく聞かれる『クシコスの郵便馬車』を音楽会で演奏したんだ。楽譜もよく読めないのにね。音楽専科も新採で教える余裕はなかったので、児童に教えてもらって指導したんだ。

そのかいあって本番では、大きな拍手をもらえる演奏ができたんだ。やる気とやり方を自ら求めていけば、誰でもできると思うよ」

カラ「どこの学校も、劇や合唱、楽器演奏などプロの人がやる鑑賞会を毎年行っているよね。でも、自分がやるとなると別だと思うな。やはり、経験が大事だよ。そして、他の先生が指導している様子を見たり聞いたりしないと上手くはできないと思うんだ。

あと、指導するためには、参考になる本を見たり、演劇を公開している学校に行ったりして学ぶこともいいと思うんだ。ワン先生はよく見に行ったよね」

ワン「劇を見に行くために行ったわけではないけれどね。筑波大付属小学校は、毎年公開授業研究会を行い、昼食休みに選ばれたクラスの劇が鑑賞できるんだ。だから、劇を見ることも楽しみにして授業参観に何度も出かけたよ。背景や小道具、衣装など、劇を行うのにとても参考になったんだ。

劇を見ることも大事だけれど、学級で劇をやり、指導技術を身につけることも大事だと思うな。どこの学校も学期末に『お楽しみ会』を開くけれど、ほとんどゲームやスポーツなど手軽にできるものばかりなんだ。だけど、劇や演奏などで楽しませることができるんだよ。

劇をやるのは面倒だけれど、児童が協力し合って頑張る姿を見るのは嬉しいからね」

スズ「劇をやるとなると練習時間が必要だよね。指導も大変だけれど、その練習時間をどの教科でやるのか週案に書かなければならないんでしょう？　『送る会』は、全部学校行事で取るの？　そうしたら学校行事の取り過ぎになるよ」

ワン「学校によっても違うよ。『送る会』は、一時間から三時間までかな。練習は教科だよ。もし劇なら、国語と図工・学級活動・生活科もしくは『総合』かな。合唱や合奏なら、音楽・学級活動・国語・生活科もしくは『総合』だろうな。どのように時間を決めるかは、年間の各教科・領域等の規定時間数を考えて、過不足のないようにして決めるんだ」

スズ「以前、『お楽しみ会』の劇のことを話し合ったけれど、かなり多くの時間、練習の時間を要したじゃない。いろいろな教科で取って週案に書いたんでしょう？　指摘されたんじゃないの？」

ワン「学年でやる場合は、難しくはないんだ。どの学級も同じ内容で同じ時間数だからね。だが、学級となると工夫が必要になるんだ。

でも、学期末はまとめの学習が多くなるので難しくはないよ。例えば国語なら、二学期のまとめや発表として、学級活動の時間が使えればいいが、本当は、学級活動は年間三十五時間でやることが決まっているからね」

スズ「週案には上手く書けても、決められた授業内容をやらなくていいの？　どの教科も年間指導計画が立てられ、毎時間の授業内容が決められているじゃない」

ワン「教師は毎日忙しく、ほとんどの授業は何も準備をせず行っているのが実状なんだ。だから、授業の計画と準備をしっかりやれば、二時間必要な授業も一時間もかけず、質の高い授業で進めることができるんだ。だから問題はないよ。劇は遊びじゃないんだから、本当は堂々と表現活動の授業としてできるといいんだけれどね」

フク「学校生活を充実させるためにも、文化的学校行事に力を入れてほしいよね。ぜひ学芸会を復活させてほしいな。それと、児童会が運営する集会活動も、ゲームだけでなく、以前やっていた学級や学年の発表の場にもしてほしいな」

◆児童会活動と学級活動

スズ「今は、授業時間の確保が優先され、先生方が子どもたちのための活動に使える時間がなくなっているんでしょう？　だから、六年生を送る会も、練習の時間を無理やり作っているんだからね。学級活動の時間で練習ができるようにはできないのかな」

カラ「無理だよ。学級活動はやることが決まっているんだから。だけど、以前は授業時間の確保にうるさくなかったので、学芸会や音楽会などは容易にできたんだよ。土曜日も授業があった昭和の時代は、標準授業時数は容易に達成できたからね。それに、自由に活動できる裁量の時間もあったんだからね」

フク「そうだね。それに、今の学級活動とは違って、学級会活動だったので、自由に使えたものね。

昔の話になるが、昭和三十三年の学習指導要領を見ると、学級生活に関する諸問題を話し合って解決し、さらに学級間の仕事を分担して処理するための活動として学級会活動が設けられていたんだ。昭和四十四年の改訂（児童会活動及び学級会活動に変わる）でも、週一回学級会があり、昭和五十二年の改訂でも学級会活動はあったんだ。

当時は、学級会用の議題ポストがあり、学級での問題だけでなく、『お楽しみ会』の計画、そして、それに向けて取り組みができたんだ。だから、『お楽しみ会』で劇を行うことが容易にできたんだよ」
スズ「学級会があった頃は、学級で起きた問題を話し合ったり、みんなで楽しんだりする時間を多く持つことができたということなんでしょう？　今は学級活動になったので、楽しむような時間は限られているものね」
ワン「学級会は児童だけでなく、教師にとっても有意義な授業だったんだ。学級会があった頃は、学級生活においてさまざまな問題を児童が話し合ったんだ。例えば『あだな』のことや意地悪されていることなど友達関係の問題、それから、児童会からの議題についてもよく話し合ったよ。休み時間の校庭での遊び方、どのような行事をやりたいかなどもね。でも、今は学級活動になったので、年間計画を立てて計画どおりにやることが要求されているからな。学級活動に変わったら、なんだか学校生活から楽しさを奪っていくような気がしてならないよ」
フク「学級会は好評だったよね。だけど一部の子供に偏るという批判もあったんだ。それと、学校行事の事前の打ち合わせや、授業など、さまざまな使われ方をしていたんだよ。
　そこで、全員が主体的に関わり、具体的な活動を通して、問題解決や協調性を育む必要があるなどの理由で、学級活動に再検討されたんだ」
カラ「だけど学級会があったときは、クラスで何か問題が起きたとき、至急話し合いの時間にしたり、指導したりすることができたんだよ。でも自由に使える時間がなくなったので、対応が遅れるようになったんだ。近年は子どものトラブルが多いので、自由に使える時間が必要なんだけれどね」
スズ「そうだよね。必要な指導はあるんだから、文科省・教育委員会・管理職は、先生方が無理なく指導が行えるように時間を保障しなくてはいけないよ。先生方が自由に使える時間がなくて困っていることを知っているのかな。
　校長先生、教頭先生は実態を知っているんだから、教育委員会、そして文科省に訴えないといけないと思うんだ。文科省は、授業時間数を増やし授業時間の確保の優先を求めれば、先生方が自由に使える時間がなくなることは、簡単に分かりそうなものだけれどね。
　これまで、六年生を送る会を通してたくさんのことが分かって勉強になったよ。話を聞いていてちょっと疑問に思うことがあるんだけれどいいかな。それは、児童会選挙のことなんだ」

◆児童会選挙

スズ「黒森山小もそうなんだけれど、選挙はやらないよね。どうしてなんだろう。若い人の政治参加を増やすために、十八歳以上の人が投票できるようになったよね。小学校でも選挙について勉強する良い機会だと思うんだけれどな」

カラ「平成の初め頃までは、どこの学校でも児童会選挙は行われていたんだけど、この地区ではかなり前から選挙は廃止になっていたんだ。

廃止なった理由は、先生方の考え方の変化にあるんだ。――子どもには選挙の意味を理解するには早すぎる。人気取りの選挙になっている。差別意識を醸成する。落ちた子の気持ちを考えない行為である。選挙に立候補する子がいない。それから、話し合いを持つ時間が作れない――などが理由なんだ。選挙制度廃止の際、討議することなく決まったことでも分かるけれど、廃止した方が先生方にとって楽だからね」

フク「確かに児童会選挙は手間と時間がかかるからね。選挙の流れを見ると、まず、四年生・五年生から次の年の会長・副会長・議長・副議長・書記に立候補をする子と推薦人を学級で決めるんだ。決まったら、選挙活動に入るんだけど、すぐにポスター作成と公約と演説内容を考えるんだ。そしてこの時に、担任の適切なアドバイスが要求されるんだ。

それから、各教室を回っての挨拶、放送での演説、そして体育館で、三年生以上の子どもたちの前で演説を行うんだ。このとき、推薦者による立候補者のアピールのスピーチもあるんだ。

そして投票となるわけだけど、当選すればいいが、落選した子には、十分な心のケアが必要になるんだ。

どう？　選挙は手間がかかるでしょう？　もし、選挙せずに児童会の役員を決めるとなると、まず学級での役員の希望を取る。それから、選ばれたみんなで、どの役員を希望するか話し合って決めるんだ。役員は、みんなの前で公約することをしていないので、活動内容や進め方は、担当の先生がリードして行うということになるんだ」

ワン「確かに、選挙で落ちたら落胆するよ。でも、応援してくれた子どもたちが励ますことで立ち直れるものなんだ。もちろん、教師の指導は欠かせないけれどね。

だが、最近の子どもたちは周囲の評価を気にし、メンタルが弱いので、選挙は相応しくないと考えている先生方や保護者もいるんだ。だけど、それを容認すれば、強くなる心、前向きな気持ちで臨む心の芽を摘むことになると思うんだ」

スズ「自分たちで学校生活をよりよくするためには、志のある子が、みんなの前で自分の考えや思いを伝える場は絶対必要だよ。そして、その訴えを応援し、居心地のよい学校を作る意識を育成することはとても大切だと思うけどな。

さっきも言ったけど、近年、選挙における意識が薄く投票率が悪くなっているよね。選挙の意識を高めるには、小学校の時から理解を深めていく必要はあると思うんだ。だから、先生方に頑張ってもらって選挙を復活してほしいな」

カラ「そうだね。問題点は分かっているんだからね。復活させた学校の紹介が新聞に載っていたけれど、もっと増えるといいね」

◆ジェンダーフリー

カラ「学校にはさまざまな問題があるけど、今、先生方を悩ませているのは、男女平等を主張するジェンダーフリーが推進されていることなんだ。

児童会選挙においては、男女関係なく立候補できているのに、男が有利になっていると言うんだからね。

――昔は名簿は男子が先で、並ぶ順番も男子が先になっていた。今も学校生活のあらゆる場面で男が優先になっている。社会も同じ。議員は圧倒的に男が多い。したがって、子どもたちは無意識に男を優先し投票することになる。それと、まだ子どもには選挙は早い。差別意識を持たせるから――という無茶苦茶な論理なんだ」

フク「ジェンダーフリー教育が、多くの学校で行われるようになったのは、国会で男女共同参画が制定されてからなんだ。

すぐに行われたのが男女混合名簿だが、その後、名前を呼ぶときは〝さん〟をつけて呼ぶことになったんだ。市内の先生方が集められて研修が行われたんだけど、この時、名前の呼称に〝さん〟をつけることに納得できない先生方が多かったんだよ。それは、

『呼び捨てだからといって人格を低く見ることはない。むしろ愛情がある』

『家庭では呼び捨てが圧倒的に多く、〝さん〟ではなく〝ちゃん〟で呼んでいる』

という意見なんだ。それに対して講師の先生方は、

『〝さん〟をつけることは、子どもを大事に思っている気持ちを表すことになる』

『先生方によって名前を呼ぶとき、くん・ちゃん・さん・呼び捨てで呼んでいますが、子どもは先生によって違う呼び方をされることに不快感を覚えるものです。今まで〝さん〟や〝ちゃん〟で呼ばれていたのが、呼び捨てにされたらどう思いますか？　嫌な気持ちになりませんか？』

『だから、すべての先生方が〝さん〟で呼べば公平になり、子どもが戸惑うことがないのです』

などと言われたんだ。

でも、すべての先生方がすべての子どもたちに〝さん〟をつけて呼ぶことが、子どもの人格を尊重し、公平に接していることになるのか、考える必要があると思うな」

カラ「呼び捨ては良くはないよ。だけど、だからと言って、いつでも〝さん〟づけで呼ばなければならないとなると、子どもたちとの関係がぎくしゃくするんじゃないかな。時と場合によって異なっていいと思うんだ。ワン先生はどう思う？」

ワン「初めは〝さん〟づけには抵抗があったよ。でも、〝さん〟をつけることで個々の子と距離感をもって、子どもに優しく接することができるようになった気がするんだ。これは、他の教師より厳しく、いつも叱ってばかりいるからじゃないかな。

でも、教師によっては、〝さん〟づけで逆に子どもとの距離を感じて、学級運営がやりにくくなる人もいるかもしれないとは思うけれどね。

〝さん〟づけは、感情的な言動を抑制する効果もあるので、感情的になりやすい先生や児童を溺愛しやすい先生は、〝さん〟づけは必要かもね」

スズ「ジェンダーフリーが学校に取り入れられたら、いつも男子が先になっている名簿が混合名簿になったり、子どもを〝さん〟づけで呼ぶようになったりするんだね。先生方はどう思っているのかな」

フク「ジェンダーフリーの考えは、『男女平等』と『公平』なんだ。だから呼称だけではなく、グループ編成するときは男女同じ数に、体育のときの準備運動で組む相手は男女で、チーム分けも男女混合に、席決めの配列も男女が組み合うようにと、事細かく男女平等が要求されているんだ。

褒め方や叱り方も同じように、それから、授業中の発表回数も同等にと、学校生活のあらゆることにわたるんだ。だから、先生方は困惑しているんだ。教育委員会の学校訪問では、黒板の日直の名前に〝さん〟をつけるように言われたんだよ」

カラ「男女平等の考え方は当然で、学校でも推進していくべきだと思うが、あらゆることに求めるのは、健全な学校教育をゆがめることになると思うな。そもそも男子と女子は体のつくり自体が異なるんだからね。それに、心の働きも。

子どもは発育過程で、男女で異なる感情・精神が育まれ、『男らしさ』『女らしさ』として表れてくるんだから。これを否定する教育は恐ろしいことだと思うんだ。

能力による男女の差別はいけないが、男女共通使用のトイレ、同室での水着の着替え、同室での宿泊などは、異なって当然と考えなければいけないはずなんだけれどね。

だけど、これらも当然と考え、推し進めようとする先生方もいるんだ。このような先生方は押しが強いんだ。ジェンダーフリーの問題として、行き過ぎると、将来、男女が同一化し、家庭の在り方自体変容する恐れがあると言われているんだよ」

フク「ジェンダーフリーを推進する人は、自分らしさを主張するけれど、性差による心身の発達を無視し、男女平等を強要するよね。だけど、男女ともに、自我が形成される幼児期から思春期にかけて、性別に見合った行動基準が確立するんだ。だから、異性に対する思春期特有の恥じらいの感覚も生まれるんだ。

ジェンダーフリーは子どもの健全な自覚を破壊し、男でもなく女でもない雄雌同体の無性人間に改造され、家庭の崩壊につながると警鐘を鳴らしている学者がいるんだ。だから、安易にジェンダーフリーを推進するのは問題だと思うな。

だけど、やっかいなことに、LGBT理解増進法が制定されたんだ。すると、二〇二四年の教科書には、性的マイノリティ（LGBTQ）など、性の多様性への言及が大幅に増えたんだ。ペンギンの雄のカップルが卵を温めてヒナを誕生させる話（道徳）、好きになる相手が同性の場合もある（保健体育）などが載っているんだよ」

カラ「東京都港区の学校では、男女平等参画センターから派遣された講師が、LGBTQの授業をやっているんだよ。保護者の意見も聞かず、どんな授業内容なのかも教えないんだ。区が認証しているから困ったものさ」

フク「先生方は忙しいと思うが、ジェンダーフリー・LGBTQについて学習し、健全な子どもたちの育成の観点で指導にあたってほしいな」

学力テスト

卒業間近の二月中旬、全学級の児童が県の学力テストを行った。この日のために、どの学年も三学期の主な授業を終わらせ、一年間の授業のまとめのプリントに取り組んできた。

二時間目、国語のテストが始まった。黒板には、時間の配分を書いてあるので、時間が来たら次の問題に取り組むようになっていた。ニャンコ先生は、児童が多くの問題に取り組めるように、児童の解答の様子を見て回り、分からない問題はとばすように声をかけた。

テストの終了を告げるチャイムが鳴ると、子どもたちは疲れた顔を見せたが、すぐに明るい声が教室に響いていた。

今日は学力テストの採点のため、五時間目の授業は行わず一斉下校になっていた。だが、ニャンコ先生は給食を早く済ませ、回収したテストの採点を始めた。

児童を帰すと学年主任の教室で、専科の先生と共にみんなで採点を行った。勤務終了の時間になる前にテストの採点を終えたが、点数のパソコン入力とテスト結果の分析に時間を要して退勤が遅くなった。

※現在は、県の学力テストではなく、市が作成したテストを実施している。

スズ「学力テストのために、三学期の授業を早く終わらせてテストのための授業をやるなんておかしいよ。ニャンコ先生はテスト問題を気にしていたけれど、学力テストってそんなに大事なの？」

カラ「学力テストは、一年間学習したことがどの程度理解できているか調べるもので、正式名称は、『県標準学力調査』と言い、一九五七年（昭和三十二年）から行われているんだ。

黒森山小の地区は、事前にテストのための授業を行うが、ほとんどやらない市町村もあるんだよ。多くの学校は二月に行うが、四月に行う学校もあるんだ。四月の方がテストの結果が生かされるという考えなんだ」

スズ「テストのあと、学年の先生方で分析と考察を行っているよね。そこで、何が良くて何が不足か分かるんでしょう？　それを教育委員会に報告するようだけれど、二月の中旬には授業のほとんどを済ませているんでしょう？　生かすなら四月の方がいいと思うけどな。どうして二月に行うんだろう。次年度、同じ子どもを受け持つ先生は少ないはずだけどな」

フク「学力テストの目的は、子どもたちが一年間の授業で学習した内容の定着状況を把握・分析・検証して、次年度の授業改善に生かすために行うことは分かるよね。だから、一年間の授業を終えた二月の時点でテストをやれば結果が分かるので、通知表および学習指導要領記載に生かすことができるだろう？　これは、先生方にとって成績つけや学級編成に大いに参考なるんだ。

それと、教育委員会が学習指導要録に結果を記載し、次年度以降の教育活動に生かされると考えて学校に要請しているからなんだ。これが、二月に行う一番の理由さ。それから、自分の子どもが、今年度の学習内容をどのくらい理解しているか知りたいと思っているからね。

だけど、本当に学習内容の定着・習熟を図るためには、四月に実施して、今年度受け持つ担任に取り組ませた方が成果が上がるはずなんだけれどね。そうすれば、過度なテスト対策のための授業や、多くのプリントに取り組ませなくて済むのにね」

スズ「二月に実施する理由は分かったけれど、多くの先生方は、子どもたちにテストで良い成績を上げさせるために、うんざりするほどのプリントに取り組ませるよね。そこまでしなくてはいけないのは、先生方が評価されるからなのかな」

フク「千葉県では勤務評定には使われないよ。それに、他の学級と比較され、指導されることもないよ。ただ、担任としては、できるだけ良い点を取らせ、子どもたち、そして保護者に喜んでもらいたいと考えているからさ。先生によっては、保護者から評価されたいと考えている人もいるようなんだ」

スズ「二月末からは、通知表や学習指導要録の作成で、先生方は忙しくなるんでしょう？　成績つけのため短縮日課を設けているけれど、足りなくて時間外勤務が強いられているじゃない。業者がテストの採点をしてくれるんだから、あえて短縮日課にして採点させなくてもいいと思んだけどな」

カラ「多くの先生方は、早く結果を知り、通知表や学習指導要録・学級編成に活用させたいと思っているんだよ。業者に任せていると、採点の結果が送られてくるのに時間がかかるんだ。それと、教育委員会に早く報告することが求められているからね」

スズ「それなら仕方ないか。でも自分達で採点すれば、どこの問題ができてないか知ることができるのでいいかもしれないね」

ワン「それは無理じゃないかな。採点はみんなで分担し、採点範囲しかやらないんだよ。だから自分が採点した問題については分かるかもしれないけれど、採点を早くやることに神経を使っているので、分析まで考えてはやってないよ。だけど教育委員会に早く報告しなくてはいけないからやっているので、先生方が採点するメリットは少ないと思うな。

成果と課題は採点した点数を見て考えているんだ。もちろん必要に応じてテストの問題は見るけれどね。でも、業者から送られてくる分析を見ればよく分かるので、あえて教師が採点をしなくてもいいと思うんだ。

普段、授業は指定された教科書を使ってやるが、教科書は市町村や管轄地区によって異なっているんだ。出題問題はそれを考慮して作成されてはいるけれど、普段やっている授業を反映したものではないからね。つまり、学力テストは実施教科の学力測定の参考資料で、授業改善の一材料でしかないと思うんだ。

毎年、教科主任、研究主任から学力テストの結果・考察、そして次年度の学力テストに向けての授業改善および努力事項が出されるが、多くの教師はテスト対策を講じた授業はやってないよ。ただし、テスト前になると、多くの教師はテスト対策として多くの問題に取り組ませているけれどね。この地区に異動する前は、どの学校もテスト対策なんてやってなかったよ」

スズ「そうだね、学力テストは、子どもたちがどのくらい教科の目標を達成しているか調べ、授業改善を求めるために実施しているからね。この地区も、テスト対策のための勉強に取り組まずに済むようになるといいね。多くの子どもは楽しくはないもの。この時期は子どもたちに落ち着きがなくなり、トラブルがよく起きるんだからね。

不思議なのは、各都道府県で学力テストを実施しているところが多いのに、どうして全国学力テスト（全国学力学習状況調査）を実施するのかということなんだ」

カラ「それは、文科省が日本の子どもたちの学力の状況を把握し、学力を高めたいと思っていたからさ。一九八〇年（昭和五十五年）から二〇一〇年（平成二十二年）初期まで実施されたゆとり教育で、学力低下が生じたと批判されたよね。世界の子どもたちの学力と比較してよくなかったんだ。

それで、ゆとり教育をやめて、今度は学力向上に舵《かじ》をきり、国際学力調査（PISA TIMSS）で指摘された、学力を高めるための新たな授業内容、そして方法を先生方に行わせる対策を講じたんだ。

そこで、国として学力テストを行うことで、より浸透させたいと考えたんだよ。都道府県で行うテスト内容はみんな違っているし、学力自体のものさしが異なっているので参考にならないからね」

フク「だからと言って、先生方の意見も聞かず一方的に実施するのは問題なんだ。実は、一九六一年から六六年にかけて、全国学力テストは実施されていたんだ。でも、この時は、日教組の反対闘争で廃止になったんだ。しかし今回は、組合の力の低下もあって、大きな反対運動は起きず、小学六年生と中学三年生が四月に実施されるようになったんだよ。

だけど、多くの教育専門家や先生が危惧したとおり、テストを行うことで弊害が多く見られ、問題になっているんだ。実施の前年度、文科省は、実施にあたって過度の競争を招かないよう配慮することを、各市町村に求めてはいたんだけれどね。

しかしその後、各市町村や学校が自らの成績を公表することを容認したんだ。専門家委員会は、『原則、国全体と都道府県別の平均、正答率や学力分布などに留め、区、市町村別や学校別成績は認めない』としていたのに、その後、『公表を望んだ場合は、地域や学校の学力レベルを地域住民、保護者に知ってもらう効果がある』として認めたんだ。

そして実際に実施したら、予想したとおり各都道府県の長や各区市町村の長は、テストの結果公表でテスト対策を教育委員会に求めたんだ。

成績下位の都道府県の力の入れようは尋常ではなかったんだ。大阪府では、知事自ら陣頭指揮をとり対策を学校にも求めたんだ。秋田県がトップだったことで、大阪だけでなく全国の多くの先生方が研修に行ったんだよ。

秋田では、先生が一方的に指導するより子どもの実態に基づいた授業に力を入れ、表現する機会の多い授業が行われているんだ。それと、子どもたちの基本的な生活習慣ができているんだ。早寝早起き、朝食をとるなど本当に基本的なことなんだけれどね。だけど、成績に反映していることから、他県でも保護者に働きかける学校が増えたんだ」

カラ「成績を公表することで、都道府県で行われているテスト対策どころではなくなったんだよね。これまでは、一時間目の授業前の自習時間や学習時間を読書に当てていたのが、計算や漢字の学習などに変わったんだからね。

大阪府では、どの学校も十分間の百マス計算・割算一〇〇問プリント二枚をやるなど、徹底して取り組ませたんだよね」

フク「多くの学校が学力テスト対策として、朝や昼休み後に時間を設け、基礎学力の定着に力を入れるようになったんだ。『基礎学力は伸ばせる。伸びを実感すれば学習意欲を高める』という考えで、朝は漢字の音読や読み書き、午後は計算、そして週四回反復学習を取り組ませ、成果をあげた学校もあったんだ。

だけど、果たして多くの子どもの学習意欲が本当に高まったのか、疑問が残るところだけれどね」

カラ「学校によっては、過去の出題問題から正答率が低かった問題を取り上げ、問題集やプリントを作成してやらせているものね。それに、試験前には模擬テストも実施しているんだから驚きだね」

フク「驚きでもなんでもないよ。各府県市町村では対策を講じているんだよ。T県では、学力テスト・学習実態調査を参考にして、基礎・基本となる問題や、思考力・判断力、表現力を向上させるための問題を作成し、朝自習や家庭学習で取り組めるようにしているんだ。

全国学力テストには、教科ごとに主に知識・理解をテストする『A問題』と、主に思考力などをテストする『B問題』の二種類があるんだ。A問題は過去の問題をの学習を行えば、短期間で点数を上げることができる。だがB問題は、自ら情報を集めて状況を思考・判断し対応を図る能力が求められるんだ。この能力は今の学習指導要領で重視されているんだ」

スズ「こんなふうに勉強を強いられて、本当に楽しいと思うのかな。自ら進んで取り組んでこそ、本当に意欲的に取り組んでいると言えると思うけどな。学力テストの点数を上げるための授業形態は、子どもたちのためになっていないと思うな。ワン先生はどう思う？」

ワン「児童に基礎・基本の学力を身につけさせることは、とても大事なことだと思うよ。読み書きやかけ算の九九、かけ算・割り算が中学校に上がってもできない子がいることは良くないからね。少なくとも基礎・基本として最低限必要なことは、徹底して行うべきじゃないかな。ただし、必要とする児童に対してだけだよ。

百マス計算が全国的に広がり、効果があると言われたのでやったことがあるんだ。最初はどの児童も一生懸命取り組んでいたけど、どの子にも限界が表れてきたんだ。当然、続けなければ効果は上がらないと思ったけれど、機械的に取り組むやり方に抵抗を感じてやめたんだ。それに、全員が取り組む必要性が感じられなかったからね。

読解力、表現力を身につけさせるための名文の音読もやったが、これも長続きはしなかったんだ。これは準備不足が原因だけれどね。

テスト対策のための問題プリントにも抵抗があったんだよ。理科の研究校での授業のやり方が、今の学習指導要領で求められているものだったからね。実験・観察から、自ら問題を見つけ、それをみんなで話し合い問題解決を図るんだからね。そのためには、観察したことや考えを書く能力が必要なんだ。だから、国語の授業で鍛えないと本物の問題解決学習にならないとよく講師に言われたものさ。確かに理科の名人と言われる教師は、国語の授業の名人でもあるからね。

理科の実験の授業で一番心がけたのは、児童が意欲的に問題解決学習に取り組むために、どんな事物・現象を提示すればよいか、教材研究をしっかりやるようにしたことなんだ。それと、児童のものの見方や考え方を理解することに努めることなんだ。先ほどのB問題の『思考力・判断力の能力の育成』には持ってこいの教科だと思うよ。

だけど、残念ながら、実験・観察は担任が負担なら専科に任せればいいと考えている教師や専門家が圧倒的に多いんだ。もちろん文科省もね。各学級の児童の実態が分からなければ、本当の思考力は育成できやしないよ。

　今、理科を例に挙げたが、どの教科においても、自ら調べたり書いたり話したりする授業に力を入れることは大事だと思うな」

フク「このことは、確か生活科や総合的な学習で話していたよね。ワン先生は、理科教育にもっと目を向け力を入れることで、思考力や表現力などの能力が育成されるという考え方をしているんだね。

　でも、それだけで育成を図るには無理があるよね。ワン先生が最後に言っていた、『どの教科においても、自ら調べたり書いたり話したりする授業を行うこと』が大事なことだと思うよ。算数の授業だって、問題の解き方を考えさせ、話し合わせて説明できるようにすることだってできるからね。

　それに、このような授業を行うには教材研究の時間が確保されていないとできないので、ぜひ、先生方にゆとりを持たせてあげたいね」

学級費会計簿作成

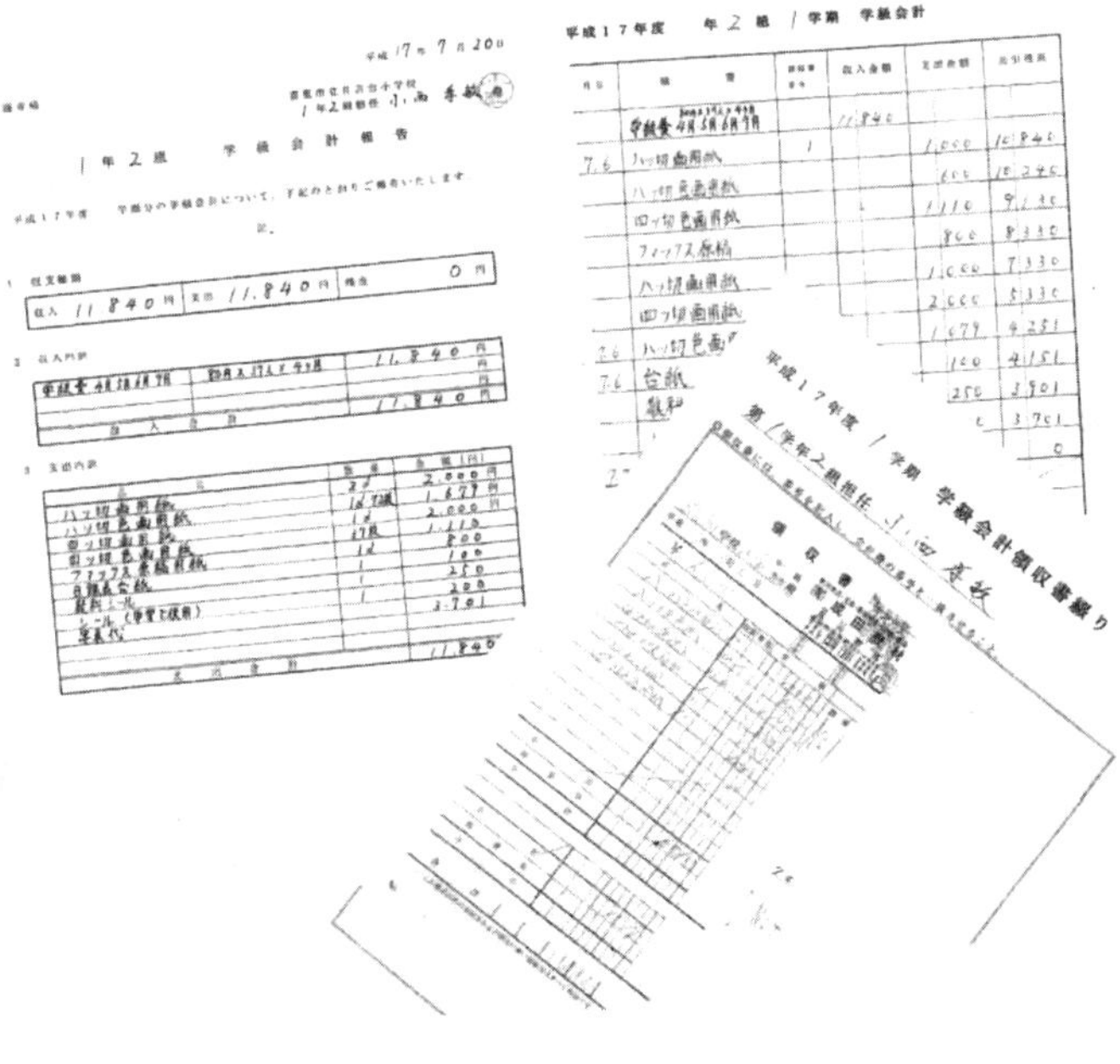

ニャンコ先生の家庭は、学期末になると既製品のおかずが多くなり、デリバリー（出前）で済ませることもよくある。

夕食を済ませると、早速通知表作成に取り組んだ。学期末は、成績つけだけでなく、学級費会計簿の作成、保護者面談のための資料作りや面談日程の調整などの業務がある。

学級費会計簿は、学級費が適正に使われているか、保護者に理解を得られるように作成しなければならない。だが、決められた予算内の購入だと必要なものが買えなかったり、買うものがなくて残高金が多くなったりする。

ニャンコ先生は、会計報告で繰越金を記載するのを嫌い、必要でもないシールを購入した。多くの先生方は、学年末に残高をゼロにすることを考えている。だから、返金しなくて済むように学級費会計簿を作成するので手間がかかってしまう。

スズ「多くの先生は、通知表の作成を自宅でやらないと終わらないんでしょう？　それなのに、他の仕事もやらないといけないんだからきついよね。

学級費会計簿の作成は簡単に済ませることはできないのかな。貴重な成績処理のための短縮日課なんだよ。それなのに、どの学年も順番待ちで、学級費会計簿のために業者への支払いをしているんだもの」

カラ「教材や文具を扱っている業者や店は、近隣の学校も受け持っているんだ。だから学期末になると、一学級のために足を運ぶことは難しいんだ。一業者ですべての教材や文具を購入できれば会計も楽なんだが、どこの学校も数社を利用することが求められているからね。それに、学期末まで授業があるので注文を要する教材が出て来るんだよ。だからどうしても会計処理が学期末になってしまうんだ。

本来は、公教育なので、市町村が負担すべきなんだけれどね。そうなれば、学級費会計はとても楽になるんだ。だけど、私物品まで負担するほど、市町村の財政は豊かでないんだ。

それでも黒森山小は、他の市町村より予算が多いんだよ。だけど、画用紙や工作用紙など個人が使用するものは、保護者が負担するようになっているんだ」

ワン「以前勤務していた八峰小では、子どもたちが使用するもの以外に、教師が授業で使う物も学級費で購入していたんだよ。中には、ラジカセや鉛筆削りなどを買っている人もいたんだ。

他校では、授業で使う模造紙やわら半紙は学校の予算で購入しているんだよ。だけど八峰小はかなり保護者が負担しているんだ。他市と比べて負担が多ければ、校長はもっと教育委員会や議会に働きかけをしないといけないいんだけどね。

袖小で勤務していたとき、教育委員会で長く勤めていた校長が赴任してきて、多くの予算を獲得したんだ。教育委員会にどのように働きかければよいか分かれば、必要な備品や教材の費用は出してもらえるんだって。

それから会計簿なんだけど、習野市では、この地区で使っているような学級費会計簿がないんだ。購入したものを一覧にした会計報告でお金を徴収するんだよ。だから、本当に必要なものだけ購入することができるんだよ。

この地区のように、決められた学級費内での購入になると、本当に必要なものが買えなかったり、無駄な物を買ったりすることになるから問題だと思うな」

スズ「でも、習野市のやり方だと、学級によって徴収金額が変わるんでしょう？　保護者から不満の声が出ないのかな。学級費のように、平等にお金を集金できるようなやり方の方が公平だと思うけどな」

ワン「だけど、決められた予算で、授業や活動を行うんだよ。そうなると、いつも予算を考えて購入しなければならないよね。今、これが必要と思っても、購入を躊躇することもあるはずなんだ。本当に必要なとき購入することができれば、授業や活動を充実させることができるんだよ。

学級によって集金額の差が出ることを心配しているけど、学年で同じような授業や活動をしているので差は少ないんだ。それと、使途に問題がなければ不満は出てこないよ」

フク「そうだね。学級費を設けている学校は、公平ではあるが、適正な金額の設定が難しいんだ。学級費のやり方だと、業者と相談して残高が出ないように、金額に応じた物品を考えてもらい、必要としない物品を購入しなければならないからね。だから、購入後でないと会計報告書が作成できなくなっているので、検討すべきだと思うな」

スズ「そんな学級費会計の仕方をしているから、どの学級もちょうど学期末の成績処理の時期に当たるんだね。学級費会計のために成績処理の時間が割かれるなんておかしいよね」

ワン「学級費会計簿の作成は本当に煩わしい作業だよ。黒森山小だけでなく、近年は要保護・準要保護の児童

フク「本当だね。たかが会計処理と考えず、忙しくならないような処理方法を取り入れてほしいよね」

がかなりいるので、その子のための会計簿の作成が必要になるんだ。

たかが学級費会計と思うかもしれないけれど、学級費の集金、購入品の注文、請求書、領収書の処理、業者との学級費内での購入物品の相談、業者への支払い、学級費会計報告書の作成、学級費会計簿の作成（購入月日、金額等を記載し、報告書・領収書を貼付し……。こんな煩わしい作業を、忙しい時に教師の仕事としてやるんだよ。そんな事務作業は、事務職員が受け持ってくれないかといつも思うんだ。

この地区では、どこの学校も事務職員は一人だけど、習野市では学校の規模にもよるんだけど二人いるんだ。一人は県費負担で、もう一人は市費負担だよ。会計処理はやってくれないんだけど、発注などは頼めばやってもらえるんだ。事務的な作業は他にも多々あるけど、一人と二人では違うよね」

スズ「担任の事務作業は極力減らし、教育に専心させてほしいよね。そのためには、やはり事務職員を増やすことだと思うな。

校長や教育委員会は、特に学期末の先生方の勤務状況が、健康を害するほど忙しいことを十分承知しているんだからね」

人事評価（意欲を削ぐ勤務の評価）

様式1の4　（教諭・助教諭・講師・実習助手用）

平成２０年度　　目　標　申　告　書

所属	[illegible]小学校	職名	教　諭	氏名	[redacted]	性別	男	年齢	[illegible]歳	在職年数	[illegible]　年　月
担当学年 2学年		担当教科 [illegible]科		図工主任							
学校の重点目標　（1）一人ひとりに力をつける学校を目指す。　（2）好ましい生活習慣を身につけさせるとともに，豊かな感情を育めるよう指導する。											

区分	当初申告：本年度の具体的目標	当初申告：目標達成に向けての具体的手立て（何を、いつまでに、どのように、どれくらい）	達成の難易度	進捗状況	最終申告：本年度の成果と今後の課題	達成度
学習指導	・文章表現力を高める。 （修正・追加等）	・文章を書く機会を多く持ち、掲示板に展示したり、新聞にして紹介したりして書いたものをお互いに読ませるなどして意欲を高める。 ・「あのね日記」のノートを活用し、生活の中で起きた出来事などを、週1回書かせる。	S Ⓐ B	・毎週1回、行事がなくても「あのね日記」に作文を書かせている。文章が長くかけない児童もいるが、週末に1回数人の作文をプリントして読ませることで、多くの児童は意欲をもって書くことができている。	・5月から毎週、「あのねちょう」の中から、よく書かれている作文やその週にあった行事の作文を取り上げプリントして週末に配布した。それを、朝の会のとき読ませることで、より意欲的に書く子が増えた。5冊目に入った児童もいるが、多くは2冊目であったが、1冊目も終えてない児童も数人でてしまった。家に置き忘れてしまって書けなかったこともあるが、もっとその児童に声をかけ指導する必要があったことが悔やまれる。	A Ⓑ C
学級経営・生徒指導	・係活動や当番活動にしっかり取り組めるようにする。 （修正・追加等）	・各係活動の仕事を明確に知らせ自己評価をさせる。掃除のとき、担当場所が分かるように絵図にして掲示しておく。給食の当番表も分かりやすいように掲示しておく。	Ⓢ A B	・係活動の自己評価をさせることで、多くの児童は熱心に取り組めている。・掃除は5年生が面倒を見ているので多くの児童はまじめに取り組めている。・給食は当番以外の児童も進んで手伝っているので甘えている所もある。責任感をもっと持たせて取り組ませる必要がある。	・各係活動の仕事を明確に知らせ、記録板にその日やったかどうかわかるようにしたら、ほとんどの児童が積極的に取り組むことができた。しかし、記録板の活用を止めると、積極的にやる子は少なくなった。掃除は5年生が面倒を見てくれたが、面倒を見てくれる児童によって取り組み方が異なってしまった。一人ひとり仕事を持たせやらせたが、どうしても人気のない仕事になると緩慢になってしまった。給食当番はどの子も意欲的でよく出来ていた。ただ、片付けになると忘れるグループもあった。	A Ⓑ C
学校運営	・児童が授業及び家庭でも意欲的に創作活動(図工)に取り組めるように働きかけたい。 （修正・追加等）	・作品の応募があったら、職員の打ち合わせで紹介する。 ・夏休み前、応募作品の一覧表を作成し、夏休みの課題にしてもらう。	S Ⓐ B	・作品の応募があったら応募要項を回覧したり、プリントにしたりして紹介することができた。 ・優秀作品や応募作品をみんなが鑑賞できるように展示するようにしている。	・本校の実態に適した内容の応募作を選び、児童に働きかけることができた。多くの作品を参加させることができたが、特別に優れた成績をあげる児童は少なかった。しかし、惜しい児童は多く見られた。優秀作品や賞をとった作品はみんなが目にする昇降口廊下に展示し作品のよさを伝えることはできた。本校以外の作品の鑑賞もできるだけ多くもつことができてよかった。	A Ⓑ C
	（修正・追加等）		S A B			A B C
	（修正・追加等）		S A B			A B C
能力開発・その他	・作文が苦手な児童に対しての指導法の開発。 （修正・追加等）	・書けなくて困っている児童の問題点を明らかにする。(題材の見つけ方、書き方、文法など)・その子に合った処方箋を考え指導する。 作文を書き終えたら評価して方策を立てる。		・書いている途中や書き終わった後、作文の指導を行うようにしている。 ・書なくて困っている児童には、題材の見つけ方や書き方を具体的に教えるようにしている。	・「あのねちょうと作文のプリント」を用いて、個別に作文指導を行うことができた。どの児童も数回作文のプリントに載せることができた。題材は毎週の学校行事の他、授業や家でのことなど自由にかきたいものを見つけさせるようにした。掲示板に作文プリントとどんな題材で書いているか知らせ題材を見つける手がかりになるように努めた。3学期末は文集作りを通して正しい作文の書き方指導をすることができた。	A Ⓑ C

資料①

二月に入ると、人事評価について校長から一人一人に話がある。マル先生が暗い顔をして校長室に入って行った。

マル先生は、A評価をもらえそうな難易度の高い目標を考えて取り組んでいた。だが、いじめや登校拒否などがあり、その対応で多くの時間を裂かれた。途中で難易度と内容を変更したが、達成までいかなかった。

校長は、マル先生の頑張りを認めてくれたが、対策についていくつかの指摘があった。マル先生は、校長室を出るとため息をつき、あのクラスを受け持たなければなと肩を落とした。

スズ「人事評価って、先生方の勤務の成績のことなんでしょう？　以前は勤務評定って言っていたんだよね。どうしてマル先生は、校長先生に指導を受けたくらいで落ち込むのかな。目標が達成できなかったのは悔しいと思うよ。だけど、一生懸命取り組んでいたことは、校長先生がよく知っていたじゃない。成績が少しくらい悪くても気にする必要はないのにね」

カラ「気にするよ。以前の勤務評定とは違うんだからね。最悪Dの『劣る』の評価をつけられたら給与を下げられるんだよ。勤務評定のときは、下がることはなかったんだ。だけど、人事評価制度は、先生の業績・資質・態度などを評価して、給与や昇給に反映するんだよ」

フク「勤務評定の制度のときだって、待遇に反映させることはできたんだよ。だけど先生の仕事は、授業だけでなく生活指導、それに校務分掌の仕事、そして家庭や地域との連携など、やることがたくさんあるんだ。

しかも、学校の教育活動は、先生方同士の協力が不可欠なんだ。それを、個々の先生の資質や能力を測定・計量して評価することが可能だと思うかい？　このような考えがあって、勤務評定制度は機能しなかったんだ。もちろん、組合の反対運動があったんだけれどね。

この制度は、戦後の一九五七年（昭和三十二年）、文部省によって制定（戦前は『人事考課』）されたんだ。その理由は、先生が不足して多くの先生を採用したが、その先生たちに資質・能力が不足していたからなんだ」

カラ「そして二年後の一九五九年（昭和三十四年）、愛媛県の教育委員会が実施したんだよね。そうしたら、実施する都道府県が次々と出てきたんだ。でも組合が強く反対し、『勤評反対闘争』（一九五七年～一九五九年）にまで発展していったんだ。だから、今の人事評価制度が実施するまで、機能しなかったんだよ」

スズ「ワン先生は、勤務評定で給料が下げられたとか、処罰されたとかはなかったの？」

ワン「勤務評定が機能していなかったからね。峰小に勤務していた時は、勤務評定を自分で決めて記載していたんだよ」

スズ「先生の仕事は無定量で、私生活を犠牲にするのもやむを得ない特殊な職業と言えるよね。だから勤務評定はなじまないはずだったんじゃなかったの？　それなのに、先生の仕事を『評価・評定』して給与に反映できるようにしたのはどうしてなの？」

フク「平成になると、いじめ・不登校・校内暴力・学級崩壊・学業不振、それに先生の不祥事などが顕著になり、社会問題になっていったんだ。それらに対して解決・解消を行うべき先生方の、指導力と資質の低下が問題になっていたんだ。

それと、先生方の年功序列の給与やボーナス支給への批判などの背景があり、東京都の教育委員会は、一九九九年（平成十一年）に先陣を切って先生方の資質向上をめざすことを提唱し、勤務能力と業績に応じた給与や昇給などの待遇を反映させる人事考課を導入したんだ（当時の知事は石原氏）。

なお、東京都は、退勤時刻前に休憩・休息を設けたり、偏向教育が行われたりしていると批判があったんだ。

組合は、意見広告を出すなどして、人事考課の反対を強く訴えたんだけれどね」

スズ「だからって、先生方の勤務をどう評価して給与に反映させるの？　東京都の人事考課というのはどういうものなのか教えてよ」

フク「東京都の人事考課は、先生方の能力を開発していくことを目的とした制度で、『自己申告』と『業績評価』の二つの柱からなっているんだ。

『自己申告』は、年度初めに先生自身が学校の課題や校長が示す学校運営方針を踏まえて自己目標を設定し、達成に向けて取り組むんだ。それに対して教頭・校長が、授業や取り組みの様子を観察・面談などで評価・評定するんだ。それを教育委員会が相対評価し、給与や人事異動に活用するんだよ。

『業績評価』とは、学習指導・生活指導・進路指導・学校運営・特別活動などに対しての『能力・情意・実績』を評価するんだ。勤務成績が特によければ、六月または十二月の昇給期間を短縮し、逆に評価が特に悪ければ、昇給期間の三ヶ月延伸となるんだ。つまり、給与に反映されるということなんだよ」

カラ「この東京都の人事考課の翌年、二〇〇〇年（平成十二年）には、教育改革国民会議（総理大臣の私的諮問機関）の中で、『教師の意欲や努力が報われ評価される体制をつくる』という提案がされるんだよね」

フク「二〇〇二年には、中央教育審議会が、『教員の資質向上のため能力や実績の適性評価が必要』だと答申を出すんだ。そこで文科省は、『学校は根強い横並び意識で適切な勤務評定が行われていない』として、二〇〇三年から五年にかけて、都道府県に【教職員評価システム】の調査研究を委嘱し、人事評価の導入を決めるんだ。

すると翌年の二〇〇四年から大阪が人事評価を導入し、二〇〇九年からは給与に反映させたんだ」

スズ「なんだ、いつもの文科省のやり方なんだね。調査を要求されたらやらざるを得ないものね。

それで千葉県は、いつから人事評価を導入することにしたの？」

カラ「千葉県では二〇〇五年（平成十七年）、人事評価制度の導入を決め、県教育委員会は、各学校に目標申告の作成実施に向けての手引き（Ａ４用紙八枚）を配布したんだ」

フク「これを見ると、目標申告の作成方法と記載内容、そして評価の仕方などがよく分かるんだ。申告の作成は四月から五月で、学校教育目標、校務分掌の仕事、学年目標と関連させて目標を設定し、具体的な手だてを記載することになっているんだ。

その目標に対しての達成難易度を、S（極めて高い）、A（高い）、B（普通）と記入し、六月に校長と面談し指導・助言を受け、八月に進捗状況を記載して提出。そして最終申告を、三月末までの状況を見込んで二月中に作成し、提出するんだ。

この時、達成度欄のA（目標に充分達した）、B（目標にほぼ達した）、C（目標を達成できなかった）のいずれかの記号を丸印で囲むんだ。このようなプロセスで、自己評価が行われるんだ。

目標申告で取り組む内容は、『学習指導・学級経営・生徒指導』と『能力開発・その他』なんだ」

カラ「それでは、どのように書けばいいのか、黒森山小の二年生担任のニャンコ先生の目標申告書を見てみるよ（資料①）。

『学習指導』では、具体的目標を【文章表現力を高める】と設定し、手だてを次のように考えたんだ。

①『文章を書く機会を多く持ち、書いたものを学級新聞に載せたり、掲示板に掲示したりして、お互いに読ませるなどして書く意欲を高める』

②『【あのね日記】を活用し、生活の中で起きた出来事を週一回書かせる』

その後、【進捗状況】を書いて、【最終申告】では、どのようにできているか書いて提出するんだ。

最終申告を見ると、

『五月から毎週【あのね日記】の中から、よく書かれている作文やその週にあった行事の作文を新聞に載せ週末に配布した。それを朝の会のとき読ませることで、より意欲的に書く児童が増えた。……』

それでは、【学級経営・生徒指導】を見ようか。目標を『係活動や当番活動にしっかり取り組めるようにする』としているんだ。そして、目標申告のときと同じようなプロセスで記載するんだ。

【手だて】には、『各係活動の仕事を明確に知らせ自己評価させる。掃除のとき、担当場所と作業内容が分かるように絵図にして掲示しておく。給食の当番表も分かりやすいように掲示しておく』とね。

【能力開発】では、目標は『作文が苦手な児童に対しての指導法の開発』なんだ。

今度は【進捗状況】の書き方を見るよ。

『書いている途中や書き終わった後、作文の書き方の指導を行うようにしている。書き方で困っている児童には、題材の見つけ方や書き方を具体的に教えている』と記載しているんだ」

スズ「なんだ、こんな目標でこんな書き方でいいの？これなら、学級経営案と大して変わらないよ。こんなもので先生を評価し、給与に反映させるとしたらおかしいよ」

カラ「この時は、まだ給与や昇給に反映させてはいなかったんだ。だけど、二〇一四年の人事評価制度の改正で、給与や昇給などに反映できるようになったんだ。

もちろん申告内容も変わったんだよ。これまでは【目標申告書】一枚だったけれど、今度は二枚になったんだ。その内容は、能力を評価する【職務能力開発シート】と、業績を評価する【目標申告マシーン】なんだ。

【学習指導】を見ると、

『学習指導に関する専門的な知識・技術を活用し、適切な指導計画を作成するとともに、分かる授業を開発し、学習指導上の課題に対して指導方法の工夫・改善を行う』として、それに対して、評価の着眼点を次の四点、

①指導計画　②指導実践　③評価・改善　④キャリア教育　で見るようになっているんだ。

①の指導計画には、『児童生徒の実態に応じて、教科・科目・領域の指導目標を達成するための適切な指導計画を作成する』と書かれていて、このことが実践できたかを、中間と最終申告の欄に五段階（ＳＡＢＣＤ）で自己評価を行うんだ」

フク「『学習指導』の標準職務遂行能力の内容を見ると、どんなに頑張っても達成できているとは言えないよ。達成するには、研究授業で行われるような授業を毎日行うという捉え方になるからね。しかも分かる授業をだよ」

スズ「うん、先生ならこの内容の授業を行うことが求められるのは当然かもしれないけど、実際にできるわけないよ。

これを作成した人たちは、研究授業の観点で指導力を見ているのかな。『学習指導』を厳密にかつ公正に評価するとしたら、研究授業を含め簡易な指導案を書いて行う授業でしか良い評価はもらえないよ」

カラ「どの項目も理想的な遂行能力を掲げているよね。すべて適正な評価を求めるのは無理に決まっているよ」

スズ「『職務能力開発シート』の全項目の内容も、Ｓ

やAの評価をもらうのは難しいよね。それに校長先生は忙しいので、職員の取り組み状況を詳しく見ることはできないと思うんだ。だから、無理に難しいことに挑戦しなくてもいいよね」

フク「でも、易しすぎると直されるので、少しは難しいものにしないといけないよ。評価するのは校長だけじゃなく、教頭も評価するんだ。もちろん最終的には、校長が行うけれどね。

それから評価だけれど、直接観察しなくても、教頭や教務からも必要な情報を得ることはできるんだよ。それに、週案も使えるからね。週案は、学習・生活指導や校務分掌の仕事の計画や反省を記載するようになっているよね。だから、校長が聞きたいことを書けば、返答してくれるじゃない」

スズ「人事評価制度の内容や評価の仕方を見てくると、先生方だけでなく校長先生や教頭先生も大変なんだね。だけど、週案が人事評価に使われるとしたら、先生方はもっと忙しくなるよね。

ところで、評価が悪いと給与が下がるんでしょう？だったら、みんな給与が下がるのは嫌だから、目標達成に向けて頑張ると思うんだ。そうしたら、優Sや良Aの評価の先生が多く出て、みんな給与が上がるね」

フク「それはあり得ないよ。自分がすべてAと評価しても、校長から見れば異なる評価になるものなんだ。それと、SやAの評価の割合は決まっているので、容易に取れないようになっているんだよ。

SやAを取るのに最もやっかいなのが【職務能力開発シート】なんだ。『学習指導』の内容を見た時、とても達成が難しいことがよく分かったじゃない。でも、解釈によって良くも悪くも評価できる内容にもなっているんだ。

それでは、どのように評価していくか、かいつまんで説明するよ。

まず、業績評価（自己申告シート）の評価、SABCDの中から当てはまるものに○をつける。それを校長が審査して点数化する。評価点はS5点でDが1点。

次に、能力評価（職務能力開発シート）の評価を同じように選んで○をつける。それを校長が点数化する。評価点はS5点で、Dなら1点。

以上の二つの評価を集計するんだけど、先生方の場合なら評価点の配分が、業績3に対して能力7なので、その比率で全体評価点を出すんだ。

例えば業績Bで能力Aなら、業績B（3点）×0・3＋能力A（4点）×0・7＝3・7点となるんだ。

このやり方で、『優秀』、『良好』、『努力が必要』、『かなりの努力が必要』のどれかを決定するんだ。

それでは、どのように給与に反映するかなんだけど、最初から評価対象者数が決まっていて、評価対象者数が一〇〇人以上いれば、優秀は三十パーセント以内と決まっているんだ。

そこで、優秀なら勤勉手当は〇・〇四ヶ月分、通常より多くもらえるんだ。昇給は一号分上がり四号級（一号級）だよ。もし、努力が必要と評価されたら、勤勉手当は〇・一ヶ月分マイナスで、昇給は二号級（〇号級）になるんだ。これが、千葉県の人事評価制度における評価方法と、給与・昇給反映というシステムなんだ」

スズ「この制度って、本当に先生方にとって必要なものなのかな。評価する立場から作られているようにしか思えないけどな。いくら頑張っても優秀の割合が決められているんだからね。絶対におかしいよ。

そうでしょう？　この制度の目的の一つは、頑張れば給与を上げるんじゃなかったの？　でも、頑張っても評価が悪ければ給与が下がるんでしょう？

それに、この制度のために、目標申告シートの作成、そして、そのための面談が要求されているんだよ。どのくらい時間を使うのか分かっているのかな。文科省や教育委員会は、先生方の超過勤務の解消のため、働き方改革が重要であると唱えているじゃない。矛盾しているよね」

カラ「このような評価方法を取るのは、先生方を納得させるためじゃないのかな。評価内容が明確に示されているだろう？　どれも、先生の仕事として求められていることだからね。でも、このような人事評価を行わなくても、優か不適格かの判断は容易にできるんだけれどね。

そうだろう？　学校運営で最も力を入れている校務分掌の学年・学級担任、そして教務や学年主任を決めるには、各先生方の資質・能力が分からないとできないんだよ。そこで、普段の先生方の様子をよく知っている教頭の力を借りて決めているんだ。

もちろん、校長は、授業参観や企画委員会、職員会議、研究授業、週案などの提出物などで、個々の先生の把握はだいたいできているけれどね」

スズ「だけど、この人事評価の仕方が最も良いと考えているんでしょう？　だから、この制度は全国で行われているんだよね。でも、やり方は都道府県によって違んでしょう？　千葉県のやり方は先生方に負担が少ない方なのかな」

カラ「公立の学校の先生なら、どこも基本的には勤務内容は変わらないが、都道府県によって教育方針や教育施策が違うからね。だから、授業の取り組み方も異なるところがあるんだ。

そうなると、先生方の評価においても異なるんだ。それは、人事評価に関する規則や、人事評価実施要領を見れば分かるよ」

フク「それでは、先生方の不満の声がたくさん聞かれる青森県の人事評価制度を見て行こうか。

人事評価は千葉県とほぼ同じようなやり方なんだ。千葉県は職務能力発揮シート一枚だけど、青森県は標準職務遂行能力の用紙と職務能力発揮シート、能力評価の用紙の三枚あるんだ。

それでは、千葉県と同じように【学習指導】を見て行くよ。

職務遂行発揮に期待される教師の能力として、

①教科・単元等の目標に従って指導計画を作成し、計画的な指導を行っている。

②児童の発達段階や興味・関心、学習内容の理解度をよく把握している。

③教科・単元に関する専門知識・技能を活用し、児童一人一人に分かる指導を行っている。

④児童の学習状況を的確に評価し、保護者に対して、適切に説明している。

と示されているんだ。

※令和三年度、青森県人事評価制度

スズ「用紙の数は多いけれど、【自己目標・自己評価シート】は初めと終末の二回書くだけでいいんでしょう？　それと、能力評価の用紙は○をつけて自由記述だけだよね。それに比べると、千葉県のは自己評価は繁雑で面倒くさいね」

カラ「そんなことはないよ。記載欄が大きいのでたくさん書くことになるからね。それと、目標達成が十分できたと自己評価するには難しい評価観点になっているからね。だけど、千葉県のは、細かなことまで要求しているから面倒かもね」

フク「学習指導の基本的な能力は同じだけれど、求められる能力を詳細に列挙されると自己評価は難しくなるんだ。評価となるとそれぞれの目標を具体的なもので見ないといけないからね。

例えば、授業において、

『指導計画を作成し、計画的な指導を行っている』

これができているか評価するとき、もし、これが毎日できているかと問われれば、できるわけないよ。②でも同じさ。児童の発達段階や興味・関心、学習内容の理解を把握するには、日々の授業の発言や活動などの様子を見ているだけではだめだからね。アンケート・ノート・作品・発表・作文などの判断材料が必要になるからね。

とても気になるのは、千葉県も青森県も、『先生の専門的知識・技能を活用』というところなんだ。指導主事と同様の知識を有するということなのか、研究主任程度でよいのか、具体的に説明がないと分からないよね。

今は学習指導の面でしか見てこなかったけど、先生方は学習指導以外の仕事がとても多いんだ。それなのに、どの項目も必要な能力が細かく求められているんだから、とても大変だと思うな。

それは、組合の新聞に記載されている先生方の苦痛の声でよく分かるよ。記載されている一部を紹介するよ。

【仕事面】

『仕事の量は全く減らないのにボーナスカットされると、ますます教職員になる人は減ると思う』

『教師の仕事は生身の人間と関わる仕事、子どもの成長や仕事の成果を数値で測れない』

『教育活動は教職員が共同して対応工夫していかないと効果的なものにならない』

『七時まで仕事をしても定時で退勤したようにしなければならない』

【給与面】

『評価の良い人の増額分の財源は職員全体以外のところから確保してほしい』

『財源が私たちの給与やボーナスから充てられることに納得できない』

『研究会などで発表する人は昇給、それを支えた周囲の先生方の給与が減らされている』

【評価面】

『業務の一から十まですべて見て、教員の能力と照らし合わせて正当に評価する必要がある』

『SやAの評価は管理職に多かった』

『校長が気に入っている先生方だけが得する制度』

『死にたくなるほど学級運営に励んだのにBをつけられ、空しくやる気がなくなる』

『SやAを取る仕事に専念し、子どもに目が行かなくなる』

このような声がたくさん載っているんだよ」

スズ「声の中に、目標達成に向けて頑張ったけれど、Bでくやしかったことが載っていたよね。これはこの人事評価制度にいかに問題があるかをよく表しているよね。

だってそうでしょう？　この人事評価制度の目的に、先生方が主体的に取り組み資質と能力を身につければ給与や昇給などに反映する、だから頑張れとしているんだからね。それに、評価は適正に行うので大丈夫とも言い切っているじゃない。

だけど、頑張っても、評価に割合があるでしょう？これでは、取り組む意欲は湧かないよ。どんな割合になっているの？」

カラ「能力評価では、S評価五パーセント、A評価十五パーセント、業務評価では、S評価五パーセント、A評価二十五パーセントを上限として割り振るとなっているんだ。そして、学校の規模での割合が決まっているだ。このことは、青森県だけではなく、全国どこも同じだよ。

この制度は給与に反映させることで、先生方に意欲的に取り組ませることをねらっているが、肝心な給与の財源がないんだ。つまり、現在支給されている給与を財源に行うので、給与が下げられる先生方が出てくるということなんだ。

このことが、最も顕著に表れているのが大阪府なんだ。やはり、不満な声が多く聞かれているんだよ。その理由を聞けば憤るんじゃないかな」

フク「そうだね。大阪府の人事評価制度は、先生方に苦痛を強いている制度のように見えるからね。

でも、千葉県や青森県と大きく違っているのが『授業アンケート』を人事評価に取り入れていることなんだ。先生方の授業を子どもや保護者が評価するんだよ。そして、その結果をボーナスに反映させるというんだからね。

アンケートには、

『先生方に対する好き嫌いが影響する』

『必要があっての厳しい指導や、保護者に適切な指摘や援助を行う先生が正当に評価されるのか』

『結果に具体性がなく授業改善へつながりにくい』などの声があるんだ（ネットの声から）。

だけど、教育委員会は、評価を給与に反映させることで、授業への意欲と授業改善に有効と考えているんだ。そのやり方は、すべての先生の『勤勉手当』から〇・〇〇六ヶ月分と扶養手当分をカットして、それを財源としてSSとSの評価に上乗せをするんだ。そして、下位のBとCの先生はそこからさらに引き下げられるんだ。もちろん昇給にも反映されるんだよ」（SSは目標を大きく上回っている、Sは十分上回っている、Aは達している、Bは達していない、Cは大きく下回っている）

スズ「子どもたちに、先生を評価させることは必ずしも悪くはないと思うよ。でも、アンケート内容によっては、子どもたちと先生の関係を悪くするよね。ましてや、アンケートを人事評価の対象にするなんて、どんな神経をしているんだろう。

企業なら、商品を多く売ったり商品の品質を高めるために、お客さんからのアンケートを活用するのは当然だよ。だけど、子どもや保護者はお客さんなの？これでは、厳しい指導をする先生は不利だよ。評価する側の校長先生は、反対しなかったのかな。これでは、子どもの顔色を窺《うかが》って指導したりする先生が多く出てくるよ」

カラ「そんなことはないよ。だけど、注意するときや指導するとき、甘くなるかもしれないね。

でも、厳しい先生だから嫌だと言っていた子どもたちが、学年の終わりになる頃には、『良い先生なんだよ』っていう声をよく聞くじゃない。教育はすぐに成果や効果は表れないから、先生を評価することはとても難しいはずなんだ。校長は、学校経営者ではあるが、先生方の資質・能力を評価する専門家ではないんだからね」

フク「確かに専門家ではないが、評価の仕方の研修を受けてはいるんだよ。教育委員会は校長に、教職員の勤務状況を観察し、勤務実態の把握のため記録するように要求しているんだ。それに、評価は教頭も行うんだよ。

先ほど話があったように、校長は先生方との面談、それに授業参観、さまざまな会議や学年・学校行事、そしていろいろな提出物などを通して評価材料を得ているんだ。

大阪では、教職員からの意見も参考にしているけれど、これは問題だと思うな。校長にチクッてくる先生が出てくると言われているからね」

スズ「評価材料が十分あると言われても、本当に公平・公正に評価できるのかな。評価がおかしいと言われたら、納得のいく説明が求められるんだよ」

カラ「大丈夫さ、評価の観点が多くあり、どれも目標達成が難しいので、優劣を決めるのはそう難しくないからね。そうだろう？　本人が達成できていると言ってきても、ここができてないと言えるんだ。
でも、校長が個々の先生方をどう思っているかによって、評価が違ってくるかもしれないけどね。
かなり前だけど、神戸の小学校で、先生が先生をいじめる事件があったじゃない。そのいじめの主犯の先生は、優秀な先生と評価されていたんだよ」

フク「その学校は、前校長が他校から主犯の先生を招聘していたんだ。だから、厳しく指導できなかったようなんだ。これは、管理責任者として失格だけれど、人事システムにも問題はあったんだよ。神戸の人事の異動は校長間で決めていたんだ。この後、このような人事異動はやめたけどね。

だけど、同じ職場で一緒に仕事をしていれば、好き嫌いが生じるものなんだ。それでも、勤務を評価するときは公平・公正に努めなければ管理職として失格さ」

カラ「公平・公正に行うこともそうだけれど、この制度自体、実際の勤務の実態に適合しない評価を行っているように思うな。だから、多くの不満が出てくるんだよ。

先生方の苛酷な勤務や勤務環境の改善を図らず、一方的に押しつける人事評価制度は、日本の先生の献身的に子どものために尽くす良さを破壊し、学校教育をゆがめると思うな。

それから、評価による給与や昇給への反映は、先生方の人間関係を悪くして、協力関係の崩壊を招くと思うな」

スズ「そうだよ。大事なのは実態の把握だよ。教育委員会だって、子どもたちの実態把握を行い、計画的に授業や教育活動を行うように強く要求しているんだからね。

先生方に資質・能力を求めるなら、まず、先生方がどんな勤務状況なのか実態を調べなくてはいけないよ。そして、先生はどんな勤務を行うのか、勤務内容を具体的に明示すること。また、勤務時間内で仕事ができるようにすること。どの仕事にどのくらい時間を要するか調べること（ワン先生の週案は参考になる）。さらに、休憩時間に会議などの仕事を入れないこと。働きやすい職場環境を作れること。必ず休憩室を設けること。それから、事務作業専門の職員を採用すること。そうしないと教材準備や教材研究はできないからね。それに、低学年には補助の先生をつけること。

これらのことがしっかりできていれば、健全な職場になり、先生方はしっかり仕事に取り組むことができて、資質・能力の向上が図られると思うんだ」

カラ「そうだね、これまで学校のさまざまな問題について指摘してきたけれど、よく理解したうえでの対策だね。

だけど、これでは不十分だよ。もっと具体的じゃないとね。先生方の資質・能力の向上を図る鍵は、学校現場の先生方の研修の在り方にあると思うんだ。教材準備や教材研究の時間を確保すれば済むというものではないよ。

だって、どの学校も研修・校内研究を行っているし、教育委員会もさまざまな研修を開催しているよね。でも、先生方に有効的に働いていないから、先生方の資質・能力不足などが生じているんじゃないのかな。

要するに、先生方に実りのある内容になっていないことが大きな要因だと思うんだ。先生の教育技術や指導力などの能力を高めるには、もっといろいろな方法があるはずなんだ」

◆先生方の資質・能力を高める方策

カラ「以前、校内研究で紹介した学校のやり方は、他校と違う特別なやり方をしていたので参考になると思うな」

スズ「その学校は、ワン先生が赴任していた糀小学校のことだよね。他の学校が四十五分授業を実施していたのに、この学校は四十分授業を行っていたんだよね」

ワン「当時は、特別とは思ってなかったんだ。だけど、四十分授業のおかげで、三時には会議や研修、学年会が実施できたんだ。下校時間が早かったから教材研究が十分でき、研究授業後の話し合いにも多くの時間を設けることができたので、充実した話し合いができたんだ。だけど、一九七八年（昭和五十三年）からは四十五分になったけれどね」

カラ「現在、東京都の学校（目黒区）では二〇〇二年から、横浜市では二〇二一年から、モデル校のみだけれど午前五時間制を導入し、四十分授業を実施しているよね。

これは、先生方の働き方改革が主なねらいだが、先生方の資質・能力の向上に向けての研修・研究の時間を増やせると思うので、とても良いことだと思うな」

スズ「四十分授業で成果が出るといいよね。

それでは、糀小はどんな研究・研修をやって先生方の資質・能力を高めていたのか教えてよ」

ワン「糀小は、理科の研究に力を入れていて、全国的に名前が知られていたんだ。講師は筑波大付属小をはじめ授業や研究に優れている教師を招いて研究授業を行っていたんだ。校内の職員の中には、名人と言われている教師もいたんだよ。

この学校は、優れた授業を見る機会を多く設け、研究授業を多くやることで、理科の授業の指導力を身につけさせていたんだ。優れた授業を多く見て、優れた教師から指導を得ることは、指導力をつけるには絶対必要なことだからね。

だから、他校の校内研究でも優れた教師の授業があると、自習体制にしてまで授業を参観させたんだ。他校から校内研究の指導案の検討に来たこともあったんだ。それから、研修にも力を入れていたんだよ」

スズ「要するに、先生方が自ら指導技術を高めるための授業と研修が行われるようにしないといけないということなんでしょう?

先ほど提案したけれど、先生方本来の仕事である授業の質を高める時間を多く設けることは大事だよね。四十分授業だって、授業の準備ができていれば、むしろ質の高い授業ができるんだからね。

これまで、人事評価の問題を指摘してきたけれど、授業の質を高めるのは先生なんだから、先生が、自ら高めたいと思うやり方をとらないといけないよ」

カラ「先生方の気持ちを無視して、強制的に質の高い授業に取り組ませるやり方では、本当に資質や能力を身につけることは無理だと思うな。いくら自己申告や能力開発の評価が良いからといって、必ずしも資質や能力に優れているとは限らないからね。人事評価の観点に特化した授業や勤務を行えば、評価は良くなるんだからね。

でも、先生方はかしこいから、いずれ人事評価で良い評価を得る目標申告や能力開発のマニュアルが出来、それを、模倣するようになるんじゃないかな」

スズ「大事なことは、教育委員会や校長先生は、人事評価ではなく、いかに優れた授業ができる先生方を多く育成するかなんだよね。

でも、どうすれば優れた授業ができるようになるの?優れた授業ができる先生ってどんな先生なの?」

ワン「昭和の終わり頃までは、優れた授業を行ういろいろな教科の名人がいたんだよ。このような教師は、その教科以外でも優れた授業と優れた学級経営をしていたんだ。

籾小には、優れた授業をやる教師が数人いたが、全国でも三本の指に数えられる理科の名人(オバラ先生)がいたんだ。その教師と三回同学年を組んだので、優れた授業を多く見ることができたんだ。

その教師の授業は、クラス全員の子が、先生の話をしっかり聞くんだ。そして、誰もが自由に発表し、助け合うような話し合いになっているんだ。とにかく問題提示の仕方が上手で、どの子も問題意識を持ってしっかり取り組めていたんだよ。それに観察もしっかりでき、どの子もよく考えるんだ。そして、解決に向けての話し合いが活発で、みんなの目が輝いているんだ。講師の先生はいつも感心していたよ。

　その先生から次のことをよく指導されたんだ。

①教材研究をしっかりやること。

②実験、観察の授業を行うときは前もって自分でやってみて、子どもがどのような見方をするか、どこでつまずくかなどを知ること。

③どのように問題提示をしたら子どもは意欲を持って問題意識を持つか、しっかり考えること。

④発問および補助発問はできるだけ少なくすること。そのために主発問をしっかり考えること。

⑤誰がどんな見方・考え方をするか把握すること。

⑥子どものつぶやきを聞き逃さず、発表の少ない子やうまく言えない子を優先し、問題解決に向けた話し合いをさせること。

⑦能力の高い子や発表が多い子には、みんなが困ったときに活躍できるようにさせること。

⑧友達の発表をしっかり聞くことができるようにすること。

⑨よそ見や私語、手いたずらするような授業は行わないこと。

⑩授業に生かせる板書をすること。そのために板書計画はしっかり考えること。

⑪指導案を作成した授業や研究授業は必ず録音し、それを書き起こすこと。

　そして、教師の発問は適切であったか授業を分析すること……など、挙げれば切りがないよ。当時は、誰もが録音して書き起こしていたんだよ」

スズ「次に勤務した学校にも名人がいたんだよね」

ワン「その学校には、先生になるために生まれてきたと言われる優れた教師がいたんだ。教育技術の本に授業の指導案がよく掲載されていたが、優れた授業にも講師が礼讃《らいさん》していたんだ。

　そして、学級経営も飛び抜けて優れていて、児童からとても慕われていたんだ。学級経営案を見せてもらったが、教育愛にあふれた経営案で、児童が意欲的に取り組みたい活動が計画されていて感心したよ。

　その中の実践内容に、学級新聞の発行があったが、その教師（イシバシ教諭）は、学級の様子、そして児童の良さを、学級新聞を毎日発行して保護者に知らせていたんだ。紙面には創意工夫があり、カットの絵がとても上手なんだ。

それと、児童の感情をゆさぶる合唱指導にも優れていて、児童の美しい歌声にも感心したものさ。優れた教師の条件に、美術、音楽、話術の技能を持ち備えていることが言われているが、まさにぴったりの教師なんだ。その教師のクラスを引き継いだので、そのことがよく分かったよ」

フク「どのようにして授業の指導力を高めることができたか、よく分かる事例だね。

先生方の授業の指導力を高めるためには、優れた授業ができる先生から学べる機会を得ることが大事になるね。優れた授業を見ればまねしたくなるし、そのような先生になりたい、それ以上の授業をやれる先生になりたいと思うからね。

そのためには、自ら理想の授業を行うための教材研究や教材準備の時間を、十分確保してあげることが大事になるんだ」

スズ「だから今こそ、授業に専念できる勤務内容の見直しが急務だと思うな。

先ほども話したけれど、先生でなくてもできる学級事務や校務の仕事、校舎の戸締まりや学校日誌の転写などは、代わりにやる人を採用すればいいんだからね。お金がかかるので不可能と言うなら、先生方の資質・能力を高めることはできないよ。文科省が財務省を説得すればいいんだから。

国や地方自治体、市町村が、無駄な事業に多額の補助金を出している報道を見聞きすると、そう強く思うな。現場では事務費が不足して、教材作成や資料作成に困っているんだからね。それと、研修のための費用もね。

教育予算が多く出せる市町村では、多くの講師を採用して教育効果を上げているんだよ」

カラ「やはり、先生の資質・能力の向上には費用が必要だよね。

ところで、人事評価でまだ不満がありそうだね。どんなことかな」

スズ「評価によって異動に反映させることになっていたのに、実際は希望どおりに行くことができていないよね。確かに相手の学校の事情もあるとは思うけど、これでは先生方はがっかりするよ」

フク「異動に反映させると言っても、教育委員会が異動の判断材料にするのであって、個人の希望とは別だよ。この人事異動については大事なので、あとで話し合おうね」

スズ「人事評価は、先生方の資質・能力を高めることを目標に行っているよね。でも、校長先生の評価はどうなんだろう。

　青森の先生が、校長先生への評価が公平に行われていないと言っていたよね。評価は諸先生方より、校長先生への評価を重視すべきじゃないのかな。校長先生によって学校が変わるんだからね。現場の先生方は、本当に優れた校長先生を求めているんだから」

フク「そうだね。校長の資質・能力の評価は大事だよね。今の校長の評価は、教育課程が適正で編成どおりに実施しているか、公文書が誤りなく作成され保存されているか（学校訪問等で検査）、適正に学校運営が行われているか、そして教職員の人材育成と活用などで見るんだ。だけど優れた授業をやる先生が増えているかなど、先生の育成は判断材料にはなっていないよね。優れた先生を育成するには、優れた校長・教頭を育成しないといけないのにね」

ワン「そうだね。学校には、優れた校長が絶対必要だよ。それに、優れた教師もね。

優れた教師の育成で大事なことは、教師が切磋琢磨《せっさたくま》できる学校かどうかなんだ。そうでないと、優れた授業をやる教師は、多く出ては来ないからね。

だから研究授業のときだけでなく、普段の授業を見せ合ったり、代わりに授業を行ったりすることができれば、優れた授業ができるようになると思うな。かつてはそのような学校が見られたんだからね。

それと、今の学校の学校運営の管理システムは機能不全状況だと思うんだ。校長に全権限を持たせたやり方がね。人事考課より管理運営システムの改革が必要だよ」

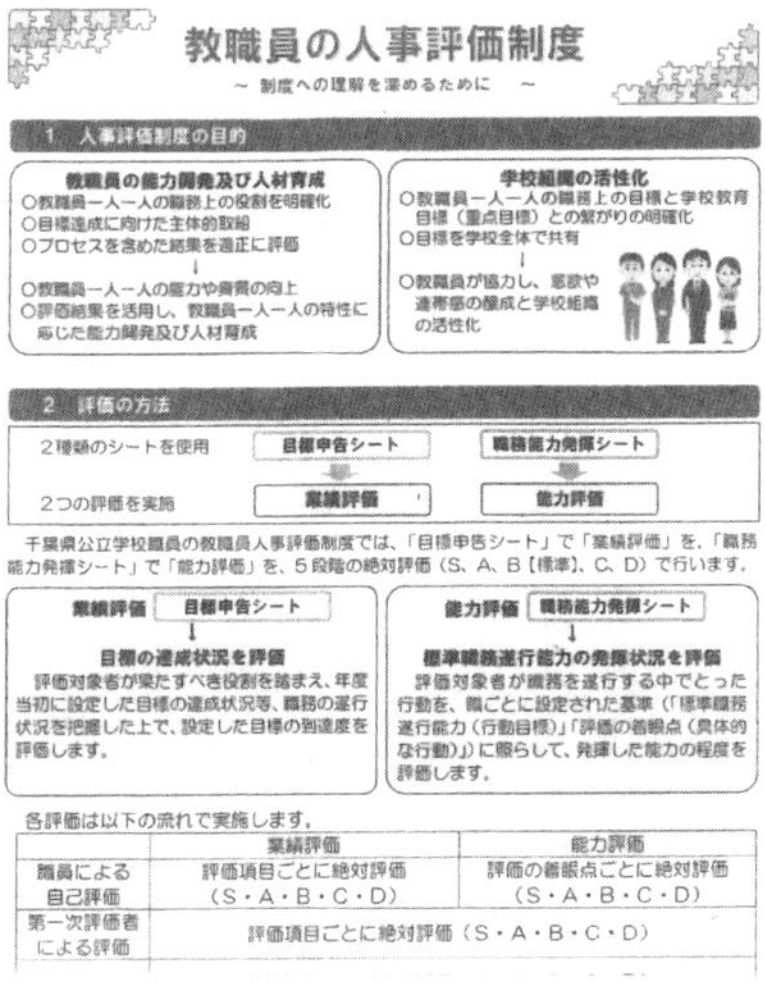

教職員の人事評価制度

～ 制度への理解を深めるために ～

1　人事評価制度の目的

教職員の能力開発及び人材育成
○教職員一人一人の職務上の役割を明確化
○目標達成に向けた主体的取組
○プロセスを含めた結果を適正に評価
↓
○教職員一人一人の能力や資質の向上
○評価結果を活用し、教職員一人一人の特性に応じた能力開発及び人材育成

学校組織の活性化
○教職員一人一人の職務上の目標と学校教育目標（重点目標）との繋がりの明確化
○目標を学校全体で共有
↓
○教職員が協力し、意欲や連帯感の醸成と学校組織の活性化

2　評価の方法

2種類のシートを使用　目標申告シート　職務能力発揮シート
2つの評価を実施　業績評価　能力評価

千葉県公立学校職員の教職員人事評価制度では、「目標申告シート」で「業績評価」を、「職務能力発揮シート」で「能力評価」を、5段階の絶対評価（S、A、B【標準】、C、D）で行います。

業績評価　目標申告シート
↓
目標の達成状況を評価
評価対象者が果たすべき役割を踏まえ、年度当初に設定した目標の達成状況等、職務の遂行状況を把握した上で、設定した目標の到達度を評価します。

能力評価　職務能力発揮シート
↓
標準職務遂行能力の発揮状況を評価
評価対象者が職務を遂行する中でとった行動を、職ごとに設定された基準（「標準職務遂行能力（行動目標）」「評価の着眼点（具体的な行動）」）に照らして、発揮した能力の程度を評価します。

各評価は以下の流れで実施します。

	業績評価	能力評価
職員による自己評価	評価項目ごとに絶対評価（S・A・B・C・D）	評価の着眼点ごとに絶対評価（S・A・B・C・D）
第一次評価者による評価	評価項目ごとに絶対評価（S・A・B・C・D）	

学校評価

二月に入って間もなく、教頭から、今年度の学校の教育課程（教育活動）、校務分掌の成果・反省を記載する用紙が配られた。

教育活動の用紙に書かれていた項目は、

①学校行事　②研修　③日課表・時程

④校務分掌　⑤ＰＴＡ活動　⑥環境・施設・設備

⑦学校と学級事務　⑧その他　であった。

トラ先生は、児童会活動や安全などが載っていなかったので、その他の欄に改善を求め詳細に記載した。

その後、企画会議で話し合いがあり、三月末の職員会議でまとめたものが配布された。そこには、次年度に向けた提案内容が記載されていた。

スズ「今年度の教育活動を反省することは、大事だよね。だけど、校長先生と学年主任などで行われる企画会議だけでいいのかな。まとめたものを見ると、廃止したいものや変更したいものが提案されていたよ。教頭先生は、職員会議で、

『担当に当たっている先生は、検討して来年度の職員会議で提案できるようにしてほしい』と言っていたけれど、これでいいのかな」

カラ「良くはないよ。廃止や改善、そして、新たな提案をするには、みんなから納得を得られないとうまくいかないんだ。いくら校長が認めても、先生方が納得しないと、不満が出て撤回になったり、大幅に変更されたりすることがあるからね」

スズ「だけど、撤回を求めても、校長が強く推し進めれば、先生方は従うよ。校長は決定権を持っているからね」

フク「でも今は、校長だけで学校の教育活動や校務分掌を決められる状況ではなくなってきているんだ。それは、学校がさまざまな問題を抱えているからなんだ。それに、文科省が学校評価の実施を要求しているからね。先生方の荷重労働、いじめ、不登校などの問題、そして、英語・道徳の教科化、プログラミングなどの授業が次々に増えているんだ。だから、先生方の意見を聞くようにしないとうまくいかないと思うな。

トラ先生は不満だったけれど、今年度の学校評価は、他の先生方には好評だったんだよ。これまでは、みんなの意見を載せたものを配布するだけだったんだ。だから、それをもとに、担当の先生が考えて計画案を作

成していたんだからね」

スズ「でも、企画会議での提案は、みんなが納得したわけではないんでしょう？　いくら校長先生や教頭先生と相談して計画を立てても、みんなから不満が出てきたらやりにくくなると思うけどな。

それに、作成が面倒だと思えば、例年どおりの計画案になるんだよ。ましてや、新年度赴任してきた先生が計画を立てるとなると、実態が分からないので、前年度の計画を踏襲することになると思うな。やはり、話し合いは必要だよ」

カラ「話し合いが必要なことは、校長や教頭は分かっているよ。だけど、三学期は学力テスト、六年生を送る会、研究のまとめ、卒業式、通知表や指導要録などの成績処理、新年度の準備など、やることが多いんだ。黒森山小は文集作りもあるんだよ。

それに、校長や教頭は、人事評価や保護者からの学校評価のまとめの作成などやらなければいけないからね。それと、教育課程の反省と来年の計画を立てなければいけないんだ。それと多くの先生方は、忙しい時期なので話し合うことを嫌うからね。だから職員会議だってできるだけ早く終えて、自分の仕事に取りかかりたいと思っているじゃない。文科省が学校評価を要求しなかったら、企画会議で話し合いを持つことはなかったんじゃないかな」

スズ「校長は、きっと学校評価の経験がなかったんだよ。だったら仕方ないよね。だけど、ワン先生は、学校評価の経験があるんだよね？　ワン先生、どのように学校評価をやったのか教えてよ」

ワン「袖小で勤務していた時のことなんだ。まず、企画委員会で教育課程と校務分掌に関する評価内容のアンケートを作成するんだ。そして、二月に入ったら、すぐにアンケートを配布し、教職員から評価と問題や提案などを記載してもらうんだよ。それを教務が集計したら、その後、教職員を三ブロックに分けて検討（二回）を行うんだ。

ブロックAは、学校教育目標・週プロ、日課表・校務分掌（校長と教務と学年代表）。

ブロックBは、学校行事・児童会・委員会・集会・朝会（教頭と音楽主任と学年代表）。

ブロックCは、研究・研修・教育環境および整備・安全・清掃（研究主任と養護教諭と学年代表）だよ。

そして、三月の初めに職員会議を開き、各ブロックと生徒指導と保健指導の部会から問題点と改善点をまとめたものを説明してもらい、みんなで検討するんだ。

今でもよく覚えているのは、朝の打ち合わせの週一回の実施と、学芸会の創設かな。

このような学校評価が行われたのは、校長が学校経営に熱心だったからなんだ。何しろ児童と教師の主体性を重んじていたんだよ。学年担当を決めるときは、学年主任の意見を聞いて行っていたぐらいなんだからね。

こうした経験から、学校改善には学校評価が重要だと考え、いつも校長に訴えたわけなんだ」

スズ「あれ、袖小ということは昭和の終わり頃だよね。今の黒森山小より進んでいるなんて驚きだな。どこの学校もやり方は違うけれど、それなりの学校評価はやっているのに、文科省が各学校に学校評価を求めたのはどうしてなの？」

フク「どこの学校も形式的なもので、改善のための学校評価ではなかったからなんだ。学校評価とは、学校の教育活動の成果や課題を明らかにするための点検行為で、学校の教育活動をよりよくするために行われるものなんだ。

学校評価の実施要求の最初の発信は、一九九八年（平成十年）、中央教育審議会の答申なんだ。『学校が家庭や地域と連携協力して教育活動を展開するため、また、学校の経営責任を明らかにするため、学校の自己評価の実施』という提言が行われたんだ。

二〇〇六年（平成十八年）に文科省は、学校評価ガイドラインを策定し、学校の自己評価（各学校が自ら行う評価及び学校運営の改善）と外部評価（評価委員会等の外部評価が行う評価及び学校運営の改善）の実施について評価の方法を示したんだ。それを受け、全国で学校評価が実施されるようになったんだ。

日台小は早速、平成十八年から学校の教育課程や校務分掌などの改善に向けて取り組んだ。やはり、文科省が要請すれば、どこの教育委員会も校長も従うことになるんだ」

スズ「先生方の学校評価は、具体的に改善に結び付く内容だけれど、保護者向けのものは違うんだね。『授業は分かりやすく、お子さんが楽しく学べていますか』という設問があったけれど、これは担任の先生の評価だよね。学校の評価として適切なのかな。

教頭先生は、アンケートを集計し考察したことを、学校だよりに載せて保護者に知らせていたよね。忙しい勤務の中での作業だったので大変だったと思うな。なのに、保護者も先生方も関心がないんだよね。目を通すぐらいはしないといけないよ」

カラ「保護者に学校の教育活動に関心を持ってもらうことは大事なことだと思うよ。今後は、直接学校改善に生かされる内容にしていく必要があるよね。学校目標の達成を四段階で評価してもらうのも検討する必要があるよね。

『互いに助け合い、思いやりのある行動をとる子に育っていますか』と聞かれても、学校生活で自分の子どもが助け合っているのか、友達に思いやりをもって接しているのか分からないと思うんだ。

『学校ではこのような子どもを育てたいと思うが、どう思うか』

『どんな子どもに育てる教育をしてほしいか』など、もっと学校に働きかけられる内容にしていく必要があると思うんだ。校長や教頭は、他校はどのような学校評価を行い改善に生かしているか、調べる必要があるよね」

フク「他校を参考にすることは良いと思うが、保護者にもっと寄り添い、協力し合う関係づくりに努めることが大事だと思うな。保護者会の参加人数が少ないから保護者会の回数を減らす。このようなことを簡単に行うようでは、学校は良くはならないよ。どうして出席しないのか原因を追求し、多くの保護者が参加できるように対策を講じなければいけないと思うんだ。

それから、学校から一方的に教育活動の変更や廃止をしても、学校に問い正さないのは、健全な関係ではないと思うんだ。

子どもは親に、『遠足がなくなった』『運動会が半日になった』『学芸会がなくなった』等々訴えているはずなんだ。でも、保護者は大きな事件でないと学校に問い質すことをしないからね。学校は、保護者が学校に何を求めているか把握できるような学校評価を行わないといけないと思うな」

ワン「そうだよ。保護者に学校の教育活動を理解できるように、また、本音で学校の問題を言えるような関係づくりのための方策を考えてほしいな。

学校では、よく共通理解を図って物事を進めることを求めるが、共通理解のためには十分な話し合いが必要なんだ。そうでないと、担当の教師に任せることになるからね。特に教育課程の編成は、児童の教育活動に大きく影響するからね」

スズ「子どもたちが楽しみにしていた行事や活動がなくなれば、学校に行く楽しみを奪われた思いを持つものね。教育評価だけして、十分話し合うことをしなければ、改善なんて無理だよ。無理しても話し合う時間を作るべきだよ」

フク「確かに、新年度に向けて学校評価について話し合う必要はあると思うよ。だけど、先ほど話したように三学期はとても忙しくて、修了式を終えても指導要録や事務処理が終わらない先生もいるんだよ。異動する教職員は、教室の掃除や荷物の運搬もあるからね」

スズ「黒森山小は、新学期が始まる四月一日に職員会議が開かれるよね。だけど、その日は赴任してくる日だよ。しかも、最初の職員会議で、一年間の主な教育活動や校務分掌を決めるんだよ。これでいいのかな」

カラ「本当は、異動してきた先生方の意見が反映できるように、職員会議の日を延ばすべきだと思うんだ。ましてや、新しく校長を迎える場合はね。いくら前任の校長と引き継ぎをしていても、新任の校長の考えもあるからね」

スズ「そうだね。始業式を遅らせることができなければ、職員会議を遅らせればいいんだからね。そうでないと、前年度と変わらない学校運営になるよね」

カラ「引き継いだとおりの方が良い場合もあるんだよ。でも、多くの校長は、教職員に自分の存在感と権威を示したいものなんだ。何もしないと能力がないと思われるからね。だから、修正や改定を行うんだ。大きく変えなければみんなからの不満はないからね。

だけど、自己顕示欲の強い校長だと、自分のやってきた学校経営をそのまま持ち込もうとするんだ。その方がやりやすいからね。何しろ、校長の権限は大きいんだよ。独断で決められるんだからね」

フク「確かに、職員会議は校長の補助機関で、最終決定は校長だけど、先生方の意見を無視しては学校運営はうまく行かないはずなんだ。年度当初の職員会議は、一年間の学校の教育活動を決める大事な会議なんだよ。遅らせても話し合いの時間を作るべきだと思うな。始業式や入学式を遅らせるのは難しいが、短縮日課を設けることはできるんだからね。

しっかり学校評価をして、みんなで検討すれば、学校の改善、そして先生方の働き方にも生きてくるんだからね。ぜひ、校長には、意欲的に学校評価に取り組んでほしいな」

卒業式

六年生担任のブルド先生は、会場と教室の点検を終えると、更衣室で式服に着替えた。それから、クラスの一人一人の子どもの顔を思い浮かべながら、名前を諳《そら》んじていた。

卒業式の会場である体育館で来賓が席に着くと、式が始まった。司会の合図で、卒業生が胸を張り腕をしっかり振って入場してくると、在校生は、六年生が席に着くまで拍手を送った。

国歌斉唱の後、卒業証書授与が始まった。担任から名前を呼ばれた子どもは、大きな声で返事をした。そして、校長から卒業証書を授かった。その後、校長やPTA会長からの祝辞、祝電披露などを終えると、式の一番の見せどころの送辞と答辞が始まった。

在校生が呼びかけ方式でお礼の言葉を述べると、卒業生も呼びかけ方式で大きな声で在校生・保護者・来賓・先生方にお礼の言葉を述べた。来賓は感心しながら聞いていた。

閉式の辞を終え、卒業生、来賓が退場すると、幾人かの子どもがトイレに駆け込んだ。ポンタ先生は、隣にいたニャンコ先生に、今年も式の時間が長かったねと話しかけた。

スズ「担任の先生は、名前を呼ぶとき名簿を見ずに言わなくてはいけないの？」

カラ「見てもいいよ。だから、名簿を手にしているじゃない。間違えないためには、顔と名簿を照らし合わせて呼名した方がいいと思うよ。

ブル先生が見ずに呼名したのは、いつも子どもたちに厳しく接していたよね。だから最後は、クラスの一人一人の顔をしっかり見て、励ましや頑張りなどのメッセージを送る気持ちで呼びたかったんじゃないかな」

スズ「見ない方が見栄えは良いかもしれないが、多くの人は、名簿を見ているかどうかなんて気にしないよね。それよりも、とても気になったのが、卒業式が一時間五十五分もかかって長かったことなんだ。それなのに、休憩時間がないんだよ。

それと暖房が入ってはいたけれど、体育館は寒かったことなんだ。だから、式が終わったらトイレに駆け込む子が多く見られたじゃない」

カラ「確かに体育館は寒かったけれど、大型の暖房機で暖めていたので、少しは寒さが和らいでいたと思うけどな。トイレは、近くの先生に合図を送って目立たないように行っていたんだよ。

卒業式の時間が長いのが気になるのはよく分かるけど、卒業式の目的は、卒業証書の授与だからね。だから、時間がかかるのはやむを得ないと思うんだ。子どもたちは、卒業式と言っているが、正式には『卒業証書授与式』と言うんだよ」

フク「確かに、卒業式のメインは卒業証書の授与だけれど、一年生には長すぎるよね。黒森山小は、全校児童が参加するけれど、他の学校では、高学年もしくは四年生以上なんだよ。これは、主に体育館に入りきれないことが理由なんだけれどね」

スズ「一年生の子どもに、このような儀式を体験させる必要はあるのかな。楽しい行事じゃないよ。参加させるなら短い時間でないといけないよ」

フク「どこの学校も時間の短縮は考えているよ。以前、黒森山小は二時間を超えていたんだよ。そこで、来賓挨拶はＰＴＡ会長だけにするとか、祝電の読み上げは一、二名にして、あとは掲示を見てもらうようにするなどしてきたんだよ。

それと、毎回、卒業式予行で、それぞれの内容の時間を計って、短縮を図っているんだよ」

スズ「多くの時間がかかったのが、卒業証書授与と、在校生と卒業生の呼びかけだったね。これらの時間を短くすることはできないのかな」

フク「そうだね。やり方によって時間の短縮は図れるよ。卒業証書の渡し方を昔のときのようにやればね。子どもの数が多かった時代は、子どもたちは、次から次と卒業証書をもらっていたんだからね。呼びかけも、当時は在校生の代表が送辞を言い、卒業生代表が答辞を言う形が一般的だったからね。このような方法でよければ、卒業式は短い時間で済むよ。

だけど、それだと物足りなさを感じるんじゃないかな。『感動のある卒業式に逆行する』ってね」

スズ「黒森山小のやり方は、一人一人の子どもが、よく見えるようなやり方をしていたよね。顔がよく見えないやり方に変えたら、きっと批判が来るよ」

カラ「今は、子どもの数が少なくなってきたので、一人一人の子の顔がしっかり見えるやり方は、とても良いと思うな。

昭和の終わり頃までは、多くの学校は、舞台の正面の階段を使い、呼名されたら、子どもたちが次々階段を上がって証書を受け取り、端の階段から下りて自席に戻るやり方をしていたからね。だけど、これだと、証書をもらって席に戻る時しか顔が見えないんだ」

フク「当時はどこもこのやり方だったね。だけど、今の証書のもらい方は、証書をもらう子が舞台の端の階段を上がると、みんなの方に向きを変える。そして、担任から呼名されたら返事をして、証書を受け取りに校長のところまで歩いて行く。でも、このやり方だと、前の子との間隔を十分とらないといけないので、時間を要するんだ。

だけど、今はどこのコンサートでも、スクリーンを使って、顔がよく見えるようにしているよね。だから、視聴覚機器を用いて効果的なもらい方を考えれば、時間短縮は図れると思うけれどね」

スズ「映像機器は、入学式で二年生が活用したけれど、卒業式の証書の授与でも活用することはいいと思うな。入学式では録画の映写だったけれど、証書の授与を、コンサートで見られるような実況映写にするんだ。顔がよく分かっていいと思うけどな」

カラ「そうだね。準備は大変だけれど、ぜひ取り入れた授与式を見てみたいよね。

だけど、呼びかけ形式の送辞と答辞の時間の短縮は難しいと思うな。この呼びかけのやり方は、保護者と来賓が感心しているんだからね。やめるわけにはいかないよ」

フク「確かに、このやり方は、見栄えがいいよね。初めて見た人は感動すると思うよ。だけど、今の保護者の多くはこの呼びかけを経験しているので、さほど感動はしないと思うけどな。

この呼びかけは、昭和三十年、感動のある卒業式にしようと、群馬県の斎藤校長が考えたものなんだよ。とても革新的で感動が得られると評判になり、全国に広がっていったんだ。この時の呼びかけは、子どもだけでなく、先生、保護者も参加したんだ。ただし、この台本のセリフは校長が考えているんだけどね」

カラ「ワン先生は、新採のとき六年生を受け持っていたんだよね。だったら、卒業式のことをよく覚えているよね。どんな卒業式だったの？　やはり呼びかけだったの？」

ワン「そうだよ、呼びかけだったよ。まず、児童に呼びかけで言いたいことや思い出を書かせ、それをもとに学年で台本を作成したんだ。そして三学期に入ると、早速、誰がセリフを言うかテストをしたんだ。それから二月の終わりに、呼びかけと歌の練習を始めたんだ。入退場、礼や起立、着席、そして卒業証書のもらい方の練習は三月に入ってからだけれど、今ほどではないが多くの時間を使ったんだ。この年は卒業制作がなかったので、余裕をもってできたんだ」

スズ「どこの学校も、卒業の記念にみんなで作品を作っているよね。ワン先生は、作らせたことはあるの？」

ワン「最初の六年生は作らなかったけれど、あとは作らせたよ。思い出に残っているのは、各クラスで昔話をテーマにしたステンドグラスを制作し、渡り廊下の上部のガラス窓に設置したのと、宇宙の旅をテーマに作成したモザイク壁画を、昇降口の壁に設置したことかな。

最近は、やらない学校が多いようなんだ。学校に飾る場所がなかったり、制作する時間がなかったりしているからね」

スズ「だけど黒森山小は、今回、校門前に学校の施設案内の絵を作成したんだよね。でも、子どもたちの制作時間が取れなくて、先生方の手を借りて仕上げていたけれどね。時間に余裕がないと卒業制作は難しいよね。

そういえば、呼びかけの話、まだ終わってなかったよね。呼びかけはうまくいったの？」

ワン「そうそう、呼びかけの話だったね。声の出し方、言い方、間合いの取り方などの練習を何度もやり、そのかいあってよくできたと思うよ。当時は、達成感があって、やって良かったなと思ったんだ。

それからは、感動のある卒業式にしようといろいろ考えてやってみたんだよ。呼びかけではないが、卒業証書の授与の時の呼名のやり方を変えたんだ。

　子ども自ら名前を言わせたんだよ。担任は、個々の子どもの良さを読み上げたんだ。だけど、子どもは、証書をもらうことに注意が行き、さほど嬉しさを感じてくれなかったんだよね。結局、このやり方は、保護者や来賓のためにやったことになってしまったんだ。

　それから、呼びかけの時、旧担任から話をしてもらうこともやったが、そのうちに呼びかけ方式だけでなく、卒業式そのものに疑問を抱くようになったんだ。

　そんな時なんだ。筑波大附属小学校の卒業式のやり方を知ったのは。筑波小は送辞と答辞なんだ。呼びかけは他者から見たら見栄えがよく感動を得やすいよね。だけど、肝心の児童は感動を得られるのかという疑問が湧いたんだ。

　教師の脚本で演じさせ、何度も練習を必要とする呼びかけには、多くの児童は感動しないと思うんだ。代表が一人だと不公平と言うなら、複数の児童を代表にして読み上げるやり方はどうかな、と考えたりしたんだ。そうすれば、卒業式の時間の短縮だけでなく、練習の時間も短くて済むじゃない」

スズ「だけど、呼びかけの時、卒業生の中には気持ちが高まり、声を詰まらせて言ったり泣き出したりする子がいたよ。保護者の中にはハンカチで目を押さえている人もいたので、これは呼びかけのやり方が功を奏したと言っていいのかな」

カラ「かなりの子が涙を流すことがよくあるよね。だけど、必ずしも呼びかけが感動的だったから泣いたわけではないよ。いろいろな思い出が浮かんだり、言い終わった安堵感だったりじゃないかな。

　それと、もらい泣きで泣き出すこともあるんだ。それを見て保護者も涙をこぼしたりしてね。来賓が『呼びかけが良かった』と褒めるので、校長は大満足さ。

　でも、よくよく考えると、この呼びかけは、来賓と保護者のためにやっているように思えてならないよ」

フク「呼びかけは、多くの子どもたちと全員が言えるので見栄えがいいからね。それに、脚本が容易にでき、指導方法も決まっているから、指導する先生にとって便利なアイテムになっているんだ。だから、卒業式だけでなく、入学式や発表会などでよく用いられているんだ。

　でも問題は、子どもたちは言わされているだけということなんだ。だから、見直しは必要だよね」

スズ「間違えず上手に言うためには、多くの練習が必要だよね。だから、このための授業を特別に設けているんでしょう？　でも、三学期の末は一年間の授業のまとめに力を入れなくてはいけないよね。特に六年生は、四月から中学生になるんだから、基本的な学力を身につけさせなくてはいけないと思うんだ。

それと、学級のみんなと楽しい思い出になるような活動に取り組ませる必要があるんじゃないかな。だけど、卒業式の練習に時間が取られてできてないよね。だから、見栄えのある呼びかけや、卒業証書の授与のやり方を見直すことには賛成だな」

カラ「卒業式の練習時間のことだけど、それは卒業生だけではないんだよ。在校生も多くの時間を使っているんだ。

黒森山小の二年生を見ると、卒業式の練習に九時間使っているんだ。内訳は、国語の授業で六時間、音楽で二時間、そして道徳で一時間。それと式で三時間。もし、卒業式に出席しなければ、十二時間をまとめなどの授業に使えるんだよ」

フク「練習時間の見直しは大切だけれど、卒業式は儀式に必要な態度を身につけさせる貴重な行事であることも忘れてはいけないと思うんだ。でも、全学年に毎年経験させる必要があるのかどうかは、はなはだ疑問だけれどね。全校児童が少ないので、全員出席という考えにもね。もし、全員参加なら、式の内容を変えなくてはいけないと思うな」

ワン「変えるためには、校長のリーダーシップが必要なんだ。だけど、多くの校長は前例を重んじ、変革を嫌うからな。

八蜂小のときなんか、今まで五年生が在校生代表として出席していたのを、体育館にはまだ人が入れるからと、四年生も出席させたんだ。そして、事務用品が困窮しているのに、紅白の幕を買って付けるようにしたんだ。多くの教師が反対しても、決定権は校長だからね。無駄な抵抗で終わったよ。このことで、多くの教職員に負担がかかったんだよ」

スズ「校長は、卒業式を見栄えのあるものにしたかったんだね。だけど、卒業式は儀式的行事ではあるけれど、子どもたちに卒業式の意味と良さを味わわせることを考えないといけないよね。感動のある卒業式を求め、多くの練習時間を使っているけど、本当にいいのかな」

フク「卒業式に感動を求める必要があるのかな。卒業式は儀式的な行事なんだよ。卒業式に感動を求めるから、多くの練習時間が必要となるんだからね。感動を求め、何度も呼びかけの練習をするけど、式の時にはみんな、話す内容が頭に入っているんだよ。保護者や来賓は感動するかもしれないけれど、卒業生、在校生は感動するわけがないよ。

思い出に残るような卒業式を求めるのはいいけど、卒業生にとって本当に良いのは、卒業式前の学校生活を充実させることじゃないのかな。卒業前に個々の子どもたちがやりたいことに挑戦させたり、クラスみんなで思い出になる活動をさせたりすることだと思うな。

どんな卒業式がよいのか、みんなで考える必要があると思うな」

卒業証書授与式式次第
・一同敬礼
一、開式の言葉　二、国歌斉唱・市歌斉唱
三、学事報告　四、卒業証書授与式
五、校長祝辞　六、教育委員会告示
七、来賓お祝いの言葉　・来賓紹介・祝電披露
八、記念品授与　九、記念品贈呈
十、お別れの言葉　十一、校歌斉唱
十二、閉式の言葉
・一同敬礼　※保護者謝辞

離任式と人事異動

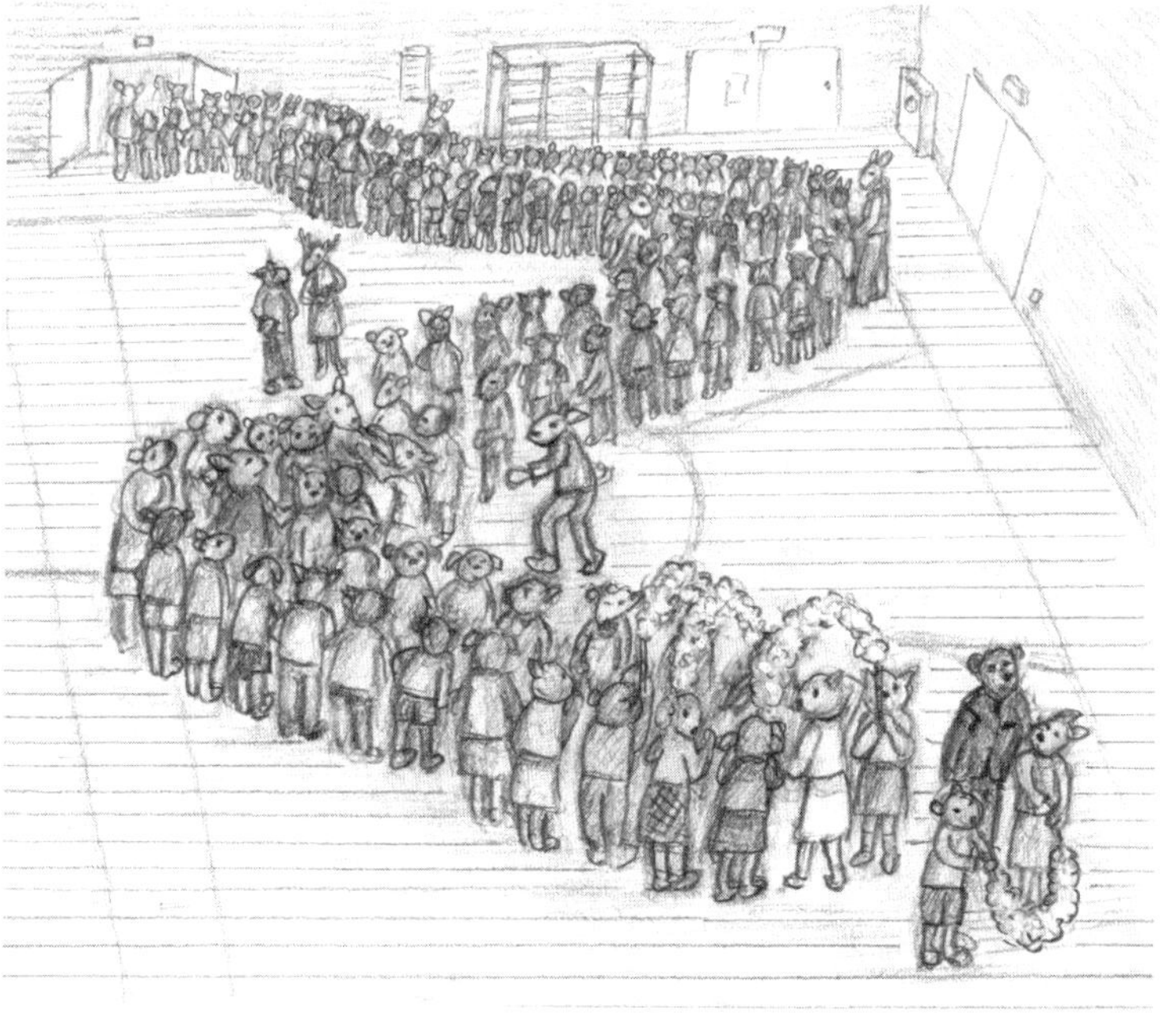

三月末、黒森山小に勤務していた教職員のお別れの式が体育館で行われた。学校は春休みであったが、ほとんどの子どもたちが出席した。体育館の後方には、異動を新聞で知った保護者が数人見られた。

最初に校長から、異動や退職する教職員の紹介があった。その後、一人一人が挨拶をした。ポンコ先生は、よく使っていた人形を使って、失敗したことや楽しかった思い出を話した。ニャンコ先生は、学校を去る寂しさを涙ぐんで話した。

みんなの挨拶が終わって退場になったが、体育館で花道を作って見送りするため、異動する先生は壇上で長い時間待たされた。やっと退場になったが、ところどころで子どもたちから引き留められ、思うように進むことができなかった。

異動・退勤する教職員は、職員室に戻ると年休を取って学校を去る者もいたが、ほとんどの教職員は退勤時刻まで残っていた。

スズ「子どもたちにとって、お世話になった先生とお別れするのは寂しいよね。ニャンコ先生は、子どもたちに好かれていたんだね。引き留められて前に進むことができなかったんだからね。

退場する時、くねくねした狭い花道を作ったけれど、花道はどうしても作らなくてはいけないものなの？退場も入場してきたようにすれば、時間がかからず済むのにね」

カラ「今はどこの学校も、このような花道を作って見送りはしないよ。黒森山小は、昔から花道を作って見送っていたので、やめることができないんだろうね」

スズ「離任式のあと、サル先生はがすぐに退勤したのは、まだ異動に不満があったからなんでしょう？どうして希望どおりにはいかなかったのかな」

カラ「校長は、教育委員会にサル先生の希望を伝えてはいるんだよ。だけど、希望に反する異動になったんだ。だから当然不満を持つが、校長だっておもしろくはないんだよ。だけど、決めるのは教育委員会だからね」

フク「希望者みんなが、希望どおりの学校には異動できないのは仕方ないんだよ。異動は県の教育委員会（教育事務所）が、各学校の先生方の年齢、性別、得意専門分野等の構成のバランスを考えて決めているんだからね。

ただし、異動条件として、新規採用の先生は五年、それと、勤続十年以内の先生方は、希望しなくても異動対象になっているんだよ」

スズ「サル先生はまだ異動対象の年数ではないのに希望を出したけれど、異動はどんな手続きで行われてるの。教えてよ」

フク「異動の希望は、十二月末、教頭から配られる異動個人調査票に、退職の有無、異動の有無、そして、どこの地区のどの学校を希望するかを書いて、一月の始業日に提出するんだ。それから調査票には、本校の勤務年数、今までの勤務校と年数、自宅から今の勤務校までの通勤の仕方や時間なども記載することになっているんだ。

それを校長が教育委員会に提出するんだ。その後、教育事務所が校長の話を聞き、人事担当が決めることになっているんだ。

校長によっては、希望が叶うように強く働きかける人もいるけど、多くの校長は、そこまで強く働きかけることはしないものなんだ。人事を担っている課長に手数をかけ、煙たがられては、後々不利になるからね。

だけど、他県の中には、各校長が自らの学校経営方針、特色ある学校づくりを重視して、必要な先生方の配置を要求できるところがあるんだ。でも、校長の人事評価に不満が生じたり、校長と教職員および教職員間の人間関係に影響が出たりして、うまくいっているとは言えないようなんだよ」

スズ「公正で円滑な人事を行うのは難しいよね。異動が分かるのは、ちょうど六年生を送る会がある三月初め頃だよね。だけどこの時は、正式に決まったわけではないんでしょう？　だから、親しい人にしか教えないよね。でも、いつのまにか多くの先生方が知ることになるんだから、不思議だよな」

カラ「異動は、多くの先生方の関心事だから、いつの間にか知られるものなんだ。希望が叶った先生は、親しい先生にすぐに教えるが、希望どおりには行かなかった先生は、進んでは話さないよ。それにまだ仮だからね。中には不満を聞いてほしくて、進んで話す先生もいるけれどね。

異動は毎年あるが、希望する学校には行けないのが実態なんだ。だけど、異動条件に適していなくても、希望どおりに異動できる先生方はいるんだよ。多くは有力な校長の働きかけによるんだけれどね。

ワン先生は、八峰小に四年間勤務して異動が叶ったけれど、このときは教育長が働きかけたんだよね」

ワン「よほどの事情がない限り、この教育事務所内では、勤務四年では他市への異動は難しいんだ。しかも、肝心の人事担当課長に嫌われていたからね。それと、校長にもね。

だけど、異動ができたんだ。異動が決まると、市の教育委員会の管理課長に呼ばれ、教育長にお礼を言うように言われたんだ。恐らく、この課長が教育長に強く働きかけてくれたんじゃないかな」

カラ「ワン先生もそうだったけれど、先生方にとって、学校が変わることは重大なことなんだよ。異動によって、学校の勤務や生活に影響するんだからね。

だから、個人調査票に異動希望校を書くときは、よく考えて作成するんだ。遠方なら、早朝家を出なくてはいけないし、研究校なら研究授業に多くの時間を費やすよね。小規模校なら多くの校務分掌を受け持つことになるんだ。だから、よく調べる必要があるんだよ」

フク「だけど、希望校には容易には行けないんだ。希望しても、相手校にも受け入れ条件があるからね。それからサル先生のように、意に添わない学校への異動もあるんだ。希望する先生がいなければ、その学校に適した先生を選ばなくてはいけないからね。教育委員会の人事担当は、全学校の状況を把握し、バランス良く配置できるように考えて決めているんだよ。

だけど、男女の人数、年齢などに差がよく見られるんだ。昔ほどではないが、伝統校や研究校が有利に働いているんだ。このような学校には、有力な校長が赴任しているからね。

教員の世界は、男女平等とは言え、学校では肉体的にきつい仕事や、夜遅くまでかかる仕事があるからね。だから女性の先生方にとっても、男性が少しでも多いと助かるんだ」

カラ「異動校が決まると、校長は、内定として伝えることになっているんだ。このとき、全く希望しない学校だと、落胆した先生の顔を校長は見ることになるんだ。先生の中には、他校への異動を懇願する人もいるが、このときはもう手遅れなんだ。だから、校長もつらいんだよ。

その点、ワン先生は運がいいよね。先ほどの他市への異動だけでなく、他の教育事務所からこの教育事務所管内の学校への異動のときも、希望が叶ったんだからね。このときは、異動ができるように、校長先生が県の教育委員会に働きかけてくれたんだよね」

ワン「異動して、まだ一年しか勤務していないのに、昨年度に続いて自宅のある管轄内の学校を希望したんだ。

管内なら異動調査票の提出だけだが、他の教育事務所への異動には面接があるんだ。それで面接を受けたんだけど、今回も異動は無理と思って、そのままの服装で面談に臨んだんだ。本来ならこの時点で失格なんだけれどね。

だけど、勤務校の校長は文科省の仕事に携わり、どこの教育委員会にも働きかける力を持っていたようで、なんと合格したんだ。あとで校長に『ひどい格好で面接を受けたんだね』と冷やかされたけれどね。

校長のおかげで自宅に近い学校に異動できたものの、今までと異なることが多く、後悔することになったんだ。前もって調べておくべきだったよ。この教育事務所管内は封建的だったんだ。教師同士を呼び合うとき、〝さん〟ではなく〝先生〟と呼ぶんだ。校外でもだよ。〝先生〟と呼び合うことは、相手との距離感を抱かせるので気軽に話せないんだ。本音で話し合うには、〝さん〟でないとね」

スズ「テレビでやっている先生ドラマでは〝先生〟と呼び合っているよね。これではさんと呼び合うことは難しいよね」

フク「テレビの影響は大きいので考えてほしいよね。学校が変わると、通勤時間や勤務時間などが変わるけれど、先生の生活が大きく変わるんだよ。勤務する学校が研究校なら、多くの時間を研究中心の生活に費やすことになるだろうし、各市町村の学校において中心を担っている学校なら、教育委員会に深く関わる仕事をする機会が多くなるからね。そうなると、早くから管理職の道を歩むことを考えるようになるんだ。

このような伝統校には、先ほど話があったように、教育委員会に強く影響力を持っている校長が赴任するようになっているんだ。だから、この校長に認められれば、希望する学校にも教育委員会にも行ける確率が高いと言われているんだ。

その他の学校では、よほど頑張らないと評価されないからな。だから、本当に有能な教師でも力を発揮する機会が得られず、管理職になるのに時間を要する場合が多いんだよ」

スズ「異動は、先生がどうにかできるわけではないんだね。異動は校長先生にもあるよね。だけど、校長先生の異動は、どうして早いんだろう。隣の市の中学校の校長は一年で異動になったよ。何かまずいことでもあったのかな」

カラ「校長の場合は、多くは三年くらいで異動になるんだ。だけど、隣の市の校長は、確かに一年間務めただけで異動になった。でも正式には、教育委員会に行ったので退職なんだよ。それに、この中学校の校長の場合は、教育委員会の上の役職に就いたから、出世と言えるんじゃないかな」

フク「恐らく教育事務所の管理課長だったので、きっと希望して教育委員会に行ったんだろうね。学校現場では今までのようにいばってはいられないからね。でも教育委員会に行けば、職員に不満を言われたり、保護者に頭を下げたりしなくて済むからね。だけど、退職前になると校長として現場に戻るんだ。教員と教育委員会（公務員）では、退職金も年金も違うからね。

二〇一九年（平成三十一年）度の学校教員統計調査によると、校長は月額給与の平均が四十五万三四〇〇円、年間給与は七四一万から八二七万。教諭は月額平均三十二万二三〇〇円なんだ。

ただし、教員の給与は年数によって異なっているんだよ。五十代の年間給与は約七〇三万円。校長なら、同じ年代だと年間で四十二万円（平成二十八年、学校教員統計調査。黒森山小の場合だと七十三万円多い）も違うんだ。これは、管理職手当以外の出張手当などが反映していると思われるんだ」

カラ「校長の異動は本当に早いよね。学校現場の様子が分かって力を発揮し始めたところで異動になるんだからね。例年と変わらない学校運営を行う校長が多く見られるのは、異動が早いことが原因じゃないのかな。だから、学校現場の改革や改善を求めるなら、長く勤務できるようにしてほしいよね」

ワン「そうかな。職員や児童のことを考え、意欲的に取り組んでくれる校長なら歓迎だよ。だけど、多くは問題を起こさないように、職員の管理に努めているからね。本来なら多くの研修を受け、他県への研究会や学校訪問を多く行っているので、学校運営に反映させなくてはいけないはずなんだけれどね。

以前は、管理職になるためには、他の教育事務所の学校に勤務することが求められていたんだよ。同じ管轄内の学校では、どこも同じような学校経営になりがちになるんだ。教育事務所が違うと教育施策や学校経営も異なるからね。管理職にふさわしい資質と教育への造詣を深めるには、他の教育事務所の学校への赴任は重要なんだけどな。だけど、通勤に困難を来すから、他の教育事務所の学校に行った扱いにする指定学校を設けているんだ」

カラ「確かに、他の教育事務所の学校への勤務経験は大事だと思うな。だけど、研修を十分受けているはずなんだから、長く勤務させることが大事じゃないのかな。校長先生の異動は、教職員の勤務にも大きく関わってくるので、十分考慮しなくてはいけないよね」

フク「校長の異動は、先生方にとって最も重大な関心事なんだ。校長の学校運営によって、先生方の働き方が変わるんだからね。当然、子どもたちにも影響を与えるんだ。だから、校長は専門的な力量（経営力・教育的指導力・人間関係力・自己向上力）がなければやる資格はないはずなんだ。

だけど現実は、学校現場で不適格と批判されている校長はかなりいるからね。先生方には、人事異動や給与に反映する人事評価が行われているんだから、校長においては教育委員会がしっかり評価しないといけないはずなんだ。

教育に関する理念や識見があり、学校の状況を的確に把握できる専門的力量のある校長先生を先生方が要望していることを、教育委員会は認識すべきだと思うな。このような校長のもとで勤務すれば、授業力が身につくだけでなく、先生としての生き方に良い影響を与えるはずだからね」

ワン先生奮闘記

今、学校にはさまざまな問題が山積している。これらの問題に立ち向かう責務を担っているのが校長である。その校長には、絶大なる権力を持たせている。これが、『校長が変われば学校が変わる』と言うゆえんだ。だが、実情はこの権限が強いため、学校教育にゆがみが生じ、教師に過酷な勤務を強いることになっている。

そこでワン先生は、校長がどのような言動で学校運営をしているか、『校長はえらい。だから学校はダメになる』という本にして明らかにした。

ここからワン先生の、本格的な学校の教育活動の改善や、教師の過酷な勤務状況の解決に向けての戦いが始まる。

スズ「ワン先生は、本にしたあと、どのような行動をとったの？」

ワン「職員会議で、時間外勤務になっている朝の交通指導や陸上練習、それから休憩・休息の問題を指摘したんだ。だけど、ほとんど改善に向けて取り組む様子が見られなかったんだ。そこで、人事委員会に相談に行ったんだ」

カラ「あれ？　人事委員会へは、昨年行ったんじゃないの？」

ワン「行こうとしたら、校長に『話をしたい』と言われたので行かなかったんだ。そこで、不適切な勤務の解消に向けて取り組むことになったんだ。だけど、実行に移さないので、やっぱり行くことにしたんだ」

スズ「校長先生が行くのを止めた人事委員会って、どんなところなの？」

フク「人事委員会とは、人事行政に関する事務を処理するところで、地方公務員に対する労働基準監督機関でもあるんだよ。業務は多岐にわたっていて、職員に対する不利益な処分や、職員の給与・勤務時間その他の勤務条件に関する措置の要求の審査・判定なども行うんだ。

そこでワンさんは、勤務時間やその他の勤務条件に関わることなどの相談で行ったんだ。

それでは、どんな内容で相談したか、会話記録を見てみようか」

◆人事委員会へ相談に行く

ワン「昨年度の十二月に人事委員会へ相談に行く予定でしたが、校長に話を聞きたいと言われてやめることにしました。そこで校長に、休憩・休息の時間が確保されていないので適正な勤務時間の割り振りをするよう要求しました。
　すると、翌週から休憩・休息の時間に行事が入らないようになりました。しかし、三学期の途中から無視されるようになり（週報と週案を見せる）、教頭が替わっても同様でした。休憩時間に会議や研究会を入れ、学年主任は無計画に話し合いを入れるので、休憩・休息の時間が十分に取れていないのです」
担当「どうして、休息や休憩の時間に仕事を設けているのか不思議ですね。突発的なことや、やむを得ない場合以外は、休憩・休息時間が適切に取れることは当然の義務です」
ワン「分かりました。それでは、次の件でお伺いしたいと思います。
　教材準備や教材研究の時間が、勤務時間内で取れていません。週の時間割において、一年生は五時間目の授業が三日ありますが、他市では二日です。これは、裁量の時間を設けているからです。なお、この裁量は、低学年には必要のない時間です。
　それから、研究授業があると、五時間目の授業が週四日、もしくは五日になっています。全く振り替えが行われていません」
担当「これは校長の考え方なので、校長と話し合ってください」
ワン「そうですか。では、勤務がハードでとても忙しい中で日直の仕事があるわけですが、学校日誌を書かなければならないことになっています。教頭が黒板に書いたものを写すだけですが、服務整理簿と一致するので間違いのないように書くよう指導があります。学校日誌は公簿で五年間保存が求められています。どうして、忙しい勤務の中で書かなければならないのか、納得がいきません」
担当「校長が決めたなら、書かなければいけないんじゃないですか？」
ワン「他市では管理職が書いています。教育書には『教頭の仕事』と書いてあります」
担当「校長は職務命令を出せます。校長と話し合ってください」
ワン「そうですか。次は特殊業務手当のことでお聞きしたいと思います。台風のため、子どもたちを引率して家の近くまで送りました。引率は安全衛生に関わり危険が伴いますので、これは親に連絡して迎えに来てもらう事案だと思います。また、手当の対象にはならないのでしょうか？」

担当「これは、手当に関するので、県の教育委員会に聞いてみないと分かりません」
ワン「分かりました。次に本校の教材費用の使い方が不適切なのでお聞きします」
※学級費の会計簿を見せる。
担当「なるほど。決して好ましいことではないと思います。委員会に相談したらどうですか?」
ワン「分かりました。委員会に行って聞きたいと思います」
担当「このような相談は初めてでした。納得がいかないこともあったと思いますが、校長と話し合い、教育委員会と相談することが大事ではないかと思います。勤務条件措置要求を出すようでしたら、いつでも受け付けます」

スズ「教育委員会に行かないと分からないのか。すると、ワン先生は校長とまた話し合うことになるんだね。そして教育委員会に行って、ワン先生が疑問に思うことを聞かないといけないね」
フク「そうなんだ。そこで、今度は県教育委員会へ行くことになるんだ。では、どんなことを相談したのか見ていこうか」

◆県教育委員会義務教育課へ行く

担当：M管理主事

ワン「今日は、勤務時間の割り振りや勤務内容についてお聞きしたくて参りました。先日、人事委員会に相談に行ったのですが、不明な点は教育委員会で聞いてくださいと言われました。

台風の時、職員で登下校の安全指導を行い、下校時は家の近くまで送りました。校長は、雨風が強く危険だということで児童の集団下校を決め、引率を指示しました。

しかし、職員の健康安全面から考えれば、これは、特殊業務手当の対象になると考えます。第一、危険が伴うなら保護者に連絡を取り、迎えに来てもらうのが先決ではないでしょうか。職務命令を出すのは違法ではないんですか?」
主事「特殊業務手当の対象になるか分かりませんので調べておきます」
ワン「よろしくお願いします。次に、人事委員会に休憩時間が確保されていないと相談したら、措置要求ができると言われました」
主事「このことは、県から校長会などで、常に休憩時間を取ってほしいと強くお願いしています。もし、取れないようでしたら言ってほしい。県は人事委員会から指導してほしいと言われています」

ワン「次に、市内の陸上やミニバスケットの早朝および放課後の練習の件でお伺いします。

本校では、陸上の練習は大会前と終了後の一月から始めています。一月からは、五年生と四年生が対象です。バスケットの練習の指導には当たっていませんが、昼休みもやっています。この時間は休憩時間です。これは問題だと思うのですが」

主事「特別練習の件は、電話で一応状況は知っています。これは、職員間で問えばいいのでは？　県からおかしいとか言うものではありません。でも、働きかけていきたいとは思います」

ワン「勤務時間の割り振りですが、口頭でも良いとされていますが、文章で表すことが大事ではないかと思うのですがいかがでしょう」

主事「……（回答なし）」

ワン「細かなことになりますが、出席簿の作成では、デスクペンと定規で線を引くことが要求されています。復命書は、出張や遠方の校外学習などすべてが対象になっています。

これらはすべて書面で提出する必要があるのでしょうか。作成に手間と時間を要していて負担が大きいです。本当に大事なことなら分かりますが、それ以外は口頭で済むはずです。動物園や醤油《しょうゆ》工場のなどの校外学習でなぜ必要なのか、全く理解できません」

主事「校長が必要としているならやるべきです」

ワン「そうですか。管理訪問では、児童に自習をさせ、職員全員を集めて指導を受けているのですが、その必要はあるのでしょうか。事故があった場合、責任が取れないのでは？」

主事「できるだけ負担がかからないようにお願いしています。指導案の提出をなくすようにしています」

ワン「ところで、学校日誌は誰が書くかということなんですが、記載内容に職員の勤務内容と服務があります。これは、我々の仕事に相応しくはないのでは？　今宿直があった頃は、宿直が書く欄がありましたが、今は形式が変わっていて、病休や年休等の服務の記載があります」

※学校日誌の変遷資料を見せて話をする。

主事「法規的にどうなっているか調べてみます」

ワン「四日以上の休みがある児童は、出席停止の扱いで処理することになっていますが、これは違反ではないですか？　この地区は長欠が多いので、多くの長欠を避けるためにやっているように思えてなりません。
それから、学力テストを校内で分析し、それを市の教育委員会が市として一つにまとめるやり方は意味がなく、問題だと思っています」
主事「出席停止の件は、調べてみます。学力テストの件は、担当に聞いてみないと分かりません」
ワン「スポーツテストを全学年・全クラスが実施していますが、報告は各学年の一クラスです。全クラスやる必要はあるのでしょうか」
主事「これは、保健体育課に聞いてみないと分かりません」
ワン「旅費の使途ですが、校長の県外研修が多すぎます。それを、市の教育委員会が認めているわけですが、あまりにも校長に決定権がありすぎます。情報公開になれば問題だと思うのですが」
主事「委員会が認めているので県からは何も言えません」
ワン「謝恩会が平日の二時から三時までホテルで実施され、私以外、全員が参加しています。これは勤務に当たらないのでは?」
主事「参加を拒否すればよいことです。校長が勤務と認めれば勤務になり得ます」
ワン「本校では公費・私費の区別がありません。これは、市からの負担が少ないことからなんですが、保護者から集金したお金で区別なく購入しています。ラジカセ、障害カレンダー、鉛筆削りなど、個人に返らない物の購入は許されないと思うのですが」
主事「そうだと思います」
ワン「本校では、学校評価が行われていません。学年末、反省用紙に問題点などを書くだけになっています。これでは、多忙の改善は図れないと思うのですが」
主事「本来は、校長から職員に求めるものです」
ワン「職員旅行ですが、強要されていて、参加しない職員は旅行のパンフレットの作成、そして寸志を渡す慣習があります」
主事「職員旅行は私的なものなので、拒否すればよいことです」
ワン「済みません、もう五時を回っていますね。まだお聞きしたいことがあったのですが、終わりにします。今日はどうもありがとうございました」
主事「また、相談があれば来てください」
ワン「(感想)校長の権限、そして裁量権があまりにもありすぎる。私事で早退しても問われず、何でも職務命令で事が済まされることに憤りを感じた。問題があれば話し合い、要求すればよいと言うが、決定権を持っているのは校長だ。だから相談に来たのである」

フク「その後のことだけど、この記録を見ると、来られるのは迷惑と教育委員会から電話がかかってきたことを、校長から言われたんだ。それでもワンさんは電話をして、『質問したことの回答がない』『まだ聞きたいことがあるので伺いたい』とお願いしたんだ」

カラ「だけど、粘り強く要求したことで、聞きたいことを文書にして郵送することは許されたんだよね。この時の様子が次なんだ」

◆県教育委員会のM管理主事に電話

ワン「校長と話をしましたが、いつ話を聞いてもらえるか教えてください」

主事「校長とはどんな話をしましたか?」

ワン「校長とは勤務に関わることなど、すべて隠すことなく話しました。でも、校長は一向に改善には向けて取り組んではいません」

主事「校長ともう一度相談した方がよいと思うので、聞きたいことをメモにしてファクスで送ってくれませんか」

ワン「行って話を聞いてもらうことはできないのでしょうか。以前は時間が足りなくて、まだ聞いていないことがあるので聞かせてもらえればと思うのですが。今週、伺うことができればと思っています」

主事「無理ですね。来週は出張があるので、時間が取れません」

ワン「話を聞いてもらわなくても結構です。持って行くだけですのでよろしくお願いします」

主事「持ってきてもらわなくていいです。送ってください」

ワン「分かりました。送りますのでよろしくお願いします」

フク「ワン先生は電話したあと、このような感想をノートに書いていたんだ。

『以前、質問したことについては調べておくと言っていたが、全然調べていないように思う。話の様子から、上司から注意があったようだ。校長に対しての遠慮が強く感じられた。

違法に関わることは、厳しく対応するのが県教育委員会の役割だと思う。多くの職員は教頭格なので、どうしても校長に対して弱腰になるようだ。M管理主事が、校長の権限は強く、県からいくらお願いしても聞いてもらえないと嘆いていたことから、結局【校長はえらい】ということになる。

校長は新聞などで、教師として不適格だと思っても処罰できないから、学校はよくならないと述べているが、それでは校長の場合はどうなのか。誰も問うことをしないのは不公平きわまりない。違法行為が平然とまかり通っていても、県教育委員会が何もしないことは許されない』とね」

カラ「半月後、教育委員会から電話があり、『質問が多いので、校長と相談して二問か三問に絞ってほしい』と言われるんだ。そこで、校長と相談して質問を三問にしたんだよ。だけど、『回答できるかは分からない』と言われたんだ。そして『組合なら決裁して回答できる』と言うんだ。でも、個人ではできないなんて言うんだからおかしいよね」

フク「最初に行ってから、ちょうど三ヶ月後、ワンさんは県教育委員会へ行くことになるんだ。その間、八回も電話で要求していたんだよ」

◆県教育委員会へ行く（二度目）

主事「送られてきたものを見せてもらいました。一つ不満なところがあるので伺いたいのですが、校長からこちらに来ることは迷惑だと本当に言われたんですか？そんな言葉を使った覚えはないのですが。

私たちは県民の人たち、先生も含めて相談にのる立場なので、このような不適切な言葉を使うことはないはずなんです。本当にそのように言われたんですか？」

ワン「はい、確かにそう言われました」

主事「そうですか。今度、校長先生に確かめたいと思います。では、受けたいと思います。時間は一時間です。それと、回答はできません。あくまで相談ですので、その点よろしくお願いします。それと、市の委員会から、何か問題があったら相談を受けたいという電話がありました」

ワン「何度も話しましたが、勤務時間の割り振りが行われていません。休憩・休息が確保されていません。この件に関して、勤務状況の表と週報を見てどう思われますか？」

主事「年度当初でもよいですが、勤務の割り振りは行われていますか？」

ワン「はい、それがこの勤務状況の表の上部に書いてあるものです」

主事「でしたら、きちんと決められているのですね。

この休息のところに書いてあるのは、勤務なんですか？」
ワン「いいえ、それは、その時間に自分がやったことを書いたものです。ここ（自作の週案）を見てください。午後の六校時目の授業開始のところですが、休息時間が半分の五分しか与えられていません。そこで、おかしいので直してほしいと何度もお願いしていますが、未だに変更してくれません（休息は八時間勤務だと二十分与えることになっているが、校長の裁量で分割ができる。この場合は十分設けなければならないが、五分になっている。なお、休息は平成二十二年九月から廃止となった）」
主事「それはおかしいですね。法規で決めてあるようにしないといけないものですからね。休憩時間は大丈夫ですか？（休憩時間は、勤務時間八時間なら四十五分与えることになっている）」
ワン「時間は設定していますが、実際はご覧のとおり、ありません（勤務状況の表と週報を見せる）」
主事「変更は行われてないいんですか？」
ワン「おりません」
主事「取れないですかね」
ワン「取れると思います。学期末、午前中の四時間の授業を五時間に変更してやっているぐらいですから。七週目を見てもらえますか。全然、休憩時間が取れていません」
主事「もし取れていないなら、取らなくてはならないものです。これは、（法規の本を指して）ここに載っているように、法規で定められているものです。これは確実に取るように校長会でお願いしています。教職員からも取るようにしていかなくてはいけないものだと思います」
ワン「しかし、前回お話ししたように、職員会議の時、休憩時間も与えられず、しかも超過勤務を要求されました。五時を回っていたので、用がある人もいるかと思います。そこで一言、

『用がある人は帰っていいという言葉があってもよいのではないでしょうか』と発言したら、教頭は、『職員会議は超過勤務が許されます。しかし、用がある人は一言声をかけてもらえば帰って結構です』と返答しました。

そこで、『確かに超過勤務四項目に入っていますが、あくまでも、どうしても話し合わなくてはならない場合という条件がついているはずです』と言い返したら、教頭は不満をあらわにして、

『職員会議の時間は今しか取れません。だから、無理

してやっているんです。これは超過勤務になります』と言われました」
主事「それは、いいんじゃないですか。なんでもできるわけではないですからね」
ワン「ところで、部活は勤務になるのでしょうか」
主事「勤務ではありませんね。これはボランティアですので強制することはできません」
ワン「しかし、このような文書（職員会議要項に綴じられている部活の文書）を出してやることは、勤務にならないのでしょうか？　親にも承諾の手紙を出しています。ボランティアなら、このような文書で決定するやり方は、職員を拘束するのではないでしょうか。病気などの都合があっても断れません」
主事「時間外の部活は勤務にはなりません。もし、強制なら勤務になります。有志を集って実施しているはずです」
ワン「有志を集っているのではなく、校務分掌によっておのずからやるようになっています。陸上なら五、六年の担任と体育担当、鼓笛なら五、六年の担任と音楽主任と音楽担当です。多くの教師は校務分掌上、やむを得ずやっています。もちろん、進んで協力する職員もいますが」
主事「私は、中学で部活をやっていましたが、やる楽しみがあって苦痛とは思わなかったです。戸締まりは教頭がやっていましたが、時間外のことなので断ればいいんじゃないですか。校長は職務命令は出せないはずですから」
ワン「そんなの無理ですよ。強制ではなくとも、校務分掌の業務はよほどのことがないと断れません。もし拒否すれば、他の職員に迷惑をかけることになります。そして白い目で見られ、職場に居づらくなります。ですので、ボランティアでは決してあり得ません。
ところで、部活に手当は付かないものなんでしょうか」
主事「部活として実施しているなら、土曜・日曜の部活なら特殊業務手当は付きますが、一時期的なものは付きません」
ワン「新聞には、（教育新聞の記事）『四時間で一二〇〇円の特殊業務手当が一般的』と書かれています」
主事「千葉県では付いていません」
ワン「それでは、次の二番目の学校日誌の件でお聞きします。学校日誌は誰が書くべきものかということです。この本（『教頭の実務と事例』東洋館出版社・『学校の情報公開』ぎょうせい。コピーして送っておた）には、教頭の仕事として載っています」

主事「誰が書くかは決まっていません。法規では定められてないので、誰が書いても構いません」

ワン「と言っても、書く内容を見ると教諭の仕事に相応しくはないのではと思えます。年休など、服務関係で知られたくないのもあります。他の職員から年休の理由を問われ、嫌みを言われたりするのをよく見ます。それに、情報公開という観点から、記載したことに責任が取れるのでしょうか」

主事「情報公開のときは、消して必要なところだけ見せればよいので問題ありません。職務命令で決められた者が書くようになっていれば、そのとおりにやらなくてはなりません」

ワン「学校日誌を写した後の、黒板を消すこともそうですか？」

主事「決まっていれば、やむを得ないですね」

フク「これらが、学校日誌についての質問および意見、それに主事が答えていた会話なんだけど、事前に送ったものがこれなんだよ。長文なので簡略して紹介するね。

①学校日誌の記載者について：学校日誌を書くのは教諭の仕事なのか。学校日誌の目的から考えると管理職の仕事ではないのか。服務に関わるものは、一教師では判断できるものではない。もし、不正なことが分かっていても、なぜ、板書に書かれたものを写さなければならないのか。学校日誌は、日直日誌とは異なるはず（資料：学校日誌の変遷）。

もし、記載内容に不正があった場合、どのようにすればよいのか。勤務時間において全職員が謝恩会に出席したが、黒板の行事の欄に書かれていなかった。全職員が参加なら大きな出来事のはず。また、週報には校長が講師で行くことになっていたが、黒板には出張と書かれていた。手当に関するので、公文書偽造に当たるのではないか。

法的に問題があっても、板書どおり学校日誌に記載することで処罰されることはないのか。板書したものを消させる仕事は、管理職への服従を植え付ける方法としては最適だろうが、このやり方は許容できないと考える。それは、違法があっても管理職の指示に従わなければならないことを意味しているからである。

学校の勤務は忙しく、テストの採点や週案などの仕事は、どうしても家に持ち帰らないと終わらない。このような状況なのに、どうして書かなければならないか教えていただきたい。

　なお、習野市で勤務したときは、一度も書いたことがない。戸締まりも忙しいときは教頭と教務がやっていた。本校は、勤務時間を超えた職員会議や研修があっても、日直に当たっていれば遅くなってもやらなければならない」

フク「以上が、日直の仕事として要求されている学校日誌なんだ。だけど、今は手書きではなく電子化が進んでいるので、日直の仕事ではなくなっているようなんだ。でも、管理職への服従に寄与する道具が、こうも簡単に失われるとは不思議だよね。だから先生方には、『どんな嵐も何もせず耐えていれば過ぎ去る』という他力本願の考えが定着したのかもしれないね。
　それでは、次は受け持ち授業時間について話し合っているのを見るけれど、その前に、どんなことを質問していたか質問内容を見ることにするよ」

【質問】教師の受け持ち授業時間数は決まっているのか。法規で定まっているなら教えていただきたい。

　現在三年生を受け持っているが、書写は教務が受け持っているので、週の授業時間数は二十八時間である。それ以外に裁量のHタイム（裁量は授業時間数にカウントされない）、クラブ、委員会、給食指導、清掃指導、学級指導を入れて計算すると、週に約四十二時間となっている。

　しかし、五、六年生は、音楽専科、家庭専科を受け持っているので、授業時間数は二十五時間で、それ以外を入れると三十九時間である。かなりの授業時間数の違いがある。

　なにか基準があるのか、以前同じく三年を受け持ったときは、図工二時間、書写一時間を受け持ってもらった。それと、昔は委員会とクラブの指導はどちらかを選んで一つで済んでいた。今は両方指導に当たっているが、昔のようなやり方をとることは許されないのか」

◆受け持ち授業時間について

ワン「受け持ち授業時間数についてお聞きします。受け持ち時間数は決まっているのですか？
　今、三年生を受け持ち、土曜のある週は三十一時間、ない週は二十八時間受け持っています（当時隔週土曜休み）。清掃指導などの時間を含めれば、約四十時間となっています。ですが、五、六年生より三時間、六月十日からは四時間多く受け持っています。家庭科、音楽科の専科は二十時間、教務は十時間となって、不公平さを感じてなりません。

六月の初めまでは、教務が一時間習字を受け持っていたので、一時間の空き時間がありました。しかし、一年生の特別児童の面倒をみることで、今は全くありません。空き時間がなくなることで、宿題を見たりテストの採点をしたりすることができなくなりました。以前勤務した学校では、三時間の空き時間がありました。受け持ち授業時間数の基準はないのでしょうか。

先日、教頭の多忙化の記事が教育新聞に載っていましたが、週二十六時間から二十八時間の授業を受け持っているとのことです」

主事「これは、校長が決定権を持っていて、各学校の実情に応じて決めることができます」

ワン「校長の権限は大きいですね。校長の言動に対して問題があった場合、指導するところはないんですね」

主事「県教育委員会は任命権者で、服務は市町村教育委員会にあるので、市町村教育委員会に訴え、問題にしていけばいいです。そこで解決しなければ、その旨の報告があります。もし、問題が出てくれば来てください。

県としてあれこれ言うことはできません。ただし、県内の市町村で、あまりにも勤務待遇で不公平さが生じれば、不公平さをある程度、解消するために働きかけていかなければと思っています。初めに話したように、市教育委員から電話があり、市教育委員会が相談を受けると言っていますので、ぜひ夏休みに相談してください」

ワン「分かりました。ところで、調整手当の条件などは、どこで聞けば分かりますか。人事委員会ですか」

主事「組合では、よく総務文書課へ交渉に行っています」

ワン「調整手当の違いで、八峰市の教育をおかしくしていることを考えると、何とかならないものですかね。調整手当の二パーセントと五パーセントの差は大きいですよ。超過勤務などの諸々の手当としての調整額の四パーセントより大きいですからね（現在は解消された）。同じ勤務をしていても手当の額が違えば、手当の低いところを希望する者はいませんよ。

校長は二、三年で異動できますが、我々はよほどのことがないと無理です。ましてや校長や教育委員会に嫌われたら、どこに行かされるか分かりません。だから、不利にならないように、校長の指示に従うしかないのです」

主事「すると、そこには校長の権威があり、やりたいことができるというわけですね。しかし、委員会の仕事も大変なんですよ。そろそろ現場に戻りたいですよ」

ワン「ぜひ、こちらに来てください」

主事「私たちは、県民の奉仕が仕事なので、また何かあったら来てください」

ワン「本を出したため、八峰市から出られないと宣告されたので、今後も改善のため頑張りたいと思います」

フク「ここで、決められた時間が過ぎたので終わりになったんだ。本当はもっと聞きたかったんだろうけど、約束だからね。

それでは、このほかにどんなことを聞きたかったか、送ったものを見ると、資料を添え、詳細に書かれているんだ。これを短くまとめて質問の紹介をするよ。

①『復命書が強要されている。口頭で済むものや必要ないものまで……』

②『休憩・休息の時間を分割して与えるときの条件及び適切な時間配分……』

③『登校指導、本市は月一回輪番で七時二十分から五十分まで実施。勤務なのか……』

④『出席簿や指導要録など公文書の作成に、正確かつ詳細が要求されている……』

⑤『スポーツテストを教育委員会から全クラス要請された……。スポーツテストは体育か、学校行事か、裁量か……』

⑥『個人の【学力テスト】の成績を教育委員会に提出要求されている……』

⑦『本校の【年休】取得は校長に申し出るが、不在の時は教頭。ただし、翌日、校長に取得報告の義務あり……』

⑧『本校は、学校評価をせず教育課程を編成。問題はないのか』

⑨『校内授業研究の指導主事の指導が、退勤時刻を大きく上回っている。見送るため職員室で待機が強要された（五時三十分）……』」

カラ「なるほど、この質問を見ると、答えにくいものもあるよね。市の教育委員会のしていることを否定するわけにはいかないからね。だからと言って認めることもできないからね。だけど、全部答えなければおかしいよね」

スズ「そうだよね。どんな質問でも答えられなければ、学校、そして先生方の働き方の改善はできないよ。

それにしても、校長先生の権威と権限は大きいんだね。回答はしないと言っていたけれど、回答しているように思えたけどな。来る前は、来てもらうのは迷惑と言っていたのにね。最後に、県民の奉仕が仕事なので来て構わないと言ってくれたのでよかったよね」
フク「本当にそう思うかい？　じゃあなぜ、質問を校長と話し合って三つに絞ることを要求したのかな。
　今度、ワンさんはM主事に言われたこともあって、二ヶ月後に八峰市の教育委員会に行くことにしたんだ。そこでワンさんは、九月、市の教育委員会に伺って相談をしたくて電話をしたんだ。すると……」
スズ「校長先生と一緒に校長室で話を聞きたいと言われたんでしょう？」
フク「そうなんだ。いずれにしろ校長に対しての要求になるものが多いからね。その方が手間がかからないだろう？
　そこでワンさんは、県教育委員会で提示した質問文書を渡し、県教育委員会で答えてもらえなかったことも含めて話をしたんだ」

◆八峰市の教育委員会課長と話し合う

フク「ワンさんは、県教育委員会で話した内容と聞けなかったことを聞くんだ。
聞けなかった主な内容は、
①裁量の時間の短縮と廃止（すこやかタイム・クラブは、他校より回数が多く時間が長い）
②朝の学習タイムを授業で取ること
③受け持ち授業時間数を公平に
④週案の改善
　などなんだ。これらの話し合いは長いので割愛するが、最後のやりとりだけ見てみようか」

【最後のやりとりの場面】
課長「話を伺っていましたが、学校の改善の必要性は大事だと思います。以前、私は学校の行事や週のプログラムなどに分けて、職員がそれぞれ分かれて話し合いました。それをまとめたものを企画会議で話し合い、最後に職員会議で話し合って決めました」
ワン「私も、以前そのやり方を経験しています。今、多くの学校が学校評価を行っていますが、十分話し合うことはせず、校長が独断で決めています。だから、多くの職員は話し合うことを面倒だと思っているようです。これでは、学校の改善は難しいと思います」
課長「校長先生、休憩時間が取れるように考えてやってみてくれますか。今日は、時間が限られていたので、ワン先生の考えを十分聞くことができなかったと思います。先生の要望を叶えられるように、また、話し合いをもっていきましょう」

ワン「話し合っても意味がないと思います。県教育委員会への相談でも分かったことですが、常に校長の擁護に動いていることです。三年間、問題を問い続け要望してきましたが、改善は見られません。

それと、一個人の要望を叶える必要はないと思います。私としては、現場の状況を知らせ、現場の声を発信することが大切だと思っています。個人でどのくらいやれるか、どのくらいできるか挑戦したいと思います」

教頭「先生、課長が時間を割いてくださると言っているんですから、感謝すべきではないですか」

課長「私どもは、いつでも結構です。時間をあけます」

ワン「分かりました。都合をつけて話し合いをしたいと思います。よろしくお願いします」

フク「このあと、県教育委員会へ相談の電話を入れるんだ。だけど、迷惑そうな応対だったんだ。

『この時間は授業時間中じゃないの？　いいんですか？』と言われたそうなんだ。この時間は空き時間だと返答したんだけれどね。

その後のやりとりは、大して成果がなかったので割愛するね。このあと、人事委員会に行くんだ」

◆ワン先生、人事委員会へ相談に行く

担当者：給与課の審査班のSさんYさん

S「今日来たのは、休憩・休息時間と勤務時間について相談したいということでいいわけですね」

ワン「はい。主となるのは、休憩・休息時間が取れていないので、適正な勤務時間の割り振りについてです。あと、勤務における問題についていくつかお聞きしたくて伺いました。

以前、休憩時間について相談に来ましたが、その時、措置要求の対象になると言われました。そこで、校長に再度要求して様子を見ていきたいと返答しています。

しかし、要求に応えてもらえないので、県教育委員会へ相談に行きました。その後、市の教育委員会へも行きました。それでも改善しないので伺った次第です」

S「市の教育委員会に行っても聞いてもらえないとは。県の教育委員会に行ったのはいつ頃ですか」

ワン「三月十六日と四月二十七日です。校長から、『県の教育委員会から電話があり、当局としては迷惑と言われた』と聞いてショックを受けました。それで、電話で伺いたいと言ったところ、校長とよく話し合ってほしいと言われました。

そこで、校長と話し合って電話すると、質問を文書にして送るように言われました。それを送ったあと、やっと七月十六日行くことができたのです。行くまで二ヶ月かかりました」

S「どのような話をしたか、少し話してもらえますか」

※県教育委員会で話したことを説明する。

フク「休憩時間についてYさんが、このようにワンさんに言うんだ」

Y「おかしい、校長会で休憩時間が取れるよう話していますね。この報告書（公立小中管理運営研修報告書）を見ると、県教育委員会の義務教育課長が校長に学校の問題を挙げ、職員の勤務状況を点検してゆとりある勤務状況を確保してほしいと要望しています。

これらから思うことは、校長にお願いしたからには、義務教育課長の責任も問われるのではということです。でも、私が休憩時間が確実に取れるようにと課長に話してしても無理でしょうね。今までの対応を見てくると」

ワン「県や市の課長は校長の上司にあたり、職務命令を出せる立場だと思うのですが。ですので、違法行為をしていることがはっきりしていれば、指導しなければいけないのではないでしょうか。それを怠っているなら、責任を取らなくてはおかしいですよ」

フク「このあとワンさんは、校長を処罰することはできないのか聞くんだ。告訴して刑事事件として成り立つのか、民事事件にして賠償で解決を図れるのかと問うのだが、分かりませんという答えなんだ。

なお違反があっても教員は労働基準監督署へ相談できないことになっているんだ。

最後に週案を見せ、勤務時間の割り振りにある休憩時間について話をすると、S担当が答えたんだ」

S「県教育委員会へ行ったり市教育委員会に行ったりしているので、難しいですね。いろいろやって人事委員会に来たわけですからね。

措置要求を出すのもよいかと思いますが、措置要求を出しても、今はもめている案件を抱えていたり、いろいろと立て込んでいたりするので、すぐというわけにはいかない状況です。長いもので二年くらいかかっています。この件の場合はそうはかからないと思いますが、すぐに解決するというのは無理です。

先ほど話があった出張所に行くこともよいかと思いますが、出張所は県教育委員会の義務教育課の機関の一つですので、どうなんでしょう。これは、先生の考えで行くかどうか決めることなので、なんとも言えません。

それでは、県教育委員会に私の方から先生が相談に来たことを話しておきます。しばらく様子を見て、それでも変化がなければ、措置要求を出すこともよいと思います。

しかし、たとえ勧告が出ても拘束力はなく、処罰もありません。裁判となるとどうなんでしょうね」

フク「このように言われたんだ。休憩時間が取れないのは違法行為だと、県や市の教育委員会そして人事委員会に訴えても、有効な指導が行われないのには愕然《がくぜん》とするよね」

スズ「人事委員会には勧告までしか出せないと言われたんだよ。休憩時間を与えなくても罰せられないなんておかしいよ。だからと言って、裁判するほどの問題ではないんでしょう?」

フク「このあと、ワンさんは考えたんだ。校長にとって一番弱いところはどこだろうってね。どこだと思う?

それは、県教育委員会の出先機関である出張所なんだ。出張所(現教育事務所)は人事権を持っているからね。だから、出張所の所長訪問や管理訪問、指導室訪問があると、異常なほど神経を使って準備に力を入れることからも分かるじゃない」

スズ「そうか、出張所は異動先を決めたり管理職試験を行ったりするのも仕事だったね。気に入らなかったら、家から遠い学校に異動させることもできるんだからね。教頭先生や校長先生が頭が上がらないわけだよね」

フク「ワンさんが人事委員会に行った十日後に所長訪問があり、全職員が集められ、指導を受けたんだ。児童を自習にしてまでだよ。

そこでワンさんは、指導内容に納得できないことを口実に出張所に行くことに決めたんだ。早速、訪問したい旨電話を入れたら、校長そして服務責任の市の教育委員会に話をするようにと断られたんだ。

そこで、『学校訪問で指導した内容に不満なので、質問を受ける責任があるはず』と問いただすんだ。課長は渋々受けるんだが、待っても訪問日の回答がないんだ。

再度電話をすると、聞きたいことを市の教育委員会と相談してくるように言われるんだ。そこで、校長と課長と話し合って聞きたいことをまとめ、送付してやっと行けることになったんだよ」

◆県教育委員会出張所に八課長と赴く

八課長「あっ、どうも管理課長、貴重なお時間をとっていただきありがとうございます。こちらが八蜂小のワン教諭です」
ワン「よろしくお願いします」
課長「あっ、どうも」
八課長「今日は、ワン教諭が聞きたいことがあるとのことですね。では二時間で五つの項目で……」
主事「二時間？」
八課長「二時間以内で」
課長「なんで、二時間もかかるんですか」
八課長「そのくらいが適当かなと思って」
課長「ふふふ、それはこっちが決めるものじゃないですか。それに、他にまだ仕事がありますもので」
主事「私たちは忙しいんですよ。このあと、事務処理するものがありますからね」
八課長「じゃあ、それは終わったあとで……」
主事「いや、三十分あればお話しできると思いますよ。それで、管理訪問で我々が話したことについて聞きたいというお電話でしたよね。そうですよね？」
ワン「はい」
フク「主事が、初めに聞きたい五項目について回答するんだ。一項目は出席簿作成の仕方についてだよ」

主事「まず一点目の、『学校の出席簿作成の規定をみて問題はなかったか』ということですが、限られた範囲で拝見したのですが、正確にきれいで見やすく作成されていてよかったと思います。そのために、規定があると我々も考えています。

どの学校も細かいところまでの規定はありませんが、その学校でお互いに共通理解したもので統一された方がよいと思いますので、これからもお願いします」

主事「次に、『本校の勤務状況を見てどのように思ったか』ということですが、教職員の規範勤務の特殊性から、一斉に休憩・休息を取らなくていいと学校の職員の勤務時間等の管理規則に載っているわけですが、これは学校長、出張所でも休憩・休息の大切さは十分理解しております。それで、勤務時間の割り振りを年間実施したいと考えているわけですが、どうしても、学校運営上やむを得ないときは、繰り越し変更で対応せざるを得ないというふうに我々も考えています。また、学校さんも努力されているというふうに間接的に聞いております」

主事「三つ目、『本校の週案は、本当にこれで良かったのか。実際の授業に役立つと考えたのか』というご質問ですが、年間指導計画の目標に通じ、計画・実践・反省があって、指導の証がしっかり残っていました。これは、今後の指導に役立つと認識しております。ただ、指導に役立てるかは、やっぱり先生ご自身の問題だと思っています」

主事「四つ目、『本市の小中連携の冊子を読んでどう思うか』ということですが、今、現在の子どもたちの現実は、各学校ともさまざまな問題を抱えております。それらは、ワン先生もご理解されているかと思いますが、その問題に対して学校として積極的にどんなことをしていったら良いのか、解決に向けて努力されていると思います。

現に卒業生の授業を見て、元の担任と現担任が生徒指導上の問題がなくなっていることが、実例として八峰市内にあります。これは、小中連携の成果です」

「最後の『学校の常識と社会の非常識ということは、どんなことを言っているか』というご質問ですが、これはですね、こんなふうに考えてもらって良いと思いますが、学校・地域住民・保護者の実態を把握して、子どもたちの教育活動を展開していくことに取り組むことだと私たちは理解しております。

例えば、運動会とか授業参観で、保護者会はいつが良いか、日曜日か平日が良いのか、避難訓練の引き継ぎなど、地域と保護者の立場を考慮して学校教育を展開していけば良いのか、それらをより教育効果が上がる、と学校だけで物事を考えずに、地域のさまざまな条件を考えてやりましょう、ということだと我々は考えております。

ここに社会体験研修という企業派遣がありますよね。これを経験することによって、大きな視野で子どもたちの教育ができると我々は認識しております。

以上が五つのご質問に対する我々の回答です」

ワン「これで、もうおしまいですか？」

課長「そうですね。基本的な回答は今の話になりますね」

ワン「ということは、質問もできないということですか？」

課長「いいえ、どうぞ、何かあれば」

ワン「出張所としては、校内規定がしっかりしているので、諸帳簿や出席簿に誤りがなくきれいに書かれていると認識しているわけですね。

しかし、きれいに仕上げるためにどれだけ多くの時間をかけているか、これは大きな問題だと思います。県の方からは、ゆとりを持ち教師の力を高めるには、大切な行事であっても思い切って切って実施していくという方針が打ち出されていますよね。決められた時間の中でどれだけ充実させていけるかが、これからの教育で大事なことだと思っています。

ですから、最低基準というのはおかしいですが、それは必要ではないかと思っています。

いくつかの学校を経験している中で、本校の校内規定はあまりにも厳しいと思っています。県の方に話したところ、これは大変厳しいというお言葉がありました。これが、本校の出席簿の記入の細かな決まりです。これをご覧になって我々教職員に話されたのか、話を聞いて疑問に思った次第です。

校内規定というのは、こういう約束でやってください、ということですよね。これは出張所によって異なるようですが、出席簿はペン書きでなければいけないのでしょうか。ボールペンではいけないのか？　このような細かな約束が、我々の仕事の負担を大きく左右するのです。職場では、無駄な時間を割くことができないと話をしていますが、要望を聞いてくれる場がないのです」

課長「それは、校内規定を作ることは必要ないということですか？」

ワン「それは、よいと思っています。しかし、出張所が指導するのはそんな細かなことではなく、別のところに力を入れて指導するべきじゃないかと思っています」

課長「先生方にはいろいろな先生がいるわけで、あなたみたいに、『みんな分かっていますよ。こんな規定は要らないですよ。みんな自分でできますよ』という方ばかりなら、細かな校内規定は要らないかもしれません。でも、規定があることで自分の処理能力が高まり、うまく活用している人もいるし、半分活用している人もいる。『二十年経験しているのでいいよ』と済ませる人もいるかもしれない。若い人を育てるには、こういう仕組みを教えていかなければならない。それをすべてワン先生にね、細かいところまでやれと要求しているわけではないんですよ。それをやめろと言っているのはあなたですよ」

ワン「違いますよ。『出席簿で三分の一はみ出したらやり直し』、『赤い線が少しでもはみ出したら全部初めからやり直し』ではとても時間がかかります。そのことを私は話しているのです」

主事「それは、我々に言ってもしょうがないです」

ワン「でも、校内規定は素晴らしいということをおっしゃっているじゃありませんか」

主事「そういうことではなく、校内規定に則ってうまく運用されていることを話しているわけですよ」

ワン「規定に則ってやれば間違いなくやれるでしょうが、出席簿というのは、いつ・どこで・どのように作成するのかということを考えれば、勤務が終わるとき定規を使って斜線を引き、三分の一を超えないように数字を書くものではないと思うのです。朝、子どもたちの顔や様子を見てつけるのが基本ではないかと思うのです。もし、遅刻してきたら、反対斜線を引けば済みます。

管理訪問では鉛筆書きで提出しましたが、朝の時点で観察しているので、ペンかボールペンで書くべきだと思います。きれいに仕上げようとするから鉛筆書きということが出てくるんじゃないかと思います」

主事「それは、朝の段階ですか？」

ワン「はい、それは朝の段階です。ふだんもそのようにやることを求めているのでしょうか？」

主事「我々もそのようにやれと言います」

ワン「このことには問題がないということですか？朝、鉛筆書きで、そして、帰りはペン書きにしろということですね」

課長「はい、帰りに子どもたちの様子を見ながら、あの子はこうだったなと納得しながら我々も記入してきましたよ。出席簿というのは、それくらい大切なものなんですよ。

あなたは朝、健康観察カードを見ながら、休んでいる子のところに鉛筆書きするんでしょうね。また、早退する子が出てくるかもしれないでしょう？　そのとき、鉛筆書きでなく、帰りの段階でこの子はこうだったなと確認しながら私たちは書くわけですよね。

私は中学校だったけれど、中学校も忙しいですよ。ワン先生、その中でも出席簿は丁寧に扱ってきたわけですよ。我々は規定があった方が良いと言っているのに過ぎません。お分かりですか？」

ワン「分かりますが、しかし、面倒で時間を要すると話しても、担当の方が、校内規定のようにやってほしいと話すので不満があるわけです」

主事「そういう細かな規定のところまでは見ていません。また、見る必要もないわけです。八蜂小さんがどんな細かな規定を持っているか知る由もないです。細かな規定を先生方が持っていれば、ちゃんとした諸帳簿が出来るということです」

スズ「出席簿には、作成のやり方、つまり校内規定の用紙が綴じられているはずだよね。だけど、それを見もせず、『丁寧に書かれているから、校内規定が素晴らしい』と評価するんだから、いいかげんだよね」

カラ「あれ？　八蜂小の出席簿には、校内規定は綴じられていなかったんじゃなかったかな。それなのに校内規定を評価するんだから、よけいワン先生は不満だったんだね」

フク「出張所による諸帳簿の点検は、校内規定が適正に作成されているかは見やしないよ。きちんと書かれているか、必要な文書が揃っているかを重視しているからね。

校内規定を評価したのは、丁寧に書かれていたことを褒めるために出た言葉なんだ。だから、主事も課長もそれをワン先生に指摘されたんだから困惑したと思うよ。ちょっと気の毒な気がするけどね」

スズ「そんなことないよ。出張所が学校に来て諸帳簿を見る目的は何なの？　間違いがないか見るなら、市の教育委員会が見ているじゃない。出席簿に校内規定が綴じられてないのに気がついてないなんておかしいよ。出張所は依頼されて来ているんでしょう？　それなら、改善に向けて指導しなければいけないいんじゃないの？」
カラ「出張所は、指導はしているよ。ただし、よけいな仕事を要求し、先生方の負担を増す指導をね。このあとの記録を見ると、そんな考えで指導に当たっているのには呆れると思うよ。それでは、続きを見ようか」
ワン「ということは、学校内で見直しても良いということでしょうか」
課長「学校独自で作るわけですからね。出席簿は誰が書くのか分かりますよね」
ワン「はい、作成する人です。それとも責任ある人ですか？」
課長「もちろん、校長は責任はあるんだけれど、担任がやりますよね。担任が作るためのマニュアルとして係がいますよね。係が整理しやすいようにということで、そういう規定を作っているわけで、それで先生方が納得しているわけでしょう？　校長先生が一方的にこれでやれというわけではないでしょう」
ワン「先ほど言ったように、出張所の方の指導の上で作られているのではないかと」
主事「なんで我々が、八峰小にこんなことをやれと言うわけですか」
ワン「出張所が本校の出席簿、そして校内規定を良いと評価して、今後も丁寧な出席簿の作成をお願いする言葉を発しているからです」
課長「我々は強要はしていません。それでいいですか。あと何かありますか」
フク「このあとワン先生は、高学年と三年生の受け持ち授業時間があまりにも差があること、そして、授業時間が基準の九六〇時間より四十時間多く設けられていること、他の学校のように担任指導の朝学習を授業時間にカウントすれば、事務や授業準備の時間が多く作れることを、週案を見せて問うんだ」
課長「よく書けていますね」
ワン「超過勤務を計算しますと、五六〇時間を超えています。昨年は、一年担任で三五〇時間を超えました。人事院では、三六〇時間を上限と考えているわけですよね。上限を決めたことは、それ以上超えた場合は指導が入るのではと認識しているのですが。
　それと、休憩時間もない状況です。校長にいくらお願いしても無視されています」

フク「このように訴えても、校長と話し合うことで解決を図るようにと言うだけなんだ。

このあと、小中連携の活動が一校長の考えで進められ、学校の教育活動に支障があることを訴えるんだ。だけど、これは回答済みということで、不満いっぱいで聞いていたんだ。そして、次のような発言をするんだ」

課長「先生が教員になったのはなぜですか？　というのがそこにあるんですよ。いろいろな地域、地域の中で子どもをどうしようかと言っているのです。それは、勤務時間がどうのこうのではないんですよ。それをもとにしながら、学校は動いているのですよ」

八課長「学校は、週の中で勤務の割り振りをしながら改善していますよね。学校は……」

課長「じゃあ、次にいきましょう。時間がないですからね」

ワン「本校の週案はこれでいいということですが、これからの教育活動、総合的な学習もそうですが、対応できないと思って質問項目に挙げました」

課長「週案もそうですが、我々の権限じゃないんですよ、これは。ただ、これからは週案は公簿になっていくと思います。情報公開の中で公簿として扱う。もし、事故が発生したときに、発生したことに対してどのような指導が行われたかということで、これからは、いろいろ市民から求められていく」

ワン「今の週案は指導のねらいだけで済むようになっている。事故に対しての指導や対応を書くように言われても、書くところがない。あまりにも雑な週案は意味がない。だから改めるべきと言っているわけです」

主事「それをやったら、お互いに首を絞めることになるでしょう」

課長「事故があったとき、対応をどう書いてあるか、それが一行でもあれば違うわけです。全くない場合とある場合とでは違うわけですよね」

フク「ワン先生はこの時、八蜂小の全く活用のできない週案には何も指導がないことをいぶかっていたけれど、課長と主事の発言に呆れて、次に聞きたいことに移るんだ」

スズ「この出張所にある学校は、どこも学校独自の週案を使っているんだよね。市販の週案は、子どもたちの名簿や成績、座席表など学級経営で必要なことが書けるので便利だと思うけどな。

八蜂小の週案には、どの授業でどんな事故が起こるか対策を書く場所はないよ。事故後に対応を書くことの大切さを話したけれど、どこにどのように書けばいいんだろうね」
カラ「八蜂小の週案には、日々の各教科の授業の内容を書く欄がないんだ。週における各教科の指導目標を書くだけになっているんだ。だから一ヶ月分まとめて書くことが可能なんだよ。だから、活用できなくても先生方にとっては時間がかからないので不満がないんだよ」
フク「課長は、週案の是非を言われたけれど、週案は、各学校で決めればよいと突き放すんだ。そこでワン先生は、最後に一番言いたいことを言うんだ。だけど、課長も主事もいらだつんだ」
ワン「この時期になると、自宅にテストを持ち帰っても、返却が一週間から二週間先になっています。要録も多くの職員は持ち出しています。校長からは、要録は持ち出さないように指示があります。しかし、実際は、中を抜き出しています。
成績処理と指導要録の作成に膨大な時間を要しています。校長に成績処理にどのくらい時間がかかるか、テストの採点時間、その記録をする時間、それから補助簿の作成時間などの記録を見せて質問しました。
すると校長からは、『他校は短縮日課が少ないです。処理は個々によって違います。あとで回答します』ということでした。しかし、未だかつて校長からも教頭からも回答はもらっていません。
クラスの人数が違えば処理時間も違うはずです。今年は三十九人でしたが、昨年は四十人受け持ちました。具合が悪くなり、病院行くことになりました。このような厳しい勤務の中で、親に子どもの面倒を見ていると言えますか？　教育をやっていると言えますか？」
課長「それは分かっていますよ。厳しい環境でやっているのは。それじゃあ、先生はどうして先生になったの？　基本に返りますけれど、先生が一番最初に教師になろうとした気持ちは、どんな気持ちだった？」
ワン「子どもが好きだからです。それと、勉強の嫌いな子や、できない子の力になりたいと思ったからです」
課長「子どもが好きなら寝食忘れて、時間が過ぎても頑張ろうという気持ちがなかったの？　そこがすべて。勤務がどうのこうのあったっけ？」
ワン「そういう考え方はおかしいと思います」
課長「そこに結論が来ると思いますよ。八蜂小の教育課程はなんのために作られているのか。他の学校さんと違って、空き時間が一時間多いんだよね」
ワン「本校は大規模校で、各クラスの人数が多いんです。そこを比べてください」
課長「今日は、聞きに来たんですよね？　あと、聞くことがなければ終わりにしましょう」
スズ「ワン先生、これが出張所でのやりとりの様子なんでしょう？　これで終わりにしたの？」
ワン「隣席の八課長に時間オーバーを言われたので、聞くことをやめたよ」
フク「今、記録に出てきた出張所の課長と主事のことなんだが、今後どうなったか教えてあげようか。課長は、間もなく隣の市の中学校の校長として赴任するんだ。だが、翌年には成留市の教育委員会に異動し、最後は校長となって退職するんだ。主事も同じようなコースで、課長になり、最後は校長になって退職するんだ」
スズ「あれ？　校長になったのにどうしてすぐに委員会に行ったのかな。委員会では子どもたちと触れ合ったり教えたりすることはできないのにね。ワン先生に、どうして教員になったか問うたけれど、課長や主事にも、どうして教員になったか聞きたかったね」
カラ「そうだね。きっと優等生の返答をするんじゃないかな。それなら、学校にすぐに戻ろうとしなければいけないはずなんだけれどね。主事が学校に戻らず課長になったことを考えると、矛盾するよね」
スズ「不思議だよね。先生の仕事に生きがいを感じているなら、現場に復帰できるのにね。何しろ人事権を持っているんだから、希望する学校にも行けるじゃない。それに、学校勤務の方が給与もいいのにね。
確か、県教育委員会でワン先生に対応した管理主事も、学校現場に早く戻りたいようなことを言っていたよね。先生を希望してなったのなら、その方が自然だよ。でも、教育委員会に異動になったのは、本人の承諾があったからなんでしょう？　どうして、子どもたちと触れ合うことができない教育委員会へ異動したんだろうな」
フク「教育委員会は教育に関わるので、現場の仕事がよく分かっていないと上手く機能しないんだ。だから、学校現場の教員が採用されることになるんだ。当然、教諭ではなく一般公務員としての採用になるけれどね。
給与は少なくなるが、しっかり務めていれば、学校に戻ったあとの展望が開けるんだ。つまり、管理職に近づくことなんだけれどね。だから、多くの先生は将来を考え、委員会に異動することを拒まないんだ」
カラ「委員会でも、課長のような役職に就くと、どの校長も頭が上がらないからな。これは痛快だと思うな。だからずっとやっていたいと思っているんじゃないかな。校長になれば逆の立場になるんだからね。もちろん、校長としてうまく学校経営できる能力があれば別だけれどね」
スズ「出張所の勤務はいいよね。出張所に苦情を言う者は誰もいないからね。県や市の教育委員会となると、保護者や地域などさまざまなところから責められ、対応に苦慮するけれど、出張所は皆無なんでしょう？
　だけど、校長になるとそうはいかなくなるものね。職場の教師から不満を言われたり、保護者から苦情を言われたりするだろうからね。だから、居心地のよい役で仕事をした方が楽しいんだろうな。でも、退職まで勤めることはないんでしょう？」
ワン「そのまま退職すると、退職金は教員より少ないんだ。それと、退職後の年金も優遇されないからね。だから、委員会の方が居心地がよくても、出張所は必ず校長にして退職させるようにしているんだ。一、二年学校に勤め、退職する校長が見られるのはこういうわけさ」
スズ「ところでワン先生、質問の回答や話し合いでは、改善に向けての言葉はなかったよね。出張所に行った意味があったの？　これでは、ワン先生が煙たがられるだけだと思うけどな」
ワン「改善する言葉はなかったけれど、疑問に思ったことが聞けて良かったと思うよ。校長、そして教育委員会の課長でも、出張所の課長には頭が上がらないことも分かってね。
　八課長に対しての態度は、失礼すぎると思わないかい？　誰も批判できない出張所の課長や主事という役職になると、おのずから態度も大きくなるんだろうな」
スズ「話を聞いていると、教育者としての資質と人格に問題があるよね。こんな人が各学校に行って指導するんだから、良くなるわけないよね」
カラ「本来は市町村の教育委員会が指導を行うべきなのにね。それを、出張所に依頼して指導を仰ぐような形をとるから、おかしな指導になるんだろうな。県としては当然、指導する立場であるのは分かるけれど、越権した言動を容認しては、健全な学校教育は行われないと思うな。やはり、人事権を別に持たせるべきじゃないのかな」

フク「出張所は、今は『教育事務所』と名称は変わったが、人事権と指導権を持っているので、おのずから横柄な言動をとるようになるんだ。これは、『校長はえらい』の本の中の、管理訪問の箇所によく表れているよ。あのような特上の接待をされるんだからね。偉い気分になるのは仕方ないのかな」

カラ「ワン先生は、出張所に行ったあと、今度は人事委員会に勤務条件措置要求を提出するんだよね。そして、次の年に日台小に異動して、また校長先生と、勤務上状況の改善に向け格闘することになるんだよね」

ワン「仕方ないよ。異動した日台小でも、先生方の勤務は違法かつ不適切な勤務が行われているんだもの。このときは、教員の多忙化が大きな問題になっていて、大手のA新聞社が特集で報じたんだ」

スズ「その紙面に、ワン先生の教師の苦悩のコメントが載ったんだよね。本当は、もっと大々的に取り上げたかったたと言ったんでしょう?」

ワン「その記者とは、本の出版から何度も会って学校現場の実状を話していたんだ。本を高く評価してくれてね。嬉しかったよ。記事にしようと思ったが、筆名なのでやめたんだって。

当時は自分のコーナー『〇〇の目』を持っていて、最新の教育情報や教育問題などを執筆していたんだ。後日、載せたいことが十分載せられずに悔やんだことが書かれた手紙をもらったんだ」

カラ「日台小においては、一年後から学校や教職員の勤務の問題について、職員会議で改善を求めて発言していくんだよね。校長とはよく口論になったんだって?」

ワン「学校の実態は、一年経験しないと分からないからね。だけど、この教育事務所管轄における学校は、どこも同じような学校運営が行われているからね。同じ問題で格闘することになるんだ。

もちろん、職員会議や打ち合わせで問題を提起し、改善を要求したが、当然らちが明かないんだ。そこで、人事委員会に勤務条件措置要求を出して、教育課程や勤務の改善を図ることにしたんだ」

◆文科省に赴くが……

カラ「措置要求を出したあと、県の教育委員会に行こうとしたんだよね。それから、文科省へ行くんだよね」

ワン「県の教育委員会に、相談に行きたいと電話で要望したんだよ。だけど、断られたので行けなかったんだ。質問の手紙を出すように言われてね。会って話す

といろんなことを聞かれるのが嫌なんだろうね。
　文科省に行ったときは、入り口にある電話を使っての対応さ。県の教育委員会に連絡を取り、『県の教育委員会で回答済みなので答える必要はない』と拒否されたんだ。文科省が一個人の相談や訴えは受け付けず、学校現場の実状にも関心がないのには唖然《あぜん》としたよ。日本の教育をよくしたいという考えで仕事をしてないとよく分かったよ」
※県教育委員会の電話のやりとりと、文科省への質問は割愛。
フク「ワン先生は、八峰小、日台小、黒森山小で勤務条件措置要求書を出したんだ。

　だけど、人事委員会では勧告止まりで、違法があっても法的拘束力がなく、効果がないことが分かったんだ。

　そこでワン先生は、違法であれば罰することのできる【申告】を出して、勤務改善を行うことにしたんだ」

◆市役所と教育委員会に赴く

ワン「一般の労働者は、勤務条件で違法があれば、労働基準局監督署に訴えて罰することができるけれど、公務員や教員は異なるからね。訴えるところは、勤務しているところの監督責任者である市町村の長なんだ。

　そこで、申告を作成し成留市の役所に行ったんだ。だけど、未だかつて申告を出した者はいないんだ。どの課でもどう対応していいか分からず、あっちこっちの課をたらい回しにされて、最後は人事課が受けることになったけれどね。

　処理の仕方が分からない役所は、なんと教育委員会に対応してもらっていたんだ。要するに、役所には申告に対するマニュアルがなく、この制度自体が全く機能しないことが明白になったんだよ。

公務員や教職員は、勤務における問題を組合に依頼して解決を図っているからね。だけど、組合は一学校・一個人の勤務の問題を取り上げることはないいんだ。多くは、勤務条件や給与、教育や政治問題などを、県庁・人事委員会との団体交渉で解決を図っているからね」

フク「だけど、これは大きな問題だと思うな。違法であっても訴えることができなければ、違法が許されることになるんだからね。これでは、先生方の勤務の改善は無理だよね。

政府や文科省は、教員の働き方改革で、超過勤務をなくそうと旗を振っているが、先生方を救うところが不完全では話にならないよ。

それと、文科省は、超過勤務が月四十五時間を超えないことを打ち出したが、教員は超勤四項目以外の勤務は行わなくてよいことになっているんだよ（四項目：①実習、②学校行事、③職員会議、④非常災害、など必要な業務）。

だから、個人でやりたいもの以外の業務は、基本的にはやる義務はないはずなんだ。裏を返せば、これほど恵まれた勤務条件はないんだよ。それを月四十五時間勤務は当然だという考えでいること自体、許されないんだけれどね」

スズ「そうだよ。先生方の勤務内容の時間の算定が行われず、勤務内容を増やしているから、先生方の超過勤務が増えていったんでしょう?」

カラ「【申告】の制度があっても機能しないのはおかしいよね。それと、臨時教員の勤務で違反があっても、個人責任で対応するしかないなんておかしいよね。それをワン先生は、教育委員会に訴えに行ったんだけれど、教育委員会の人に叱られたんだよ」

フク「叱られたわけではないよ。成留市では、県の臨時採用の先生だけでなく、市独自で臨時の先生を多く採用しているんだ。だけど、市の臨時採用の先生方は、正規の先生と勤務条件が違うんだ。

そこでワンさんは、申告の状況を聞くのと当時に臨時教員の不正な勤務を正せないかと考え、市の教育委員会に行ったんだ」

ワン「ほとんどの教師は、臨時採用の勤務条件を知らないんだ。正規の教師と違って、勤務時間も待遇が違うんだ。勤務時間は短く、賃金は時間給なんだよ。残業手当は付くが、時間が決められているからね。だけど、いろいろな仕事を頼まれるので、いつも退勤が遅くなっているんだ。教師に採用されたら役に立つと考え、善意で仕事を要求している教師が多いんだ。

でも、県の臨時採用者とは条件が違うんだ。県では正規と同じ勤務が求められるけれど、採用試験では、いくつかの試験が免除になるんだ。だけど、市の臨時採用は全くないんだ。採用要項には、学校現場で教師の仕事を学ぶことができ、採用試験のための時間が十分あると書かれているんだ。だから、決められた時間を超えた勤務は許されないはずなんだ。

そこで、臨時採用を担当している市役所に行ったんだ。だけど、学校のことは分からないと言われ、教育委員会に回されたんだ」

※市役所の人事課の人と市の教育委員会の課長とのやりとりは割愛。

カラ「ワン先生が、『勤務条件と異なる勤務をさせている』と、具体例を挙げて訴えたんだよね。すると、課長が出勤簿のコピーを見て、『校長の許可を得ずに持ち出すことは違反だ。処罰することができる』と、声を荒らげ叱責したんだよね」

ワン「『勤務状況を明確に分かってもらうには必要なのでは？　処罰したいならどうぞ』と言い返したんだけれどね。でも、その後、校長に話したようで、遅くまで残って仕事をすることは少なくなったんだ」

スズ「だけど、ワン先生一人が頑張っても成果は十分あげられないよ。仲間を作ってやればもっとあげられるのに、どうして一人だけでやっていたの？」

ワン「校長や教育委員会に訴えることは、みんな敬遠するからね。睨まれれば、勤務に不利になると考えるんだ。教師になる人は、もともとまじめで、言われたことはしっかりやるからね。そして、職員会議という機会があっても発言しないんだ。訴えても、聞いてもらえなければ言わなくなるのは分かるけれど、それでは、もっと悪くなるのにね」

フク「そうとは限らないんじゃないかな。校長が替わると少し変わるんじゃない。それから、何もしなくても、いつの間に変わって良くなっていることがあるからね。それと、組合が解決してくれると思っているからね。でも、組合は、教職員全体の勤務条件や給与や手当などについて、県や人事委員会などと交渉して改善を図るけれど、職場での個々の問題を取り上げることはしないからね」

ワン「校長が替われば良くなると多くの教職員が望むが、多くは良くはならないよ。

だからこそ、自分一人でも、勤務で問題があれば、訴えることで改善が図られると思うんだ。改善はわずかでも、やらなければ何も変わらないだろう？」

フク「ワンさん、一人でも職場の改善は見られたんだから、ワンさんのような活動を多くの先生でやれば、もっと成果を上げられると思うな。子どもたちにとってよりよい教育に直結するんだから、ぜひ先生方の頑張りを期待したいね」

スズ「そうだね。そのためには、学校現場の実態を把握することが大事になるね。勤務の改善は、子どもたちの健全な教育に直結するんだから、ぜひ、先生方の頑張りを期待したいよね」

勤務条件に関する措置要求

1．氏名　　　　小西 孝敏

住所　　　　千葉県[redacted]

生年月日　　　[redacted]年[redacted]月[redacted]日

職名・勤務先　教諭　千葉県[redacted]小学校

2．措置要求事項

1．就業規則の中の休憩・休息と週行事の周知徹底を図ること。

2．休憩・休息時間が確実に取れるようにすること。

3．休憩・休息の意味を全職員に法規に照らし合わせて説明し、学年主任には、休憩・休息時間の遵守の指導を常時行うこと。

4．勤務の始まり時刻がいつも2分早くなっているので、正常な勤務時刻で勤務ができるようにすること。

5．超過勤務にならないように週計画をしっかり立てること。

6．超過勤務にならないように研修会・学年会・各会議・作業などの行事のあるときは、そのときは開始の時刻だけでなく終了時刻も明示して勤務させること。

7．研究授業や講師が学校に来るとき、勤務時間を超えてまで見送る来ることを強要しないこと。

8．職員会議で特別活動である陸上練習の指導者を決めることは止めること。

9．日直の勤務内容の見直しを図り日直勤務は勤務時間内で行えるようにすること。

10．学期始めと毎月10日の早朝の交通指導は確実に勤務の割り振りを行い口頭もしくは文書で知らせること。

11．授業の受け持ち時間数を多く取り過ぎているので、専科の時間を3ないし4時間確実に取り受け持ち時間数を減らすこと。

12．成績処理の時間を保障し、成績に関する書類を家に持ち帰って処理すること。を要求しないこと。

13．教材研究授業準備の時間の確保を図ること。

14．週案の提出を要求するなら、勤務時間の中で週案の作成時間の保障をすることそして、週案が使えるように提出日の帰りまでに返却すること。

15．提出物の提出期限を決める際は、提出できる条件を整え時間の確保を図って行うこと。

16．学級事務の時間の確保を図ること、そして、事務の効率化を図ること。

17．健康安全面を考えた勤務内容を図り危険を伴う勤務は熟思して行わせること。車での地区の見回りの際は燃料費を出すこと。

18．学校評価を実施し超過勤務にならないような校務分掌を図ること。

19．市外の研修会に参加できるのはいつも特定な教諭である。年に1回程度は市外

3．措置要求の理由

1．就業規則の中の休憩・休息時間の設置時間の周知徹底を図ること。

休憩・休息の時間の設置時間を5月16日現在未だに知らせてない。しかし、週報に休憩時刻を時々載せている。（教育委員会の学校教育課長と校長との話で、平成12年1月から休憩時間が変更の際は週報に記載することになった。

フク「それでは、ワンさんが人事委員会に勤務条件措置要求を提出することによって、職場の勤務がどう改善されたのか、そして、なぜ改善されないのか見ていこうか」

スズ「勤務条件措置要求ってどんなもので、誰もが出せるものなの?」

フク「勤務条件措置要求とは、地方公共団体の職員が、給与、勤務時間その他の勤務条件に関し、人事委員会または公平委員会に対して、地方公共団体の当局により適当な措置が執られるべきことを要求することなんだ。だから、誰もが要求できるんだよ。

措置条件の対象となるものは、『【給与・勤務時間・休憩・休日・休暇】に関するもの』『【昇任、降任、転任・免職・懲戒】の基準に関するもの』『【安全、衛生】に関するもの』『【執務環境・福利厚生】等に関するもの』なんだ」

カラ「先生方は、一般労働者とは違うので、違法行為に対して、労働基準法によって訴えることができないんだ。だから、違法行為を訴えるのは、労働基準監督署ではなく、学校の設置責任者である【市町村の長】なんだ。

だけど、勤務条件に問題があって改善を求めるには、勤務校の校長に要求することになっているんだ。しかし、拒否された場合は、教育委員会に訴えたり、人事委員会に相談したり要求したりすることができるんだよ」

スズ「そこでワン先生は、市町村の教育委員会、県教育委員会教育事務所、そして、文科省に赴いたんだよね。でも、そのような強硬な方法をとらなくても、容易に適正な勤務や改善を求めることができるんでしょう? それが、勤務条件措置要求なんでしょう? 要求は、人事委員会に直接出向かなくても、勤務条件措置要求書(型式がある)を作成し、送付すればいいだけなんだよね」

カラ「そうだよ。だけど、このことを知っている教職員は、法規の勉強をしている校長、教頭、教務、そして、管理職になるための勉強をしている先生ぐらいなんだ」

スズ「義務については、法規を明示して指導が行われているのに、権利については皆無なんておかしいよ。研修を設けるべきだよ」

カラ「そうだね。でも、これは自ら学ばなければいけない問題だと思うな」

フク「ワンさんは、何が不満で人事委員会に勤務条件措置要求を出したのか、大まかに見ていくよ」

第一回目の提出は、二〇〇〇年（平成十二年）六月二十六日、勤務校、八峰小学校。『措置要求事項』は十三項目で、

①休憩・休息（休息は平成二十二年度廃止になる）が確実に取れるようにすること。
②時間外勤務（超過勤務）にならないように、週の行事や会議などの計画をしっかり立てること。
③研修会、学年会、各会議、作業などの行事において、開始時刻だけでなく終了時刻を明示すること。
④退勤時刻を超えての講師見送りは強要しないこと。
⑤日直勤務は勤務時間内で行えるようにすること。
⑥早朝の交通安全指導は、勤務の割り振りで行うこと。
⑦受け持ちの授業時間数を減らすこと。
⑧成績処理の時間を確保すること。
⑨教材研究、授業準備の時間を確保すること。
⑩週案の作成時間の確保と提出日に返却すること。
⑪提出物の期限は、作成の時間を保障して決めること。
⑫学級事務の時間を確保し、事務の効率的を図ること。
⑬学校評価を実施し、時間外勤務にならない校務分掌を作成すること。

なんだ」

スズ「たくさん、要求を出したんだね。これらを担当者が調べるんでしょう？　調べたあとはどうなるの？」

カラ「まず、内容を読んで要求対象になるものとならないものを判別するんだ。そして、要求者から校長に提出された措置要求書のコピーを送付するんだ。受け取った校長は、それを読んで納得できないことがあれば、意見書を書いて人事委員会に送るんだ。それを、今度は要求者に送付するんだ。これを何度も繰り返すんだよ。そして、判定するんだ」

フク「それでは、どうなったか、『人事委員会の判定』を見るよ。

【判定】『八峰小に勤務していた当時、本件措置要求に及んだものの、平成十三年四月一日付で日台小教諭に配置換えになった。よって、要求は前任校における勤務条件に関するものなので、審査を継続する必要がないものと認める。以上のことから、本件措置要求事項は、いずれもこれを取り上げることはできない』

判定だけ見ると、全く意味がないように思われるが、この判定が出るまで、校長と何度も意見書と反論書が交わされ、改善が行われているんだよ。

校長は、責任が問われる事項の内容については、改善を行い説明できる段階で提出するんだ。これを判定

が出るまで繰り返すことになるんだ。

では、どのような改善があって、何が認められなかったか紹介するよ。

『措置要求①』は、要求後、研究協議会が早く終わり、講師が帰る時間が早まり、講師が帰る前に帰ることに後ろめたさがなくなったんだ。それまでは、退勤時刻が過ぎても、みんなで講師を見送りをすることになっていたからね。

だけど、日直の時間外業務においては、認められなかったんだ。『会議の前や空き時間に見回り点検は可能、学校日誌も空き時間に作成することは可能で、学校日誌を書くことは、学校運営に参画する』という校長の主張が通り、作成は職務命令になると判断されたんだ。でもこれは、多くの本に『管理職の仕事』と書かれているんだけれどね。

⑧⑨⑩については、どれも勤務時間の割り振りが行われ、空き時間があるので問題がないと判断されたんだ（週の日々の仕事内容と使用時間を詳細に記録した表を提出）。表を見れば多くの日が時間外勤務になっている事実が明白ではあるけれど、校長の『空き時間を効率的に使えば可能である』という意見が通ったんだ。

スズ「判定が出るまで、約二年もかかっているよ。どうしてそんなにかかったの？」

カラ「そんなの決まっているじゃない。校長に非があることになれば大変なことになるからね。だから、問題がなくなるまで校長に改善を求めたので、二年もかかってしまったんだよ」

フク「それでは、次は、異動した日台小で提出した措置要求を見て行こうか。

平成十四年五月二十三日に措置要求を提出し、平成十六年三月二十四日に判定が出るんだ。判定まで二十三ヶ月を要し、その間、校長からの意見書五回、本人の反論書が五回あったんだ。

措置要求事項は次の六事項。

（１）休憩・休息が確実に取れるようにすること。

（２）時間外勤務にならないように研修会・学年会・各会議・作業などの行事には、開始時刻だけでなく終了時刻も明示すること。

（３）教材研究、授業準備の時間の確保を図ること。

（４）週案の提出を要求するなら、勤務時間の中で作成できる時間を確保すること。

（５）学級事務の時間を確保すること。

（６）健康安全に留意し、職員が休憩できる部屋を設置すること。

これらについて、当委員会は次のように認定し判定するが、その前に、教員の業務は特殊であることを説くんだ。

『教員の勤務の特殊性。教員は、給特法（国立及び公立の義務教育諸学校等の教育職員の給与等に関する特別措置法）によりその特例が定められている。特例が設けられた理由は、教育が教師と児童生徒との間の直接的接触を通じて、児童生徒の人格の発展と完成を図るという本質的要請を持つことによる。

教師の仕事は、教師の自覚、自発的意思あるいは自由な意思によることが多く期待されているものから、校長等からの職務命令により義務としてやらなくてはならないものまで、さまざま異なった性格を有する。結局、教師の仕事は、どこからどこまでが本来の業務、職務であるか、拘束されるべき時間ないし勤務なのか、明確に割り切ることが困難という特殊性がある。

そこで、給特法は、教職員の職務の重要性、特殊性、勤務の実態に対して再評価を加え、給与の上で優遇措置を講じている。時間外勤務に対する割り増し賃金に関する規定を排除し、これに対する代償処置、【教職調整額】を支給している。

しかしながら、勤務には職務命令が明らかなものもあり、時間管理も可能な業務においては、校長は、法令等に則り適切に措置するように努めなければならない』とね。

それでは、どのような判定がなされたか見るよ。

措置要求（1）について、それぞれの要求に対して判定があったんだ。それを述べたあと、

『以上のことから、日台小の休憩時間及び休息時間の割り振りは、原則的には適正であるものの、特別日課や会議、行事等の際の割り振り変更が一部不適切であることが認められる。しかしながら、平成十二年度の二学期から休憩時間及び休息時間の割り振りを改めるとともに、週報により変更を明示し、職員に周知させるなどの改善に努めていることが認められる。

これらを総合的に評価すると、将来においても休憩、休息時間の確保が困難な職場状況が生じることがあるとは認めることができない。しかしながら、校長はなお一層努めるよう望むものであり、引き続き努力されたい』と判定されたんだ。

措置要求（2）についても（1）同様に判定が述べられ、最後に、

『業務ごとの勤務時間の割り振りについては特段の定

めがない。したがって、要求者の要求は認められない』となったんだ。

措置要求（3）については、

『日台小では、空き時間や児童下校等に、教員各自の事務を行うことのできる時間が確保されることが認められ、これらの時間の中で教材研究や授業準備を行うことは可能であると認められる。要求者は、研究授業による指導案作成は勤務内ではできず、時間外勤務になっているとして時間の確保を要求しているが、空き時間や児童下校後に、時間が確保されているので、指導案作成は可能であると認められる。したがって、本措置要求事項は認められない』と判定されたんだ」

ワン「教師の一番の業務は、授業で教えることなんだよ。そのためには、授業の準備を確実に確保しなければいけないはずなんだ。

だが、校長と人事委員会は、勤務時間内で全くできない勤務状況を詳細に示しても、わずかな空き時間があることで、授業準備可能と判断。学級事務、校務分掌の仕事など多くの仕事も、このわずかな空き時間があるので、問題がないと判定したんだ。

こんなわずかな空き時間があるということだけで、すべて可能にするむちゃくちゃな判定がよく出せたものだよ」

カラ「それなら、なぜ超過勤務が多くなっているか、説明してほしいよね」

フク「『措置要求事項（4）週案作成のための時間の確保においては、【週案は学校教育法施行規則第十五条に規定されている学校備付表簿ではないが、県教委により作成が指導されている表簿である】。日台小では、毎週金曜日の学年会議で週案検討の上、翌週月曜日の朝に学年まとめて提出している。要求者は、学年会議ができなかった日時についてはこれは認める。また、金曜日できなかったときの変更は行われなかったことも認める。しかしながら、将来においても週案作成のための時間の確保等が困難とは認められない。したがって、本措置要求事項は認められない』と判定したんだ。

措置要求事項（5）においては、

『時間外勤務にならないように学級事務の時間の確保の要求は、授業の空き時間や児童の下校後等、教員各自の時間が確保されていると認めることができる。これらの時間で学級事務は可能と認められる。要求者は、新たな仕事が設けられれば、他の仕事の削除を必要と主張するが、特段、校長が命じた業務を勤務時間内にできない事情は認められない。学期末、学年末の成績処理の短縮日課を設けているが、到底足りず時間外勤務になっていると主張するが、空き時間や児童下校の時間が確保されているので、これらの時間を計画的に行えば可能であると認められる。よって、要求者の主張は認められない』と判定したんだ。

措置要求事項（6）の『【部会陸上大会についての【早朝練習と午後練習の指導】は、教師のゆとりを奪い、勤務をより多忙にしているとの主張は、校長が命じたものではなく、体育主任の発案に基づく職員の自主的な活動で、校長が時間外勤務を命じたとまでは言えない。午後練習について、要求者は休憩時間および休息時間に行っていると主張するが、一部または全部が指導中に割り振られていることが認められる。校長は午後練習の指導を命じるにあたって、休憩、休息の時間割り振りの変更を行っておらず、校長の指示が不適切であったことが認められる』と判定したんだ」

スズ「あれ、指導を命じられるとすると、午後の練習は勤務になるよ。自主的な活動なら休憩・休息の割り振りの必要はないはず。すると、早朝練習は自主的で、午後練習は勤務になるということになるよね。矛盾しているよ」

カラ「勤務とは別だよ。ワン先生は、練習期間の休憩休息での練習の時間を詳細に記載していたので、振替の不備を認めてくれたんだよ。勤務時間内で、休憩・休息は遵守しないといけないことを指摘しているんだ。だから、校長の不備を認めたんだ。これは、ワン先生が、練習期間の休憩・休息での練習時間を詳細に記載していたので認めざるを得なかったんだ」

フク「そうだね。訴えるには、具体的な資料が必要なんだよ。次の、時間外勤務が多く心身の疲労を招いているとワンさんが主張している件の研修会、学年会、成績処理等の勤務時間の割り振りが適正に行われていない、職員会議が退勤時刻を過ぎても、日直に校舎内の戸締まりや学校日誌の記載が要求されている件においては、これまでの判定と同様に、直接、具体的に維持、改善を求めるのではないと判定されたんだよ。

措置要求事項（6）の〔休憩室の設置要求について〕は、

『休憩室についての法令の定め【労働安全衛生法】（労働者の職場環境等を定めている）』に基づき、事務所衛生基準規則（事務所則）及び快適職場指針は、休憩室について次のように規定している。『事務所則十九条』で、休憩の設備を設けることに努めることを、『快適職場指針』では、休憩室について、疲労やストレスを効果的に癒やすことができるように、臥床《がしょう》できる設備を備えた休憩室を確保すること、としている。同指針通達では、『休憩室は作業の態様に応じた疲労やストレスを効果的に癒やすことができるように整備されていること。数に応じた広さ、清潔であること、休憩室の内の色彩に配慮すること、必要に応じて音楽を流すこと、観葉植物を配置する等の配慮すること』と休憩室の重要性を説明しているんだ。

そして、『日台小では、平成十四年度に休憩室の整備が進められ、改善に努めていることが認められている。十分な休憩設備とはいい難いが、そもそも休憩室に関する規定は、事業者に課した努力義務規定であって、現状が直ちに法令等に違反するとまでは言えない。したがって、本措置要求事項を認めることはできない。しかしながら、当委員会としては、今後とも快適職場指針に基づいた休憩室の整備に、なお一層努めるよう望むものである』と校長に要求しているんだ。

そして、最後に委員会は、教育職員の勤務管理について、次のように述べているんだ。

『教育職員の勤務は、無定量、無制限の勤務を認めるものではないので、校長は、できるだけ教員の勤務の状況を把握し、適切な勤務管理に努めるよう、なお一層の留意をされたい』とね」

スズ「校長先生に勤務条件措置要求を出すと、先生方の勤務条件の改善に効力があるということなんだね」

フク「そうだね、次は第三回目の勤務条件措置要求なんだが、これまで見てきて、だいたいどのような要求が通るか通らないか、そして、たとえ通らなくても校長に圧力をかけられることが分かったんじゃないかな。なので割愛するよ。

それでは、第四回目（平成二十年）だよ。これは、黒森山小なんだ。意見書四回、反論書四回で、判定までに十九ヶ月かかったんだ。要求は、

（1）勤務時間の割り振りを適切に行うように。

（2）休憩時間が確実に取れるように。

（3）時間外勤務にならないような勤務内容にすること。

（4）労働安全衛生法で定められている安全衛生体制の管理と、快適な職場環境の整備を行うこと。

の四事項なんだ」

カラ「ワン先生は、『休憩時間の変更の必要があるのに、勤務時間の割り振りを行わず、時間外勤務を要求している』と訴えているんだよね」

フク「そうだよ。ワンさんは、
①休憩時間について、昼の休憩時間は、正味十七分しか取れてないこと。そして、児童下校後に二十分の休憩時間を設けているが、授業終了後、下校指導して教室を出るのに少なくとも二十分を要している。学校は、下校指導を十五分に設定しているが、実態に即応してない。
②教育委員会との打ち合わせが休憩時間であった。
③廊下歩行の指導が休憩時間。
④教育相談が業間休みと昼休みに設定されたので、昼の休憩時間がなくなることが多かった、とね。
『陸上練習指導』では、夏休み中にまとめて取るよう指示されたが、この対処は問題である。そして、『研修』では、『研修に要した時間は、五十八時間三十九分（夏休みの研修は含まない）。このうち、時間外勤務になったのは、二十一時間二十七分を要した』と資料を提出し訴えたんだ。あと、『日直当番と学校日誌』『週案』『学級事務』『ホームページ』『学級経営案』『成績処理』『朝の挨拶運動』などが時間外勤務になっていることを、詳細に記述して訴えているんだ。

それでは、判定だよ。これまでのように人事委員会は、教員の勤務の特殊性を述べているが、前回と同じ内容なんだ。そこで、『時間管理も可能な業務においては、校長は法令等に則り適切に設置するように努めなければならない』と記しているんだ。措置要求事項（1）について人事委員会は、

『専科と授業の打ち合わせ、陸上練習などで休憩時間が使われており、勤務時間の割り振り変更が一部不適切であったことが認められるが、その後、校長は週報により変更が行われ、職員に周知するなどの改善が認められる。したがって、将来においても、不適切な勤務状況が生じる蓋然性があるとは認められず、要求者の主張は認められない』と判定したんだ。

措置要求事項（2）については、

『要求者は、休憩時間が確実に取れるようにすることを要求しているが、①休憩時間については、休憩時間の確保のためさまざまな配慮がされている。総合的に評価すると、将来においても休憩時間の確保が困難な職場状況が生じる蓋然性《がいぜんせい》があるとは認められず、要求者の主張は認められない』。

措置要求事項（3）の要求内容に、十個の要求があったんだよ。①については、

『交通安全街頭指導について、校長は、当番実施日には早い退勤を命じ、勤務時間の割り振り変更を行って

いることから、要求者の主張は認められない』

②の陸上練習指導と特別活動については、『早朝と放課後の陸上練習指導が行われていたことは認められる。校長は、陸上練習指導を命じるにあたって、勤務時間の割り振り変更を行っておらず校長の対応は不適切。しかしながら、要求者の勤務条件については、直接、具体的に維持、改善を求めるものでなく、地方公務員法第四十六条に規定する勤務条件に関する措置の要求の対象と勤務条件とは言えない』と判定。

③『研修』では、『研修は一週間に二日行われているが、校長はあらかじめ週報に記載し周知していることが認められる。また、時間外勤務を命じてないことから、要求者の主張は認められない』と判定したんだ」

カラ「一週間に二回研修を行うと、要する時間は九十分。すると、この週は四十五分、空き時間が削減されることになるんだ。だが委員会は、『時間外勤務が多くても空き時間が設定されていれば、授業準備、学級事務等の業務は可能』と述べているんだ。このように空き時間が減っても、校長が時間外勤務を命じていないので問題はないと判定しているけれど、どう考えても納得できない判定と言えるよね」

フク「続けるよ。『④日直当番と学校日誌記録について、戸締まりが時間外勤務になったことは認められるが、その後、校長は、戸締まりは児童下校後速やかに行わせ、学校日誌は午後に記載させるように改善を図っていることが認められることから、要求者の主張は認められない』と判定するんだ。

⑤の週案については、『毎週月曜日が提出日となっていることが認められるので問題ない』と判定されたんだ」

カラ「納得できないな。週案は、週の終わりに提出させるようにしなければいけないよ。そうでないと、週の最初の月曜の朝から活用できないんだからね。月曜日提出ということは、家に持ち帰って作成してね、ということになるじゃない」

フク「そうだね。学年会があれば、作成する時間がないんだからね。

⑥学級事務については、『要求者は、学級事務の時間を確保し、時間外勤務にならないようにすることを主張しているが、⑤で述べたとおり、授業の空き時間と児童下校後等に、教員各自の事務を行うことのできる時間が確されていることが認められる』と判定されるんだ」

スズ「あれ？　どうして時間が確保されていると言え

るの？　要求者は、日々の勤務状況と業務に要した時間を詳細に記載し、資料も提出しているよ。教員の資質、能力、経験で済ますことができるなら、具体的にこの業務はどのくらいかかるか、おおよその計算は容易にできるはずだよ。教育委員会には、資質、能力、経験豊富な元教員が山のようにいるんでしょう？　検証は容易にできると思うな」

フク「生徒指導情報交換会議や職員会議については、『簡略化に努め、一日置きにあった職員の打ち合わせを週二日にするなど、時間の確保に努めている。したがって、要求者の主張は認められない』と判定したんだ。

⑦のホームページ作成については、『現在はパソコンの堪能な担当者が行っているので、認められない』。

⑧家庭訪問について、『予備日を設定し、また、休憩時間を確保していることが認められる。そして、職員の打ち合わせを朝に変更し、予備日を自由に使えるように改善が図られている。したがって、要求者の主張は認められない』。

学級経営案について、『⑤で述べたとおり、空き時間の確保が認められる。提出期限を五月の連休明けに設定し、作成時間の確保に努めていることが認められる。よって、要求者の主張は認められない』と判定されたんだ。

⑩の成績処理については、『⑤で述べたとおり、空き時間、児童下校後等に教員各自の事務を行う時間が確保されている』と判定されるんだ」

スズ「いったい誰がこの確保された時間で通知表が作成できたのか、教えてほしいよね。実態調査もせず、時間の確保がされているとよく判定できるよね」

フク「措置要求事項（４）については、『要求者は、保健保持のため休憩室を設置することを主張するが、黒森山小には休憩室があるものの、現状はＰＴＡ室や会議室として利用されていることが認められる。しかし、十分な休憩設備が設置されているとは言い難いが、そもそも休憩室に関する規定はいずれも事業者に課した努力義務規定であって、現状が直ちに法令等に違反するとまでは言えない。よって、本措置要求事項を認めることはできない』。

このように、本件の措置要求事項は、すべて認められなかったんだ。だけど、最後に【教員の勤務管理】について、人事委員会は校長に、次のように述べるんだ。

『教員の心身にわたる健康管理や校務効率の向上の面

週案

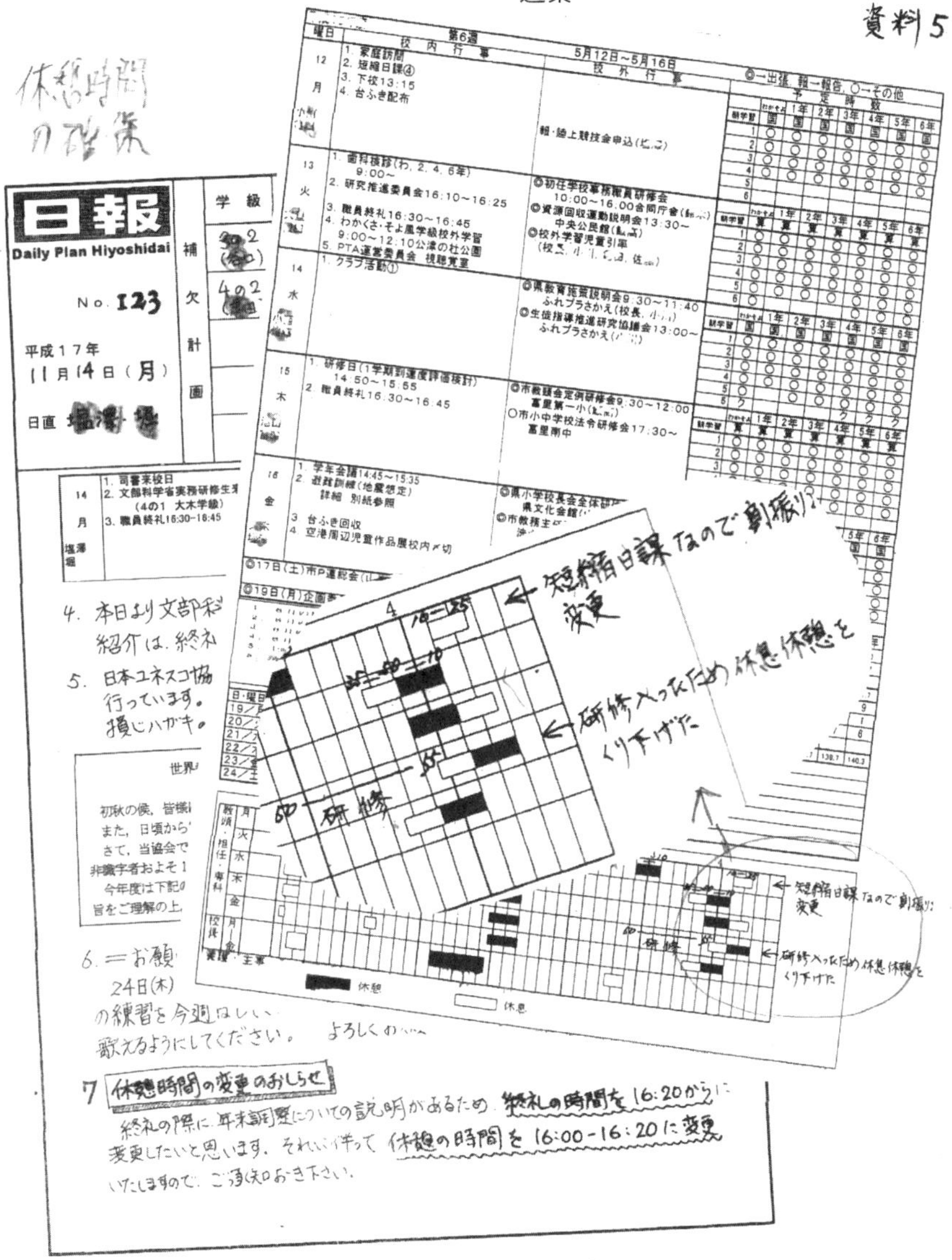

資料5

第6週
5月12日～5月16日

曜日	校内行事	校外行事
12 月	1. 家庭訪問 2. 短縮日課④ 3. 下校13:15 4. 台ふき配布	報・陸上競技会申込
13 火	1. 歯科検診（わ, 2, 4, 6年）9:00～ 2. 研究推進委員会16:10～16:25 3. 職員終礼16:30～16:45 4. わかくさ・そよ風学級校外学習 9:00～12:10公津の杜公園 5. PTA運営委員会 視聴覚室	◎初任学校事務職員研修会 10:00～16:00合同庁舎 ◎資源回収運動説明会13:30～ 中央公民館 ◎校外学習児童引率
14 水	1. クラブ活動①	◎県教育施策説明会9:30～11:40 ふれプラさかえ（校長） ◎生徒指導推進研究協議会13:00～ ふれプラさかえ
15 木	1. 研修日（1学期到達度評価検討）14:50～15:55 2. 職員終礼16:30～16:45	◎市教頭会定例研修会9:30～12:00 富里第一小 ○市小中学校法令研修会17:30～ 富里南中
16 金	1. 学年会議14:45～15:35 2. 避難訓練（地震想定）詳細 別紙参照 3. 台ふき回収 4. 空港周辺児童作品展校内〆切	◎県小学校長会全体研修会 県文化会館 ◎市教務主任

◎→出張, 報→報告, ○→その他

短縮日課なので割振りを変更

研修入ったため休息休憩をくり下げた

研修

休憩　休息

日報
Daily Plan Hiyoshidai
No. 123
平成17年
11月14日（月）
日直 [redacted]

休憩時間の確保

14 月	1. 司書来校日 2. 文部科学省実務研修生 （4の1 大木学級） 3. 職員終礼16:30-16:45

4. 本日より文部科…
紹介は、終礼…
5. 日本ユネスコ協…
行っています。
書き損じハガキ。

6. ＝お願…
24日(木)
の練習を今週は…
歌えるようにしてください。 よろしくお…

7 休憩時間の変更のおしらせ
終礼の際に、年末調整についての説明があるため、終礼の時間を16:20からに変更したいと思います。それに伴って、休憩の時間を16:00-16:20に変更いたしますので、ご了承下さい。

からも、校長はできるだけ教員の勤務の状況を把握し、適切な勤務管理に努めるよう、なお一層の留意をされたい』とね。

以上が、勤務条件措置要求の内容と判定なんだ。

この勤務条件措置要求を出したことで、先生方の時間外勤務の解消ができない原因が見つかったんじゃないかな」

スズ「すぐには勤務の改善はできなくても、ワン先生のように勤務内容と要する時間を問いただすことは大事なことだよね」

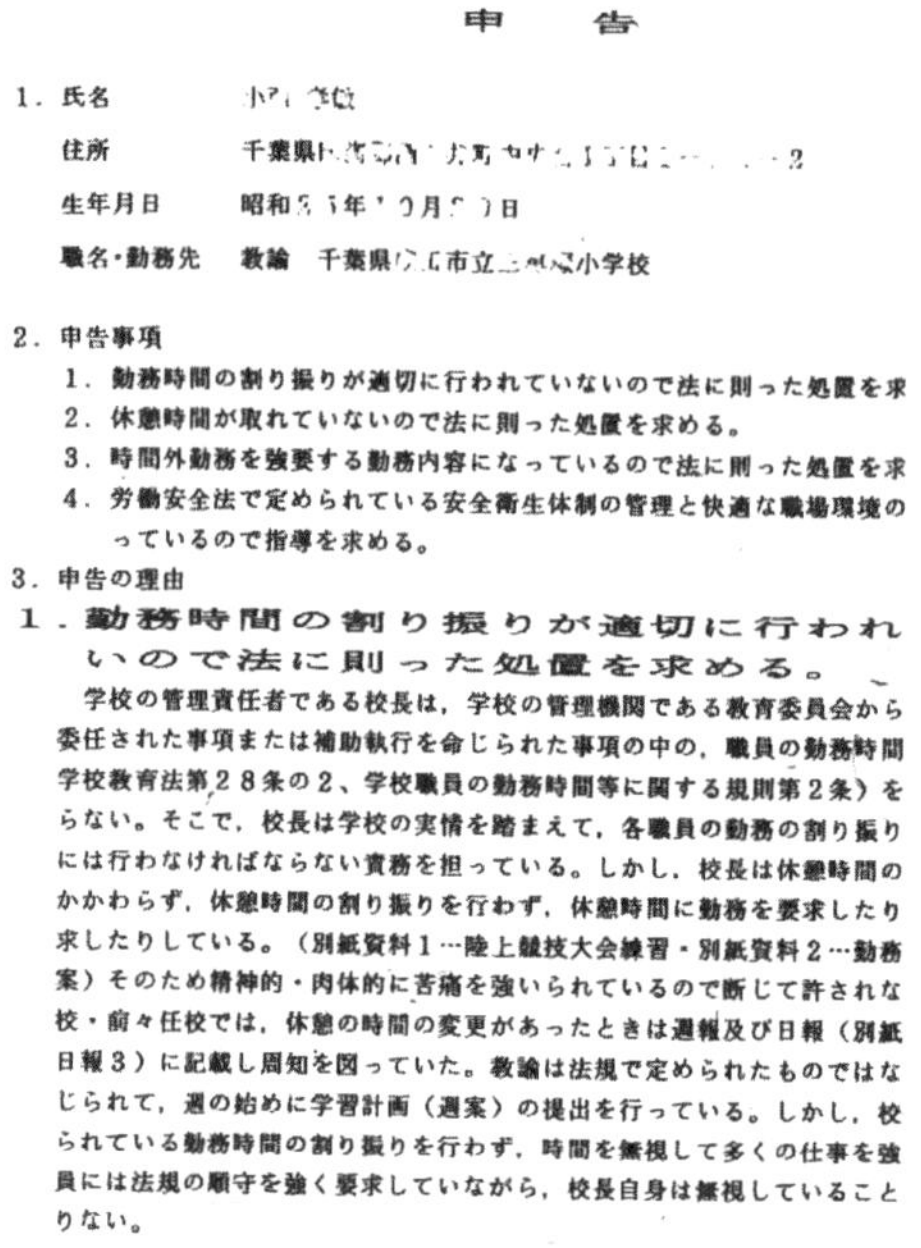

申　告

1．氏名　[illegible]

住所　千葉県[illegible]2

生年月日　昭和[illegible]年[illegible]月[illegible]日

職名・勤務先　教諭　千葉県[illegible]市立[illegible]小学校

2．申告事項

1．勤務時間の割り振りが適切に行われていないので法に則った処置を求

2．休憩時間が取れていないので法に則った処置を求める。

3．時間外勤務を強要する勤務内容になっているので法に則った処置を求

4．労働安全法で定められている安全衛生体制の管理と快適な職場環境の
っているので指導を求める。

3．申告の理由

1．勤務時間の割り振りが適切に行われ
いので法に則った処置を求める。

学校の管理責任者である校長は，学校の管理機関である教育委員会から
委任された事項または補助執行を命じられた事項の中の，職員の勤務時間
学校教育法第２８条の２、学校職員の勤務時間等に関する規則第２条）を
らない。そこで，校長は学校の実情を踏まえて，各職員の勤務の割り振り
には行わなければならない責務を担っている。しかし，校長は休憩時間の
かかわらず，休憩時間の割り振りを行わず，休憩時間に勤務を要求したり
求したりしている。（別紙資料１…陸上競技大会練習・別紙資料２…勤務
案）そのため精神的・肉体的に苦痛を強いられているので断じて許されな
校・前々任校では，休憩の時間の変更があったときは週報及び日報（別紙
日報３）に記載し周知を図っていた。教諭は法規で定められたものではな
じられて，週の始めに学習計画（週案）の提出を行っている。しかし，校
られている勤務時間の割り振りを行わず，時間を無視して多くの仕事を強
員には法規の順守を強く要求していながら，校長自身は無視していること
りない。

教師の超過勤務の解消

現在多くの教師が、正規の勤務時間をはるかに超えた勤務を強いられている。そのため、心身疲労で異常を来し休養を余儀なくされている教師が年々増えている。

文科省の調査（発表、令和五年）では、過労死ラインの月八十時間以上を超える教師が、小学校で十四・二パーセント（中学校三十六パーセント）もいる。

このような、教師の多忙な勤務状況は、二十年ほど前から顕著に見られ、新聞やテレビで何度も報じられてきた。文科省をはじめ、教育委員会、校長は、超過勤務解消に取り組んではいる。だが、一向に成果が見られない。

文科省は、働き方改革事例集（令和五年改訂）を作成し、時間外勤務の解消に向け各学校に働きかけている。ＩＴＣを活用した校務の効率化や、教員業務支援員の有効活用など提案が多々ある。

だが、教師の働き方の実態を十分把握しないで、果たして、解消されるのだろうか。

令和六年四月には、中教審から長時間勤務の解消の

ための提言の素案が提示された。期待して良いのか。

スズ「先生の仕事が忙しく、遅くまで仕事をしても終わらない状態は心身に悪いよね。過労死ラインを超えているなんて異常だよ。同僚が病気で休むのを見聞きして、先生方はどう思っているのかな」

ワン「多くの教師は、病気休養が増えていくことに不安と不満を持っているよ。それに、今の学校は問題が山積しているだろう？ 当然、ストレスも多く不満が多いんだ。必要性を感じない業務、そして、授業の準備時間が保障されない勤務状況などたくさんあるよ。

でも、不思議なことに、教師の多くは、好きな仕事や使命感を感じる仕事なら、疲れを苦にしないものなんだ。子どもを喜ばせたり、できるようにさせたりする仕事は、教師の生きがいに通じるからね」

スズ「授業の準備もできずに授業をやるのは、確かにストレスだよね。文科省は、授業の準備時間がない実態を知っているのかな。ただ単に、時間外勤務を減らせばよいと考えているならおかしいよね」

カラ「そうだね、先生本来の仕事である、授業などの教育活動が十分できない状態を改善する観点で、時間外勤務の解消を考えないといけないね。

それにしても、学校の業務は多種多様で、どこまでやっても終わりのない仕事が多いからな。それに、文科省や教育委員会から、次から次と新しい教育施策や調査などの要求が来るからね」

ワン「本来なら、教師の忙しさを知っている校長が、解消させなければいけないんだけどね。もちろん当事者である教師自身が、声を上げて働きかけなければいけないと思うけどね」

スズ「でも、『この仕事は必要ない』と訴えても、校長先生に『必要です』と言われたら、実現可能なら従わなければならないんでしょう？ 職務命令に違反することは禁じられているんだからね」

フク「そうだね、多くの先生は、訴えても無駄だと思えば言わないからね。それで生活に支障がないように、やりたい仕事より要求されている業務を優先し、効率的に業務をこなすように努めるからね」

スズ『この仕事は必要ないからなくしてほしい』と思ったなら言わなくちゃあ。個人で仕事を減らしたり、効率的なやり方をしたりしても解決しないよ。自分だけの問題じゃないんだからね。話し合うことはしないの？」

ワン「職員会議で話し合うことはできるが、そのためには、事前に職員会議の議事事項に載せてもらわないといけないんだ。でも、簡単には載せてくれないよ。今は、連絡や確認で済ませるように努めているからね」
フク「いかに今の学校が忙しいかが表れている証拠だね。でも、議題に関係ないことを発言することはできるよ。それでも、よほどのことがないと議題にはしてくれないけれどね。
　今は、職員会議を早く終わらせ、早く自分の仕事に取り組みたいと考えているからね。学校の中には、多忙化解消のため会議を廃止しているところもあるんだ」
カラ「だけど、学年末に配られる教育課程の反省用紙に、時間外勤務解消に向けた意見や要求を書いて、校長やみんなに訴えることができるんだよ。でもこれも、取り上げて議題にしてくれるかは、校長、教頭にかかってくるけれどね」
スズ「それなら、『時間外勤務にならないような業務になるように考えてほしい』と書けばいいじゃない。校長先生は、教育活動や始業時刻や休憩時間、勤務の時間の割り振りなども独断で決めることができるんでしょう?」
ワン「訴えたからって、取り上げることにはならないよ。校長独自で決断できるのもあるけれど、教育委員会から承認を受けないとできないことが多いんだ。教育委員会が本気で取り組まないとね。
　学校訪問を覚えているだろう? ミスのない公文書、物品の管理、教室の掲示物など、多くの要求があったじゃない。ここにも、多忙化の要因があるんだからね」
フク「校長は、三月末には教育課程の反省、そして人事評価の提出、次年度に向けての教育課程の編成の準備があるんだよ。だから校長は、教育委員会から指導を受けることがないように努めるんだ。その方が無難で、評価が下がる恐れがないだろう? それと、校長同士の関係も損なわないように考えるものなんだ」
カラ「そうだね。校長の異動は三、四年だけど、一、二年で異動になる校長もいるからね。だから、次の校長が困らないように、配慮した学校運営を考える校長もいるよね」
スズ「校長先生なら独自の判断で決められると思ったけれど、そう簡単ではなかったんだね。だったら、有力な校長先生なら思い切った対策が立てられるということなのかな」
カラ「そうだね。大分県の大学付属小では、三年間で五十近くの業務改善を図り、解消の成果を上げているんだよ。例えば、通知票を手書きからパソコンで入力する。家庭訪問は三年生以上は学校で三者面談。午前七時前の出勤は禁止、午後七時過ぎには退勤。休日、祝日の出勤は禁止。職員会議廃止、日記指導はやめる。文集作りもやめる。修学旅行の日程を短縮。コピー機は職員室以外にも設置するなどね。でも、時間外勤務はまだ多くあり、解消までには至っていないけれどね」

スズ「これだけやっても、時間外勤務が多いとは驚きだな。通知票、家庭訪問、職員会議などのやり方は、もうすでにやっている学校は多いんでしょう？　でも、コピー機などお金を要することは、普通の学校では無理だよね。

ところで教育委員会は、多忙化解消に向けて本当に取り組んでいるのかな」

カラ「多忙化は、社会的な問題にもなっているので、どこの教育委員会も取り組んでいるよ。ただし、取り組みの温度差はあるけれどね。

長野市の教育委員会では、小中学校にタイムレコーダーを設置、しかも指紋認定式で出退勤を記録化しているんだ。それにより、優先順位を考えた仕事意識が高まったようだよ。時間外は、月平均四十五時間なんだ。

だけど、早く退勤しても自宅でやっているので、これよりは時間は多くなるんだけれどね。まだまだ、多忙解消への対策は不十分と言えるんじゃないかな」

フク「やはり、教育委員会を指導でき、日本の教育施策を押し進める文科省がしっかり対策を立てないと、解消は難しいだろうな。委員会は、文科省の教育施策および要請を受け、各学校を指導するんだからね」

スズ「そうだね、教育委員会や学校の先生方は、文科省の発令した教育施策で仕事をしているんだからね。いったい文科省は、多忙化解消に向けてどんな対策を立ててやっているのかな。ところで、多忙化が問題になったのはいつ頃からなの？」

フク「先生の多忙化が本格的に問題になったのは、週休五日制が始まった一九九三年（平成五年）頃からなんだ。そこで日教組は、ほぼ二年に一度、実態調査を始めたんだ。一九九七年（平成九年）、鳥取県教育委員会は、全国に先駆けて多忙解消に向け、学校行事の精選、研究会や研修会のリストラを実施したんだよ。長野県、新潟県などでも多忙解消に取り組むんだ。職員会議や朝の打ち合わせの制限などね。でも、多忙解消になったかの調査はしてないんだ」

ワン「この地区でも多忙化が問題になり、多くの学校が朝の打ち合わせを減らしたり、ノー残業日を設けたりしたんだよ。テレビや新聞には、休職や退職する教師の記事が掲載されるんだ」
フク「それでも文科省は、本格的に取り組むことはしなかったんだ。二〇〇六年（平成十八年）、文科省は、四十年ぶりに教員の勤務時間の実態が分かる全国調査を行ったんだけど、これは、時間外勤務に対して適切な給与の支払いを検討するための調査だったんだからね」
スズ「なんだ、先生方の心身のことを考えて調査したわけではなかったんだ」
フク「そう受け止められてもやむを得ないね。その二年前の二〇〇四年、文科省は公立小中学校の教員の勤務実態調査の結果を中教審作業部に公表していたけれど、これは、公務員の人件費削減方針に伴って行われているからね。

調査は、全国の約五万人で、七月から十二月にかけて行われたんだ。七月、八月での小学校の平均残業は一時間四十七分、休憩時間は九分しか使っていないこと、自宅での業務は五十三分ということが分かったんだ。

その後、二〇一六年の教員勤務実態調査で分かったのは、小学校教諭の勤務時間は平日十一時間十五分。十年前の調査より四十三分増えたんだ。中学校は十一時間三十二分で、三十二分増加だったんだ」
カラ「でも、この調査は、教員にとって最も忙しい二月、三月は調査を行ってないんだ。行うことができないというのが正解だけどね。忙しくて調査に協力できるわけないよね。でも、この期間の調査をしなくては、先生の勤務状況を把握したとは言えないんだけどね」
フク「文科省は、二〇一七年二月、ＯＥＣＤ（経済協力開発機構）の調査において、日本の教師の勤務時間が他国と比べて多いということで、四五一校九八四八人に調査した結果を発表したんだ。

文科省は、都道府県の教育委員会に、『学校における働き方改革に関する緊急対策の策定並びに学校における業務改善及び勤務時間管理に係る取組の徹底について』の通知を出したんだ。そこに、

『働き方を見直し、授業や授業の準備に集中できる時間、専門性を高める研修の時間、児童生徒と向き合えるための時間を確保して教職人生を豊かに、そして自らの人間性を高め、効果的な教育活動を行えるように取り組むように』と記載されているんだ。

学校の業務改善では、登下校や学校徴収金を学校以外に担えるように。休み時間の児童生徒対応を輪番な

どで負担軽減を、校内清掃を輪番などで軽減を。部活動では外部の人材活用などを、給食でのアレルギーの児童生徒の対応の負担軽減を、授業準備はサポートスタッフの参画を、学習評価や成績処理を非常員職員を任用、ＩＣＴを活用できる環境の整備を、学校行事の精選や内容の見直しなど、具体的に改善内容が記載されているんだ」

スズ「これだけ具体的に改善内容が示されていれば、多忙化解消は間違いないね」

ワン「文科省は具体的に多忙化解消に向けて教育委員会に要請しているが、難しいよ。文科省の教員の勤務実態の把握は不十分で、対策も甘いからね。サポート人材活用と言っても予算がなければできないだろう。休み時間、清掃での輪番で児童生徒に対応なんて、全く学校のこと分かってないよ。

第一、教育委員会および校長にそのような熱意と能力が備わっていると思うかい？　委員会の担当者が、校長が改善するまで異動できないようにすれば効果は見られると思うが、現実的じゃないだろう。それと、肝心な文科省が、時間を要する人事評価を行うなど矛盾することをやっているんだからね」

フク「そうだね。文科省は令和五年三月、働き方改革事例集によって、どの学校も取り組めるように働きかけているが、どれも対処療法的なので実現は難しいよ。各学校に自校の働き方改革の取り組みシートを作成させ、取り組むことで改善が図れるという発想が、お役所的発想だからね」

スズ「新聞に、中教審が長時間勤務解消の提言をした記事（令和六年四月）が載っていたけれど、実現するのかな。早出遅出やフレックスタイム制度の導入、三、四年生にも教科担任制の推進、オンラインによる研修や会議などを提言しているよね」

フク「実現すれば、効果はあると思うよ。だけど、どれも多くの費用がかかるんだ。特に教員の待遇改善として残業代としての調整額四パーセントを十パーセント以上あげることなんだ」

カラ「だけど、『調整額を上げるから忙しくても我慢してほしい』と言っているように思えてならないよ。これでは、定額働かせ放題だよ。大事なことは、適正な勤務内容にすることだと思うな」

スズ「調整額、本当に上げることができるのかな」

ワン「難しいと思うな。一クラス三十五人にするのだって、財源が確保できず、やっと令和七年達成見込みなんだよ。

文科省は、ＩＣＴを活用した校務の効率化と、教員業務支援員の有効活用を奨励していたが、そのために文科省が人材を派遣することはしないんだ。みんな、教育委員会と学校任せなんだからね。

呆れるのは、『業務負担を軽減し、教員の質の向上を図る』という施策を要求していることなんだよ。これでは、教員の時間外勤務の解消は難しいと思うな」

フク「調整額は教員のなり手不足と超過勤務の対価としての、また、待遇改善は必須だからね。きっと上げると思うな。

だが財務省は残業時間削減などの条件を出しているんだ。だけど削減を要求されても簡単じゃないのにね。文科省が本気で取り組まなくては難しいよ。そのためには学校の教育活動、教員の勤務の実態を正確に把握することが重要だと思うな。アンケートでは分かるわけがないんだからね。文科省・中教審は現場の教員の声をしっかり聞かなければいけないと思うな。もちろん教師の質を低下させないでね。

中教審が文科省に今後どんな提言を行うか、しっかり見ていこうね」

調整額は、給特法（公立の義務教育諸学校等の給与等に関する特別措置法）に教員を対象に、給与四パーセントを支給することが記載されている。

給特法……公立学校の教員の給与や労働条件を定めた法律で、教員を対象に、給与四パーセントの教職調整額を支給する代わりに、時間外・休日勤務手当（超勤手当）を支給しないとする特殊ルールを定める法律。

・教員の給与は、原則として時間外勤務手当や休日勤務手当を支給しない代わりに、給与の四パーセントに相当する教職調整額を支給すること。

・教員の勤務時間は、原則として週四十時間以内とすること。

・教員の超過勤務は、原則として認められない。

※但し、教員に時間外勤務を命じる４つの事項がある。

超勤四事項

①校外学習その他生徒の実習に関する業務

②修学旅行その他学校行事に関する業務

③職員会議に関する業務（管理職は、「臨時または緊急のやむを得ない必要があるときに限り」時間外勤務を命じることができる）

④非常災害などの場合、児童または生徒の指導に関し緊急の措置を必要とする場合に必要な業務

あとがき

黒森山小学校の主な教育活動と教師の勤務状況（働き方）から、学校がさまざまな問題を抱えていること（実態）を知ることができたと思う。

政府や文科省、有識者は、子どものためと称して、さまざまな教育（英語、ＩＴＣ、プログラミング等）と指導（いじめ、不登校、校内暴力等）を学校、教師に要求している。だが、それに応える教師が長時間勤務で疲弊し、授業の準備ができない状態である。

休養者も多く出ている。にもかかわらず、対処療法的対策（タイムレコーダー導入、教員以外の人員の採用、業務を減らす、働き方チェックカードなど）を講じるだけで効果が表れていない。

なのに、教師の指導力不足を問題にし、研修の要求や人事評価で教師の能力・技能を高めようとしている。だが、直接子どもたちの教育に携わっている教師に、誇りをもって意欲的に勤務が行えるような勤務環境、適切な勤務条件については全く考えていない。

「人事評価は給与に反映できるので、教師に意欲をもたせる」と説くが、実態は、資質・能力が「劣」と評価された教師の給与の一部が「優」に評価された教師に分け与えられるだけのものなので、心から喜べるものではない。このために、助け合う良さが失せ、「劣」の評価を避けるための過酷な勤務をもたらしている。

文科省や教育委員会は、六時間必要とする業務であっても、空き時間や子どもたちが下校したあとの時間があれば、二時間しかなくても業務遂行は可能とする学校現場の実態を把握しているのか？　この実態を人事委員会が容認し、可能と判定しているのである。このような勤務状況では、長時間労働になるのは当然である。

そのことを理解してもらいたくて、教師が最も負担に感じ、多くの時間をかけている業務を主に取り上げてきた。誰も見ない学習指導要録、その要録を参考に作成される通知表、そして学級経営案、学習指導案などだが、昭和の時代と比べれば、いかに各内容と量が増えているかがよく分かったと思う。

文科省は、子どもたちの学力向上のために授業時間数を増やした。だが、そのことで教師の業務時間が増えたことを認識しているのか。当然、教師の勤務実態調査を行ってのことだと思うが、調査はアンケートで期間を設けての調査である。本来は一年間、行わなければいけないはずである。このような実態把握で新たな教育（英語、プログラミング、ＩＴＣ教育など）やいじめ、不登校、教師の働き方改革などの対策を立てても、うまくいくはずがない。

だが中教審は、教師の負担が増大になっていることを真剣に受け止め、提言（令和六年八月）した。そこには教師の喜びである、子どもと向き合う時間の確保のための対策を講じている。

校長、教職員はこれらの難題に一丸となって取り組み、教師として生きがいのある仕事ができるように頑張ってほしい。

フクロウをはじめ、みんなはこれらの解決に向け、知恵を寄せ合い話し合ってきた。そして、勤務の改善に取り組んできたワンさんは、お互いに授業を見せ合い、いつも子どもに囲まれて話したり遊んだりできる職場を求めて格闘してきた。

『ワクワク、ドキドキした学校』を取り戻したい、とね。

著者プロフィール

小西 孝敏（こにし たかとし）

元千葉県公立小学校教諭
著書『校長はえらい　だから学校はダメになる』（郁朋社）

ワン先生奮闘記 多忙化解決に立ち向かう！

2025年 3 月15日　初版第 1 刷発行

著　者　小西 孝敏
発行者　瓜谷 綱延
発行所　株式会社文芸社
〒160-0022　東京都新宿区新宿1－10－1
電話　03-5369-3060（代表）
03-5369-2299（販売）

印刷所　株式会社フクイン

ISBN978-4-286-26159-1